教員採用試験「全国版」過去問シリー

2025
年度版

過去問題集

一般教養

#分野別　#項目別

協同教育研究会 編

協同出版

はじめに

本書は，全国47都道府県と20の政令指定都市の公立学校の教員採用候補者選考試験を受験する人のために編集されたものです。

教育を取り巻く環境は変化しつつあり，学校現場においても，教員免許更新制の廃止やGIGAスクール構想の実現などの改革が進められており，現行の学習指導要領においても，「主体的・対話的で深い学び」を実現するため，指導方法や指導体制の工夫改善により，「個に応じた指導」の充実を図るとともに，コンピュータや情報通信ネットワーク等の情報手段を活用するために必要な環境を整えることが示されています。

一方で，いじめや体罰，不登校，教員の指導方法など，教育現場の問題もあいかわらず取り沙汰されており，教員に求められるスキルは，今後さらに高いものになっていくことが予想されます。

協同教育研究会では，現在，626冊の全国の自治体別・教科別過去問題集を刊行しており，その編集作業にあたり，各冊子ごとに出題傾向の分析を行っています。本書は，その分析結果をまとめ，全国的に出題率の高い分野の問題，解答・解説に加えて，より理解を深めるための要点整理を，頻出項目毎に記載しています。そのことで，近年の出題傾向を把握することでき，また多くの問題を解くことで，より効果的な学習を進めることができます。

みなさまが，この書籍を徹底的に活用し，教員採用試験の合格を勝ち取って，教壇に立っていただければ，それはわたくしたちにとって最上の喜びです。

協同教育研究会

教員採用試験「全国版」過去問シリーズ②

全国まるごと過去問題集　一般教養＊目次

●自然科学

本書について

本書には，各教科の項目毎に，出題率が高い問題を精選して掲載しております。前半は要点整理になっており，後半は実施問題となります。また各問題の最後に，出題年，出題された都道府県市及び難易度を示しています。難易度は，以下のように5段階になっております。

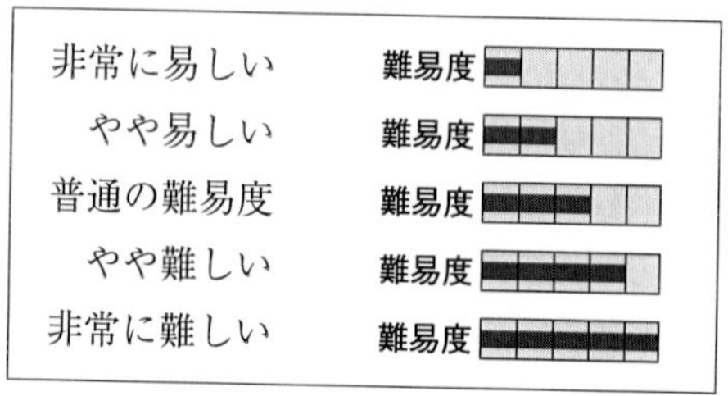

また，各問題文や選択肢の表記については，できる限り都道府県市から出題された問題の通りに掲載しておりますが，一部図表等について縮小等の加工を行って掲載しております。ご了承ください。

人文科学

人文科学　国語

要点整理

漢字(同訓漢字)

□あう　合う…好みに合う。答えが合う。
会う…客人と会う。立ち会う。
遭う…事故に遭う。盗難に遭う。

□あげる　上げる…プレゼントを上げる。効果を上げる。
挙げる…手を挙げる。全力を挙げる。
揚げる…凧を揚げる。てんぷらを揚げる。

□あつい　暑い…夏は暑い。暑い部屋。
熱い…熱いお湯。熱い視線を送る。
厚い…厚い紙。面の皮が厚い。
篤い…志の篤い人。篤い信仰。

□うつす　写す…写真を写す。文章を写す。
映す…映画をスクリーンに映す。鏡に姿を映す。

□おかす　冒す…危険を冒す。尊厳を冒す。
犯す…犯罪を犯す。法律を犯す。
侵す…領空を侵す。プライバシーを侵す。

□おさめる　治める…領地を治める。水を治める。
収める…利益を収める。争いを収める。
修める…学問を修める。身を修める。
納める…税金を納める。品物を納める。

□かえる　変える…世界を変える。性格を変える。
代える…役割を代える。背に腹は代えられぬ。
替える…円をドルに替える。服を替える。

□きく　聞く…うわさ話を聞く。明日の天気を聞く。
聴く…音楽を聴く。講義を聴く。

□しめる　閉める…門を閉める。ドアを閉める。
締める…ネクタイを締める。気を引き締める。
絞める…首を絞める。絞め技をかける。

□すすめる　進める…足を進める。話を進める。
勧める…縁談を勧める。加入を勧める。
薦める…生徒会長に薦める。

□つく　付く…傷が付いた眼鏡。気が付く。
着く…待ち合わせ場所の公園に着く。地に足が着く。
就く…仕事に就く。外野の守備に就く。

□つとめる　務める…日本代表を務める。主役を務める。
努める…問題解決に努める。療養に努める。
勤める…大学に勤める。会社に勤める。

□のぞむ　望む…自分の望んだ夢を追いかける。
臨む…記者会見に臨む。決勝に臨む。

□はかる　計る…時間を計る。将来を計る。
測る…飛行距離を測る。水深を測る。

□みる　見る…月を見る。ライオンを見る。
診る…患者を診る。脈を診る。

漢字(同音異義語)

□あいせき　哀惜…死を悲しみ惜しむこと。
愛惜…惜しみ大切にすること。

□いぎ　意義…意味・内容・価値。
異議…他人と違う意見。
威儀…いかめしい挙動。
異義…異なった意味。

□いし　意志…何かをする積極的な気持ち。
意思…しようとする思い・考え。

□いどう　異同…事なり・違い・差。
移動…場所を移ること。
異動…地位・勤務の変更。

□かいこ　懐古…昔を懐かしく思うこと。
回顧…過去を振り返ること。
解雇…仕事を辞めさせること。

人文科学

□かいてい　改訂…内容を改め直すこと。
改定…改めて定めること。

□かんしん　関心…気にかかること。
感心…心に強く感じること。
歓心…嬉しいと思う心。
寒心…肝を冷やすこと。

□きてい　規定…規則・定め。
規程…官公庁などの規則。

□けんとう　見当…だいたいの推測・判断・めあて。
検討…調べ究めること。

□こうてい　工程…作業の順序。
行程…距離・みちのり。

□じき　直……すぐに。
時期…時・折り・季節。
時季…季節・時節。
時機…適切な機会。

□しゅし　趣旨…趣意・理由・目的。
主旨…中心的な意味。

□たいけい　体型…人の体格。
体形…人や動物の形態。
体系…ある原理に基づき個々のものを統一したもの。
大系…系統立ててまとめた叢書。

□たいしょう　対象…行為や活動が向けられる相手。
対称…対応する位置にあること。
対照…他のものと照らし合わせること。

□たんせい　端正…人の行状が正しくきちんとしているさま。
端整…人の容姿が整っているさま。

□はんざつ　繁雑…ごたごたと込み入ること。
煩雑…煩わしく込み入ること。

□ほしょう　保障…保護して守ること。
保証…確かだと請け合うこと。
補償…損害を補い償うこと。

□むち　無知…知識・学問がないこと。
無恥…恥を知らないこと。

□ようけん　要件…必要なこと。
用件…なすべき仕事。

漢字(四字熟語)

□曖昧模糊　あいまいもこ―はっきりしないこと。

□阿鼻叫喚　あびきょうかん―苦しみに耐えられないで泣き叫ぶこと。はなはだしい惨状を形容する語。

□暗中模索　あんちゅうもさく―暗闇で手さぐりでものを探すこと。様子がつかめずどうすればよいかわからないままやってみること。

□以心伝心　いしんでんしん―無言のうちに心から心に意思が通じ合うこと。

□一言居士　いちげんこじ―何事についても自分の意見を言わなければ気のすまない人。

□一期一会　いちごいちえ―一生のうち一度だけの機会。

□一日千秋　いちじつせんしゅう―一日会わなければ千年も会わないように感じられることから，一日が非常に長く感じられること。

□一念発起　いちねんほっき―決心して信仰の道に入ること。転じてある事を成就させるために決心すること。

□一網打尽　いちもうだじん―一網打つだけで多くの魚を捕らえることから，一度に全部捕らえること。

□一獲千金　いっかくせんきん―一時にたやすく莫大な利益を得ること。

□一挙両得　いっきょりょうとく―一つの行動で二つの利益を得ること。

□意馬心猿　いばしんえん―馬が走り，猿が騒ぐのを抑制できないことにたとえ，煩悩や欲望の抑えられないさま。

□意味深長　いみしんちょう―意味が深く含蓄のあること。

● 人文科学

□因果応報　いんがおうほう—よい行いにはよい報いが，悪い行いには悪い報いがあり，因と果とは相応じるものであるということ。

□慇懃無礼　いんぎんぶれい—うわべはあくまでも丁寧だが，実は尊大であること。

□有為転変　ういてんぺん—世の中の物事の移りやすくはかない様子のこと。

□右往左往　うおうさおう—多くの人が秩序もなく動き，あっちへ行ったりこっちへ来たり，混乱すること。

□右顧左眄　うこさべん—右を見たり，左を見たり，周囲の様子ばかりうかがっていて決断しないこと。

□有象無象　うぞうむぞう—世の中の無形有形の一切のもの。たくさん集まったつまらない人々。

□海千山千　うみせんやません—経験を積み，その世界の裏まで知り抜いている老獪な人。

□紆余曲折　うよきょくせつ—まがりくねっていること。事情が込み入って，状況がいろいろ変化すること。

□雲散霧消　うんさんむしょう—雲や霧が消えるように，あとかたもなく消えること。

□栄枯盛衰　えいこせいすい—草木が繁り，枯れていくように，盛んになったり衰えたりすること。世の中の浮き沈みのこと。

□栄耀栄華　えいようえいが—権力や富貴をきわめ，おごりたかぶること。

□会者定離　えしゃじょうり—会う者は必ず離れる運命をもつということ。人生の無常を説いたことば。

□岡目八目　おかめはちもく—局外に立ち，第三者の立場で物事を観察すると，その是非や損失がよくわかるということ。

□温故知新　おんこちしん—古い事柄を究め新しい知識や見解を得ること。

□臥薪嘗胆　がしんしょうたん—たきぎの中に寝，きもをなめる意で，目的を達成するのために苦心，苦労を重ねること。

□花鳥風月　かちょうふうげつ—自然界の美しい風景，風雅のこころ。

□我田引水　がでんいんすい—自分の利益となるように発言したり行動したりすること。

□画竜点睛　がりょうてんせい—竜を描いて最後にひとみを描き加えたところ，天に上ったという故事から，物事を完成させるために最後に付け加える大切な仕上げ。

□夏炉冬扇　かろとうせん—夏の火鉢，冬の扇のようにその場に必要のない事物。

□危急存亡　ききゅうそんぼう—危機が迫ってこのまま生き残れるか滅びるかの瀬戸際。

□疑心暗鬼　ぎしんあんき—心の疑いが妄想を引き起こして実際にはいない鬼の姿が見えるようになることから，疑心が起こると何でもないことまで恐ろしくなること。

□玉石混淆　ぎょくせきこんこう—すぐれたものとそうでないものが入り混じっていること。

□荒唐無稽　こうとうむけい—言葉や考えによりどころがなく，とりとめもないこと。

□五里霧中　ごりむちゅう—迷って考えの定まらないこと。

□針小棒大　しんしょうぼうだい—物事を大袈裟にいうこと。

□大同小異　だいどうしょうい—細部は異なっているが総体的には同じであること。

□馬耳東風　ばじとうふう—人の意見や批評を全く気にかけず聞き流すこと。

□波瀾万丈　はらんばんじょう—さまざまな事件が次々と起き，変化に富むこと。

□付和雷同　ふわらいどう—一定の見識がなくただ人の説にわけもなく賛同すること。

□粉骨砕身　ふんこつさいしん—力の限り努力すること。

□羊頭狗肉　ようとうくにく—外見は立派だが内容がともなわないこと。

□竜頭蛇尾　りゅうとうだび—初めは勢いがさかんだが最後はふるわないこと。

□臨機応変　りんきおうへん—時と場所に応じて適当な処置をとること。

文法

〈連体詞〉自立語で活用がなく，体言だけを修飾する。

(1) この　その　あの　かの　わが　ほんの

(2) 或る　あらゆる　いわゆる

(3) 大きな　小さな　おかしな

(4) たいした　たった　とんだ

〈接続詞〉自立語で活用がなく，文節や文を接続する。

(1) 対等の関係を表すもの……並列(および　並びに　また)，添加(しかも　なお　そして　それから　おまけに)，選択(または　あるいは　もしくは　それとも)

(2) 結果を示すもの……順接(ゆえに　したがって　すなわち　よって　そこで　だから　すると)，逆接(しかし　しかしながら　だがけれど　ところが　それなのに　でも　もっとも)

〈感動詞〉自立語で活用がなく，一般に文の初めにあって独立して用いられ，それだけで一つの文になることができ，感動・呼びかけ・応答を表す。

(1) 感動を表すもの……ああ　あら　まあ　おや　ほう　おお　えいっ

(2) 呼びかけ……おい　もしもし　さあ　そら

(3) 応答……はい　いいえ　ああ　いや　うん　なに

〈助動詞〉付属語で活用があり，主として用言や他の助動詞について意味を添える。

(1) 使役……せる　させる(学校に行か<u>せる</u>　学校へ来<u>させる</u>)

(2) 受身……れる　られる(足を踏ま<u>れる</u>　人に見<u>られる</u>)

(3) 可能……れる　られる(歩いて行か<u>れる</u>　まだ着<u>られる</u>)

(4) 自発……れる　られる(昔が思わ<u>れる</u>　母が案じ<u>られる</u>)

(5) 尊敬……れる　られる(先生も行か<u>れる</u>　先生も来<u>られる</u>)

(6) 打消……ない　ぬ(勉強し<u>ない</u>　勉強せ<u>ぬ</u>)

(7) 推量……う　よう　らしい(もうすぐ終わるだろ<u>う</u>　もうすぐや

って来よう　雨が降るらしい)

(8) 意志……う　よう(行こう　勉強しよう)

(9) 過去・完了……た(だ)(聞いた　飛んだ)

(10) 希望……たい　たがる(遊びたい　遊びたがる)

(11) 断定……だ(それはわたしだ)

(12) 比況……ようだ(彼は知らないようだ)

(13) 伝聞……そうだ(彼女は合格したそうだ)

(14) 様態……そうだ(面白くなさそうだ　行かなそうだ)

(15) 丁寧……です　ます(それはわたしです　わたしが行きます)

(16) 打消推量・意志……まい(彼は行くまい　僕は勉強すまい)

〈助詞〉付属語で活用がなく，ある語について，その語と他の語との関係を示したり意味を添えたりする。

(1) 格助詞(主として体言につき，その語と他の語との関係を示す)……が　の　を　に　へ　と　から　より　で　や

(2) 接続助詞(用言・助動詞について，前後の文の意味上の関係を示す)……ば　と　ても(でも)　けれど(けれども)　が　のに　のでから　し　て(で)　ながら　たり(だり)

(3) 副助詞(種々の語について，ある意味を添え，副詞のように下の用語の叙述にも影響を及ぼす)……まで　ばかり　だけ　ほど　くらい(ぐらい)　など　なり　やら　すら

(4) 係助詞(種々の語について下の用語の陳述を限定する)……は　もこそ　さえ　でも　しか　か

(5) 終助詞(主として文の終わりか文節の切れ目にあり，疑問・反語・禁止・詠嘆・強意などを表す)……か　な (禁止)　な(なあ) (詠嘆)　ぞ　とも　よ　ね(ねえ)　さ　の　て　わ　や

敬語の使い方

① 敬語とは――話し手(書き手)と聞き手(読み手)との待遇関係に応じて用いる特別な用語をいう。またその言い方を敬語法という。

② 敬語の種類－敬語は大きく3つに大別され，それらを細分化すると計

5つになることが2007年の文化審議会国語分科会で示された。

3分類	5分類	内容・例
尊敬語	尊敬語	「いらっしゃる」「なさる」など，動作をする相手を立てる。
謙譲語	謙譲語Ⅰ	「伺う」「申し上げる」など，動作の向かう相手を立てる。
	謙譲語Ⅱ(丁重語)	「参る」「いたす」など，話し相手を立てる。
丁寧語	丁寧語	「です」「ます」「ございます」など，話を丁寧に述べる。
	美化語	「お料理」「お酒」など，ものごとを丁寧に述べる。

③ 用法――尊敬語については，次のものがある。

1 尊敬の接辞(接頭語・接尾語)を用いる。

2 尊敬の意を含む代名詞・動詞を用いる。

3 尊敬の意を表す助動詞・補助動詞を用いる。

ことわざ

□青は藍より出てて藍より青し	弟子がその師をしのいで優れていること
□あつものに懲りて膾をふく	前の失敗に懲りて必要以上に用心深くなること
□医者の不養生(紺屋の白袴)	熟知していることや専門のことはかえって実行がともなわないこと
□魚心あれば水心	人の感情は相互的であり，相手の対応次第で応ずるつもりのあること
□河童の川流れ(弘法も筆の誤り)	水泳が達者な河童でも流されることもある。専門の道でも失敗があるというたとえ
□虎穴に入らずんば虎児を得ず	危険を犯さなければよい結果は得られない
□漁夫の利	他人の争いに乗じて利益をおさめること
□毛を吹いて疵を求む	人の欠点を強いて指摘し追及すること

□春秋に富む	若く将来性に富むこと
□鳶が鷹を生む	平凡な親から非凡な才能をもつ子が生まれること
□濡れ手で粟	苦労も努力もしないで大きな利にありつくこと
□豆腐にかすがい	いくら説いてもその甲斐がないことのたとえ
□泣き面に蜂(弱り目に祟り目)	不運が重なることのたとえ
□覆水盆に返らず	一度した行いや発言は取り返しがつかないということ
□待てば海路の日和あり	苛立たず待っていればやがて幸運がくるということ
□病は口より入り禍は口より出づ	病気の多くは飲食物から起こり，禍は言葉を慎まぬことから起こる
□李下に冠を正さず	疑いを受けやすい行動は慎むべきであるというたとえ
□良薬は口に苦し	忠告は素直に聞き入れにくい
□隴を得て蜀を望む	ある目的を達し，さらに他の望みを達成しようとすること
□禍を転じて福となす	身にふりかかった災難をうまく処理して幸運の基となるように工夫すること
□われ鍋にとじ蓋	似た者同士が夫婦になるたとえ
□和して同ぜず	道理に従って人と協調するが道理に外れたことはあくまで是非を問い，付和雷同しない

和歌

① 種類――古代以来の和歌は，

①長歌　②短歌　③旋頭歌　④仏足石歌　に分けられる。

② 形式――上記4種類を，音数別に表にすると，次の通り。

種類	音数	法則
長歌	5·7·5·7……5·7·7	n(5＋7)＋7
短歌	5·7·5·7·7	2(5＋7)＋7
旋頭歌	5·7·7·5·7·7	2(5＋7＋7)
仏足石歌	5·7·5·7·7·7	2(5＋7)＋7＋7

● 旋頭歌とは，頭を旋(めぐ)らす歌の意。

● 仏足石歌とは，仏足石歌碑(釈迦の足跡を刻んだ石歌碑)に刻まれている21首をいう。作者は天平時代の僧といわれ，奈良薬師寺に現存する。

③ 主な和歌・短歌

〈上代＝大和時代〉

春過ぎて夏来たるらし白たへの衣干すてふ天の香具山

(持統天皇・万葉集)

世間を憂しとやさしと思へども飛び立ちかねつ鳥にしあらねば

(山上憶良・万葉集)

験なき物を思はずは一杯の濁れる酒を飲むべくあるらし

(大伴旅人・万葉集)

淡海の海夕波千鳥なが鳴けばこころもしのに古思ほゆ

(柿本人麻呂・万葉集)

〈中古＝平安時代〉

ひとはいさ心も知らずふるさとは花ぞ昔の香ににほひける

(紀貫之・古今集)

世の中にたえて桜のなかりせば春の心はのどけからまし

(在原業平・古今集)

花の色は移りにけりないたづらにわが身世にふるながめせしまに

(小野小町・古今集)

山里は秋こそことにわびしけれ鹿の鳴く音に目をさましつつ

(壬生忠岑・古今集)

心あてに折らばや折らむ初霜の置きまどはせる白菊の花

(凡河内躬恒・古今集)

文学史

□**万葉集の歌体**　記紀歌謡と違って，短歌が圧倒的に多く，長歌がこれに次ぐ。旋頭歌もあるが，そのほかの歌はきわめて少ない。全歌数約4,500首のうち，短歌が約4,200首，長歌約260首，旋頭歌約60首である。

□**六歌仙**　「古今和歌集」の撰者より一時代前の六歌人を尊んでいう。在原業平・僧正遍昭・小野小町・大友黒主・文屋康秀・喜撰法師の六歌人である。

□**今様**　後朱雀天皇のころから流行し，伴奏には，鼓・笙・笛・琵琶などが用いられた。「いろは歌」も，もと今様の一種であった。

□**つくり物語**　平安時代には，つくり物語という新しい文学形態が栄えた。つくり物語は，9世紀の終わりごろ作られた「竹取物語」に始まり，日本文学史上最高の傑作といわれる「源氏物語」に至る。

□**歌物語**　和歌に付された詞書が物語化されたものを「歌物語」という。「歌物語」は，和歌を中心として構成された短い物語で，伝奇的なつくり物語と異なり，多く貴族社会の日常生活に素材を得ている。「伊勢物語」がその最もすぐれたもので，他に「大和物語」「平中物語」などがある。

□**歴史物語**　平安時代後期に，貴族がそのはなやかな最盛期を回想し，事実を物語風に書きつづったものを歴史物語という。歴史物語のうち，まず現れたのが「栄華物語」であり，編年体の体裁をとっている。

□**日記**　日記は，朝廷や宮廷貴族の家々の記録として書かれ，公の記事が中心であり，したがって男性が漢文でしるすものであった。かなで書かれたものは「土佐日記」が最初であり，回想録風のストーリー性を持つようになった。

□**連歌**　連歌は，本来和歌一首を二人でよみわけるところから出発し，平安時代に入ってからは，和歌の余技として次第に流行した。こうした短連歌は，機知的，遊戯的な即興の作が多いが，平安時代末期になると，さらに鎖連歌が並行して行われるようになった。

□**俳諧の連歌**　連歌が次第に芸術的に高められるに及んで，庶民の手には届きにくいものとなった。こうした風潮への反動として生まれたのが，俳諧の連歌である。俳諧とは「滑稽」の意であるが，用語にとらわれず，洒落や滑稽を主とした俳諧の連歌は，正式の連歌の余技として，室町末期に盛んに行われた。この時期の代表的な作家に山崎宗鑑と荒木田守武がいる。

□**仮名草子**　仮名草子とは，仮名で書かれた書物の意で慶長のころから天和ごろまでの約80年間，京都を中心に盛んに行われた。作品には「伊曽保物語」，「醒睡笑」「東海道名所記」などがある。

□**浮世草子**　仮名草子の発達が，町人自身の手になる新文芸を生み出した。井原西鶴を中心とする浮世草子がそれである。浮世とは，当世または現代の意である。西鶴は，町人を主とする当時の人々の生活，風俗や人情を簡潔で迫力のある文体によって，写実的に表現した。

□**読本**　読本は，草双紙のような絵本に対して，読む文章を主とするものであるが，中国の小説の影響を受け，内外の歴史や伝説に材を求め，和漢混淆文で表したもので，上田秋成の「雨月物語」はその代表的作品である。寛政以後の読本は，勧善懲悪の思想を積極的に織り込み，幕府の政策ともあいまって一種の理想小説となった。この期の代表作には滝沢馬琴の「南総里見八犬伝」などがある。

□**新体詩**　新体詩という名称は，漢詩と区別するための呼び名で，外山正一・矢田部良吉・井上哲次郎の「新体詩抄」にはじめて現れた。これは，イギリス，フランスの詩の翻訳と著者の詩作とが収めてあり，形式はすべて七五調文語定型詩である。詩趣に乏しいものが多いが，日本語による西洋風の長詩を生み出そうとした意図は，高く評価される。

□**写実主義**　明治10年代の後半から，文字，文体・文学などの改良運動がおこり，坪内逍遥・二葉亭四迷は写実主義を主張し，20年代には，同じく写実的な傾向をもつ尾崎紅葉らの硯友社が文壇の主流となった。

□**浪漫主義**　わが国の浪漫主義は，自由民権思想，キリスト教思想，19世紀初めにおこった西洋の浪漫主義文学，東洋の脱俗的な詩文などの影響を受けて形づくられ，写実主義と並んで，明治20年代から30年代にかけての文壇の主流となった。

□**自然主義**　自然主義は，写実主義を深め，自然科学，特に生物学，生理学の仮説と方法によって，人間を遺伝や環境の面から観察し分析し，人生や社会の暗い面を客観的に表現しようとする傾向で，明治20年代の初め森鷗外が紹介したが，30年代に入って盛んになり，日露戦争の頃は，文壇の主流を占めるに至った。

□**反自然主義**　明治40年代に入って，人生の暗い側面に関心を寄せ，倫理・思想・美などを軽視する自然主義に反発する傾向が起こった。独自の主知的な生き方で自然主義に対して批判的な立場を示したのは，夏目漱石と森鷗外であった。

□**耽美主義**　明治40年代には，反自然主義的な思潮の1つとして，耽美主義が起こった。耽美主義は，前近代的な世情に反発し，個性の尊重，感情・官能の解放を目指した点で，浪漫主義・自然主義と共通するところがあり，それらを受け継いでいたが，自然主義が主観を軽んじ，非装飾的な作風であったのに対しては，人工美・都会的趣味などを重んじ，芸術至上主義的，享楽的な生き方をとった。

□**人道主義**　明治40年代には，反自然主義的な「白樺」を中心とする理想主義的個人主義あるいは人道主義がおこり，大正初年代には，文壇の主流を占めた。

□**現実主義**　現実主義は，自然主義・耽美主義・人道主義の立場に立って，現実を新しい見方で追求しようとする傾向で，大正時代の中期から後期にかけて文壇の主流を占めたが，必ずしも共通の主張を持った文学運動とはならなかった。

読解(現代文)

論説や評論の読解の場合には，文章全体を読み，「何について書かれたものか」「何を言おうとしているのか」を把握することが重要である。読解の際には，以下の点に注意しながら読んでいくとよい。

①　本文中の鍵となる語(キーワード)を探し，その語に着目しながら読んでいくようにすること。

②　一文一文を，「書き手の判断」をとらえようとする構えできちんと押さえるようにする(「犬は動物である」という文は，犬が動物の

中の一つであり，動物というカテゴリーに属するということを表現しているのであり，「動物は犬である」という文と同義ではない)。論理学的な知識とも結びつけ，きちんとした読みとりができるように，日ごろから心がけておくことが大切である。

③ 文と文のつながりに注意しながら，論理展開に即して読んでいくようにする。その際，接続詞に注意しながら読むことが重要となるが，特に，以下に示す接続詞の働きには注意しながら読んでいくようにすること。

・したがって・すなわち…順接(直前までの文章の内容をまとめて示す場合に用いられる。)

・だが・ところが・しかし…逆接(直前までの文章の内容とは逆の内容であることを示す場合に用いられる。これらの接続詞のうしろには，筆者の主張がなされている場合が多いので注意が必要である。)

・たしかに・もちろん～だが・ところが・しかし…“たしかに・もちろん”に続く文章において一般的に考えられることを述べた後で，“だが・ところが・しかし”に続く文章で筆者の主張を呈示する場合に用いられる。

・たとえば…例示(直前の文章の内容を具体的に説明する際に用いられる。)

④ 段落を「論のまとまり」として読みとり，段落相互の関係を「論旨のつながり」として整理しながら読む。

⑤ 一般的・抽象的な表現は，具体的な事例を思い浮かべながら読む。

⑥ 具体的な事例の表現は，一般的・抽象的な表現でまとめてみるようにする。

⑦ 文末表現に注意して，書き手の態度を読みとる。(「であろう」は推量で不確定な事実を述べる場合に用いられるが，書き手の読み手に対する配慮からこのような表現をする場合もある。)

⑧ 用語や文体にも注意し，書き手の発想や感情を読みとる。(「りっぱな」という語も，皮肉をこめて使われる場合がある。)

⑨ 抽象語・観念語の意味を正確に読みとる。(「抽象」と「捨象」との共通点や相違点などを，普段からきちんと把握しておくことが必

要である。)

読解(古文)

① 古文単語を覚えておくこと。特に,古文特有の単語(つとめて等)や,現代語とは意味の異なる単語(うつくし等)は注意して覚えるようにすることが必要である。

② 古典文法を理解しておくこと。

□係り結びの法則(ぞ・なむ・や・か－連体形,こそ－已然形)

□助動詞(それぞれの語の意味と接続)など。

③ 古文の基礎知識を身に付けておくこと。

□月の異名(1月－睦月　2月－如月　3月－弥生　4月－卯月　5月－皐月　6月－水無月　7月－文月　8月－葉月　9月－長月　10月－神無月　11月－霜月　12月－師走)

□春(1・2・3月)　夏(4・5・6月)　秋(7・8・9月)　冬(10・11・12月)など。

人文科学　国語

実施問題

漢字・四字熟語

【1】次の漢字の太線(濃い)部分は何画目に書くか。以下の1～5のうちから一つ選べ。

1　3画目　　2　4画目　　3　5画目　　4　6画目　　5　7画目

2024年度　大分県　難易度

【2】類義語の組み合わせとして最も適当なものを，次の①から⑤までの中から一つ選び，記号で答えよ。

① 精読 － 濫読　　② 思慮 － 分別

③ 過失 － 故意　　④ 質素 － 奢侈

⑤ 創造 － 模倣

2024年度　沖縄県　難易度

【3】次の文中に誤字が含まれていないものを，次の①から⑤までの中から一つ選び，記号で答えよ。

① 深刻な事態に直面していながら，彼の気嫌はすこぶる良い。

② 職人の手作業を近くで見られるとあって，生徒たちは興味津津だ。

③ 行事の縮少はやむを得ないとしても，その弊害は考慮しておく必要がある。

④ この案件については，もはや一刻の猶余もなく早急に対応しなければならない。

⑤ 世界的な金融不安もあって，民衆は銀行の窓口に殺倒した。

2024年度　沖縄県　難易度

【4】下線部について，正しく漢字が用いられているものはいくつありますか。

ア　全員が異口同音に答えた。

イ　職を斡旋する。

ウ　目的地に到着するまでの所用時間は10分です。

エ　来賓を恭しく迎えた。

オ　飛行機を操従する。

①　1つ　②　2つ　③　3つ　④　4つ　⑤　5つ

2024年度　長野県　難易度

【5】四字熟語について，漢字の表記が最も適切なものを，次の①～⑤のうちから選びなさい。

①　公明盛大

②　温故知新

③　絶対絶命

④　臨期応変

⑤　日新月歩

2024年度　神奈川県・横浜市・川崎市・相模原市　難易度

【6】熟語の読み方の中には，上の漢字を音読み，下の漢字を訓読みする「重箱読み」と呼ばれるものがあります。重箱読みするものを，次の1～4の中から1つ選びなさい。

1　台所　2　切符　3　野原　4　選挙

2024年度　埼玉県・さいたま市　難易度

【7】次の文章の(　①　)～(　③　)に入る語句として最も適当なものを，以下のア～オからそれぞれ一つ選び，記号で答えよ。

1　インターネットは情報の海だ。有益な情報と無益な情報とを見極めて(　①　)する能力が求められる。

2　あの人から聞いた治療法は本当に効果があるのだろうか，と(　②　)で試してみた。

3　睡眠不足と成績低下との(　③　)を確かめたほうがよさそうだ。

ア　問答無用　イ　取捨選択　ウ　因果関係　エ　半信半疑

オ　右往左往

▌2024年度 ▌鹿児島県 ▌難易度 ■■■□□

【8】次に示す四字熟語について，(a)～(d)には数字が入る。(a)～(d)に入る数をすべて足したとき，その答えとして正しいものを，以下の1～6のうちから1つ選びなさい。

三寒(a)温　岡目(b)目　十人(c)色 千載(d)遇

1　12　2　16　3　23　4　115　5　122　6　1114

▌2024年度 ▌宮城県・仙台市 ▌難易度 ■■■□□

【9】次の(1)～(4)の文の下線部について，(1)，(2)は漢字を訓読みにした場合の正しい送り仮名を，(3)，(4)は正しい漢字を，それぞれ以下の①～④から1つ選びなさい。

(1)　飼い猫のかわいらしい姿を見て，思わず顔が綻＿＿。

①　ころびる　②　ろびる　③　びる　④　る

(2)　学生時代はアルバイトに明け暮れ，芳＿＿成績ではなかった。

①　んばしい　②　ばしい　③　しい　④　い

(3)　数十年ぶりに再会を果たした旧友と，涙を流しながら熱いホウヨウを交わした。

①　包容　②　包擁　③　抱容　④　抱擁

(4)　決勝に残った両者の実力は，ハクチュウしている。

①　伯仲　②　拍仲　③　迫衷　④　薄衷

▌2024年度 ▌青森県 ▌難易度 ■■■□□

【10】次の熟語のうち，「既存」と同じ構成の熟語はどれか。

①　増減　②　予想　③　平然　④　臨海

▌2024年度 ▌長崎県 ▌難易度 ■■■□□

【11】次の①～④の文のうち，下線部の漢字が正しく使われているものはどれか。一つ選んで，その番号を書け。

①　威敬の念を抱く。　②　敵の牙城に迫る。

③　子どもの頑具を買う。　④　致密な作業を行う。

2024年度　香川県　難易度

【12】次の①～④の漢字の読みとして正しいものはどれか。一つ選んで，その番号を書け。

①　漸次(ざんじ)　②　平衡(へいきん)　③　敷設(ふせつ)

④　席巻(せっかん)

2024年度　香川県　難易度

【13】次の①～④の語の送り仮名のうち，正しいものはどれか。一つ選んで，その番号を書け。

①　いきどおる(憤おる)　②　いさぎよい(潔い)

③　あかるい(明かるい)　④　あぶない(危い)

2024年度　香川県　難易度

【14】次の①～④の文のうち，下線部の四字熟語が正しく使われているものはどれか。一つ選んで，その番号を書け。

①　付和雷同せずに，自分の意見を主張する。

②　議論が紛糾して場内が唯唯諾諾となる。

③　目の前に広がる泰然自若な風景に息をのむ。

④　思いもよらない失敗に虚心坦懐でその場に立ちすくむ。

2024年度　香川県　難易度

【15】次のア～オは，熟語とその読み方を示したものである。読み方が全て正しいものを二つ選ぶとき，その組合せを解答群から一つ選び，番号で答えよ。

ア　冤罪　－　めんざい　悪寒　－　おかん
　　傀儡　－　かいらい

イ　忖度　－　そんたく　罷免　－　のうめん
　　捏造　－　ねつぞう

ウ　溌剌　－　はつらつ　賄賂　－　わいろ
　　漏洩　－　ろうえい

エ　十八番　－　おはこ　下戸　－　げこ

台詞 － のりと
オ 拉致 － らち 匿名 － とくめい
饒舌 － じょうぜつ

【解答群】 1 ア，イ 2 ア，ウ 3 ア，エ 4 ア，オ
5 イ，ウ 6 イ，エ 7 イ，オ 8 ウ，エ
9 ウ，オ 0 エ，オ

2024年度 愛知県 難易度

【16】次の漢字の部首の名称として適切なものを①～④から選び，番号で答えよ。

頭

① いとへん ② ふるとり ③ おおがい ④ おおざと

2024年度 神戸市 難易度

【17】次の四字熟語の意味として適切なものを①～④から選び，番号で答えよ。

「我田引水」

① 一つのことだけに心を集中させること。
② 自分の都合のよいように言ったり，行動したりすること。
③ 自分でしたことのむくいを自分の身に受けること。
④ 決まった考えがなく，他人の意見に従うこと。

2024年度 神戸市 難易度

【18】漢字は中国の殷時代に占い等の内容を記録した篆書に始まり，時代とともにさまざまな書体に変遷し，草書，行書，楷書に至っている。秦・漢時代に発達したある書体は，現代においても日本銀行券の紙幣の文字や新聞の題字等にも使用されている。この書体を何というか。次の①～④から一つ選んで，その番号を書け。

① 臨書 ② 隷書 ③ 倣書 ④ 帛書

2024年度 香川県 難易度

【19】次の語の対義語を①～④から選び，番号で答えよ。

「膨張」

① 収縮　② 消滅　③ 衰亡　④ 分裂

2024年度 神戸市 難易度

【20】次の①～④の文のうち，下線部の漢字が正しく使われているものはどれか。一つ選んで，その番号を書け。

① 返答を<u>催足</u>する。　② <u>修繕</u>を依頼する。

③ 条約を<u>帝結</u>する。　④ 論文を<u>添作</u>する。

2023年度 香川県 難易度

【21】次の①～④の漢字の読みとして正しいものはどれか。一つ選んで，その番号を書け。

① 画策(がさく)　② 完遂(かんつい)　③ 行脚(あんぎゃ)

④ 清澄(せいすい)

2023年度 香川県 難易度

【22】次の①～④の語の送り仮名のうち正しいものはどれか。一つ選んで，その番号を書け。

① ひそむ(潜む)　② あつまる(集る)　③ のばす(伸す)

④ かなしむ(悲む)

2023年度 香川県 難易度

解答・解説

【1】1

○**解説**○ 5画目ではないことに注意する。基本的な筆順のルールを確認しておくとよい。

【2】②

○**解説**○ ②以外の4つは，対義語の組み合わせである。熟語であってもそれぞれの漢字の意味をつかむことで，似ているのか反対なのかをつかむことができることが多い。

【3】②

○**解説**○ ①「気嫌」が誤りで，「機嫌」である。 ③「縮少」が誤りで，「縮小」である。 ④「猶余」が誤りで，「猶予」である。 ⑤「殺倒」が誤りで，「殺到」である。

【4】②

○**解説**○ 正しいのは，アとエの2つである。イは「斡旋」，ウは「所要」，オは「操縦」が，それぞれ正しい。

【5】②

○**解説**○ ① 正しくは「公明正大」で，公正で隠し立てをせず少しも私心がないことの意。 ②「温故知新」は，昔の事をたずね求めて，そこから新しい知識・見解を導くことの意。 ③ 正しくは「絶体絶命」で，どうしても逃れられない困難な場合・立場にあることの意。 ④ 正しくは「臨機応変」で，場合に臨み，変化に応じて適切な処置をすることの意。 ⑤ 正しくは「日進月歩」で，たえまなく，どんどん進歩することの意。

【6】1

○**解説**○ 重箱読みは，前の字を音，後の字を訓として読む熟語。前の字を訓，後の字を音として読む熟語の読みは，湯桶読みである。1は「ダイどころ」で，重箱読み。2は「きっプ」で，湯桶読み。3は「のはら」で，訓読み。4は「センキョ」で，音読みである。

【7】① イ ② エ ③ ウ

○**解説**○ ①「取捨選択」は，悪いものや不要なものを捨て，よいものや必要なものを選び取ること。 ②「半信半疑」は，うそか本当か判断に迷うこと。 ③「因果関係」は，ある出来事が別の出来事を直接的に引き起こす関係。

【8】3

○**解説**○ 「三寒『四』温(冬は寒い日と暖かい日の繰り返しになること)」＋「岡目『八』目(当事者より第三者のほうが的確な判断ができること)」＋「十人『十』色(個性は人それぞれであること)」＋「千載『一』遇(またとない機会)」＝23となる。

【9】(1) ③ (2) ③ (3) ④ (4) ①

○**解説**○ (1)「綻びる」は，縫い目がほどける，花のつぼみが少し開く，表情が和らぐなどの意。「綻ぶ」とも表される。 (2)「芳しい（かんばしい)」は，「かぐわしい(芳しい)」の音が変化した言葉である。(3)「抱擁」は抱きかかえることの意。「包容」は包み入れること，相手を受け入れることの意。 (4)「伯仲」は，力がつりあっていて優劣がつけられないことの意。

【10】②

○**解説**○ 「既に存する」は，②「予め想う」と同じく，前後の漢字が修飾・被修飾の関係にある熟語。①は対義になる二つの漢字「増」と「減」を重ねた熟語，③は後に接尾語となる漢字「然」がつく熟語，④は前の漢字「臨」が動詞，後の漢字「海」が目的語になる熟語である。

【11】②

○**解説**○ ①は「畏敬」，③は「玩具」，④は「緻密」が正しい。

【12】③

○**解説**○ ①は「ぜんじ」，②は「へいこう」，④は「せっけん」が正しい。

【13】②

○**解説**○ ①は「憤る」，③は「明るい」，④は「危ない」が正しい。

● 人文科学

【14】①

○**解説**○ ②の「唯唯諾諾」は他人の言いなりになること，③の「泰然自若」は物事に動じないこと，④の「虚心坦懐」は気持ちが落ち着いていること。

【15】9

○**解説**○ アでは「冤罪」の読み方は「えんざい」，イでは「罷免」の読み方は「ひめん」，エでは「台詞」の読み方は「せりふ」である。

【16】③

○**解説**○ 「頭」の部首は「豆(まめへん)」ではなく，「頁(おおがい)」であることに注意。なお，②「ふるとり」は「隹」，④「おおざと」は「阝」である。

【17】②

○**解説**○ なお，①は一意専心，③は因果応報，④は付和雷同などが考えられる。

【18】②

○**解説**○ ①の「臨書(りんしょ)」は手本を見ながら書くこと，③の「倣書(ほうしょ)」は手本の書風を真似て手本にない字を書くこと，④の「帛書(はくしょ)」は古代中国などで絹布に書かれた書を指す。

【19】①

○**解説**○ 膨張は「ふくらむ，ふくれあがる」といった意味なので，対義語は「縮む」といった意味をもつ「収縮」が適切。なお，②「消滅」の対義語は「発生」，③「衰亡」の対義語は「興隆」，④「分裂」の対義語は「統合」などがあげられる。

【20】②

○**解説**○ ①は催促，③は締結，④は添削が正しい。

【21】③

○解説○ ①は「かくさく」, ②は「かんすい」, ④は「せいちょう」が正しい。

【22】①

○解説○ ②は集まる, ③は伸ばす, ④は悲しむが正しい。

文法・敬語・諺・慣用句

【1】次の敬語の使い方のうち，正しいものを，次の1～5のうちから一つ選べ。

1 先生のお宅には私からいらっしゃる予定です。

2 皆様，私が作った彫刻を拝見してください。

3 お客様がお持ちした荷物をお調べいたします。

4 私の畑で採れた野菜です。どうぞいただいてください。

5 これをご利用になる場合には，私までおっしゃってください。

▌2024年度 ▌大分県 ▌難易度 ■■■■□□

【2】次の故事成語の読みと意味の組み合わせが正しいものを，次の①から⑤までの中から一つ選び，記号で答えよ。

	故事成語		読み		意味
①	守株	―	しゅしゅ	―	最後の大事な仕上げのこと。
②	他山の石	―	たざんのいし	―	自分には関係のないことだと思って関心を示さないこと。
③	杞憂	―	きよう	―	心配する必要のないことをあれこれ心配すること。
④	捲土重来	―	かんどじゅうらい	―	一度失敗した者が，非常な勢いで盛り返すこと。
⑤	塞翁が馬	―	さいおうがうま	―	人生の禍福は転々として簡単に予測できないこと。

▌2024年度 ▌沖縄県 ▌難易度 ■■■■□□

【3】「棚から牡丹餅」と反対の意味をもつことわざとして最も適切なものを，次の1～4の中から1つ選びなさい。

1　紺屋の明後日　　2　蒔かぬ種は生えぬ
3　虎の威を借る狐　　4　瓢箪から駒が出る

2024年度　埼玉県・さいたま市　難易度

【4】ことわざ・慣用句とその意味の組合せとして誤っているものを，次の1～5の中から1つ選べ。

1. 虻蜂捕らず……………………あれもこれもと欲張ると，かえって何も得られず失敗することのたとえ。
2. 気が置けない…………………油断できないので十分に注意したほうがよいこと。
3. 芸は身を助ける………………身に付いた芸があれば暮らしの助けになったり役に立ったりすること。
4. 山椒は小粒でもぴりりと辛い…身体は小さくても才能に優れ侮れないことのたとえ。
5. 耳にたこができる……………同じことを何回も聞かされてうんざりすること。

2024年度　和歌山県　難易度

【5】次のア～オの慣用句について，空欄の(　　)に当てはまる体に関係する漢字一文字が同じものの組合せとして最も適切なものを，以下の①～⑤のうちから選びなさい。

ア　(　　)から湯気を立てる
イ　(　　)が棒になる
ウ　(　　)を撫で下ろす
エ　(　　)は口ほどに物を言う
オ　(　　)が地に付く

①　ア　と　ウ
②　ア　と　エ

③ イ と エ

④ イ と オ

⑤ ウ と オ

2024年度 神奈川県・横浜市・川崎市・相模原市 難易度

【6】「中途半端で役に立たないこと」という意味のことわざはどれか。

① ぬれ手で粟　② 仏つくって魂入れず

③ 帯に短したすきに長し　④ のれんに腕押し

2024年度 長崎県 難易度

【7】次の文の下線部「れ」の中で，自発の意味で使われているものを①～④から選び，番号で答えよ。

① 先生は今まで必死でがんばってこら<u>れ</u>た。

② その絵本は年代を問わず親しま<u>れ</u>ています。

③ この話は多くの人に伝えら<u>れ</u>ています。

④ 入院している妹のことが案じら<u>れ</u>ます。

2024年度 神戸市 難易度

【8】次のことわざと反対の意味のことわざを，以下の1～5の中から1つ選べ。

果報は寝て待て

1. 枯れ木も山のにぎわい　2. 蒔かぬ種は生えぬ

3. 労多くして功少なし　4. 虎穴に入らずんば虎子を得ず

5. 身から出た錆

2023年度 和歌山県 難易度

【9】次の文の下線部と同じ漢字を使うものを①～④から選び，番号で答えよ。

距離を<u>とる</u>。

① 血を<u>とる</u>。　② 獲物を<u>とる</u>。　③ 写真を<u>とる</u>。

④ 責任を<u>とる</u>。

2023年度 神戸市 難易度

解答・解説

【1】5

○**解説**○ 1　私の動作なので，謙譲語にしなければならない。
2　相手の動作なので，尊敬語にしなければならない。　3　持ってきたのは相手なので，「お持ちした」という謙譲表現は誤り。　4「いただく」は自分に対して用いる表現である。

【2】⑤

○**解説**○ 故事成語に関する問題である。　①　意味として書かれているのは「画竜点睛」のことである。「守株」は，古くからの習慣にこだわって，時代に合わせることを知らないことのたとえ。　②「他山の石」は，他人のつまらぬ言行も自分の人格を育てる助けになりうることのたとえ。　③　読み方が「きゆう」である。　④　読み方が「けんどちょうらい」である。

【3】2

○**解説**○ 「棚から牡丹餅」は，思いがけない幸運を得ること。 2 「蒔かぬ種は生えぬ」は，原因がないのに結果は生じないこと，努力もせずに良い結果は得られないことで，「棚から牡丹餅」の反対の意味をもつことわざである。　1 「紺屋の明後日」は，約束や期日が当てにならないこと。　3 「虎の威を借る狐」は，他人の力に頼っていばること。　4 「瓢簞から駒が出る」は，意外なところから意外のものが出ること，予想外のものが現れること。

【4】2

○**解説**○ 「気が置けない」は，「相手に気づまりを感じさせない，気づかいの必要がないという意味。

【5】④

○**解説**○ ア 「頭から湯気を立てる」で，激しく怒るさま，かんかんになって怒るの意。　イ「足が棒になる」で，足が疲れたために自由に動かなくなるの意。　ウ「胸を撫で下ろす」で，気持ちをおししずめる，心配事が解消してほっとするの意。　エ「目は口ほどに物を言う」で，情のこもった目つきは，口で話すのと同じほど相手に気持ちを伝えるの意。　オ「足が地に付く」で，危なげなくしっかりしている，着実であるの意。(参照：小学館刊『故事・俗信　ことわざ大辞典』)

【6】③

○**解説**○ ①「ぬれ手で粟」は苦労せずに多くの利益を得ること，②「仏つくって魂入れず」は肝心なものが欠けていること，④「のれんに腕押し」は手ごたえや張り合いがないことである。

【7】④

○**解説**○ ①は尊敬，②と③は受身の意味で使われている。

【8】2

○**解説**○「果報は寝て待て」は，「やることをやってしまったら，くよくよしたり無駄な動きをしたりしてもしかたない」という意味である。

【9】④

○**解説**○「距離を取る」なので，④「責任を取る」が正しい。なお，①「血を採る」，②「獲物を捕る」，③「写真を撮る」である。

和歌・俳句・詩・文学史

【1】次の説明にあてはまる近代俳句に関する人物として，最も適切なものを，以下の1～5の中から1つ選べ。

芭蕉以上に与謝蕪村を評価し，知識・理屈よりも感情を，空想よりも写実を説いた。

誰にでも実践できる近代大衆俳句の方法を打ち出し，その俳句の方法が「写生」だった。

これには，明治になって入ってきた洋画のデッサン(素描)の影響が見られる。

1. 向井去来　2. 小林一茶　3. 高浜虚子　4. 河東碧梧桐
5. 正岡子規

2024年度　和歌山県　難易度

【2】次の和歌の中で「掛詞」が使われていないものを，1～4の中から1つ選びなさい。

1　花の色は　移りにけりな　いたづらに　わが身世にふる　ながめせし間に
2　大江山　いく野の道の　遠ければ　まだふみもみず　天の橋立
3　あしびきの　山鳥の尾の　しだり尾の　ながながし夜を　ひとりかもねむ
4　立ち別れ　いなばの山の　みねにおふる　まつとし聞かば　今帰り来む

2024年度　埼玉県・さいたま市　難易度

【3】次の□内の和歌は何句切れの和歌か。以下の①～④から一つ選んで，その番号を書け。

月見ればちぢに物こそかなしけれわが身ひとつの秋にはあらねど

①　初句切れ　②　二句切れ　③　三句切れ　④　句切れなし

2024年度　香川県　難易度

【4】次の短歌の作品と作者の組み合わせとして最も適切なものを，①～⑤の中から一つ選びなさい。

	作品	作者
①	白鳥はかなしからずや空の青海のあをにも染まずただよふ	石川啄木
②	みちのくの母のいのちを一目見ん一目みんとぞただにいそげる	正岡子規
③	不来方のお城の草に寝転びて 空に吸はれし 十五の心	斎藤茂吉
④	海を知らぬ少女の前に麦藁帽のわれは両手をひろげていたり	寺山修司
⑤	くれなゐの二尺伸びたる薔薇の芽の針やはらかに春雨のふる	若山牧水

▌2024年度 ▌三重県 ▌難易度 ■■■□□

【5】次の歌の空欄A～Dに当てはまる語句として，最も適切な組合せはどれか。1～5から一つ選べ。

[　A　]は金の油を身にあびてゆらりと高し日のちひささよ

前田夕暮

瓶にさす[　B　]の花ぶさみじかければたたみの上にとどかざりけり

正岡子規

心あてに折らばや折らむ初霜のおきまどはせる[　C　]の花

凡河内躬恒

高砂の尾上の[　D　]咲きにけり外山の霞立たずもあらなむ

権中納言匡房

	A	B	C	D
1	向日葵	藤	白　菊	桜
2	朝　顔	梅	水　仙	桜
3	菜の花	藤	山茶花	椿
4	朝　顔	梅	白　菊	桜
5	向日葵	藤	水　仙	椿

2024年度 ▌大阪府・大阪市・堺市・豊能地区 ▌難易度

【6】次の古語の意味として適切なものを①～④から選び，番号で答えよ。

「うつくし」

①　不思議だ　　②　大人びている　　③　かわいらしい

④　情けない

2024年度 ▌神戸市 ▌難易度

【7】次の短歌のうち，「小倉百人一首」に入っていないものを①～④から選び，番号で答えよ。

①　八重むぐらしげれる宿のさびしきに　人こそ見えね秋は来にけり

②　山深み春とも知らぬ秋の戸に　絶々かかる雪の玉水

③　白露に風の吹きしく秋の野は　つらぬきとめぬ玉ぞ散りける

④　このたびはぬさもとりあえず手向山　紅葉のにしき神のまにまに

2024年度 ▌神戸市 ▌難易度

【8】次の正岡子規の俳句について，下線部の季語が表す季節を①～④から選び，番号で答えよ。

<u>鶏頭</u>の　十四五本も　ありぬべし

①　春　　②　夏　　③　秋　　④　冬

2023年度 ▌神戸市 ▌難易度

【9】次の近代文芸思潮・作家・作品の組み合わせとして正しいものを，次の①から⑤までの中から一つ選び，記号で答えよ。

	近代文芸思潮		作家		作品
①	写実主義	－	坪内逍遥	－	『浮雲』
②	浪漫主義	－	島崎藤村	－	『舞姫』
③	白樺派	－	有島武郎	－	『或る女』
④	プロレタリア文学	－	芥川龍之介	－	『鼻』
⑤	新感覚派	－	田山花袋	－	『蒲団』

▌2024年度 ▌沖縄県 ▌難易度 ■■■□□

【10】次の文学作品と作者の組み合わせとして誤っているものを，1～4の中から1つ選びなさい。

1 『夜明け前』『破戒』　志賀直哉
2 『伊豆の踊子』『雪国』　川端康成
3 『高瀬舟』『舞姫』　森　鷗外
4 『たけくらべ』『十三夜』　樋口一葉

▌2024年度 ▌埼玉県・さいたま市 ▌難易度 ■■■□□

【11】次の①～④のうち，作品とその作者の組合せとして正しいものはどれか。一つ選んで，その番号を書け。

① 高瀬舟 － 芥川龍之介
② 父帰る － 壺井栄
③ それから － 夏目漱石
④ 伊豆の踊子 － 志賀直哉

▌2024年度 ▌香川県 ▌難易度 ■■■□□

【12】本居宣長の作品として最も適切なものを，①～⑤の中から一つ選びなさい。

① 日本永代蔵　② 曽根崎心中　③ 玉勝間　④ 去来抄
⑤ おらが春

▌2024年度 ▌三重県 ▌難易度 ■■■□□

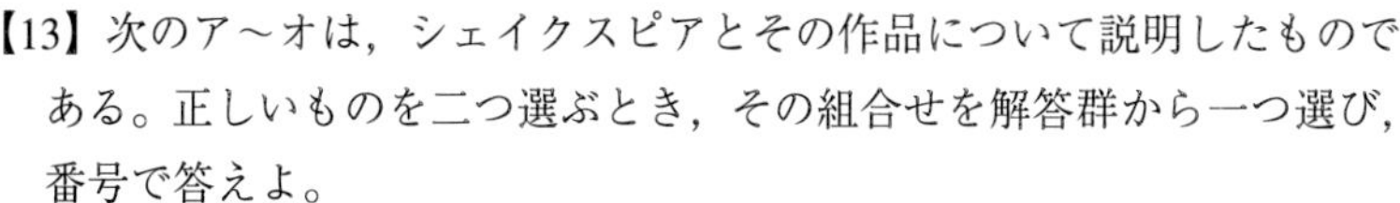

【13】次のア～オは，シェイクスピアとその作品について説明したものである。正しいものを二つ選ぶとき，その組合せを解答群から一つ選び，番号で答えよ。

ア　フランスの劇作家・詩人で，若くしてその地位を確立していたといわれる。

イ　喜劇としては，『ドン・キホーテ』『ロミオとジュリエット』などがある。

ウ　『ペスト』は人間の卑俗さと高貴さを描いた作品として知られている。

エ　悲劇としては，『オセロ』『マクベス』などがある。

オ　“To be, or not to be, that is the question.”は『ハムレット』のセリフである。

【解答群】　1　ア，イ　2　ア，ウ　3　ア，エ　4　ア，オ
5　イ，ウ　6　イ，エ　7　イ，オ　8　ウ，エ
9　ウ，オ　0　エ，オ

2024年度　愛知県　難易度

【14】次の作品のうち，「古典の三大随筆」と言われるものを①～④から選び，番号で答えよ。

①　方丈記　②　土佐日記　③　平家物語　④　伊曽保物語

2024年度　神戸市　難易度

【15】福井県出身の小説家「宮下奈都」の代表作を，①～⑤の中から1つ選んで番号で答えなさい。

①　サラダ記念日
②　そして，バトンは渡された
③　流浪の月
④　かがみの孤城
⑤　羊と鋼の森

2023年度　福井県　難易度

【16】次の文章は，漢文を書き下し文に書き改めたものである。文章中の——部「純孝」を説明したものとして最も適切なものはどれか。1～5から一つ選べ。

呉郡の陳遺、家至孝なり。母、鐺底の焦飯を食するを好む。遺、郡主簿と作るや、恒に一嚢を装ひて、食を煮る毎に輒ち焦飯を貯録し、帰りて以て母に遺る。後、孫恩の賊、呉郡に出づるに値ひ、袁府君、即日便ち征す。遺、以に数斗の焦飯を聚斂し得たるも、未だ家に展帰せず。遂に帯びて以て従軍せり。滬瀆に戦ひて敗れ、軍人潰散し、山沢に逃走し、皆多く飢死す。遺、独り焦飯を以て活くるを得たり。時人、以て純孝の報と為す。

（『世説新語』より）

（注）
・陳遺…人名。
・孫恩…人名。
・袁府君…人名。
・滬瀆…地名。

1 焦げた飯を，母に食べさせないようにしていたこと。
2 焦げた飯を袋にためて，家に帰ったときに母にあげていたこと。
3 母の代わりに炊事を日々行っていたこと。
4 母のために，従軍して戦ったこと。
5 攻め入ってくる賊から母を守ったこと。

▌2024年度 ▌大阪府・大阪市・堺市・豊能地区 ▌難易度 ■■■□□

【17】白樺派に属する作家のうち，『城の崎にて』の著者を①～④から選び，番号で答えよ。

① 志賀直哉　② 里見弴　③ 有島武郎　④ 武者小路実篤

▌2023年度 ▌神戸市 ▌難易度 ■■■□□

【18】次の文章が示す人物として正しいものを，以下の1～4の中から1つ選びなさい。

> 江戸時代に活躍した俳人であり，
>
> 鳥羽殿へ五六騎急ぐ野分かな
> 春の海ひねもすのたりのたりかな
> 不二ひとつうづみ残して若葉かな
>
> などの俳句を残した。その俳風は古典趣味的な浪漫性と印象の鮮明な絵画性が特徴である。近代に入って，正岡子規や萩原朔太郎らから高く評価された。

1　小林一茶　　2　松尾芭蕉　　3　向井去来　　4　与謝蕪村

2023年度　埼玉県・さいたま市　難易度

【19】人物と著書の組合せとして適切なものは，次の1～5のうちどれか。

1　トマス・モア　：　君主論
2　ラブレー　：　リア王
3　ボッカチオ　：　カンタベリ物語
4　ダンテ　：　神曲
5　シェークスピア　：　ユートピア

2023年度　新潟県・新潟市　難易度

解答・解説

【1】5

○解説○ 1　向井去来は江戸時代前期の俳諧師で芭蕉十哲(芭蕉門下のすぐれた俳人)の一人。　2　小林一茶は江戸時代後期の俳諧師。子どもや小動物をテーマにした，温かく，親しみ感じさせるといわれる作風。　3　高浜虚子は明治時代の俳人。正岡子規に師事し，子規の俳句方法「写生」をさらに追究し新しい俳句世界を開いた。　4　河東碧梧桐は明治時代の俳人。高浜虚子と共に子規の指導を受け，子規の俳句革新の双璧と称された。

【2】3

○解説○ 1 「世」は「世代」と「男女の仲」,「ふる」は「降る」と「経る」,「ながめ」は「長雨」と「眺め」の掛詞。 2 「いく野」は「生野」と「行く野」,「ふみ」は「文」と「踏み」の掛詞。 4 「いなば」は「因幡」と「往なば」(行ってしまったなら),「まつ」は「松」と「待つ」の掛詞。

【3】③

○解説○ 「①月見れば ②ちぢに物こそ ③かなしけれ ④わが身ひとつの ⑤秋にはあらねど」。現代語訳して句点(。)がつけられるところが句切れ。この場合,三句目の最後が係り結びになっているので,三句切れである。

【4】④

○解説○ ①は若山牧水,②は斎藤茂吉,③は石川啄木,⑤は正岡子規の作品である。

【5】1

○解説○ 歌を憶えている場合はすぐに解けるが,知らない場合は,描かれた情景から推測して読むこと。 A 「金の油を身に浴びて」から,強い日差しをいっぱいに浴びて咲いている様子が伝わる。「ゆらりと高し」の主語はAで,高く伸びている大輪の花である。「日のちひささよ」と太陽と対比されるにふさわしい大輪で,強い存在感をもっていることを感じさせる。これらから「向日葵(ひまわり)」が相応しい。 B 瓶(かめ)というやや大きな入れ物に差して飾れる花であり,長い花ぶさが垂れていることが多い花が想像されることから,「藤」が相応しい。 C 「心あてに折らばや折らむ(もし折るのなら,あてずっぽうに折ろうかの意)」から,折りどころがわかりにくく戸惑う様子が想像される。そのわけは,白い初霜がおりて花と見分けがつかないからだと下の句で分かる。折り取ることから白菊か山茶花が相応しく,霜が降りて花と紛れる咲き方から，小花で集まって咲く白菊がふさわしい。『古今和歌集』秋歌下にあり，詞書に「白菊の花をよめる」とある。小倉百人一首第29番。　D　高い峰の花が咲いて美しい。よく見えるように外山(人里近くの山の意)の霞よ立たないでいてくれと言っている。霞が立つ季節は春である。春，高い山に咲いているのが麓からも見えるのは桜である。山椿は冬から春まで咲くが，枝ごとの花の数が少なく，遠くから眺めて楽しむほどは見えないことから，当てはまらない。『後拾遺和歌集』にあり，詞書に，内大臣藤原師通の屋敷の宴で「遥かに山桜を望むといふ心をよめる」とある。小倉百人一首第73番。

【6】③

○**解説**○「うつくし」の使用例として，『枕草子』の「うつくしきもの。瓜にかきたるちごの顔。すずめの子の，ねず鳴きするに踊り来る…」(かわいらしいもの。瓜に描いた幼児の顔，人がちゅうちゅうと鳴きまねして呼ぶと，すずめの子が踊るようにして寄ってくる…)があげられる。

【7】②

○**解説**○ 正しくは「山深み春とも知らぬ松の戸に　絶々かかる雪の玉水」であり，『新古今和歌集』の式子内親王の歌である。なお，①の作者は恵慶法師，③の作者は文屋朝康，④の作者は菅家(菅原道真)である。

【8】③

○**解説**○「鶏頭(ケイトウ)」は，夏から秋にかけて咲く一年草で，赤い花の形がニワトリのとさかに似ていることからこの名がついた。「朝顔」同様，夏ではなく秋の季語であるので注意すること。この句は子規が32歳のとき，療養中の自宅で行われた句会において詠んだもの。「十四五本もありぬべし(きっと14～15本くらいあるだろう)」としているのは，このとき子規が病床に伏していたため庭の花を間近に見ることができず，以前咲いていた様子を思い出して詠んだためである。

【9】③

○**解説**○ ① 坪内逍遥も二葉亭四迷も写実主義の作家だが，『浮雲』は二葉亭四迷の作品である。 ②『舞姫』は森鷗外の作品である。 ④『鼻』は芥川龍之介の作品だが，芥川龍之介は新思潮派の代表作家である。 ⑤『蒲団』は田山花袋の作品だが，田山花袋は自然主義派の作家である。

【10】1

○**解説**○ 1『夜明け前』『破戒』は島崎藤村の作品。志賀直哉の作品は，『暗夜行路』『城の崎にて』などである。

【11】③

○**解説**○ ①の『高瀬舟』は森鷗外，②の『父帰る』は菊池寛，④の『伊豆の踊子』は川端康成の作品である。

【12】③

○**解説**○ ① 日本永代蔵は，井原西鶴作の浮世草子である。 ② 曽根崎心中は近松門左衛門作の浄瑠璃。 ④ 去来抄は向井去来著の俳論書。 ⑤ おらが春は，小林一茶著の俳文俳句集である。

【13】0

○**解説**○ ア シェイクスピアはイギリス出身である。 イ『ドン・キホーテ』は，スペインの作家セルバンテスの作品である。 ウ『ペスト』は，フランスの作家カミュの作品である。

【14】①

○**解説**○「古典の三大随筆」は『枕草子』，『方丈記』，『徒然草』である。②『土佐日記』は日記，③『平家物語』は軍記物語，④『伊曽保物語』は仮名草子である。

【15】⑤

○**解説**○ ①の『サラダ記念日』は俵万智，②の『そして，バトンは渡された』は瀬尾まいこ，③の『流浪の月』は凪良ゆう，④の『かがみの孤城』は辻村深月の作品。

【16】2

○**解説**○ 「純孝」は，まごころをもって孝行することの意。第3文に「食を煮る毎に輒ち焦飯を貯録し，帰りて以て母に遺る」とあり，常に母の好物を蓄え母にあげたことは純孝に相応しい。

【17】①

○**解説**○ 白樺派は大正時代の文壇の中心であり，その名前は，学習院出身の作家が中心となって刊行された文学同人誌『白樺』(1910年刊行，1923年廃刊)に由来する。白樺派の文学者・美術家には華族階級が多く，理想主義・個性尊重などを唱えた。白樺派を牽引した作家は志賀直哉，武者小路実篤，有島武郎などであり，『城の崎にて』は志賀直哉による短編小説。有島武郎の実弟であり同じく白樺派に属した②の里見弴には代表作として『善心悪心』などがある。③の有島武郎は『カインの末裔』，④の武者小路実篤は『友情』などが知られる。

【18】4

○**解説**○ 与謝蕪村は他に「さみだれや大河を前に家二軒」「菜の花や月は東に日は西に」の句も有名である。

【19】4

○**解説**○ 1　トマス・モアの主著は『ユートピア』であり，『君主論』の著者はマキャヴェリである。　2　ラブレーは『ガルガンチュアとパンタグリュエル』の著者であり，『リア王』の著者はシェークスピアである。　3　ボッカチオの主著は『デカメロン』であり，『カンタベリ物語』はチョーサーの物語詩集である。　5　シェークスピアは『リア王』,『マクベス』などの作で知られる。『ユートピア』の著者はトマス・モアである。

文章読解

【1】次の文章を読み，以下の(1)～(5)の問いに答えなさい。答えは①～⑤のうちから1つ選びなさい。

民俗学者の[a]柳田國男(1875-1962)も述べていますが，昔の人は「はなす」ではなく「かたる」という言い方をしていました。「かたる」は昔からある和語です。漢字が入ってきて以来，漢字を当てて「語る」となりました。

「語る」は言偏（ごんべん）に吾（われ）。「話す」は言偏に舌。

[　ア　]

つまり，人[b]カクを持った吾，私がしゃべっているのが「語る」であり，舌がしゃべっているのが「話す」です。「かたる」という言葉には他の字も当てられさまざまな意味で使われていました。だますという意味の「騙（かた）る」や，交の字を当てる「交（かた）る」もあります。これはコミュニケーション，交わることを指しています。

[　イ　]

昔，東北で昔語りをしてくれるおばあさんを[c]「語り婆」と呼びました。「昔々なあ，こんな山姥がおってなあ」などと，語り婆の「かたる」世界にそれを聞いている子どもたちが入りこみ，子どもたちの心が結ばれていきました。そして，最後に「だとさあ。よかったなあ」と言ったところでみんな一緒に現実に戻ってくるのです。「ああ，よかった」「やっぱりさっきの話，怖かったなあ」とお互いに言いながら，語り婆を通して世界を共有していました。

[　ウ　]

日本では最近，絵本を読んで聞かせることを「読み聞かせ」と言いますが，「読み語り」と言ったほうがその行為の本来の意味に近いのかもしれません。

子どもたちのために心を込めて語り，子ども同士の心を作品の世界の中で結ばせ，少し騙（だま）して，最後に現実に戻ってこさせる。語り婆の昔語りや，神話や童話，絵本の世界は，まさに「かたる」という言葉の意味が全て入っているのです。

[　エ　]

一方で，「はなす」は，「話す」だけでなく「離す」とも書きます。つまり心と心が分かれていくことを意味します。アナウンサーがニュースを読むときのあのしゃべり方を「はなす」と呼ぶようになってから，「話す」が広がったのだと柳田は述べています。

[　オ　]

囲炉裏端で皆で語る，焚(た)き火を囲みながら皆で語る。そうしたことが人間にとってはとても大事なことでした。

(汐見　稔幸『教えから学びへ　教育にとって一番大切なこと』による)

(1)　下線部a「柳田國男」の著作はどれか。

①『金閣寺』　②『遠野物語』　③『蟹工船』

④『夜明け前』　⑤『智恵子抄』

(2)　下線部bと同じ漢字を使うものはどれか。

①　カク式　②　カク実　③　カク悟　④　カク命

⑤　カク張

(3)　下線部c「語り婆」の昔語りを説明したものとして，最も適するものはどれか。

①　ニュースを読むときのようなしゃべり方で語り，子どもたちに正しい日本語を教えている。

②　怖い話を繰り返し語り，恐怖心をあおることで，子どもたちに現実を忘れさせている。

③　感情を込めずに語り，子どもたちが架空の世界を現実だと錯覚しないように気を付けている。

④　巧みな語りで子どもたちを騙し，架空の世界に引き込んで，現実に戻れないようにしている。

⑤　心を込めて語り，架空の世界の中で子ども同士の心を結ばせ，最後に現実に戻している。

(4)　本文中の[　ア　]～[　オ　]のうち，次の段落が入る箇所として，最も適するものはどれか。

> 古代ギリシアの神話にも同様の意味合いがありました。神話を共有することで，同じ民族であることを実感させる効果がある。語りは大事な教育だったのです。

① ア　② イ　③ ウ　④ エ　⑤ オ

(5) 本文の内容として，最も適するものはどれか。

① 「はなす」ことと違い，「かたる」ことは語り婆などのように長い年月の熟練が必要である。

② 「かたる」ことは，人々が世界を共有し，心と心を結び付ける上でとても大事なものである。

③ 「はなす」と「かたる」はどちらも昔から広く使われてきた，全く同じ意味を持つ和語である。

④ 「読み聞かせ」と「読み語り」は性質が異なり，相手の年齢に応じて使い分けるべきである。

⑤ 昔と違い，人々のつながりが希薄になった現代においては，「はなす」ことこそ必要である。

2024年度 ▌群馬県 ▌難易度

【2】次の文章を読んで，以下の1，2，3の問いに答えよ。

日本人にとって，水や湯や氷がそれぞれ独立した，いわば別個のものであるのは，「水」「湯」「氷」のような，互いに区分が明確で，それぞれが独立した存在であることばの持つ構造を，現象の世界に私たちが(1)トウ影しているからなのである。

水と湯の区別とは，ちょっとした温度の差に依存するわずかなものであり，相対的な対立でしかないということは誰の目にも明らかであろう。しかしこれに比べて，氷と水(および湯)の間には，究極的には温度の差に(2)キすることができるにせよ，一応液体と固体の差という比較的明(3)リョウな区別が存在する。だから両者の区別は，単なることばの問題というよりも，ものの側に，それを裏付けるだけの[A]があるのだと言う人がいるかも知れない。

しかしそれならば，氷とつららの区別はどうであろうか。或る限られた条件(生じる場所と形状)の下で，日本語ではあたりまえの氷が，「つらら」と呼ばれるにすぎない。氷とつららの区別を支えているのは，ここでも矢張り，「氷」と「つらら」という，同一の対象を違った[B]から見る見方につけられたことばなのである。だから，ものとしてのつららが立派に存在するトルコで，「氷」buzと区別された

「つらら」ということばがなくても不思議ではない。

このように考えてくると，氷と雹(ひょう)，霰(あられ)，雪，霙(みぞれ)，などとの区別も[　C　]なる。気温が上がればこれらはすべて雨になってしまう。そして雨と霞，靄(もや)の相違も水滴の粒子の大きさの問題にすぎず，[　D　]地面との相対的な距離のちがいで，どれも雲になり得る。

素材の点では同一であるこれらの諸現象が，なぜそれぞれ違った名(4)ショウを与えられているかといえば，その方が人が生活していく時に，便利だからである。都合がいいのである。

ものにことばを与えるということは，人間が自分を取りまく世界の一側面を，他の側面や断片から［　　　］扱う価値があると認めたということにすぎない。

(鈴木孝夫『ことばと文化』)

1　文章中の下線部(1)から(4)にあたる漢字を，それぞれのアからエのうちから一つ選べ。

(1)　ア　登　　イ　投　　ウ　到　　エ　統

(2)　ア　期　　イ　寄　　ウ　帰　　エ　記

(3)　ア　領　　イ　量　　ウ　陵　　エ　瞭

(4)　ア　称　　イ　勝　　ウ　証　　エ　将

2　文章中の空欄[　A　]から[　D　]にあてはまる最も適切な語句を，それぞれのアからエのうちから一つ選べ。

A　ア　技術　　イ　経験　　ウ　要因　　エ　比較

B　ア　体験　　イ　角度　　ウ　症状　　エ　問題

C　ア　あやしく　　イ　明確に　　ウ　参考に　　エ　易しく

D　ア　まるで　　イ　常に　　ウ　または　　エ　しかも

3　文章中の空欄［　　　］にあてはまる最も適切な語句を，次のアからエのうちから一つ選べ。

ア　選び直して　　イ　統合して　　ウ　切り離して

エ　延長して

2024年度　栃木県　難易度

【3】次の文章を読んで，以下の問いに答えなさい。

自分とは異なる意見に直面したとき，私たちはつい(Ⅰ)とっさに「そうは思いません」，「それは違うと思います」という言い方で，相手に否定の感情を伝えてしまいがちです。ですが，これは問題を含んだ思考であると言えます。その理由は主に二つあります。一つは，初めは相手の意見に同意できなかったとしても，相手から話を聞いているうちに，だんだんこちらの意見の方が(a)シュウセイされる可能性があるからです。二つの視点が掛け合わされることで，新しい発想が生まれてくることはよくあります。こうした生産的な議論の可能性を，最初の一言で潰してしまいかねないのが開口一番の否定文なのです。

それだけではありません。仮にこちらの言い分の方が理に適っていて，相手の主張を論破することができたとしましょう。確かにその瞬間，自分自身は(Ⅱ)爽快感を得られるかもしれませんが，それは同時に，目の前の相手の面子(メンツ)をあからさまに潰してしまう行為にもなってしまいます。(　①　)，おそらく相手は自分の人格そのものを否定されたかのように感じてしまうので，怒りや不満の感情で精神を満たすことになるでしょう。こうなってしまうと，もはや落ち着いた対話どころではありません。こうした事態を回避するためにも，開口一番で否定文を発することは避けた方が良いのです。

それでは，自分の意見とは異なる意見に直面した場合，私たちはまず開口一番にどのような言葉を返すべきなのでしょうか？　それは否定文ではなく，疑問文です。自分とは違う意見を聞いたとき，私たちは「なぜそのように思うのか？」という感情をまず(b)イダくと思います。そしてそのように感じたならば，私たちはその感情を言葉にして相手に伝えれば良いのです。

(山野弘樹『独学の思考法　地頭を鍛える「考える技術」』による。ただし，一部に省略がある。)

1　下線部(a)，(b)のカタカナを漢字に直したとき，同じ漢字を用いるものを，次のア～エの中からそれぞれ一つずつ選び，記号で答えなさい。

(a)　ア　シュウイツな作品　　　イ　シュウネンを燃やす
　　ウ　シュウガク旅行にいく　　エ　エンシュウ率を求める

(b)　ア　新年のホウフを述べる　　イ　ホウコク書を提出する
　　ウ　窓をカイホウする　　　　エ　よく切れるホウチョウ

2　下線部(Ⅰ)の本文における意味として最も適切なものを，次のア～エの中から一つ選び，記号で答えなさい。
　ア　客観的に　　イ　冷淡に　　ウ　すぐに　　エ　端的に

3　下線部(Ⅱ)と熟語の構成が同じものを，次のア～エの中から一つ選び，記号で答えなさい。
　ア　真偽　　イ　必然　　ウ　読書　　エ　怠惰

4　空欄(　①　)にあてはまる最も適切な語句を，次のア～エの中から一つ選び，記号で答えなさい。
　ア　さて　　イ　しかし　　ウ　すると　　エ　なぜなら

5　本文から読み取れる筆者の主張として最も適切なものを，次のア～エの中から一つ選び，記号で答えなさい。
　ア　相手の意見に違和感があっても，自分に有利に話を進めるためには初めから否定してはならない。
　イ　初めは同意できない意見でも，否定せずに対話を重ねることで新しい発想が生まれることがある。
　ウ　相手を論破すると怒りや不満が生まれてしまうので，相手の意見は最後まで肯定した方が良い。
　エ　こちらの言い分が理に適っていたとすると，相手の意見を否定することで論破することができる。

2023年度　山形県　難易度

【4】次の文章を読んで，以下の〔問1〕，〔問2〕に答えよ。

この世の中には，それまでの事象からだけでは説明できない現象，つまりそれまでの事象の説明に用いてきた原理を使っては説明できない現象が出現することがあります。

生物現象，すなわちいのちがそうです。

生命体は，地球が誕生した四六億年前には存在していませんでした。無機物ばかりが地球の表面を覆っていたのです。

それから長い，長い，長い時間がたち，四〇億年ほど前に，地球上に突然(億年単位のできごとですから，突然という言い方はおかしいかもしれませんが)いのちあるものが出現しました。

いのち(生命)ってなんでしょうか。

単なる原子や分子の集合体ではありません。

それまでの地球上には存在していなかった分子から成る，それまでには存在していなかった構造体です。この構造体は環境の破壊的影響から①自分を守り抜くわざを備えていました。

熱に耐え，寒さに耐え，気圧に耐え，風に耐え，波に耐え，乾燥に耐え，あらゆる環境変化に耐えて，自分の構造を守り抜いてきました。

どうやって守り抜いてきたかと言いますと，自分で自分と同じものを生み出す(自己複製)という離れ業によってです。親が子を生み，子が孫を生み，孫がひ孫を生み，ひ孫がやしゃごを生んでいきます。

複製ですから，結構細かいところでは間違いも起きるようですが，大きなところは決して間違わずに，自分の構造を次の世代へ，そしてまた次の世代へ，そしてまた次の世代へと，延々と伝え続けて，今に至っています。

自己構造の維持と自己構造の複製にはエネルギーが必要です。エネルギーを使わないと，分解して分子か原子に戻ってしまいます。雲散霧消してしまいます。

太陽光などの無機エネルギーをからだに合う有機エネルギーに変え，そのエネルギーを消費しながら，自己の構造の破壊を防いできたのです。破壊を防ぐどころか，この構造体を繁殖させ，進化させ，地球の表面を覆いつくしてしまったのです。

生命体を四〇億年にもわたって持続させてきたこの「生き続ける力」，つまりいのちは，何種類かの高分子が，たまたまそれまでに無かった特別なまとまり(構造)を作り上げたことをきっかけに誕生しました。

炭素原子(C)や，窒素原子(N)や，酸素原子(O)や，水素原子(H)や，リン原子(P)など，特定の原子群が，たまたまある条件のもとに置かれて，たまたま特定の結び付き(分子構造)を作り出した時，いのちという，それまでの地球上に存在していなかった新しい現象が出現した，と考えられています。

(山鳥重『「気づく」とはどういうことか』による)

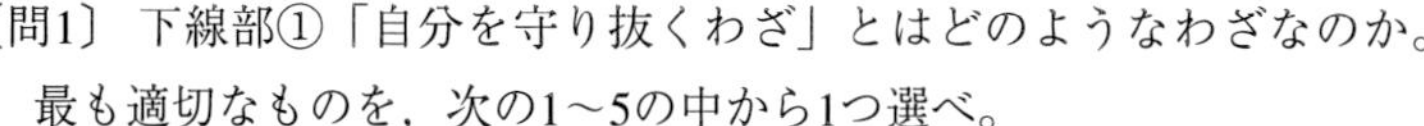

〔問1〕 下線部①「自分を守り抜くわざ」とはどのようなわざなのか。最も適切なものを，次の1～5の中から1つ選べ。

1. それまでの地球上に存在していなかったわざ
2. あらゆる環境の変化に耐え守り抜いてきたわざ
3. 自分で自分と同じものを生み出すというわざ
4. 細かいところで間違いが起きてしまうようなわざ
5. 分解して分子か原子に戻ってしまうようなわざ

〔問2〕 本文の内容にあてはまらないものを，次の1～5の中から1つ選べ。

1. それまでの事象の説明に用いた原理を使って説明できない現象がいのちである。
2. 長い，長い時間がたち，四〇億年ほど前に，地球上に突然いのちあるものが出現した。
3. いのちは，自分の構造を次の世代へ，また次の世代へと延々と伝え続けて今に至っている。
4. いのちは，何種類かの高分子が，既存にあった構造に似せて作り上げたことで誕生した。
5. 特定の原子群がある条件のもと，たまたま特定の分子構造を作り出した時，いのちが出現したと考えられている。

2024年度 ｜ 和歌山県 ｜ 難易度 ■■■□□

【5】次の文章を読んで，〔No.1〕〔No.2〕の各問いに答えなさい。

長田弘『読書からはじまる』(2006年，NHKライブラリー)に次のようなくだりがある。

人と人をつなげるだけの共通の時間が，どんどんもちにくくなってきています。人と人をつなげることのできる共通の経験も，もはや分けあえにくくなっています。

共通の記憶をつくる共通の言葉自体，わたしたちのあいだには，だんだんA乏しくなってきているのかもしれません。

だれもがみんな別々ですが，だれもがみんな別々というのは，

> 多様性とは $_B$違います。ただばらばらというだけで，そんなふうにただばらばらでは，腰が引けて当然です。
>
> この話はできない。あの話ができない。そんなふうに，おたがいのあいだでできない話がふえているという事態が，日常のいたるところに生じているのだと思えます。

「人と人をつなげることのできる共通の経験」が少なくなる。「共通の記憶」は「共通」だから，お互いの記憶をすりあわせ，確認する必要がある。それは言語で行なうしかない。すりあわせ，確認するためには，自身の記憶を論理的に言語化しなければならない。「言わなくてもわかるでしょ」ということでは「共通」を確立できない。そして，すりあわせや確認には手間暇がかかる。そういう「共通の時間」をもつことができない。かくて，自身を確認するための「他者」の存在も希薄になっていく。「共通の経験」をもた $_C$ない他者について，思いやることは難しい。「経験」は具体的なものだから，根っこにあるといえよう。その「根っこ」が共有できていないとなれば，ことばはふわふわと空中を漂うことになる。

「すりあわせ」は大事だ。自分の「持っているもの」はこれです。あなたの「持っているもの」は何ですか？と問いかけ，お互いの「持っているもの」を付き合わせて，ではこれとこれとは「共通」していますねと確認する。その「すりあわせ」によって，自分が他者と案外多くのものを「共有」しているということに気づいたり，こういう面では，あまり「共有」していないのだということに気づいたりする。「すりあわせ」が $_D$滑らかに進行するのが理想だが，「すりあわせ」によって摩擦が生じることもあるかもしれない。摩擦で，傷つくということもあるかもしれない。しかしそういうこと抜きには「すりあわせ」はできないともいえよう。

摩擦が生じ，傷つくことを避けようとするあまりに，具体的な「すりあわせ」をせずに，一気に結論だけ「共有」しようとするならば，それも「飛び越えて先まわり」だ。あるいは，「持っているもの」が共通してそうな他者とのみ「すりあわせ」をして，「ああ，$_E$ほとんど同じですね。安心するな」ということはないだろうか。違うものを持っているから他者なのであって，すべて自身と同じであれば，それは他者とはいえなくなる。

(今野真二(こんのしんじ)『うつりゆく日本語をよむ―ことばが壊れる前に』から抜粋)

〔No.1〕 下線部A～Eのうち形容詞はどれか。

1. A 乏しく
2. B 違います
3. C もたない
4. D 滑らかに
5. E ほとんど

〔No.2〕 本文の内容を説明したものとして，最も適当なものはどれか。

1. 人と人とをつなげるだけの共通の時間が持ちにくく，おたがいのあいだでできない話がふえているという事態が生じており，それが多様性に直結している。
2. 「共通の記憶」を確認する際には，記憶を言語化しなければならなかったり，摩擦が生じる可能性があったりするので，「すりあわせ」は行わなくてよい。
3. 日常の中で具体的な「経験」が持てないため，自身の記憶を論理的に言語化できず，他者と「共通」をやり取りすることでしか自身の存在を確認できない。
4. 他者との「すりあわせ」によって，自分と他者が多くのものを「共有」していることや「共有」していない面に気づくことで，自分と他者の存在を認識できる。
5. 人は多様でそれぞれ違うものを持っている存在なので，「すりあわせ」をしても，おたがいの「共通」を見つけ出すことはできず，安心感を得ることはできない。

2024年度 岡山市 難易度

【6】次の文を読んで，問1，問2に答えなさい。

子どもから大人になるプロセスにある十代は，その人が他者とコミュニケーションを取り交わす作法を学び取る大切な時期です。私たちは他者である相手と言葉を交わすことによって，情報内容の伝達だけではなく，思いや感情といった情緒的側面の交感をも重ねます。そうしたコミュニケーションの過程のなかで，自分から相手をまなざすと同時に，相手から自分に向けられるまなざしを受け止めながら，〈いま・ここ〉の自分のあり方を振り返り，とらえ直す作法を学び取ります。

しかしこれから検討していく言葉群，私が「コミュニケーション阻害語」と名づけた一連の言葉は，そうした自分と相手の双方向のまなざしが自分自身のなかで交差することを，著しく阻害する危険性があると思うのです。自分から相手を一方的にまなざすばかりで，相手からのまなざしをカイヒしてしまう道具としての性格を，こうした言葉はいつのまにか帯びてしまっているというのが，私の考えです。

もちろん私は，「こうした言葉を用いることを一律に禁止せよ」，といっているわけではありません。大人になって，状況判断や相手との間合いの取り方などに長けてくれば，時と場合によっては，冗談半分で使うこともあるでしょう。でも他者とのコミュニケーションの作法をこれから学び取り，状況に応じた相手との距離の感覚やきちんとした向き合い方を身につけていかなければならない十代の若者たちにとって，これから取り上げる言葉群は，異質な他者ときちんと向き合うことから自分を遠ざける，いわば〈逃げのアイテム〉としての機能をもち，そうした言葉を多用することによって，知らず知らずのうちに他者が帯びる異質性に最初から背を向けてしまうような身体性を作ってしまう危険性があることを，私は指摘したいと思うのです。

阻害語の代表的なものが，「ムカツク」と「うざい」という二つの言葉です。

この言葉は，このところ若者を中心にあっという間に定着してしまった感のある言葉です。「ムカツク」とか「うざい」というのはどういう言葉かというと，自分の中に少しでも不快感が生じたときに，そうした感情をすぐに言語化できる，非常に便利な言語的ツールなのです。

つまり，自分にとって少しでも異質だと感じたり，これは苦い感じだなと思ったときに，すぐさま「おれは不快だ」と表現して，異質なものと折り合おうとする意欲を即座に遮断してしまう言葉です。しかもそれは他者に対しての攻撃の言葉としても使えます。「おれはこいつが気に入らない，嫌いだ」ということを根拠もなく感情のままに言えるということです。ふつうは，「嫌いだ」と言うときには，「こういう理由で」という根拠を添えなければなりませんが，「うざい」の一言で済んでしまうわけです。自分にとって異質なものに対して端的な拒否をすぐ表明できる，安易で便利な言語的ツールなわけですね。

だから人とのつながりを少しずつ丁寧に築こうと思ったとき，これらの言葉はなおさら非常に問題を孕(はら)んだ言葉になるのです。

どんなに身近にいても，他者との関係というものはいつも百パーセントうまくいくものではありません。関係を構築していく中で，常にいろいろな阻害要因が発生します。他者は自分とは異質なものなのですから，当然です。じっくり話せば理解し合えたとしても，すぐには気持ちが伝わらないということもあります。そうした他者との関係の中にある異質性を，ちょっと我慢して自分の中になじませる努力を最初から放棄しているわけです。

つまり「うざい」とか「ムカツク」と口に出したとたんに，これまで私が幸福を築くうえで大切だよと述べてきた，異質性を受け入れた形での親密性，親しさの形成，親しさを作り上げていくという可能性は，ほとんど根こそぎゼロになってしまうのです。これではコミュニケーション能力が高まっていくはずがありません。

もっとも，流行語になるずっと以前から，「むかつく」とか，「うざったい」という言葉はありました。でもあまり日常語として頻繁に現れるということはありませんでした。なぜかといえば，現在の状況のように，すぐに「ムカツク」とか「うぜー」と表現することを許すような，場の雰囲気というものがなかったのです。でも今はあります。

(菅野仁『友だち幻想　人と人の〈つながり〉を考える』より)

問1　下線部「<u>カイヒ</u>」の「カイ」と同じ漢字を含むものの組合せを選びなさい。

①　成功する可能性はカイムだ

②　この建物はトウカイの恐れがある

③　キシカイセイの一手をうつ

④　友人からの依頼をカイダクする
⑤　前言をテッカイする

ア　①②　　イ　①④　　ウ　②③　　エ　③⑤　　オ　④⑤

問2　この文章の内容として，適切なものの組合せを選びなさい。

①　他者と言葉を交わすことによって，情報内容の伝達だけでなく，思いや感情といった情緒的側面を読み取る過程は，十代の時期にしかないものである。
②　筆者が「コミュニケーション阻害語」とよぶ，「ムカツク」「うざい」という言葉には，他者との適切な距離感覚や向き合い方を身につけることが妨げられる危険性がある。
③　「コミュニケーション阻害語」は親密性，親しさの形成，親しさを作り上げていく上で，非常に便利な言語的ツールである。
④　「コミュニケーション阻害語」は，他者との関係の中にある異質性を自分の中になじませる努力を最初から放棄し，不快感をすぐに表現できる言葉である。
⑤　以前は，すぐに「ムカツク」とか「うぜー」と表現することを許すような，場の雰囲気というものがなかった。

ア　①②③　　イ　①③④　　ウ　①④⑤　　エ　②③⑤
オ　②④⑤

▌2024年度 ▌北海道・札幌市 ▌難易度 ■■■□□

【7】次の文章中の空欄[　ア　]～[　エ　]に当てはまるものの組合せとして最も適切なものを，以下の①～⑤のうちから選びなさい。

私たちは集団内の「違い」に直面したとき，最終的に「多数決」で解決することがもっとも[　ア　]で公平なやり方だと考えてきた。その考え方からすると，「満場一致」は非民主的で遅れた方法でしかなかった。しかしながら，「満場一致」の方法は，たんにある問題の賛否を問うだけでなく，人々がその問題の処理後も，どのようにして「よりよくともに生きることができるか」を見通して編み出された，完成された政治的手法と思想であることを知るのである。このことをより明快に指摘したのは，2020年に新型コロナウイルスのために死去したコンゴ生まれの思想家であり政治家でもあったワンバ・ディア・

ワンバだった。ワンバは，アフリカ社会に広範に見出せる，多数決原則に依らない集団の意思決定方法に着目し，それをパラヴァーと総称した。パラヴァーとはポルトガル語で言葉や発言を意味するpalavraからきた語だが，それが自由で雄弁なおしゃべりに転じ，さらにワンバによって，誰もが参加し自由かつ雄弁に意見を述べ，全員が一致するまで話し続け最終的に「違い」を乗り越え[　イ　]に到達する会合(あるいはその場)を指す言葉となった。「違い」を前に，多数決で集団の意思を決めるのではなく，全員一致にいたるまで対話と議論を雄弁に積み重ねることで集団の意思を決定するのである。パラヴァーは伝統的な意思決定としてコンゴやエチオピアはじめ多くの社会で今も機能しているが，後述するようにポストアパルトヘイト期の南アフリカ社会のような現代的な状況においても出現し，人種や民族の違いを乗り越えて人々の協働を支えている。

ワンバは自身の故郷であるコンゴのムラ社会で行われるパラヴァーを観察するなかで，人々の意見や立場の違いが浮き彫りにされてはいるが，じつはその議論や会合の目的は，意見が分岐する問題の解決そのものにあるのではないと気づく。そして，その自由なおしゃべりの交換と対立する立場との協働作業のなかで，参加者が抱えている困難や矛盾が語られ意識され，ともにそれについて考え交流することで，共同体の一体感を再確認し共通の価値を創造していくことにあるのではないかと気づく。それだけでなく，パラヴァーを通じて，その場に参加・関与する異質な人々のあいだに，それまでなかった共同性(一体感や共通価値)をつくりだしていることを強調するのである。

これまで見てきたように，意見や立場の違いを前にして，それを最終的に「多数決の論理」によって解決する思想と，対話と演説を雄弁に続け「満場一致」によって合意を達成する思想とは，違いをとらえる深さと広さが根本的に異なる。それは一言でいえば，「[　ウ　]」を処理する哲学の違いといってよいだろう。「多数決の論理」は，「違うこと」を前にして，そのどれかを選び，ほかを否定して得る「結果を重視」する思考に基づいているのに対して，「満場一致の論理」は，「違うこと」自体を問題にするのではなく，それを認識し議論することで「ともにある」ことを確認するという「[　エ　]」の思考から導き出されていることがわかる。つまり，他者との意見の違いや対立という状況を，敵対的にとらえるのではなく，それにかかわる人々が「ともにある」「ともに生きる」ための契機であり協働の過程だととらえるのである。これが「満場一致」の論理による政治のエッセンスといえる。

(出典：「文化人類学のエッセンス－世界をみる／変える」
春日直樹・竹沢尚一郎[編]　有斐閣)

① ア　民主的　イ　限界　ウ　違い　エ　本音重視
② ア　生産的　イ　限界　ウ　違い　エ　本音重視
③ ア　民主的　イ　合意　ウ　違い　エ　過程重視
④ ア　民主的　イ　合意　ウ　立場　エ　過程重視
⑤ ア　生産的　イ　限界　ウ　立場　エ　過程重視

2024年度　神奈川県・横浜市・川崎市・相模原市　難易度

【8】次の文章を読んで，下線部における久兵衛のなつめに対する思いを説明したものとして最も適切なものを，以下の1～4のうちから1つ選びなさい。

(江戸で了然尼(りょうねんに)に面倒を見てもらっていた「なつめ」は，菓子職人である久兵衛の見習いとして修行を始めることとなった。この日，久兵衛から，菓子職人としての才覚をはかるのは少なくとも何十年経った後にすべきだと聞かされた。)

了然尼に憧れて，尼になりたいと願い，歌詠(うたよ)みに，絵描きに，お針子に，なりたいと思った。だが，それらの道をすぐに離れてしまったのは，少しかじってみて，ある程度の域に達すると，それに満足し，今度はその道では大した成果をあげられまいと考え始めてしまったからではないか。これ以上続けたとしても，その道の真の面白さに到達することもできないだろう，と――。

「己の才覚を考えたくなることはあるだろうが，たとえどんなことを思ったにしても，ひとまずそれは措(お)いておけ。とにかく，今うちの店で欲しいのは，俺の手助けをしてくれる職人ということだ」

久兵衛の話は再び初めのところへ戻ってきた。

「ただし，俺はお前に，俺の指図通りに動いてりゃいいと言ってるわけじゃねえよ」

久兵衛の目つきがそれまで以上に真剣なものとなる。同時に，その眼差しには優しさもある。

「前にも言ったが。お前には菓銘[*1]の才があるようだ。主菓子（おもがし）[*2]の本場である京で生まれ育ったというのも経験のうちだ。それは，菓子職人の才とは違うものだが，菓子作りの手助けとはなるだろう。だから，お前が気づくことがあれば，それはこれまでのように言ってくれていい」

「はい」

なつめは思わず声を高くして返事をしていた。

【篠　綾子『親子たい焼き　江戸菓子舗照月堂』による】

〈注〉＊1　菓銘：菓子に名前をつけること

＊2　主菓子：茶道で濃茶と共に提供される生菓子

1　一流の菓子職人になるには才能は一切関係ないにもかかわらず，才能のなさに悩んでいるなつめへのいらだちと，それでも悩みを抱えていることに対する哀れみ。

2　なつめが悩みを相談したり，自分の気持ちを伝えたりすることが一度もないことに対する怒りと，すでに自立への第一歩を進んでいることへの寂しさ。

3　なつめが修行途中で菓子作りから離れることはさせたくないという親心と，修行を続ける中で菓銘の才能をいかしてほしいという期待。

4　見習いを始めたばかりで新しい菓子を作り，名前の提案もしたことへの驚きと，様々な道を究めてきたなつめに対して，菓子作りでも大成してほしいという願い。

2024年度　宮城県・仙台市　難易度

【9】次の文章を読み，(1)〜(5)に答えよ。

見た目の類似性は，私たちの認識にとって非常に強いインパクトを与える。しかし，言語を使うためには，見た目の「似ている」を超えて，関係に注目し，「関係の同一性」に注目することが必要だ。

モノは，様々な行為を表現する様々な動詞といっしょに使われる。例えば，「ボール」は「投げる」という動詞だけではなく，「蹴る」「置く」「入れる」「たたく」「しまう」「転がす」など，実に様々な動詞といっしょに使われる。動詞を学習するためには，人がボールを投げているシーンと，人がボールを転がしているシーンを見たとき，この二つを「違う行為」として①クベツし，人がボールを投げているシーンと，消しゴムを投げているシーンを，「同じ行為」としてみなすことを知らなければならない。(中略)

モノが違っても関係が同じことを「同じ」とみなすことは，比喩や類推でも見られる。例えば「書物は脳にとって，もっともよく効く肥料だ」というような比喩を発話したり，理解したりすることは，実際には非常にかけ離れた存在である「植物」と「脳」が「成長させるために栄養が必要」という，非常に抽象的な関係性において「同じである」とみなすことで可能になっているのだ。

このように，本来なら(I)「見た目も性質もまったく違った」モノ同士を，なんらかの関係に基づいて「同じもの」とみなすことができるのは，人間の知性のもっとも重要な特徴のひとつであるといってよいだろう。関係の同一性にもとづいて「同じ」であることを認識するのはヒト以外の動物にとってはもちろん，人間の乳児や幼児でもやさしいことではない。しかし，人間の子どもは，ことばに導かれ，見た目には大きく異なるモノ同士の関係が，同じ関係を表すことばで表されていることを経験することで，感覚的には直接経験できない，モノ同士の抽象的な関係における「同一性」を学んでいくようになるのである。

②キョウミ深いエピソードをショウ③カイしたい。「錠：鍵＝ペンキ缶：△」で△にくるものが何かを答える問題を考えてみよう。△は刷毛だろうか，缶切りだろうか？　今度は別の問題だ。「文字が書かれた紙：鉛筆＝ペンキ缶：△」の場合には，△は刷毛だろうか，缶切り

だろうか？　最初の問題の答えは[　a　]，次の問題の答えは[　b　]である。

最初の問題では，「鍵は錠を開けるもの」だから，「ペンキ缶を開けるもの」が△にくるはずだ。二番目の問題では，「紙に書かれた文字を書くのに使う道具」が鉛筆だから，「ペンキを塗るのに使う道具」が△にあたるはずだ。これは大人なら簡単にわかるアナロジー([　c　])の問題で，答えを見つけるには，まずAとBの関係を考え，Cとの関係がそれと「同じ」であるモノを探さなければならない。

これはチンパンジーには解くことがまったく無理な問題である。しかし，プレマックというアメリカの研究者は，チンパンジーに「同じ」と「違う」を表す記号文字を教えた。訓練には長い時間がかかったが，このチンパンジーは「同じ」「違う」という文字の意味するところを学習した。このチンパンジーに先ほどの機能的アナロジーの問題を行ったところ，偶然よりも高い確率でこれらの問題が解けたということだ。

「同じ」と「違う」ということばを持つこと自体が，モノ自体の同一性ではなく，「関係が同じ」ことに注目し，類推をし，関係のカテゴリーをつくっていくことを助けるのであり，これは人間だけでなく，チンパンジーにもいえることのようである。ただし，実験室で先ほどのようなアナロジーの問題を解くことができるチンパンジーの場合も，教えられた「同じ」「違う」ということばを用いて，実験室の外の普通の生活場面で関係概念を自分から学習することは，まったく見られなかったそうである。

人間の子どもにとっても，最初は，見かけの類似性の影響が非常に強く，そのため，関係の同一性を理解し，それに基づいて類推したり，カテゴリーをつくったりすることはとても難しい。先ほどのアナロジーの問題も，通常は，四，五④<u>サイ</u>の子どもには解くことができない。しかし，人間の子どもは，チンパンジーとは異なり，ことばを学ぶと，それを自発的に他の場面で使い，自分で関係の概念を理解し，学んでいくようになる。あることを学ぶと，それを足がかりに，さらに抽象的な関係における共通性を見出し，概念を発展させていくことができるのだ。

今井むつみ『ことばと思考』(作問の都合上，一部省略した。)

(1) 下線部①～④のカタカナに相当する漢字を含むものを，次のア～エのうちから，それぞれ一つ選べ。

①クベツ

ア．農地をクブンする　イ．花束とクモツを用意する

ウ．害虫をクジョする　エ．対応にクリョする

②キョウミ

ア．ヨキョウを企画する　イ．短距離キョウソウをする

ウ．ジョウキョウして働く　エ．電車がリッキョウを渡る

ショウ③カイ

ア．試合でカイショウする　イ．カイガを壁に飾る

ウ．カイチュウ時計を手に入れる　エ．手厚いカイゴをする

④サイ

ア．サイジ場を訪れる　イ．サイマツの行事に参加する

ウ．演者にカッサイを送る　エ．岩石をフンサイする

(2) [a]，[b]に入ることばはそれぞれ何か。次のア～エから，組み合わせとして最も適当なものを一つ選べ。

ア．a 刷毛　b 缶切り　イ．a 缶切り　b 刷毛

ウ．a 缶切り　b 鉛筆　エ．a 刷毛　b 鍵

(3) [c]にあてはまることばは何か。次のア～エから，最も適当なものを一つ選べ。

ア．行為　イ．類推　ウ．経験　エ．訓練

(4) (Ⅰ)「見た目も性質もまったく違った」モノ同士を，なんらかの関係に基づいて「同じもの」とみなすことができるとあるが，本文において「モノ同士」の例として挙げられているのは次のうちどれか。次のア～エから最も適当なものを一つ選べ。

ア．書物と脳　イ．植物と肥料　ウ．植物と脳

エ．書物と植物

(5) 本文を通して筆者が伝えたいことは何か。次のア～エから，最も適当なものを一つ選べ。

ア．人間は見た目が似ているというインパクトだけに注目していくことが必要である。

イ．人間はチンパンジーと同じように生活場面で関係概念を自ら学ぶ力をもっている。

ウ．人間は学んだことばを自発的に使い，自分で関係の概念を理解し学ぶことができる。

エ．人間はことばを使わず，直接的な経験を通してモノ同士の関係の同一性を学んでいる。

2024年度 山梨県 難易度

【10】次は，ケアの現場で話を聴くことについての筆者の考えが述べられた文章である。文中の空欄[A]～[E]に，以下のア～オの各文を入れて筋の通った文章にする場合，その並べ方として最も適切なものはどれか。1～5から一つ選べ。

言葉を超えた傷や逆境を語ろうとするときには，必然的に話は途切れがちになり，沈黙が続き，話題が飛ぶ。そのような場合でも，こちらから口を挟まずに黙ってじっくり聴き，じっくり聴き通したあとで感じたこと，分からなかったことを返す。このようなプロセスだ。私自身も長年教職に携わるなかで，学生たちからさまざまな苦境を打ち明けられた。その際，「あなたは○○だと感じるのですね」というような機械的な応答ではなく，私が素直に感じたことを伝えた結果として，彼らの困難が言葉の形をとっていくのを目撃してきた。

[A]。[B]。しかし，[C]。[D]。

ただし，[E]。たとえば児童虐待のケースで，児童相談所，場合によっては司法面接，と何度も同じ被害場面を詳細に語ることを強いられることは二次被害になりうるだろう。私の周囲でも，語らずに蓋をして生き延びるという選択を取っている人がいる。「本人が語ることを望んでいるのかどうか」が最大の基準になるだろうし，語ったほうがよいのか，語らないほうがよいのかの見極めは，支援者の重要なミッションである。

(村上靖彦『ケアとは何か　看護・福祉で大事なこと』より)

ア　時間をかけるだけの価値はある

イ　外傷的な経験の場合は，深く聴きすぎることで傷を深くする場合もある

ウ　聴くことは時間がかかる

エ　声かけと傾聴が連動したとき，語りにくい現実が語りうるものになる

オ　語り手のなかに言葉が生まれ，語りはじめるまで待ち続ける必要がある

	A	B	C	D	E
1	オ	ウ	ア	イ	エ
2	ウ	オ	イ	ア	エ
3	ア	エ	イ	オ	ウ
4	エ	ウ	オ	ア	イ
5	ウ	オ	ア	エ	イ

▌2024年度 ▌大阪府・大阪市・堺市・豊能地区 ▌難易度

【11】次の文章を読んで，内容に適していないものを①～④から選び，番号で答えよ。

われわれヒトが野菜や果物，穀類に食生活のかなりの部分を依存するように，植物を重要な食物とする生物はきわめて多い。食べることのできる植物のあるところにさえ行けば，まとまった量のある安定した餌を確保できるからである。昆虫も例外ではない。

植物のなかで，現在は被子植物という一群が多様性をきわめている。コケのような原始的な陸上植物からシダ植物が生じ，そこから種を作る種子植物という，より高等な植物に進化した。種子植物はイチョウなどの裸子植物と，大多数を占める被子植物に区別できる。種子が心皮（しんぴ）で包まれていないのが裸子植物，心皮で包まれているのが被子植物である。

われわれが植物として認識している身近な生物で，コケ，シダ，イチョウ，ソテツ，スギ，マツ類以外，すべて被子植物といってよい。

被子植物は一億数千年前に出現し，その生態的な優位性から，またたく間に地球上を覆い尽くすようになったが，それとほぼ同時に昆虫も爆発的に多様化した。

その背景には，被子植物の多様化とともに，それぞれの植物種に対してそれを食べる昆虫が特化し，種が分かれたというのがある。そして，送粉(花粉の受け渡し)を昆虫に依存する植物，花粉や蜜に栄養を依存する昆虫が出現し，両者の特化によって，植物と昆虫双方の種が多様化していったということもある。

また，植物を食べる昆虫が増えると，それらを狙う肉食性の昆虫も増えてくる。それまで石の下などの隠蔽的な環境にいた肉食性の昆虫が植物上にも進出し，あるものはそれらを捕えて食べ，あるものは卵を産みつける寄生者として多様代した。

さらに植物の遺骸である朽ち木や落ち葉も，さまざまな昆虫の生活場所となり，また餌となった。

もちろん，植物も昆虫にただ食べられているわけにはいかない。植物の多様化の歴史は，それを食べる生物，とくに昆虫との戦いの歴史でもあった。

実は大部分の植物には，昆虫に対する防御物質が含まれている。防御物質とはつまり昆虫にとっての毒である。

農作物の多くは改良によってそういった物質が少なくなっているが，野山に生える植物の大部分は，われわれにとって有毒であったり，強いアクがあったり，匂いがきつかったりして，食べられたものではない。そういった特徴も，実は植物の防衛策の表れなのである。

(「昆虫はすごい」丸山宗利)

① 被子植物が増えたと同時に昆虫が多様化したのは，それを食べる昆虫が特化し，種が分かれたからである。

② 裸子植物は，生態的な優位性からまたたく間に地球上を覆い尽くすようになったが，昆虫は少し遅れて多様化している。

③ 植物の多様化の歴史は，昆虫に食べられるわけにはいかないので，昆虫との戦いの歴史でもあった。

④ 花粉の受け渡しを昆虫に依存する植物や，花粉や蜜に栄養を依存する昆虫が出現し，植物と昆虫双方の種が多様化した。

▌2024年度 ▌神戸市 ▌難易度 ■■■■■□□

【12】次の文章を読んで，内容に適しているものを①～④から選び，番号で答えよ。

> 　辞書を，紙の辞書と電子辞書に大別してみましょう。単語の意味を調べることを目的とする場合，電子辞書のほうが紙の辞書より便利です。調べたい単語に一足飛びに行けて時間がかからないからです。
>
> 　しかし，時間がかかるという意味では不便なのに，私も含めて紙の辞書が捨てられない人がいます。なぜだろうと何人かに尋ねてみると，以下のような答えが返ってきました。
>
> 　調べたい単語があり，それを探すためにページをめくっていると，道草が食えるからだと言うのです。昔の自分がアンダーラインを引いたり付箋をつけたりした単語がふっと目に入ったりします。そうすると，当初の目的を忘れて，目に入った単語に注意が逸れて，挙句，ついついそこを読み進めてしまうことがあります。これが案外楽しいと言うのです。
>
> 　当初の目的を離れない場合もあります。英語だと品詞の違いが語尾だけの違いという場合が多いので，同じページに書いてあることが多々あります。そうすると，一覧性の高さが幸いし，近視眼的に目的の単語だけを見せるのではなく，ほかの関連する情報も見せてくれます。これは，当初の目的である単語の意味を知ることに，深みを与えてくれます。逆に，似た綴りなのに意味が全然違う単語があることを見つけると，知的好奇心が刺激されます。「トラベルとトラブルは語源が同じでは？」という仮説を思いついた人が，たくさんいるそうです。
>
> 　辞書は，私にとっては読み物だ，という人さえいます。単語の意味を調べるのではなく，新しいことを知るのが純粋に楽しいのでしょう。その人にとって，単語の意味を調べるというタスクに特化して便利になった電子辞書は，逆に使えないものになっています。
>
> 　それと，紙の辞書のクタクタ感も，電子辞書には出せません。そのクタクタ感が自分と辞書とのインタラクション(相互作用)の

> 跡です。世界中で，自分の辞書とまったく同じクタクタ感や汚れの辞書はありません。クラス中の辞書を1箇所に集めても，自分の辞書がどれかは，すぐに見分けがつくでしょう。これも，嬉しいです。
>
> (「不便益のススメ」川上浩司)

① 紙の辞書は，例えば英語だと品詞の違いが語尾だけの違いという場合が多く同じページに書いてあることが多々あるので，目的である単語の意味を知ること以外にほかの関連する情報を見ることができる。

② 電子辞書を，単語の意味を調べるだけでなく新しいことを知ることができるという理由から私にとっては読み物だという人さえいる。

③ 電子辞書は，単語の意味を調べる時は紙の辞書より便利であり，調べたい単語のほかに他の単語が目に入りそこを読み進めて道草を食うことが楽しいので捨てられない人がいる。

④ 電子辞書も紙の辞書も似た綴りなのに意味が全然違う単語があることを見つけると，知的好奇心が刺激され，語源について考える人がいるそうである。

2024年度 **神戸市** **難易度**

【13】次の文章の空欄A～Cに当てはまる語句を入れてこの文章を完成させる場合，最も適切な組合せはどれか。1～5から一つ選べ。

クラシック音楽の「地元の人」の間には，どうやら「音楽をする」ということについてのはっきりしたイメージがあり，同じようにピアノを弾いていても，ちょっとしたことで彼らにとっては，それが「音楽」になったりならなかったりするらしいということ(例えばジャズではそれが「スイングをしている／していない」といった表現になるのだろう)。そしてこの基準はある種の身体感覚のようなもの――音を慈しみながら，語るように音楽を奏でることを心得ているか，それともモノのように音を処理しようとするかの違い――らしいということ。「あれは音楽だった／音楽ではなかった」という表現を知ってから，随分と私の音楽の聴き方は変わった。しばしば音楽の体験に対して言葉は，魔法のような作用を及ぼす。言葉一つ知るだけで，それまで知らなかった聴き方をするようになる。微細な区別がつくようになる。想像力が広がる。そして「地元の人」たちは，「おいしい食べ方」ならぬ「おいしい語り方」を，いろいろと知っている。逆に輸入音楽の場合，私たちはそれをあまり知らないのである。

言うまでもないが，何でもかんでも「本場」が一番だと，私は主張したいわけではない。本場かぶれくらい滑稽なものはない。しかしながら，音楽の営為が「すること」(作曲と演奏)／「聴くこと」(享受)／「語ること」(批評)のトライアングルから成ると考えるなら，輸入音楽の場合，異文化理解という点で最もハンディが生じやすいのが「[　A　]こと」であるのは，否定出来まい。「[　B　]こと」を生業とする人たちにとっては，効率的な技術習得／移入が第一であって，「[　A　]こと」の勉強は後回しになりがちだろう。「[　C　]こと」に専念したい人もまた，あまり面倒なことはしたくない。「よりよく[　C　]」ために知的努力を惜しまないという聴衆は，そう多くはあるまい。つまり輸入音楽の場合，「[　A　]」が抜け落ちて，どうしても「[　B　]」と「[　C　]」だけの二極構造になってしまいがちなのである。

(岡田　暁生『音楽の聴き方』より)

	A	B	C
1	語る	聴く	する
2	語る	する	聴く
3	する	聴く	語る
4	する	語る	聴く
5	聴く	する	語る

▌2023年度 ▌大阪府・大阪市・堺市・豊能地区 ▌難易度 ■■■□□

【14】次の漢詩の下線部(ア)～(エ)の現代語訳の組合せとして最も適切なものを，以下の①～⑤のうちから選びなさい。

(ア)故人(こじん)　西(にし)のかた黄鶴楼(こうかくろう)を辞(じ)し

(イ)煙花(えんか)三月(さんがつ)　揚州(ようしゅう)に下(くだ)る

(ウ)孤帆(こはん)の遠影　碧空(へきくう)に尽(つ)き

唯(た)だ見(み)る　(エ)長江(ちょうこう)の天際(てんさい)に流(なが)るるを

(出典：唐詩選「黄鶴楼にて孟浩然の広陵に之くを送る」李白)

※一部表記を改めたところがある。

① (ア)　旅に出る人
　(イ)　かすみたなびき花の咲きそろった
　(ウ)　たった一人で旗を振る遠い影も
　(エ)　長江が空の果てまで流れているばかり

② (ア)　昔からの友人
　(イ)　かすみたなびき花の咲きそろった
　(ウ)　たった一つの帆かげは遠ざかり
　(エ)　長江に空からの光が差し込むのを

③ (ア)　旅に出る人
　(イ)　煙が立ちのぼり花が咲き誇る
　(ウ)　たった一つの帆かげは遠ざかり
　(エ)　長江に空からの光が差し込むのを

④ (ア)　昔からの友人
　(イ)　煙が立ちのぼり花が咲き誇る
　(ウ)　たった一人で旗を振る遠い影も
　(エ)　長江が空の果てまで流れているばかり

⑤ (ア)　昔からの友人
　(イ)　かすみたなびき花の咲きそろった
　(ウ)　たった一つの帆かげは遠ざかり
　(エ)　長江が空の果てまで流れているばかり

2024年度 ┃ 神奈川県・横浜市・川崎市・相模原市 ┃ 難易度

【15】次の文章を読んで，以下の問に答えよ。

> 月日は①百代の過客にして，行きかふ年もまた旅人なり。舟の上に生涯を浮かべ，馬の口とらへて老いを迎ふる者は，日々旅にして旅をすみかとす。古人も多く旅に死せるあり。予もいづれの年よりか，片雲の風にさそはれて，②漂泊の思ひやまず，海浜にさすらへて，去年の秋，江上の破屋に蜘蛛の古巣をはらひて，やや年も暮れ，春立てる霞の空に，白河の関越えむと，そぞろ神の物につきて心をくるはせ，道祖神の招きにあひて，取るもの手につかず，股引の破れをつづり，笠の緒付けかへて，三里に灸すゆるより，松島の月まづ心にかかりて，住めるかたは人に譲りて，杉風が別墅に移るに，
>
> 草の戸も住み替はる代ぞ雛の家
>
> 面八句を庵の柱に懸け置く。（『おくのほそ道』）

問1　『おくのほそ道』の作者として正しいものを，次のア～エから一つ選び，記号で答えよ。

ア　松尾芭蕉　　イ　兼好法師　　ウ　紫式部　　エ　清少納言

問2　『おくのほそ道』のジャンルとして正しいものを，次のア～エから一つ選び，記号で答えよ。

ア　作り物語　　イ　随想日記　　ウ　和歌集　　エ　俳諧紀行文

問3　下線部①「百代の過客」の意味として最も適当なものを，次のア～エから一つ選び，記号で答えよ。

ア　百人の客　　イ　多くの友人　　ウ　永遠の旅人

エ　長期の滞在者

問4　下線部②「漂泊の思ひやまず」の意味として最も適当なものを，次のア～エから一つ選び，記号で答えよ。

ア　海や川の上を漂っていたいという思いがやまなくて

イ　あてのない旅に出たいという思いがやまなくて

ウ　友人の家を泊まり歩きたいという思いがやまなくて

エ　着物をきれいに洗いたいという思いがやまなくて

▌2024年度▌鹿児島県▌難易度 ■■■■■□□

【16】次の古典の冒頭文と作品名の組み合わせとして最も適切なものを，①～⑤の中から一つ選びなさい。

	冒頭文	作品名
①	月日は百代の過客にして、行きかふ年もまた旅人なり。舟の上に生涯を浮かべ、馬の口とらへて老いを迎ふる者は、日々旅にして、旅を栖とす。古人も多く旅に死せるあり。	土佐日記
②	つれづれなるままに、日暮らし硯に向かひて、心にうつりゆくよしなしごとを、そこはかとなく書きつくれば、あやしうこそものぐるほしけれ。	竹取物語
③	男もすなる日記といふものを女もしてみむとてするなり。それの年の師走の二十日あまり一日の日の戌の時に門出す。そのよし、いささかに物に書きつく。	更級日記
④	ゆく河の流れは絶えずして、しかも、もとの水にあらず。淀みに浮かぶうたかたは、かつ消えかつ結びて、久しくとどまりたる例なし。世の中にある人とすみかと、またかくのごとし。	方丈記
⑤	今は昔、竹取の翁といふ者ありけり。野山にまじりて竹を取りつつ、よろづのことに使ひけり。名をば、さかきの造となむいひける。	奥の細道

▌2023年度 ▌三重県 ▌難易度 ■■■■□□

解答・解説

【１】(1)　②　　(2)　①　　(3)　⑤　　(4)　③　　(5)　②

○解説○ (1)　①は三島由紀夫，③は小林多喜二，④は島崎藤村，⑤は高村光太郎の作品である。　(2)　bは「人格」であり，①は「格式」，②は「確実」，③は「覚悟」，④は「革命」，⑤は「拡張」である。

(3)　本文の「『だとさあ。よかったなあ』と言ったところでみんな一緒に現実に戻ってくるのです」から考えると，わかりやすいだろう。子どもたちを現実に戻しているのは⑤だけである。　(4)　脱文は「語る」について述べているので，考えられるのはイかウ。脱文には「同様の意味合い」とあり，後に「語り」と世界の共有について述べられているので，「語り婆」について説明した段落の直後が適切と考えられる。 (5) 本文中の「かたる」と「はなす」の位置づけを正しく理解しよう。

【2】1 (1) イ (2) ウ (3) エ (4) ア 2 A ウ B イ C ア D エ 3 ウ

○**解説**○ 1 (1)は「投影」，(2)は「帰する」，(3)は「明瞭」，(4)は「名称」。 2 A 空欄直前に「それを裏付けるだけの」とあることから，「原因」「理由」の類義語に当たる言葉を選ぶとよいことが分かる。 B「同一の対象を違った[B]から見る見方」とあることから，「違った見方で見る見方」という意味になるように言葉を選ぶ。 C 空欄のある文の直前では，トルコには氷と区別する言葉がないとあり，空欄直後の文では，氷も雹も霰も気温が上がればすべて雨になると述べていることから，「氷」と「雹，霰」などの区別が疑わしくなるという意味を表す言葉を選ぶ。 D 空欄の後の事柄は，空欄の直前の事柄に付け加えられていることから，添加の接続詞が適切である。 3 空欄のある文の直前の文では，諸現象に違った名称を与えているのは，人が生活していくときに便利だからという趣旨のことが述べられている。つまり，諸現象，ものにことば(名称)を与えることで，他のものと切り離して扱うのが，生活上便利であることを認めたという文意と捉えることができる。

【3】1 (a) ウ (b) ア 2 ウ 3 エ 4 ウ 5 イ

○**解説**○ 1 (a)は「修正」。アは「秀逸」，イは「執念」，ウは「修学」，エは「円周」。 (b)は「抱く」。アは「抱負」，イは「報告」，ウは「開放」，エは「包丁(庖丁)」。 2「とっさに」は，「すぐに，ただちに」という意味。 3「爽快」とエの「怠惰」は，似た意味の漢字を組み合わせた熟語。「真偽」は，反対の意味の漢字を組み合わせた熟語。「必然」は，接尾辞「然」のついた熟語。「読書」は，下の字が上の字の目的語になる熟語である。 4「相手の面子を潰す行為をする」→「相手は人格を否定されたように感じる」という，原因と結果の関係になっているので，順接の接続詞「すると」が適切。　5　イ　最後の段落で述べられた内容と一致しており，適切。本文から筆者の主張は，否定文ではなく疑問文を用いることで，対話が生まれることを述べていることを読み取る。

【4】問1　3　　問2　4

○**解説**○　問1　「自分を守り抜くわざ」は，第7段落で「それまでには存在していなかった構造体(いのち)」が備えていたと紹介し，第8，9，10段落でどのようなものか説明してある。　1　第7段落で「分子から成る」，「構造体」の説明として述べていることであり不適切。　2　第8段落で「…あらゆる環境変化に耐えて，自分の構造を守り抜いて」と「この構造体」が自分を守り抜いてきた様子を説明しており，「わざ」の説明ではなく不適切。　3　第9段落で「どうやって守り抜いてきたかと言いますと」に続いて守り抜き方を説明した部分に一致し，適切。　4　第10段落の「細かいところでは…」に続いて「大きなところは決して間違わずに…今に至っています」と述べている文意に矛盾し，不適切。
5　「分解して分子か原子に戻ってしまう」ことは，第11段落に「雲散霧消してしまう」とあるように，構造体自体が消えることであり不適切。
問2　選択肢1は第1，2段落の文意に一致する。2は第4段落の文意に一致する。3は第9，10段落の文意に一致する。4は「既存にあった構造に似せて作り上げたことで誕生した」が第7段落第1文の文意に矛盾する。5は第14段落の文意に一致する。

【5】〔No.1〕 1　　〔No.2〕 4

○**解説**○　〔No.1〕 形容詞の言い切りは「～い」である。ただし，活用するので活用の形を覚えておかなければならない。Aについて，「乏しく」は「乏しい」という言い切りの形になることから，形容詞である。Bについて，「違い」は「違う」という動詞の活用形である。Cについて，「もつ」という動詞(ここでは「もた」と活用している)の後にあるので，これは助動詞「ない」である。　Dは形容動詞，Eは副詞である。
〔No.2〕 1　長田弘『読書からはじまる』の引用文の中に，「だれもがみんな別々というのは，多様性とは違います」と述べられている。さらに，筆者の説明文の中で「多様性」について言及していないことから，不適切。　2　筆者は一貫して「すりあわせ」が大事であると述べており，選択肢は「すりあわせ」を否定する内容であることから，不適切。　3　筆者は具体的な「経験」がなければ，他者を思いやることは難しいと述べている。「経験」が持てないので他者と「共通」をやり取りするという選択肢の内容は合わない。　4「『すりあわせ』は大事だ」から始まる段落の内容に合致している。　5　筆者が「すりあわせ」は大事であると述べており，選択肢は「すりあわせ」を否定する内容であることから，不適切。

【6】問1　エ　　問2　オ

○**解説**○ 問1　下線部は「回避」である。①は「皆無」，②は「倒壊」，③は「起死回生」，④は「快諾」，⑤は「撤回」である。よって③と⑤が同じである。　問2　①　十代は「他者とコミュニケーションを取り交わす作法を学び取る大切な時期」とは述べているが，十代の時期にしかないものとは述べていない。　②　第3段落，第4段落において，〈逃げのアイテム〉という言葉で表現されている。正しい。　③　第2段落，第3段落の内容と合致していない。　④　第4～6段落の内容に一致している。　⑤　最終段落の内容に一致している。

【7】③

○**解説**○ ア　空欄は，集団内の「違い」に直面したときの解決法として，「多数決」と「満場一致」を対比して述べている文中にある。「多数決」は空欄で公平なやり方で，同じ考え方では「満場一致」は非民主的で遅れた方法になると述べていることから，空欄は「非民主的」と対照的な関係にある「民主的」が適切である。　イ　パラヴァーで誰もが参加して話し続け，最終的に「違い」を乗り越え到達するところのことである。「乗り越え到達する」ものであることから，当てはまるのは「限界」ではなく，「合意」である。　ウ　筆者が冒頭から述べてきた，「多数決」と「満場一致」の方法が処理する対象は何かを問うている。問題文は冒頭で「集団内の『違い』」に直面したときの解決方法として「多数決」と「満場一致」を取り上げ対比し，続いて，それぞれの方法で「違い」がどのように扱われ乗り越えられていくかが述べられている。また，空欄の直前でも「違いをとらえる深さと広さが根本的に異なる」と述べている。これらのことから，「違い」が適切である。　エ　直前に「『違うこと』自体を問題にするのではなく，それを認識し議論することで『ともにある』ことを確認するという」と述べられており，空欄はこの考え方を端的に言い換えた言葉である。「認識し議論することで何かを確認する」のは，その過程に意味(効果)を見い出す考え方であり，「過程重視」の考え方である。

【8】3

○解説○　「己の才覚を～ひとまずそれは措いておけ」からは自分の才能に疑問を持ったとしても菓子の道から離れてほしくないという思いが，また「お前が気づくことがあれば，それはこれまでのように言ってくれていい」からは菓銘の才をこれからも生かしてほしいという期待が，それぞれ読み取れる。

【9】(1)　①　ア　②　ア　③　エ　④　イ　(2)　イ　(3)　イ　(4)　ウ　(5)　ウ

○解説○　(1)　①は「区別」。アは「区分」，イは「供物」，ウは「駆除」，エは「苦慮」。②は「興味」。アは「余興」，イは「競走」，ウは「上京」，エは「陸橋」。③は「紹介」。アは「快勝」，イは「絵画」，ウは「懐中」，エは「介護」。④は「歳」。アは「催事」，イは「歳末」，ウは「喝采」，エは「粉砕」。　(2)　a，bの空欄直後の段落に，aは「ペンキ缶を開けるもの」，bは「ペンキを塗るのに使う道具」と書かれていることから，読み取れる。　(3)「アナロジー」は「類推」という意味。単語の意味が分からなくても，「ペンキ缶を開けるもの」は「刷毛」ではなく「缶切り」と「類推」する問題だと考えると，分かりやすい。

(4)　下線部(Ⅰ)の直前の段落で，「植物」と「脳」が「同じである」とみなすことが可能であることが述べられている。　(5)　ア　第1段落の文意と矛盾しており，不適切。　イ　第7段落の文意と矛盾しており，不適切。　ウ　最後の段落の内容と合致しており，適切。最後の段落で筆者の主張が述べられている。　エ　第4段落の文意と矛盾しており，不適切。

【10】5

○解説○ A，B，C，D，Eの関係を捉え，挿入文を読むと考えやすい。A，B，C，Dは1段落を形成し，AとBが続き，逆接の接続詞でCとDが続いている。AとBは関連した内容，CとDも関連した内容であるが，C，DはA，Bと逆の内容で，この段落の結論となる。Eは「ただし」につながっているので，前段落の結論C，Dについて留意することを述べている。Eの内容は，その後の「たとえば」以後の，聴くことで二次被害を生む具体例を抽象的に述べたものである。以上の構成を踏まえて，選択肢を聴くことをどう見ているかで分ければ，アとエは聴くことの価値，効果というプラス面，ウとオは聴くには待たなければならないし時間がかかることを述べている。イは聴くことで傷を深くする二次被害について述べており，Eに当てはまる。「ただし」以後が聴くことについての留意事項であることから，前の段落の結論は「聴くことは価値がある」が相応しく，「聴くことは時間がかかる，しかし，価値がある」という展開が適切である。

【11】②

○解説○ 「裸子植物」ではなく「被子植物」が正しい。なお，「昆虫は少し遅れて多様化している」についても，問題文の「それとほぼ同時に昆虫も爆発的に多様化した」から誤りと判断する人がいるかもしれないが，形式段落第5段落の内容から判断すれば明らかな誤りとはいえないことに注意したい。

【12】①

○解説○ ②「電子辞書を…読み物だという人さえいる」，③「調べたい単語のほかに…捨てられない人がいる」は紙の辞書の特徴である。また，④の内容は電子辞書にはない。

【13】2

○解説○ 3つの空欄はいずれも，輸入音楽に関する論述の部分である。

その論述の前提として,「音楽の営為」が「すること」,「聴くこと」,「語ること」から成ることが述べられている。そして,結論にあたる最後の文章で,「Aが抜け落ちて,BとCだけの二極構造になっている」ことが述べられている。一方Bについて,それを生業とする人たちにとっては,技術習得や移入が第一とあることから,「すること」が該当する。また,Aは,「異文化理解という点で最もハンディが生じやすい」とあることから,Aは「聴くこと」ではなく「語ること」があてはまる。残るCが「聴くこと」となる。

【14】⑤

○**解説**○ (ア)「故人」には,死んだ人のほかに,古い知合い,昔なじみ,旧知の意がある。設問の詩では,その題名の中に「孟浩然の広陵に之くを」と古くからの友の名を読み込んでいることから,「故人」が「昔からの友人」という意味をもつことが分かる。 (イ)「煙花」は,都市などの賑わい,繁華,春がすみがたって美しいけしき,うたひめの意がある。ここでは「三月」に続くことから,「春がすみがたって美しいけしき」が相応しい。 (ウ)「孤帆」は一艘の帆かけ船の意,遠影は遠くの姿のことで,遠くに浮かぶ一艘の帆掛け船の姿の意。(エ)「長江」は揚子江の呼び名。「の」は主格を表す格助詞,「天際に」は天の果てにの意で,「流るるを」は長江が流れているのをの意。

【15】問1 ア 問2 エ 問3 ウ 問4 イ

○**解説**○ 問1 イの兼好法師は『徒然草』の作者,ウの紫式部は『源氏物語』の作者,エの清少納言は『枕草子』の作者である。 問2 「俳諧」は俳句の様式,「紀行文」は旅行中の体験や感想をつづったもの。
問3 「百代」は長い年月・永遠,「過客」は旅人を意味する。
問4 「漂泊」は流れ漂うこと,あてもなくさまようこと。

【16】④

○**解説**○ 方丈記は鎌倉時代初期に鴨長明によって書かれた随筆である。①は松尾芭蕉による『奥の細道』,②は兼好法師による『徒然草』,③は紀貫之による『土佐日記』,⑤は『竹取物語』(作者不明)の冒頭文である。

総合問題

【1】次の各問いに答えなさい。

問1 「うけたまわる」の送り仮名として適切なものを，次のア～エから1つ選びなさい。

ア 承たまわる　イ 承まわる　ウ 承わる　エ 承る

問2 「オゴソかに式が進む」の「オゴソ」と同じ漢字を，次のア～エから1つ選びなさい。

ア ゲン泉　イ ゲン格　ウ ゲン界　エ ゲン況

問3 対義語として適切でないものを，次のア～エから1つ選びなさい。

ア 一般 ⇔ 特殊　イ 具体 ⇔ 抽象

ウ 日常 ⇔ 平素　エ 偶然 ⇔ 必然

問4 ことわざ・慣用句を用いた短文として適切でないものを，次のア～エから1つ選びなさい。

ア 小学校からの親友は，気のおけない関係だから，何でも話せる。

イ 所属している野球チームは，破竹の勢いで連勝を続けている。

ウ 木に竹を接いだようにわかりやすい説明をした。

エ 目に入れても痛くないくらいのかわいがりようだ。

問5 次の言葉のうち，外来語として適切でないものを，次のア～エから1つ選びなさい。

ア マヨネーズ　イ ワクチン　ウ オートバイ

エ カルタ

問6 司馬遼太郎の『菜の花の沖』，阿久悠の『瀬戸内少年野球団』は，兵庫県に関係する小説である。2つの小説に共通する舞台として適切なものを，次のア～エから1つ選びなさい。

ア 淡路島　イ 神戸　ウ 姫路　エ 城崎

問7 次の文は兼好法師の『徒然草』の一節である。内容の説明として適切なものを，以下のア～エから1つ選びなさい。

「仁和寺にある法師，年寄るまで，石清水を拝まざりければ，心うく覚えて，あるとき思ひ立ちて，ただ一人，かちより詣でけり。極楽寺・高良などを拝みて，かばかりと心得て帰りにけり。」

ア　仁和寺の老法師は，石清水八幡宮を参拝していないことを残念に思い，ひとり徒歩で参詣したが，極楽寺・高良神社など他の寺社を見て帰ってきた。

イ　仁和寺の老法師は，自分だけ石清水八幡宮に参拝していないことに慌てて，馬に乗って極楽寺・高良神社など他の寺社とともに参詣して戻ってきた。

ウ　仁和寺の老法師は，自分だけ石清水八幡宮に参拝していないことに不安を感じ，馬に乗って極楽寺・高良神社など他の寺社を見て帰ってきた。

エ　仁和寺の老法師は，石清水八幡宮を参拝していないことを妬ましく思い，ひとり徒歩で参詣し，八幡宮以外に極楽寺・高良神社など他の寺社も見て帰ってきた。

問8　次の漢文の意味は，「それは，思いやりの心だろうな。自分が人にされたくないことは，人にしてはならないことだよ。」である。訓読するときに置き字として読まないものを，「書き下し文」を参考にして，以下のア～エから1つ選びなさい。

【書き下し文】
それじょか。おのれのほっせざるところは，ひとにほどこすことなかれ。

【本文】
其恕乎。
己所不欲、
勿施於人。

ア　乎　　イ　所　　ウ　勿　　エ　於

2024年度　兵庫県　難易度

【2】正しいものはいくつありますか。

ア　「見る」の尊敬語は，「拝見する」である。

イ　「他山の石」とは，他人に影響されず，自分なりに努力することである。

ウ　手紙の冒頭に「拝啓」を用いた場合，終わりに「拝復」を用いることは適切である。

エ　「徒然草」は鎌倉時代の随筆で，作者は鴨長明である。

オ　「軽率」は「慎重」の対義語である。

①　1つ　　②　2つ　　③　3つ　　④　4つ　　⑤　5つ

2024年度　長野県　難易度

【3】次の(1)～(4)に答えなさい。

(1)　次の①～④のうち，下線部の読みが他と異なるものを1つ選びなさい。

①　勢威をふるう　　②　委細を承知する　　③　仏道に帰依する
④　為政者を志す

(2)　四字熟語の漢字が正しいものを次の①～④から1つ選びなさい。

①　慎謀遠慮　　②　荒唐無稽　　③　森羅万生　　④　内憂外歓

(3)　次の文の(　　)に入る最も適切な言葉を以下の①～④から1つ選びなさい。

先生もこの図書館をよく(　　)のですね。

①　ご利用する　　②　ご利用いたす　　③　ご利用していただく
④　ご利用になる

(4)　次の文章を読んで，下線部A，Bの主語の組み合わせとして適切なものを，①～⑥から1つ選びなさい。

古今著聞集より「恵心僧都の妹安養の尼盗人に逢ひて奇特の事」

横川の恵心僧都の妹，安養の尼のもとに，強盗入りにけり。ものどもみなとりて出でにければ，尼うへは，紙ぶすまといふ物ばかり負ひきて，A居られたりけるに，姉なる尼のもとに，小尼公とてありけるが，はしりまゐりてみければ，小袖をひとつとりおとしたりけるをとりて，「これを盗人とりおとして侍りけり。たてまつれ」とて，もちてきたりければ，尼うへのいはれけるは，これもとりて後は，わが物とこそおもひつらめ。ぬしの心ゆかざらん物をば，いかがきける。盗人はいまだに遠くはよもゆかじ。とくとくもちておはしまして，とらさせ給へとありければ，門のかたへはしりいでて，「やや」と$_{B}$よびかへして，「これをおとされにけり。たしかにたてまつらん」といひければ，盗人ども立ちどまりて，しばしあんじたるけしきにて，「あしくまゐりにけり」とて，とりたりける物どもをも，さながら返しおきて帰りにけりとなん。

① A：恵心僧都　　B：安養の尼
② A：盗人　　B：恵心僧都
③ A：恵心僧都　　B：小尼公
④ A：安養の尼　　B：小尼公
⑤ A：安養の尼　　B：盗人
⑥ A：小尼公　　B：盗人

2024年度　青森県　難易度

解答・解説

【1】問1　エ　　問2　イ　　問3　ウ　　問4　ウ　　問5　ウ
問6　ア　　問7　ア　　問8　エ

○解説○ 問1 「うけたまわる・うけたまわり」と活用させて，活用する部分を送り仮名と考えると分かりやすい。　問2　問題の漢字は「厳か」。ア「源泉」，イ「厳格」，ウ「限界」，エ「現況」。　問3 「日常」「平素」の意味はどちらも「常日頃，普段」であり，対義語ではない。問4 「木に竹を接ぐ」はちぐはぐなこと，つじつまが合わないこと。問5 「オートバイ」は和製英語。英語では「motorcycle」「motorbike」という。　問6 『菜の花の沖』は江戸時代に淡路島から身を興した廻船商人を主人公とする歴史小説。『瀬戸内少年野球団』は戦後の淡路島を舞台とした自伝的小説。　問7 「心うし」はつらい・なさけない，「かちより」は徒歩でという意味。石清水八幡宮は男山の山上にあったが，老法師はそれを知らずにふもとの極楽寺や高良神社だけを詣でて帰ってしまったのである。 問8 「其れ恕か。己の欲せざる所は，人に施すこと勿かれ」と読む。「於」は，ここでは対象を表す置き字。

【2】①

○解説○ 正しいのは，オの1つである。 ア 「見る」の尊敬語は，「ご覧になる」「見られる」である。「拝見する」は謙譲語。 イ 「他山の石」は，他人のつまらぬ言行も自分の人格を育てる助けとなるということ。 ウ 「拝啓」と対になる結語は「敬具」。「拝復」は返信の冒頭に用いる語で，対になるのはやはり「敬具」である。 エ 『徒然草』の作者は，吉田兼好(卜部兼好，兼好法師とも)である。

【3】(1) ③ (2) ② (3) ④ (4) ④

○解説○ (1) ①は「せいい」，②は「いさい」，③は「きえ」，④は「いせいしゃ」。③だけが「え」と読む。 (2) ① 正しくは「深謀遠慮」で，遠い将来のことまで深く考えて計画を立てることの意。
② 「荒唐無稽」は，言動に根拠がなく，でたらめであることの意。
③ 正しくは「森羅万象」で，宇宙に存在するあらゆるものの意。
④ 正しくは「内憂外患」で，国内にある心配ごとと，国外からもたらされるわずらわしい事の意。 (3) 「利用する」の尊敬語は「ご利用になる」，「利用される」，「利用なさる」などで，①～③の表現は適切ではない。謙譲語としては，「利用させていただく」など。
(4) A 「尼うへ(安養の尼上)」が「居られたりける(いらっしゃった)」と書かれている。 B 「尼うへのいはれけるは(尼上がおっしゃるには)…とらさせ給へ(お与えなさい)」と小尼公に申しつけたので，小尼公が門の方に走り出て盗人を「よびかへして(呼び返して)…」という文であり，呼び返したのは小尼公である。

人文科学　英　語

要点整理

文法

□仮定法

▼仮定法とは，現在または過去において実際におきていないことをおきていることと仮定して物事を述べる言い方である。

(1)　仮定法過去(現在の事実に反する仮定)

If I had much money, I would buy a car.

(2)　仮定法過去完了(過去の事実に反する仮定)

If I had had much money, I would have bought a car.

(3)　I wish ＋ 過去形(現在の事実に反する願望を表す仮定法)

I wish I were tall.

(4)　as if (「まるで…かのように」)

She talks as if she were English.

□完了形

▼完了形は，現在あるいは過去または未来のある時点までの動作の完了・結果・経験・継続を表す。

(1)　現在完了(have, has＋ 過去分詞)

She has written a letter.

(2)　過去完了(had ＋ 過去分詞)

When I arrived, the train had already started.

(3)　未来完了(will, shall ＋ have ＋ 過去分詞)

I will have finished that study by next month.

□関係代名詞

▼二つの文をつなぐ接続詞の働きと，先行する文中の名詞を受ける代名詞の働きを併せ持つ。

(1)　先行詞と関係代名詞

This is the boy. He talked to me.＝This is the boy who talked to me.

(2)　関係代名詞の格

・主格　This is the boy who is very kind.

・目的格　He is the man whom I want to meet.

・所有格　That is the boy whose mother is ill.

□関係副詞

▼接続詞と副詞の働きをあわせ持つ。

(1)　先行詞と関係副詞

This is the city. He was born here.

＝This is the city where he was born.

(2)　when, where, why, how

・when　I met her on the day when she came.

・where　That is the house where I live.

・why　I don't know the reason why he was punched.

・how　That is how the accident happened.

□話法

▼直接話法は当事者が口に出して言ったままを人に伝えるもの。人に伝える内容を第三者の立場に置き換えて表現したものが間接話法。

(1)　直接話法と間接話法

He said to me, "I am rich." (直接話法)

He told me that he was rich.　(間接話法)

(2)　話法の変換

He said to me, "You are clever." → He told me that I was clever. (話された内容が平叙文)

He said to me, "Who are you ?" → He asked me who I was. (話された内容が疑問文)

He said to me, "Study hard." → He told me to study hard. (話された内容が命令文)

□比較

▼形容詞や副詞には原級・比較級・最上級の比較変化があり，2つ以上のものを比較するときに使われる。

(1)　比較級の用法

She is taller than I. (口語ではthan meも可)

(2)　最上級の用法

She is the tallest girl of the three.

(3) 比較の注意すべき用法

・The days are getting shorter and shorter. (ますます～)

・The sooner, the better. (～すればするほど…)

□不定詞

▼「to＋動詞原形」が基本の形

To do the job is a difficult thing. (名詞的用法・～すること)

I have no money to lend him. (形容詞的用法・～するための)

I came here to talk with you. (副詞的用法・～するために)

To be honest, I don't want to do such a thing. (独立不定詞)

□現在分詞・過去分詞

(1) 現在分詞の用法

・進行形　I am reading a book.

・形容詞的用法　The swimming girl is my sister.

・叙述的用法(補語としての用法)

※主格補語　I went fishing. (私は魚釣りに行った)

※目的格補語　I found him driving. (彼が運転しているのを見つけた)

・分詞構文　Being sick, she stayed at home. (病気のため，彼女は家にいた)

・動名詞　Jogging is a good sport. (駆け足はよい運動だ)

(2) 過去分詞の用法

・完了形　He has written off a poem.
(彼は詩をすらすらと書き上げたところだ)

・形容詞　This is the hat left in the train.
(これは電車の中に置き忘れられた帽子です)

・補語　She got wounded in the leg.(彼女は足にけがをした)

熟語

1. The war broke out in 1939.（その戦争は1939年に起こった）
2. Consumers call for lower prices.（消費者は低価格を要求する）
3. One scholar predicted that newspapers would die out.（ある学者は新聞が

絶滅するだろうと予言した）

4. I have to do without his help.（彼の助けなしにすまさなければならない）
5. Nobody can figure out this puzzle.（誰もこのパズルが解けない）
6. The boy is getting along with his friends.（その少年は友達と仲良くやっている）
7. It's difficult for her to get out of her debt.（彼女にとって借金から抜け出すのは難しい）
8. The story was handed down to children.（その物語は子どもたちへと受け継がれた）
9. Have you heard from him?（彼から知らせはあった？）
10. She keeps up with the fashion.（彼女は流行りを保持する）
11. Look after yourself.（自分のことは自分で面倒みなさい）
12. I am looking forward to seeing you.（あなたに会うのを楽しみにしています）
13. We will run out of food.（私たちは食べ物を使い果たすだろう）
14. She went to the station to see him off.（彼女は彼を見送るため駅に行った）
15. Don't speak ill of others.（他人の悪口を言うな）
16. They took part in the discussion.（彼らは議論に参加した）
17. Watch out!（気をつけろ！）
18. I would rather stay home than eat out.（外食するよりも家にいたい）
19. This bag is too heavy for me to carry.（このカバンは私には重すぎて運べない）
20. He is used to making speeches.（彼はスピーチするのに慣れている）
21. I used to play soccer when I was young.（私は若い時よくサッカーをした）
22. This tree is as tall as that one.（この木はあれと同じくらいの高さだ）
23. The book is worth reading.（その本は読む価値がある）
24. Something terrible is about to happen.（何か恐ろしいことがまさに起ころうとしている）
25. According to the news, she will be here tomorrow.（ニュースによれば彼女は明日ここに来るだろう）

26. In addition to English, he studies French.（英語に加えて，彼はフランス語も勉強している）
27. He is eager to tell his story.（彼は彼の話をしきりにしたがっている）
28. I want something cold to drink.（何か冷たい飲み物が欲しい）
29. Hurry up, and you will be in time.（急げ，そうすれば間に合う）
30. Hurry up, or you will be late for school.（急げ，さもないと遅刻する）
31. I couldn't help laughing when I heard the news.（そのニュースを聞いたとき笑わずにはいられなかった）

会話表現例

1. A : You look tired. What's wrong with you?

   B : I didn't sleep last night.
2. A : Thank you very much.

   B : It's my pleasure.（どういたしまして）
3. A : Will you be able to come to help us?

   B : No, I'm afraid not.（すみませんができません）
4. A : Will you pass me the soy sauce?

   B : Here you are.（どうぞ）
5. A : Will it rain next Sunday?

   B : I hope not.（そうならないといいね）
6. A : I've had a bad headache.

   B : That's too bad.（お気の毒に）
7. A : How many chairs do you need?

   B : Ten will do.（～で充分だ）
8. Why don't you ask him to help us?
9. A : Thank you very much for your kindness.

   B : You're welcome. = Don't mention it. = Not at all.
10. A : How would you like to come to our party next Friday?

    B : That sounds exciting !
11. A : I'd like to talk with Mr. Brown.（電話での会話1）

B : This is Brown speaking.

A : I'd like to talk with Mr. Brown.（電話での会話2）

B : I'm sorry, but he is out now.

A : Can I leave a message to him?

12. A : Here comes your friend !

B : I'm coming.（今行くよ）

13. A : Will you come with me?

B : Why not?（もちろん）

14. A : Would you mind my smoking?

B : Go ahead.（どうぞ）

15. A : I missed the bus.

B : You should have left home earlier.（～すべきだった）

16. A : Could you pass me the salt, please?

B : I beg your pardon?（なんて言いましたか？）

17. A : Do you know where Ken is?

B : I'm not sure. He may be in his room.

18. A : I don't like spiders.

B : Neither（Nor） do I.＝ I don't like, either.

英文読解のポイント

英文読解は，英語の試験の中心をなすものである。書かれてある英文の内容を正しく理解するためには，主語，述語，目的語，補語という英文の要素をしっかりおさえるとよい。英文を読むときには，まずその主語をつきとめ，次にその主語に対する述語動詞をさがし出すことである。そして自分の持つ関連知識と常識力を総動員して全体を理解するよう努めることである。つねに「主語＋述語動詞」を考えながら読もう。

人文科学 英語

実施問題

空欄補充・文法・語句・諺

【1】次の(1)～(5)の英文に入る最も適切な語句はどれか。

(1) John's parents bought some pieces of (　　) for their apartment.

① furniture　② advice　③ custom　④ building

⑤ clothes

(2) Angela (　　) to me for forgetting to mail the letter.

① provided　② ordered　③ repaired　④ apologized

⑤ observed

(3) This course is for students (　　) native language is not Japanese.

① who　② whose　③ whom　④ which　⑤ that

(4) (　　) an earthquake, turn off the gas immediately.

① In addition to　② Thanks to　③ According to

④ In spite of　⑤ In case of

(5) Jim is (　　) to get a driver's license.

① old so that　② so old that　③ old enough

④ enough old　⑤ old too enough

2024年度 | 長野県 | 難易度

【2】次の(1)～(4)の(　　)に入る最も適切なものを以下の(ア)～(エ)からそれぞれ1つ選び，その記号で答えなさい。

(1) Could you (　　) me a hand with this baggage?

(ア) take　(イ) show　(ウ) keep　(エ) give

(2) Hurry up, (　　) you will be late for the meeting.

(ア) so　(イ) if　(ウ) or　(エ) but

(3) I was sitting in the room when I heard my name (　　).

(ア) call　(イ) to call　(ウ) calling　(エ) called

(4) You had better change (　　) at the next station.

(ア) train　(イ) trains　(ウ) a train　(エ) the train

▌2024年度▌佐賀県▌難易度

【3】次の(1)～(3)の各英文の下線部とほぼ同じ意味をもつものを，以下のア～エからそれぞれ一つ選べ。

(1) My car is in good <u>shape</u> though I have used it for 20 years.

ア．condition　イ．figure　ウ．order　エ．time

(2) He plans to <u>submit</u> a final report to the committee.

ア．take in　イ．take out　ウ．hand in　エ．hand out

(3) Finishing the task within this week is <u>next to</u> impossible.

ア．absolutely　イ．almost　ウ．perhaps　エ．finally

▌2024年度▌山梨県▌難易度

【4】(　　)に入る語句の組み合わせとして最も適切なものを選びなさい。

(1) I want to cheer (　　) people who are worried.

ア in　イ about　ウ from　エ up

(2) Never forget what you have (　　).

ア learned　イ learn　ウ learns　エ learning

(3) I will take the dog (　　) a walk.

ア by　イ for　ウ in　エ to

(4) My mother's singing voice is (　　) by many people.

ア love　イ loving　ウ loved　エ loves

(5) My brother eats twice as (　　) as I do.

ア less　イ more　ウ most　エ much

① (1) ア　(2) イ　(3) ウ　(4) エ　(5) ア

② (1) エ　(2) ア　(3) イ　(4) イ　(5) ア

③ (1) ウ　(2) ウ　(3) エ　(4) ア　(5) ウ

④ (1) イ　(2) エ　(3) ア　(4) ウ　(5) イ

⑤ (1) エ　(2) ア　(3) イ　(4) ウ　(5) エ

▌2024年度▌長野県▌難易度

【5】次の英文の(　　)にあてはまる語として最も適切なものを，以下の1～4の中から1つ選びなさい。

I have a friend (　　) father is a famous comedian in Japan.

1　who　　2　whose　　3　whom　　4　which

2024年度　埼玉県・さいたま市　難易度

【6】次の□内の英文のア，イの(　　)内にあてはまる語の組合せとして最も適切なものは，以下の①～④のうちのどれか。一つ選んで，その番号を書け。

Bonsai is an art form where trees and mosses are planted in a small pot and (　ア　) to express a part of nature.

Every two or three years you should take out the content from the pot, take care of the root, and put it in the pot again to prevent it (　イ　) growing too large.

①　ア　made　　イ　from　　②　ア　making　　イ　from

③　ア　made　　イ　for　　④　ア　making　　イ　for

2024年度　香川県　難易度

【7】次の英文を「それは秘密にしておかなくちゃいけないよ。」という意味の文にするとき，(　　)にあてはまる適切なものを①～④から選び，番号で答えよ。

You'd better keep that (　　)your hat!

①　in　　②　on　　③　over　　④　under

2024年度　神戸市　難易度

【8】次のア～ウの英語で説明されている施設に該当しないものを，以下の1～4の中から1つ選びなさい。

ア　a building or room where objects are kept and usually shown to the public because of their scientific, historical, and artistic interest

イ　a large shop which is divided into lots of sections, each of which sells a particular type of thing

ウ　a place where sick and injured people are looked after by doctors and nurses

1 駅　2 デパート(百貨店)　3 博物館　4 病院

▌2024年度 ▌埼玉県・さいたま市 ▌難易度

【9】次の□内の英語は，以下の①～④の語のいずれかを説明したものである。その語はどれか。一つ選んで，その番号を書け。

material often made in thin sheets from the pulp of wood, used for writing, drawing, or printing on, or as wrapping material

① ink　② pencil　③ picture　④ paper

▌2024年度 ▌香川県 ▌難易度

【10】次のア～オについて，【　】のテーマに①～④の英単語全てが当てはまるものを二つ選ぶとき，その組合せを解答群から一つ選び，番号で答えよ。

ア 【建物】

① museum　② shrine　③ lake　④ fire station

イ 【味】

① hot　② smelly　③ salty　④ sour

ウ 【海の生き物】

① starfish　② sea turtle　③ squid　④ tuna

エ 【文具】

① ruler　② glue　③ scissors　④ saw

オ 【乗り物】

① airplane　② ambulance　③ bicycle　④ ferry

【解答群】　1 ア，イ　2 ア，ウ　3 ア，エ　4 ア，オ
5 イ，ウ　6 イ，エ　7 イ，オ　8 ウ，エ
9 ウ，オ　0 エ，オ

▌2024年度 ▌愛知県 ▌難易度

解答・解説

【1】(1) ① (2) ④ (3) ② (4) ⑤ (5) ③

○解説○ (1) furniture(家具)は不可算名詞で，複数であることを明示する際にはsome pieces ofを用いる。 (2) forの後に謝る理由が綴られているので，④が適切。 (3) 所有を表す関係代名詞whoseが適切。 (4) 「地震が発生した場合には」と言う意味の⑤が適切。 (5) old enough to ～ で，「～するのに十分な年齢だ」という意味で，③が適切。

【2】(1) (エ) (2) (ウ) (3) (エ) (4) (イ)

○解説○ (1) give O a handで「Oに手を貸す」という表現。 (2) 「さもないと，そうでなければ」という意味を表す接続詞としてのorである。 (3) 「私の名前が呼ばれる」のを聞いた，という意味なので，受け身形のcalledが適切。 (4) 「乗り換える」はchange trainsであり，関わる車両が複数あることに着目すると覚えやすい。

【3】(1) ア (2) ウ (3) イ

○解説○ (1) in good shape で「調子が良い」という意味であり，アのconditionが適切。 (2) 書類等を「提出する」にあたるのは，ウのhand inが適切。 (3) next toはここでは「不可能に近い」から「ほぼ不可能」というイの意味で用いられている。

【4】⑤

○解説○ (1) cheer upで「励ます」「元気づける」と言う意味であり，エが適切。 (2) 「学んできたこと」なので，過去分詞のアが適切。 (3) take the dog for a walkで「犬を散歩に連れて行く」という意味であり，イが適切。 (4) 受け身形のウを入れて，「私の母の歌声は，多くの人に愛されている」となる。 (5) 比較するのが食べる量なので，エのmuchが適切。比較するのが数の場合は，as many as を使う。

【5】2

○解説○ 空欄穴埋め問題。関係代名詞の用法に関する文法的な知識が問われている。ここでは，friendを修飾していて，友人「の」父親についての文が続くので，whoseが関係代名詞として適切。文を訳すと，「私は父親が日本の有名なコメディアンである友人がいる」となる。

【6】①

○解説○ 盆栽についての英文に関する選択式穴埋め問題。アには，前段のareを受けて「受身形」であるmadeが適切。一方，イには，prevent A from Bで，AをBから妨げる(Bが動名詞の場合は， 動詞の内容をさせないようにする)を表すように，fromという表現が適切である。

【7】④

○解説○ keep A under one's hatで「Aを帽子の下にしておく＝秘密にしておく」という意味をもつ慣用句である。

【8】1

○解説○ アは，「科学的，歴史的，芸術的価値があるものを，保存し，公に公開する建物や空間」とあるので，3の博物館の説明。 イは，「多くのセクションに分かれていて，それぞれが特定のものを売る大きな店舗」とあるので，2のデパートの説明。 ウは，「病気や怪我を負った人々を，医者や看護師が世話をする場所」とあるので，4の病院の説明。以上より，1が説明されていない。

【9】④

○解説○ 英文を訳すと「木材のパルプから作られた薄いシートで，何かを書いたり，描いたり，印刷したり，ものを包んだりすることに用いられる」となるので，説明している対象は「紙」であり，④が適切である。

【10】9

○**解説**○ ア　lakeは「湖」であり，建物ではない。　イ　smellyは「臭い」という意味であり，味覚ではなく嗅覚の語彙である。　エ　sawは「のこぎり」の意味であり，文具ではない。

会話文

【1】次の英文を読み，(　　)に入る文として，最も適当なものを，以下の1～5のうちから一つ選べ。

A : Have you finished your homework, Sara?

B : Yes. I finished it last night.

A : Good. (　　)

B : Well, I had to read one chapter for my history class and write an essay for my English class.

1　What would you like to do?

2　When did you have to do?

3　Where did you work?

4　Why did you finish it?

5　How much did you have?

▌2024年度 ▌大分県 ▌難易度 ■■■□□

【2】次の1～4の対話文の空欄(　①　)～(　④　)にあてはまる最も適切なものを，以下のア～エの中からそれぞれ一つずつ選び，記号で答えなさい。

1　A：Can I help you?

B：My mother's birthday is coming soon. I am looking for a present for her.

A：Do you have anything (　①　)?

B：Hmmm, something green, I guess. Her favorite color is green.

ア　in no time　　イ　in order　　ウ　in haste　　エ　in mind

2　A：I've read your report, but it's a bit difficult to understand it.

B：(　②　)? Should I add more explanations?

A：I think so. You can add some pictures.

B：OK, I will try. Thank you for your advice!

ア　When will you read my report　　イ　How important is it

ウ　What do you mean　　エ　Can you understand that

3　A：What have you been doing? You look so tired.

B：I've been reading books since 9 o'clock this morning. Believe it or not, I've already read 3 novels.

A：What? 3 novels? (　③　) you're exhausted.

ア　To my surprise　　イ　No wonder　　ウ　As a matter of fact

エ　Possibly

4　A：Does Tom know how to get here? Why hasn't he arrived yet?

B：He has never been late before. You didn't tell him?

A：(　④　). I thought you were going to tell him.

B：I asked you to tell him, didn't I?

ア　Maybe yes　　イ　Usually I don't　　ウ　Yes, I did

エ　No, I didn't

▌2023年度 ▌山形県 ▌難易度

【3】次の1から5までの対話文の[　　]にあてはまる最も適切な文を，それぞれのアからエのうちから一つ選べ。

1　A : Let's go out for lunch! How about ramen?

B : [　　] I'd like to eat steak today.

A : OK. Let's go.

ア　I hope you will like it.　　イ　I will follow your advice.

ウ　Thank you, but I'm really full.　　エ　Well, I'm bored of it.

2　A : Hey Dad, my favorite TV drama's already begun!

B : [　　] It's 30 minutes behind schedule because of the baseball game.

A : OK, but I don't want to miss it anyway.

ア　Don't be late.　　イ　It's on me.　　ウ　Don't worry.

エ　That's true.

3　A : It's very humid in this room. Would you mind if I open the windows?

B : [　　] Please go ahead.

A : Thank you. Let some fresh air in.

ア　Don't do that.　　イ　Not at all.　　ウ　Of course you would.

エ　Yes, I would.

4 A : Oh, I can't find my wallet in my bag. It seems I lost it on my way home last night.

B : Really? [　　]

A : I'm not sure, but maybe on the train.

ア Do you have any idea where you lost it?

イ Do you remember when you bought it?

ウ How much money did you have in it?

エ How often in a day do you usually use it?

5 A : Hello, Tomoko. How's your new life in California?

B : [　　] and my neighborhood is very friendly and kind.

A : Sounds great! I hope I can go to see you some day.

ア I'm looking forward to seeing you next week,

イ I'm getting used to a new environment,

ウ I used to take a walk around my apartment,

エ There are few good shops around my house,

▌2024年度 ▌栃木県 ▌難易度 ■■■■□□

【4】次の会話文の(　　)に当てはまるものとして最も適切なものを，以下の①～⑤のうちから選びなさい。

A : I'm all packed and ready for our school trip to Hokkaido! Have you packed your bag yet?

B : Not yet! I'm still packing... I'm wondering what to take. What's the weather going to be like there?

A : Well... the weather forecast says it'll be sunny, but cold.

B : I see. (　　), but there's no room in my suitcase anymore.

① I should take another sweater

② I've been there once

③ I want to put my suitcase in my room

④ I have to check the weather in Hokkaido

⑤ I'll take some pictures there

▌2024年度 ▌神奈川県・横浜市・川崎市・相模原市 ▌難易度 ■■■■□□

【5】次の〔対話〕は，Aさんと駅員Bさんのものである。〔対話〕と〔時刻表〕の内容に関する〔問い〕の答えとして正しいものはどれか。

〔対話〕

A : Excuse me. May I ask you some questions?

B : Sure.

A : I am a stranger here. Since my smartphone has died, I have no idea how to go to Springfield.

B : Look at this timetable for the Trinity and Albany Railroad. We are now at Riverside. Oh, if you talked to me five minutes earlier, you could take Local Train. But you can make it to the next Afternoon Express.

A : I don't care. I'm not in a hurry. There are just two minutes difference in arrival time between the Local Train and Afternoon Express. In addition, I will see my mother at 17:30. I have plenty of time.

B : I see.

A : By the way, I can see some kind of event outside the station. What is that?

B : We hold an annual festival now. I recommend that if you don't mind killing your time there.

A : That sounds good.

B : If you take 3021F at 17:11, you will arrive in time for 17:30. Enjoy the festival!

A : Thank you. I will.

〔時刻表〕

train number	71M	63E	14M	9031F	8023M	3021F	2344M
destination	Albany	Albany	Albany	Albany	Springfield	Albany	Albany
train type	Local	Morning Express	Local	Afternoon Express	Local	Afternoon Express	Local
Stations							
Trinity	8:30	9:15	11:45	12:05	15:00	16:45	18:15
Allston	8:46	-	12:01	-	15:16	-	18:31
Newton	8:55	-	12:10	-	15:25	-	18:40
Riverside	9:06	-	12:21	12:31	15:36	17:11	18:51
Ashland	9:12	-	12:27	-	15:42	-	18:57
Oak Street	9:24	-	12:39	-	15:54	-	19:09
Springfield	9:34	-	12:49	12:47	16:04	17:27	19:19
Chester	9:41	-	12:56	-		-	19:26
Albany	9:55	10:02	13:10	13:04		17:44	19:40

〔問い〕 What time is it now?

1. 12:21
2. 12:26
3. 12:31
4. 12:36
5. 17:30

▌2024年度 ▌岡山市 ▌難易度

【6】次の1～3の会話の(　　)に入る最も適当なものを，以下のア～エからそれぞれ一つずつ選び，記号で答えよ。

1 Teacher : Let's start the class. Hiromi, what is the date today?
Hiromi : Wednesday!
Teacher : (　　)! Listen to me carefully again. What is the "date" today?
Hiromi : Ah…, July 14th?
Teacher : That's it!
ア It's your turn　イ Well done　ウ You're a good listener
エ Very close

2 A : I'd like to do the volunteer work at the National Sports Festival.
B : Wow, that's wonderful!
A : The problem is, I'm not very good at sports.
B : (　　). This is a good opportunity, and it will give you a valuable experience!
ア I agree with you　イ It doesn't matter
ウ It's definitely important　エ It sounds exciting

3 A : Have you ever heard of "SDGs"? There are 17 goals. They show the global issues about poverty, health, climate, peace and justice and so on. What do you think about that?
B : (　　), this is an urgent issue.
ア If I were there　イ For example　ウ In my opinion
エ That's too bad

▌2024年度 ▌鹿児島県 ▌難易度

【7】次の(1)〜(4)の会話文において，ア〜エに入る最も適切な英文を以下の①〜④から1つ選びなさい。

(1) A : Dad, I'm trying to finish my Japanese homework, but I don't know this kanji.

B : Why don't you just look it up?

A : I know. I want to, but (ア).

B : All right. We can go to the bookstore to get one tonight.

① my book is boring　② my computer is broken

③ I don't have time　④ I lost my dictionary

(2) A : What did you do yesterday?

B : (イ) at my grandpa's house.

A : Wow, you must have been very tired.

B : Yes, but he really likes flowers.

① I read the newspaper　② I took care of the garden

③ I played table tennis　④ I made some cookies

(3) A : Do you want to do something together next week?

B : Sure. I'm busy on the weekend, but any other day is OK.

A : All right. Why don't we (ウ)?

B : That sounds nice. I really need some exercise.

① play video games on Thursday　② play tennis on Sunday

③ go ice-skating on Thursday　④ take a dance class on Saturday

(4) A : Welcome to the Apple Airport Gift shop. May I help you?

B : Yes. I want to get a present for my daughter before I go home to Australia, but I only have $30 left.

A : Let's see. How about this (エ)?

B : That's perfect. My bag is full, so I wanted something small and easy to carry.

① large stuffed bear for $28　② special pencase for $30.50

③ stamp collection for $35　④ postcard set for $28.50

2024年度　青森県　難易度

【8】次の(1)及び(2)の会話文をそれぞれ完成させるとき，[1][2]にあてはまる最も適切なものを，①～⑤の中からそれぞれ一つ選びなさい。

(1)

A : Excuse me. I'm looking for a shirt.

B : How about this one?

A : Cool. Can I try it on?

B : Sure.

A : How much is it?

B : It's 3,000 yen.

A : It's too expensive. [1]

B : Yes. Just a moment.

A : Thank you.

① What color do you like?　② I didn't hear you.
③ Can I help you?　④ Do you have anything cheaper?
⑤ That's a good idea.

(2)

A : May I help you?

B : Yes. I'm hungry. [2]

A : How about this hamburger? It's delicious.

B : That's great. Yes, please.

A : Anything else?

B : Orange juice, please.

A : Sure.

① What would you like?　② Here you are.
③ What do you recommend?　④ I agree with you.
⑤ For here or to go?

▍2024年度 ▍三重県 ▍難易度 ■■■□□

【9】次の(1)～(3)の対話文の(　　)に入る最も適当なものを，以下のア～エからそれぞれ一つ選べ。

(1) A: Hello. May I speak to Mr. Yamada, please?
B: I'm sorry. (　　)
A: Well, can I leave a message?
B: Hold on, please. I'll get a pen.

ア. He can see you now.
イ. He's not in at the moment.
ウ. You have the wrong number.
エ. You can go out and see him.

(2) A: Did you get your yearly dental checkup?
B: Not yet. (　　)
A: Everyone does. But if there's a problem, it's better to find out early.
B: I know. I'll make an appointment next week.

ア. I don't know where to go.
イ. I went last Saturday.
ウ. I'm worried about you.
エ. I hate going to the dentist.

(3) A: I'm going to Mt. Fuji with my friends this summer.
B: That's nice. Actually, I've always wanted to go there.
A: Really? Why don't you come with us, then? I'll ask my friends about it tonight.
B: Well, I wish I could. (　　)

ア. I'll get new shoes.
イ. We can go to hot springs, too.
ウ. I have to work all through the summer.
エ. We plan to go to the sea with you.

▌2024年度 ▌山梨県 ▌難易度

【10】次の会話文の(　　　)内に入る英文として最も適切なものは，以下の①～④のうちのどれか。一つ選んで，その番号を書け。

A : I like eating fruits.

B : (　　　)

A : I like oranges the best of all fruits.

① Which do you like fruits?　② Which are you like fruits?

③ Which fruits do you like?　④ Which fruits are you like?

2024年度 香川県 難易度

【11】次の会話文の(　　)にあてはまる語句として最も適切なものを，以下の1～4の中から1つ選びなさい。

A : He knows it's our wedding anniversary today but he's still going to play golf.

B : (　　) is he being so selfish?

1 What　2 Where　3 Which　4 Why

2024年度 埼玉県・さいたま市 難易度

【12】次の会話文の(　　)にあてはまる文として最も適切なものを，以下の1～4の中から1つ選びなさい。

A : You look so excited. How come?

B : Look at this trophy. Our science club was given an award.

A : Wow. (　　) Congratulations!

B : Thank you.

A : What was the award for?

B : For this year's best science report.

1 Yes, you did.

2 That's wishful thinking.

3 That's fantastic!

4 This is serious business.

2024年度 埼玉県・さいたま市 難易度

【13】次のア～エの英文を一続きの会話文になるように並べ替えたとき，どのような順になるか。以下の①～④から最も適切なものを一つ選んで，その番号を書け。

ア　Turn it off and then it on again.

イ　Yes. It always works for me.

ウ　This PC froze up again.

エ　Are you sure that will solve the problem?

①　エ→ウ→ア→イ　　②　エ→ア→イ→ウ

③　ウ→エ→イ→ア　　④　ウ→ア→エ→イ

2024年度 香川県 難易度

【14】次のAとBの会話文が成り立つように，（ a ），（ b ）内に当てはまるものを各語群から選ぶとき，正しい組合せとなるものを解答群から一つ選び，番号で答えよ。

A : How do you like Tokyo, Chris?

B : I like it, but (a)

A : That's true. You should be careful with the traffic.

B : Thanks, I will, Miki. Well, will you show me around Tokyo tomorrow?

A : Yes, I will, but where would you like to go?

B : I haven't decided yet. (b)

A : Then, I'll visit you at around nine, and take you to see some old temples and gardens.

B : Great. I'll be waiting for you.

【aの語群】
ア　the streets are very crowded with cars.
イ　I'm quite a stranger here.
ウ　I wonder what famous spots I should visit.

【bの語群】
ア　But my aunt will show me some tourist spots tomorrow.
イ　But I'll be happy if you take me to the famous historic sites.
ウ　But I'd like to stay here and just relax tomorrow.

【解答群】

1	a－ア	b－ア	2	a－ア	b－イ
3	a－ア	b－ウ	4	a－イ	b－ア
5	a－イ	b－イ	6	a－イ	b－ウ

7　a－ウ　　b－ア　　8　a－ウ　　b－イ

9　a－ウ　　b－ウ

2024年度　愛知県　難易度

【15】次の(　　)にあてはまる適切なものを①～④から選び，番号で答えよ。

At Jeff's office

Steve : Nice place you have here!

Jeff :　Thanks. Shall we sit down?

Steve : (　　) Here's the product sample.

Jeff :　Look good!

①　No regrets.　②　Really!　③　Sure.　④　Take care.

2024年度　神戸市　難易度

解答・解説

【1】5

○解説○ 宿題について昨夜すでに終えたとするB(Sara)に対して，Aが追加で質問をしている場面。Bの答えは,歴史の授業と英語の授業における具体的な宿題の内容を語っているので,選択肢5の「どのくらいの量の宿題があったの？」が適切。

【2】①　エ　②　ウ　③　イ　④　エ

○解説○ ①　誕生日プレゼントの案として,「念頭に置いている」ことがあるかを聞いている。　②　レポートが難しかったと言われて，その言葉の真意を聞こうとしている。よって，ウが適切。　③　疲れている理由を聞いて納得しているので，イのNo wonderが適切。

④　直後の発言から，AがTomに伝えていないと考えられるので，エが適切。

【3】1 エ　2 ウ　3 イ　4 ア　5 イ

○解説○ 1　直後にラーメンではなくステーキを提案しているので，否定的なエが適切。　2　好きなTVドラマがもう始まっているというA(息子)に，B(父)が野球中継で30分遅れているという話をしているので，ウが適切。　3　Would you mind に対する答えである点に注意。
4　直後の答えから，失くした場所を聞いたと推測できる。　5　新しい生活について質問されているので，新しい環境に慣れてきたというイが適切。

【4】①

○解説○ 会話文穴埋め問題。北海道への修学旅行の準備をしている場面。Bは何を持って行こうか迷っている。天気予報によると，旅行の当日は晴れているものの寒いらしいというAの情報を聞いて，Bが発言した内容が空欄で，直後に続けて「スーツケースにはもう空きがない」と言っているので，空欄は①の「セーターをもう一つ持っていくべきですね」が適切。

【5】2

○解説○ 対話文と時刻表を見て問いに答える問題。先に問いを読んでから本文を読むと効率が良い。駅員Bさんの2つ目の対話文に，5分早ければRiversideからのAlbany行きのLocal trainに乗れたが，次のAfternoon Expressに乗ることができる，と説明されている。この情報を元に時刻表と照らし合わせると，乗り逃したのは12:21の列車で，現在はその5分後だから，12:26であると考えるのが妥当。

【6】1 エ　2 イ　3 ウ

○解説○ 1　教室で教師が日付を聞いたのに対して，生徒は曜日を答えてしまった。このときの声かけとして正しいのは，「惜しい!」という意味の，エ。　2　国体のボランティアに参加するのにスポーツが得意かどうかは「問題ではない」ので，イ。
3 「自分の意見」を述べる場面なので，ウ。

【7】(1) ④　(2) ②　(3) ③　(4) ④

○解説○ (1) 漢字を調べたいのに，空欄が理由でできないことが読み取れる。直後に本屋に行くことが提案されているので，④の「私は辞書を失くした」が適切。 (2) 大変疲れたが，花が好きな祖父のためにしたことなので，②の「私は(祖父の家で)庭の手入れ(世話)をした」が適切。 (3) 週末以外の予定で，運動(exercise)に関係することなので，③の「木曜日にアイススケートをしに行く」が適切。 (4) 手持ちの30ドルで買えるもので，小さいものなので，④の「28ドル50セントのポストカードセット」が適切。

【8】1 ④　2 ③

○解説○ 会話文穴埋め問題。 (1) 衣料品店での会話。シャツを求めるAが，提示された金額を高いと言っている場面。したがって，④の「もっと安いものはありませんか」が適切。 (2) 飲食店での会話。空欄になっている客Bの発言に対し，店員Aはおすすめの商品を提示している。したがって，③の「おすすめはなんですか」が適切。

【9】(1) イ　(2) エ　(3) ウ

○解説○ 会話文穴埋め問題。 (1) 電話で，(直後にメッセージを残していることから)Aがかけたい相手がいない場合のBの応答なので，イが適切。 (2) Bが歯医者の検診に行っていないと答え，空欄の後Aが「みんなそうですよ」と言っていることから，エが適切。 (3) I wish I could ～で，「～できたらいいのに」という意味。富士山へ誘われて，直前に否定的な反応をしているので，ウが適切。

【10】③

○解説○ A「果物を食べるのが好きだ」→空欄→A「オレンジ(みかん)が果物の中で一番好き」としている。したがって，果物の中で好きなものが何かを聞いていると考えられるが，文法的に正しいのは③のみである。

【11】4

○解説○ 会話文穴埋め問題。Aが，「彼は今日が私たちの結婚記念日だと知っているのに，まだゴルフをやっている」とあるので，Bはその彼の行動に対して，「なぜそんなに自分勝手なのだろう」と言っていると推測するのが自然。したがって，4のWhyが適切。

【12】3

○解説○ 会話文穴埋め問題。自分たちが所属する科学クラブが賞をとり，トロフィーをもらったと，Bが言っている。それを受けたAが発言した言葉なので，3の「それは素晴らしい」が適切。その後の会話とも矛盾していない。

【13】④

○解説○ 会話の流れは，ウ「PCがフリーズした」→ア「再起動してみてください」→エ「それで問題は解決するのですか？」→イ「はい，私はいつもそれで解決します」となる。質問とその回答にあたるエ→イの流れなどから取り掛かると，手がつけやすい。

【14】2

○解説○ a　A(Miki)が，東京に来たと思われるB(Chris)に東京の感想を聞いていて，Chrisの答えの空欄の後Mikiが，交通量には気をつけた方がいいと言っているので，アの「通りは車でとても混雑している」が適切。　b　空欄の前後では，明日の予定について話している。Chrisの漠然とした要望に対して，直後にMikiが寺や庭園に案内すると言っているので，イの「でも，有名な史跡に連れて行ってもらえたらうれしい」が適切。

【15】③

○解説○ オフィスで座りましょうかと尋ねられた場面であり，特に断る理由は前後にないので，③のSure(もちろんです)が最も適切と考えられる。

文章読解

【1】次の英文を読み，以下の(1)～(5)の問いに答えなさい。答えは①～⑤のうちから1つ選びなさい。

Plant lovers talk to plants to help them grow. Scientists believe plants may be able to talk back. Researchers found that plants emit sounds when they are stressed. The noises are similar [a] a human scream. The sounds are specific enough for us to be able to interpret and attend to a plant's needs. [b], the sounds are at a frequency that the human ear cannot hear. We can only hear frequencies of up to 16 *kilohertz. Special AI algorithms detected ultrasonic sounds from plants that were up to 250 kilohertz. The AI also detected different types of plant sounds.

The research was done in an *acoustic chamber in an adapted greenhouse in Israel. Scientists found that vibrations from stressed tomato plants turned into sound waves. A researcher said: "Plants usually emit sounds when they are under stress. Each plant and each type of stress is associated with a specific identifiable sound." She said animals and insects could hear the sounds. Understanding these sounds could help us understand when crops are <u>dehydrated</u>. Farmers could irrigate their fields more efficiently. This could *conserve water.

(注) kilohertz　キロヘルツ　　acoustic chamber　音響室
conserve～　～を節約する

〔Breaking News English より〕

(1) 本文中の[a]に当てはまる語として，最も適するものはどれか。

① at　② like　③ of　④ to　⑤ with

(2) 本文中の[b]に当てはまる語として，最も適するものはどれか。

① Moreover　② Nevertheless　③ Possibly
④ Therefore　⑤ Unfortunately

(3) 下線部の語に最も意味が近いものはどれか。

① thirsty　② energetic　③ happy　④ sleepy
⑤ alive

(4) この文章のタイトルとして，最も適するものはどれか。

① How to grow tomatoes
② Insects are good listeners
③ Researchers in a greenhouse
④ The human perception of sounds
⑤ Plants make sounds when stressed

(5) 本文の内容と一致する文として，最も適するものはどれか。

① Farmers will be able to save water by understanding sounds plants emit.
② Tomatoes regularly make sounds unless they are stressed.
③ The frequencies of plant sounds are so low that humans cannot hear.
④ Only animals and insects can communicate with tomatoes well.
⑤ Scientists believe that plants grow faster when they are spoken to.

2024年度 群馬県 難易度

【2】次の英文を読み，以下の〔問1〕～〔問4〕に答えよ。

On April 20, 2023, SpaceX launched its first test flight of Starship, the biggest rocket ever built. The 400-foot-tall, stainless steel ship took off from Starbase, a spaceport in southern Texas. No people were on board for this launch.

"I'm not saying it will get to orbit, but I am guaranteeing excitement," SpaceX founder Elon Musk said of the planned launch, in March.

As it turned out, Starship did not get into orbit. The plan was for it to make a 90-minute trip partway around the planet. But about four minutes after liftoff, the rocket exploded. Even so, just getting the rocket off the launchpad was a major success for SpaceX.

For now, the company is focused on (A) a Starship rocket ready to take NASA astronauts to the moon by 2025, and eventually, to Mars. It has room for 100 (B)passengers.

SpaceX could make spaceflight a profitable business. Its rockets are designed to be reusable. This (C)【to / will / expensive / send / it / less / make / everything】 from people to satellites into space.

For at least a few minutes, people who gathered on nearby South Padre Island to watch the launch got their excitement. As Starship took off, they screamed: "Go, baby, go!"

〔問1〕 英文中の(　A　)にあてはまる語(句)として，最も適切なものを，次の1～5の中から1つ選べ。

1.　get　　2.　got　　3.　getting　　4.　to get　　5.　to have got

〔問2〕 下線部(B)の語とほぼ同じ意味を持つ語を，次の1～5の中から1つ選べ。

1.　architectures　　2.　commuters　　3.　clients　　4.　patriots　　5.　sailors

〔問3〕 下線部(C)について，【　　】内の語を正しく並べ替えたとき，【　　】内で6番目にくる語を，次の1～5の中から1つ選べ。

1.　send　　2.　will　　3.　make　　4.　to　　5.　expensive

〔問4〕 Starshipに関する記述と最も一致する英文を，次の1～5の中から1つ選べ。

1.　The Starship successfully completed a 90-minute trip around the planet
2.　The Starship was carrying 100 passengers during the test flight
3.　Elon Musk guaranteed the Starship would reach orbit during the test flight.
4.　The Starship rocket exploded approximately four minutes after liftoff.
5.　The test flight took off from a spaceport in northern Texas.

▌2024年度 ▌和歌山県 ▌難易度 ■■■■■

【3】次の英文を読んで，以下の問いに答えなさい。

Usually you get into a taxi after the previous passenger has got out, but in Southeast Asia and the Middle East, if you get into a taxi you might have the experience of the taxi suddenly picking up another passenger on the way. In this taxi-sharing system, someone who is going in the same direction may be picked up. Therefore, even if the taxi is already carrying passengers, a person standing beside the road can hail it by (　①　) out, "To such-and-such a place!" and the driver will let him get in. In other words, the driver will stop if the person's (　②　) matches his; if not he will just drive past.

In such countries, many taxis are not fitted with meters, so you negotiate the fare before getting in. For local residents who know what the fare should be, this is fine, but tourists are sometimes made to pay outrageous prices, so this is not a popular system. Even if there is a meter, there are (③) drivers who pretend it is broken and demand a price higher than the going rate, so foreign travelers should first check to make sure the meter is working.

(足立恵子『英語で比べる「世界の常識」』による。ただし，設問の都合で一部改変している。)

1 英文中の空欄(①)～(③)にあてはまる最も適切な語句を，次のア～エの中からそれぞれ一つずつ選び，記号で答えなさい。

① ア calls　イ calling　ウ called
　エ have called

② ア deadline　イ deforestation　ウ descendant
　エ destination

③ ア anxious　イ considerate　ウ dishonest
　エ reliable

2 本文の内容に合う英文として最も適切なものを，次のア～エの中から一つ選び，記号で答えなさい。

ア Another passenger may get into the taxi before you get out of it in some countries.

イ Taxis in some countries stop for you even if you don't raise your hand beside the road.

ウ Local residents in some countries are kind enough to tell you what the taxi fare is.

エ Foreign travelers should make sure how to fix the meter when they get into a taxi.

▌2024年度 ▌山形県 ▌難易度 ■■■□□

【4】次の英文の内容に関して，(1)(2)の各問いに対する答えの組合せとして正しいものはどれか。

These days, when we see a beautiful patchwork quilt, we tend to think of the Amish. In the modern world, where everything can be easily purchased and new fabrics like fleece, which are lightweight and easy to care for, are becoming common, a hand-sewn quilt seems like a relic from a past era. The Amish, who live in Eastern America, are a religious community that lives without relying on electricity or automobiles. They have little contact with the outside world, but they are famous for the handcrafted furniture and patchwork quilts they produce for sale.

Amish women are carrying on a tradition that has been a part of American life since Colonial times. Quilting began as a form of recycling. When blankets became worn out, they were patched together. Once manufactured cloth became available, and women no longer had to make their own cloth, quilts became more decorative. Quilting bees, where many women would gather to work on a quilt together, became popular. In times of war, women made quilts to help raise money or to send to soldiers. In times of economic depression, women did as their grandmothers did and reused old clothing to make bedcovers. Today, quilting is usually done as a hobby by women (　　) wish to create family heirlooms with their own hands.

“リスニングの素　改訂版”(株式会社　河合出版)から抜粋　問題作成において一部変更

注　patchwork　パッチワーク(布を継ぎはぎする手芸)
quilt　キルト(表地に薄い綿をかませて重ねた状態で縫ったもの)
the Amish　アーミッシュ(キリスト教の一派)
fleece　フリース(コートなどの裏地に使用する柔らかい羽毛のついた織地)
hand-sewn　手縫いの　　relic　遺物　　heirloom　財宝

(1)　本文の内容に合うものはどれか。

A　The Amish use electric-sawing machine to make beautiful handkerchiefs.

B　Amish women have taken over Amish quilting from their ancestors.

C　During war time, Amish sold their furniture to collect money.

D　Recently, we can see people working as quilt makers.

(2)　文中の(　　)にあてはまるものはどれか。

A　what　　B　which　　C　where　　D　who

	(1)	(2)
1.	D	C
2.	A	D
3.	C	B
4.	B	D
5.	B	A

2024年度　岡山市　難易度 ■■■□□

【5】次の英文の内容と一致しているものとして最も適切なものを，以下の①～⑤のうちから選びなさい。

Clothing designers are turning to unusual plants and used materials to make products that better use natural resources. More people are paying closer attention to how the production of clothing affects the environment. However, some experts say that the idea of "buy and throw away," still rules when it comes to clothes.

This is true — although some famous people support a movement to reuse and recycle clothing.

Actress Maggie Q created a line of clothes from recycled fabrics. She is among activists who believe more can be done to waste less. She says she feels "sick" about "fast fashion" — low-cost clothes that can be worn once, then thrown away.

The British design team, Vin ＋ Omi, looks for creative ways to make the industry more sustainable. Their clothing is worn by former first lady Michelle Obama and singers Beyonce and Lady Gaga. The team found latex from Malaysia. But, when they discovered the conditions for the workers there were bad, they bought the operation. In their office in the English countryside, they grow unusual crops for cloth development. These include chestnuts from trees and horseradish.

① People don't have to pay attention to how to use unusual plants and used materials.

② The idea of "buy and throw away" is quite natural for all clothing designers.

③ Maggie Q prefers "fast fashion" to clothes from recycled fabrics.

④ Low-cost clothes can be worn by many people and would make the industry more sustainable.

⑤ Vin + Omi bought the operation in Malaysia to make working conditions better.

本文はVOA learning English, January 01, 2020, "Clothing Designers Reusing Materials to Save Environment" から。一部表記を改めたところがある。

2024年度 | 神奈川県・横浜市・川崎市・相模原市 | 難易度

【6】次の文を読んで，問1，問2に答えなさい。

On a September day in 1991, two Germans were climbing the mountains between Austria and Italy. High up on a mountain pass, they found the body of a man lying on the ice. At that height (3,200 meters), the ice is usually permanent. But 1991 had been an especially warm year. The mountain ice had [1] more than usual and so the body had come to the surface.

It was lying face downward. The skeleton was in perfect condition, except for a large wound in the head. There was still skin on the bones and the remains of some clothes. The hands were still holding the wooden handle of an ax. On the feet there were very simple leather and cloth boots. Nearby was a pair of gloves made of tree bark and a holder for arrows.

Who was this man? How and when had he died? Everybody had a [2] answer to these questions. The mountain climbers who had found the body said it seemed thousands of years old. But others thought that it might be from this century. Perhaps it was the body of a soldier who died in World War Ⅰ. In fact, several World War Ⅰ soldiers had already been found in that area of the mountains. On the other hand, a Swiss woman believed it might be her father. He had died in those mountains 20 years before and his body had never been found. When Italian and Austrian scientists heard about the discovery they rushed to the mountaintop. The body couldn't possibly be the Swiss woman's father, they said. The boots, the gloves, and the ax were clearly from further back in the past. For the same reason, they said it couldn't be a World War Ⅰ soldier. It had to be at least several centuries old, they said, maybe even five centuries. It could have been one of the soldiers in the army of Frederick, Duke of Austria.

Before they could be sure about this guess, however, the scientists needed more data. They needed to bring the body down the mountain so they could study it in their laboratories. The question was, whom did it belong to? It was lying almost exactly on the border between Italy and Austria. Naturally, both countries wanted the frozen man for their laboratories and their useums. For two days, the body lay there in the mountains while diplomats argued. Finally, they decided that it lay on Austrian ground. By that time the body was partly unfrozen and somewhat damaged.

When the Austrian scientists examined the body more closely, they changed their minds. They did not know yet how he had died, but they did know when : in about 2,700 B.C. This was a very important discovery, they said. It would teach them a great deal about this very distant period of European history. From the clothes and tools they could learn about how men lived in those times.

("Frozen Man"(林功『アメリカの中学教科書で英語を学ぶ』所収)より)

permanent…永久不変の　skeleton…骨格　ax…斧

soldier…軍人　diplomat…外交官

問1　空欄1，空欄2に当てはまる適切な語句の組合せを選びなさい。

ア　1－frozen　2－same

イ　1－frozen　2－different

ウ　1－freezing　2－different

エ　1－melted　　2－different

オ　1－melted　　2－same

問2　この文章の内容として適切なものの組合せを選びなさい。

① オーストリア人とイタリア人の登山家が，凍った男を最初に発見した。

② 凍った男の手には斧の木の柄，足には革と布のブーツが残っていた。

③ スイス人の女性は，凍った男が20年前に亡くなった自分の父親ではないかと考えた。

④ 外交官たちは，凍った男がどちらの国のものかを議論した。

⑤ オーストリアの科学者たちは，凍った男の死因を解明した。

ア ①②④　イ ①②⑤　ウ ①③⑤　エ ②③④
オ ③④⑤

2024年度 | 北海道・札幌市 | 難易度

【7】次の英文は，日本に留学している外国の学生がスピーチしたものです。その内容として最も適切なものを，以下の1～4のうちから1つ選びなさい。

> I'm going to talk about elementary schools in my country. Students use school buses or walk to school with their families. They eat lunch in a cafeteria. Some of them eat lunch from the school and some eat lunch brought from home. Cleaning staff clean the school. Students don't. The school year starts in September and ends in June.

1 Students don't walk to school alone.

2 All students eat the same food for lunch.

3 Students clean their schools.

4 Students have classes in July.

2024年度 | 宮城県・仙台市 | 難易度

【8】以下のア～オのうち，次の文章の内容として適切なものはいくつありますか。

I've always admired the way gratitude is built into Japanese culture. Even though I know it's tradition, I still feel strong emotion at weddings each time a daughter or son publicly thanks their parents for raising them. I also like that simple ritual of saying, "Thanks for the other day," when meeting someone you recently went out with. Another favorite of mine is "*otsukaresama*" to thank people for their work or say goodbye as they leave the office. Some people may say these things without much thought, but hearing them always made me feel good.

Sometimes unexpected gratitude is the most delightful. These days, it's so easy to make small gestures of appreciation. Old-fashioned handwritten cards are lovely, but we can also text, e-mail, or tweet instant messages, send an e-card, or find someone day or night on their cellphone.

(ENGLISH JOURNAL March, 2012 Kay Hetherly)

ア Kay's heart gets hot at the graduation ceremony.
イ Kay's favorite word is "*otsukaresama*".
ウ Kay can't express her gratitude by e-mail.
エ Kay admires Japanese culture.
オ Old-fashioned handwritten cards aren't very nice.

① 1つ　② 2つ　③ 3つ　④ 4つ　⑤ 5つ

▌2024年度▌長野県▌難易度

【9】次の英文の内容と一致しないものはどれか。1〜5から一つ選べ。

The International Center

Whether you are looking for a conference venue or a place to have your meetings and your training days, the International Center is the perfect modern space for your event.

Offering free Wi-Fi, secure parking and all-day refreshments, the International Center has 120 meeting rooms and a theater for up to 1,000 people.

Conveniently located in the city center, the International Center is close to the shops and only a ten-minute walk to the train station.

The Grand West

The Grand West is a country house surrounded by rolling hills and beautiful scenery, only a 30-minute drive from the airport.

With 76 hotel rooms, 12 meeting rooms and a conference room that takes up to 200 people, the Grand West offers free Wi-Fi and a whiteboard in every room.

You can also make use of the gardens of the Grand West for team-building events and outdoor activities. Our indoor swimming pool, gym and 18-hole golf course will ensure that your event is relaxing and enjoyable for everyone.

1 If you need a large conference venue for about 600 people, you should book the International Center.

2 The International Center is convenient to do shopping in the city center after your meetings.

3 If you need Internet access, you should book the Grand West, as free Wi-Fi is not offered in the International Center.

4 You can use the garden of the Grand West if you want to enjoy outdoor activities.

5 You walk for ten minutes if you want to go from the International Center to the train station.

▌2024年度 ▌大阪府・大阪市・堺市・豊能地区 ▌難易度 ■■■□□

【10】次の資料の内容として最も適切なものはどれか。1～5から一つ選べ。

ENGLISH SPEECH CONTEST 2024

A Great Chance to Speak up!
For Junior & Senior High School Students in Osaka!

Themes of a 3-minute speech
Junior High School Students: "My Dream"
Senior High School Students: "Leadership Skills"

◆ FIRST STAGE ◆

✧ Record your 3-minute speech on video.
✧ Send it on a DVD to Naniwa Culture & Future Center by mail.

Application Deadline
April 15th, 2024
✧ For further information on how to apply, please visit our website.

Eligibility
✧ Open to junior/senior high school students living in Osaka.
✧ Must not have been a winner of the final stage in a previous Naniwa Culture & Future Speech Contest.
✧ Must not have lived/stayed in any English speaking country for more than one year.

Announcement of the Finalists
✧ The results of the first stage will be sent by email **by May 10th, 2024.**

◆ FINAL STAGE ◆

Date: May 26th, 2024
Time: 1:00 p.m. – 5:00 p.m.
Venue: Naniwa Culture & Future Center

✧ The top 10 speeches for each theme of the contest will compete in the final stage.

1 The applicants will get a letter informing them of their result of the first stage on May 26th.
2 Any students in junior or senior high school can participate in the contest.
3 An applicant should bring the recorded video of a speech to Naniwa Culture & Future Center.
4 The finalists will give a speech about the theme provided at Naniwa Culture & Future Center.
5 If more information about applying is needed, you have to go to Naniwa Culture & Future Center instead of searching the Internet.

▌2024年度 ▌大阪府・大阪市・堺市・豊能地区 ▌難易度

● 人文科学

【11】次の英文を読んで，(1)～(4)の問いに答えよ。

Global progress on women's rights is "vanishing before our eyes," U.N. Secretary-General Antonio Guterres warned on March 6, saying the increasingly distant goal of gender equality will take another three (ア) to achieve.

"Gender equality is growing more (イ). On the current track, U.N. Women puts it 300 years away," he told the General Assembly before International Women's Day on March 8, as he launched two weeks of discussions led by the Commission on the Status of Women. U.N. Women is the body working for gender equality.

"Women's rights are being abused, threatened and violated around the world," he added, as he ticked off a litany of crises: maternal mortality, girls ousted from school, caregivers denied work and children forced into early marriage.

"Progress won over decades is vanishing before our eyes," Guterres said.

He highlighted the particularly dire conditions in Taliban-ruled Afghanistan, where "women and girls have been erased from public life."

Guterres called for "(ウ) action" worldwide by governments, civil society and the private sector to provide gender-responsive education, improve skills training and invest more in "bridging the digital gender divide."

The Japan Times Online　2023.3.17

(1) (ア)にあてはまる語を，次から一つ選べ。

① months　② years　③ decades　④ centuries

(2) (　イ　)にあてはまる語を，次から一つ選べ。

① narrow　② wide　③ distant　④ near

(3) (　ウ　)にあてはまる語を，次から一つ選べ。

① individual　② collective　③ remote　④ independent

(4) 次の英文のうち，本文の内容に合っているものを一つ選べ。

① Women's rights have been improved all over the world by the U.N. Secretary-General.

② Progress on women's social environments has been made recently around the world.

③ In some countries, young girls are made to be married at an early age.

④ In Afghanistan, the Taliban killed women and girls all over the country.

▌2024年度 ▌秋田県 ▌難易度

【12】次の案内文に書かれている内容として最も適切なものはどれか。1～5から一つ選べ。

CityPass Usage Guide

Visit sightseeing spots with the CityPass! You can enter many facilities for free when you present the CityPass at the entry counter. CityPass has two types explained below;

Amazing-CityPass :

A special ticket that includes access to not only over 40 popular facilities, but also public transportation. Major railways and buses are available to be used at no extra cost. Entry into facilities is only permitted through the use of this magnetic card.

e-CityPass :

A virtual ticket that grants access by simply showing the QR code on your smartphone at the counter of the facility. Purchase the ticket online in advance and you can save the time of waiting in long lines to purchase admission tickets. You can easily go where you want.

The differences between the Amazing-CityPass and the e-CityPass

Contents	Amazing-CityPass	e-CityPass (e-Pass)
Price (1-day Pass)	$49.99 + Tax	$29.99　+ Tax
Price (3-day Pass)	$66.00 + Tax	$45.00　+ Tax
Public Transportation Fee	Included	Not included
How to use	Using the magnetic card	Showing the QR-code
Sales Locations	Tourist Information Centers, Stations, etc.	Online Travel Sites
Facilities available for Free	Over 40 facilities including the Great Palace	More than 30 facilities including SkyTower

*The validity period of 3-day Pass is 3 consecutive days starting with and including the first day you visit a facility.

*Admission to each facility is limited to only once.

*Due to weather conditions, some facilities may change their business hours.

*If service has been canceled, we cannot give a refund.

1　2種類のCityPassは，それぞれ有効期限内であっても同じ施設に再度入場することができない。

2　Amazing-CityPassを使用して施設に入場するときはQRコードを提示する。

3　e-CityPassは観光情報センターや，駅などで購入することができる。

4　3-dayPassは，必ずしも連続した3日間に使用しなくてもよい。

5　e-CityPassがあれば，追加料金なしで主要公共交通機関を利用することができる。

2024年度　大阪府・大阪市・堺市・豊能地区　難易度

【13】次の英文は，Eメールのサンプルである。Eメールの内容として適切なものを①～④から選び，番号で答えよ。

(To)	nbsmeneilley@xxx.com
(From)	yamagakusei@xxx.co.jp
(Date)	Friday, August 20, 2010 9:52 A.M.
CC: (copy)	
(Subject)	Advice about my paper

Dear Dr. White,

I have just received your e-mail. Thank you very much for your kind advice. I really appreciate it. I am sure that my paper will be greatly improved thanks to your valuable suggestions.

I will certainly keep you informed of the progress of my work.

Sincerely,
Sachiko Yamada

① 大学への依頼状　② 友人への感謝状
③ 上司への詫び状　④ 教授への礼状

2024年度 神戸市 難易度

【14】次の英文の内容に関して，(1)(2)の各問いに対する答えの組合せとして正しいものはどれか。

The first Winter Olympics were held in France in 1924. The very first event of the new games was a speed skating race. To everyone's surprise, it was won by an American, Charles Drewtraw. By the end of the games, the USA had won four medals. The most successful country was Norway, with seventeen medals, followed (①) Finland.

Snowboarding became an Olympic sport at the 1998 Winter Olympics in Nagano, Japan. At the 2002 Winter Olympics in Salt Lake City, new sports included ski-jumping, luge (riding a type of sled) and curling (a team sport played on ice).

The oddest team ever to enter the Winter Olympics was at the 1988 games in Calgary, Canada. The small tropical island of Jamaica entered a bobsled team! At first, people thought this was a joke. Why would a hot country like Jamaica enter a team in the Winter Olympics? But the team came to Calgary, even though none of them had ever seen snow before!

They came last in the competition, but they were favorites with the media and the crowds. Now, Jamaica has a men's and a women's bobsled team, and they compete in every Winter Olympics.

"Extensive Reader BOOK 3" (成美堂)から抜粋　問題作成において一部変更

注　luge　リュージュ　　sled　そり　　curling　カーリング
　　bobsled　ボブスレー

(1)　Which is the most appropriate for (①)

A　by　　B　with　　C　to　　D　in

(2)　According to the passage, which statement is true?

A　The most successful country in the Winter Olympics held in France in 1924 was Finland.

B　Jamaica won seventeen medals at the Winter Olympics in 1998, although they had not seen snow.

C　Snowboarding was introduced to the Winter Olympics in Nagano.

D　Jamaica team was paid much attention in 1988 because they won a prize.

	(1)	(2)
1.	A	B
2.	B	A
3.	C	D
4.	D	B
5.	A	C

2023年度 ▌岡山市 ▌難易度

解答・解説

【1】(1) ④　(2) ⑤　(3) ①　(4) ⑤　(5) ①

○解説○ (1) “similar to A”で「Aに似ている」という熟語である。
(2) 植物の発する音を人間の耳が聞き取れないことは，植物を愛する立場からは残念なことなので，⑤が適切と考える。 (3) dehydratedは「乾燥する」という意味である。 (4) 植物がストレスを感じた時に音を発するという事象についての文章である。 (5) ②はunless，③はlow，④はcommunicate withが不適であり，⑤はそもそもの記述が誤りである。

【2】問1 3　問2 2　問3 4　問4 4

○解説○ 問1 直前に前置詞onがあるので，「前置詞(to以外)の後の動詞はing形」というルールから，gettingとなる。前置詞は「名詞の前に置かれる単語」という意味なので，前置詞の後に動詞が来る場合には，その動詞を名詞形，つまり動名詞ing形に変える必要がある。不定詞を導く to だけは例外的に，後に動詞の原形が来る。 問2 passengersは「乗客」の意味。architectures「建設物」，commuters「通勤者」，clients「顧客」，patriots「愛国者」，sailors「船乗り」の意味なので，この中で一番近いのはcommuterとなる。宇宙へ行くことが安く，以前よりも簡便になりつつあるという文脈で，commute「通勤」という単語が宇宙飛行の文脈で使われることが増えてきている。 問3 will make it less expensive to send everything (from people to satellites into space)で，「これが，人から衛星まであらゆるものを宇宙に送ることを，より安価にするだろう」という意味。 問4 1 第3段落1～3文目に，90分間の周回飛行の予定であったが，軌道に到達せず，打ち上げから4分後に爆発したと述べている。 2 第1段落3文目に，テスト飛行は無人で行われたと述べている。「100名乗れる」というのは，第4段落で述べられている「現在開発中のロケット」についての記述である。 3 第2段落より，イーロン・マスク氏が約束したのは，ロケットが軌道に乗ることではなく，わくわくするような体験であったことが分かる。

4　第3段落3文目と一致する。　5　第1段落2文目で，southern Texasの宇宙船基地から打ち上げられたと述べている。

【3】1　①　イ　　②　エ　　③　ウ　　2　ア

○**解説**○ 1　①　call outで，大声で呼ぶという意味。callの動名詞形を選ぶ。　②　別の乗客を乗せる際には，目的地が同じ方向である必要があることから，目的地という意味のdestinationが適切。　③　メーターが壊れたようなフリをする運転手なので，ウの「不誠実な」が適切。　2　本文の内容に合うものを選ぶ。　アは，本文の前半で詳しく語られている内容と一致する。イ，ウ，エはいずれも，本文に該当する記述がない。

【4】4

○**解説**○ 英文読解問題。　(1)　A　アーミッシュの人々は電気に頼らないとあるので，不適切。　B　本文中に記述があるため適切。　C　家具ではなくキルトなので，不適切。　D　職業ではなく趣味として行われているとあることから，不適切。　(2)　womenに対する関係代名詞なので，Dのwhoが適切。

【5】⑤

○**解説**○ 英文の内容一致問題。先に選択肢を読んでおくと効率的である。ファストファッションによる衣類の環境負荷の問題と，その解決に向けた取り組みについて書かれた文章である。　①「珍しい植物や使用済みの素材の使い方に注意を払う必要はない」とあるが，第1段落の冒頭に，人々が珍しい植物や使用済みの素材に注意を向けていることが書かれていることから，不適切。　②「買って捨てる」という考え方を，一部の服飾デザイナーが変えようとしているという本文の記述と異なることから，不適切。　③　Maggie Qが，ファストファッションを「気分が悪い(sick)」と評しているという本文の記述と異なっており，不適切。　④　低コストの衣類が持続可能ということは，本文には書かれておらず，常識としても当てはまらないことから，不適切。　⑤　最終段落のVin＋Omiの活動についての記述と一致しており，適切である。

【6】問1　エ　　問2　エ

○解説○ 問1　1991年は暖かかったせいで，山岳地帯の氷河がどうなったかが空欄1となっているので，「溶けた」(melted)が適切。空欄2では，凍った男の謎について，皆が異なった(different)意見を述べている。
問2　①　第1段落1文目～2文目に，オーストリアとイタリア間の山脈を登山中のドイツ人2人が見つけたと述べられている。　⑤　第5段落1文目と2文目に，科学者たちが調べたが死因はわからなかったとあるので誤り。残りの選択肢はそれぞれ本文の内容と合致する。

【7】1

○解説○ スピーチに関する内容一致問題。外国の学生が，自身の国の初等教育学校(elementary school)について話している。1　スクールバスか，家族と歩いて登校するとあるので「生徒は1人で徒歩で登校しない」は正しい。　2　昼食については，学校で提供されるものや，家から持参したものなど，生徒によって違うものを食べることがわかるので誤り。　3　掃除は生徒ではなくクリーニングスタッフが行うので誤り。　4　9月に学期が始まり6月に終わるため，7月は授業がなく誤り。

【8】②

○解説○ ア　Kayの心があつくなるのは，graduation ceremony「卒業式」のときではなく，weddings「結婚式」のときであり，誤り。
イ　Kayの好きな言葉はAnotherから始まる文で述べられている「おつかれさま」であり，適切。　ウ　Kayがメールで感謝の気持ちを伝えることができないという記述はないことから，誤り。　エ　最初の第1文に記述された内容と一致しており，適切。　オ　第2段落の第2文に，「昔ながらの手書きのカードも素敵」と書かれており，矛盾していることから，誤り。　適切なのは，イとエの2つである。

● 人文科学

【9】3

○解説○ 本文の「国際センター」の第2段落に，Offering free Wi-Fi，… とあり，「無料wifi(など)が提供されている」と書かれている。

【10】4

○解説○ 本文では，英語スピーチコンテスト2024の応募に関する情報が記載されている。 1 結果は5月10日までに送付されるとある。
2 参加資格(Eligibility)は，大阪在住の中学校・高校の生徒とある。
3 第一ステージに関するお知らせとして，応募方法は自身の3分間スピーチをビデオで録画し，DVDで送付することとある。 4 テーマに応じたスピーチの上位10本が最終ステージで競演するとある。
5 申請期限(Application Deadline)に，もっと詳しく知りたい人はウェブサイトを見てくださいと書かれている。

【11】(1) ④ (2) ③ (3) ② (4) ③

○解説○ 女性の権利に関する英文読解。 (1) 第2段落で，対応する箇所に300yearsとあるので，④が適切。国連のグテーレス事務総長は，このままではジェンダー平等が達成されるまでに3世紀掛かってしまうだろうという危機感を述べている。 (2) growing more distantで，「ますます遠ざかっている」という意味。 (3) collective actionで，「集団行動(共同での行動)」という意味。グテーレス事務総長は，「デジタル上の男女格差を埋める」ための投資を増やすために，世界中の政府，市民社会，民間部門に対して共同での行動を呼びかけた。
(4) ①・② 本文では，女性の権利についての危機感を記述しているのと矛盾しており，不適切。 ③ 第3段落にある記述と一致しており，適切。 ④ 本文中では，erased from public life「公の生活から抹殺されている」とまでしか言っていないので，不適切。

【12】1

○解説○ 1 注意書きの部分に，Admission to each facility is limited to only once.「各施設への入場は1回限り」と書かれている。 2 Amazing-CityPassの使い方には，Using the magnetic card「磁気カードを使う」と

書かれている。　3　e-CityPassの購入方法は，Online Travel Sites「オンラインの旅行サイト」と書かれている。　4　注意書きの部分に，The validity period of 3-day Pass is 3 consecutive days「3日券の有効期間は，連続の3日間」と書かれている。　5　公共交通機関の料金の欄には，e-CityPass はNot included「含まれない」と書かれているので，追加料金が必要である。

【13】④

○**解説**○ Dr. Whiteのアドバイスのおかげで，自らのpaper(ここでは「論文」の意味)が改善されたことについてお礼を言っていることから④が適切とわかる。

【14】5

○**解説**○ 第1回冬季オリンピックに関する長文問題である。(1)　①には，「もっとも成功した国は17個のメダルを獲得したノルウェーで，次いでフィンランド」という文中の「次いで(続いて)」にあたる熟語followed byのbyが入るので，正答はA。followed byは受け身表現で直訳すると「フィンランドによって続かれる」である。　(2)　本文の内容に沿うのは，スノーボードが冬季オリンピックに導入されたのは長野五輪からであるというCの記述(第2段落冒頭)。Aは，1924年の大会でもっとも成功した国はフィンランドではなくノルウェー。Bは，ジャマイカのチームは最下位であり，メダルは獲得していない。Dは，ジャマイカの選手は，受賞はしていないが，メディアや観衆の人気は集めていた。

総合

【1】次の問いに答えよ。

(1) 次の英文を，「うわべだけでは人や物の中身を判断できない」ということわざの意味の文にするとき，(　　)にあてはまる語句の組み合わせとして最も適当なものを，以下の①から⑤までの中から一つ選び，記号で答えよ。

You can't (　A　) a book by its (　B　).

① A consider B top
② A examine B surface
③ A judge B cover
④ A read B look
⑤ A see B appearance

(2) 次の英文の内容と合致しないものを，以下の①から⑤までの中から一つ選び，記号で答えよ。

Mr. and Mrs. Davis had four children. One Saturday Mrs. Davis said to her husband, 'The children haven't got any lessons today, and you're free too. There's *a fun-fair in the park. Let's all go.'

Her husband was doubtful about this. 'I want to finish some work,' he said.

'Oh, forget about it and come to the fair!' his wife said.

So Mr. and Mrs. Davis took the children to the fun-fair. Mr. Davis was forty-five years old, but he enjoyed the fun-fair more than the children. He hurried from one thing to another, and ate lots of sweets and nuts.

One of the children said to her mother, 'Daddy's behaving just like a small child, isn't he, Mummy?'

Mrs. Davis was quite tired of following her husband around by now, and she answered, 'He's worse than a small child, Mary, because he's got his own money!'

*a fun-fair in the park = 遊園地

① Mr. Davis and his children did not work on Saturday.

② At first Mr. Davis was not eager to go to the fun-fair.

③ Mr. Davis behaved like a small child in the fun-fair.

④ Mrs. Davis got tired in the fun-fair.

⑤ Mr. Davis did not like the fun-fair because he was a rich man and wanted something better than that.

2024年度 ▌沖縄県 ▌難易度

【2】次の問いに答えよ。

(1) 次の英文を，「何事が起ころうとも君の力になるよ。」という意味の文にするとき，(　　)にあてはまる語として最も適切なものを，以下の①から⑤までの中から一つ選び，記号で答えよ。

I will (　　) you whatever happens.

① stand about　② stand by　③ stand in with

④ stand on　⑤ stand up

(2) 次の英文を読み，(　A　)から(　E　)に入る語の組み合わせとして最も適当なものを，以下の①から⑤までの中から一つ選び，記号で答えよ。

One of the most important things for a happy life is doing work that is interesting. One famous man who (　A　) in an interesting profession was Tony Sarg. He started to make *marionettes when he was a young boy and soon became so good at putting on marionette shows that he (　B　) a small theater of his own. He specialized in children's shows, but he also put on plays for grownups, too. As a matter of fact, older people sometimes seemed to (　C　) the plays more than children. As Tony Sarg (　D　) older, his interest in his profession became deeper and deeper. With his marionettes he put on operas, comedies, tragedies—anything that he thought people would (　C　). By the time he was an old man, his simple hobby had (　E　) into a highly polished art, and Tony Sarg had become famous as the 'marionette man.'

*marionette(s) = あやつり人形

① A worked　B built　C tempt　D kept
E made

② A engaged B built C tempt D grew
E made
③ A worked B built C enjoy D kept
E developed
④ A engaged B opened C enjoy D grew
E developed
⑤ A worked B opened C tempt D kept
E developed

2024年度 沖縄県 難易度

【3】

問1 次の文の( )に入る適切なものを，以下のア～エから1つ選びなさい。

Kobe is a nice city ( ) has many places to visit.

ア where イ who ウ what エ which

問2 次の会話について，( )に入る最も適切なものを，以下のア～エから1つ選びなさい。

A : May I help you?
B : Yes, I'm looking for a nice jacket.
A : How about this one?
B : Cool. ( )
A : Of course.

ア How much is this? イ May I try it on?
ウ Where should I pay? エ Whose jacket is this?

問3 次の会話について，( )に入る最も適切なものを，以下のア～エから1つ選びなさい。

A : Have you ever been to Awaji Island before?
B : Yes, I have. My father drove me to Awaji Island many times.
A : Wow ! By the way, why don't we go there next month?
B : ( ) I'll check my schedule.

ア You're welcome. イ I went there last week.
ウ Sounds good. エ It's too far.

問4　次の図は，メニューを表したものである。以下の会話について，（　　）に入る適切なものを，あとのア～エから1つ選びなさい。

図

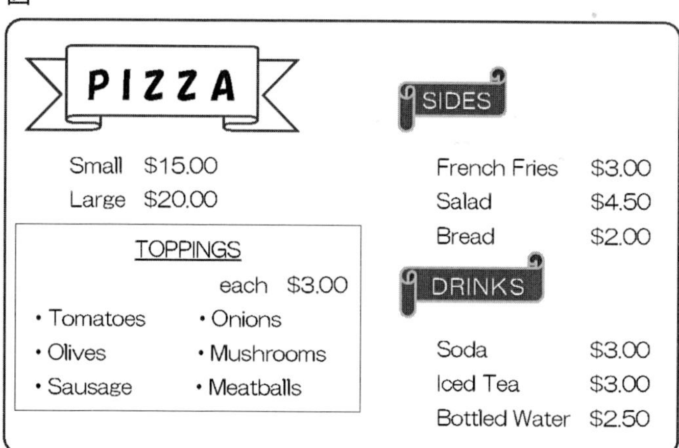

A : Shall I take your order?

B : Yes, please. Can I have a large-size pizza with two toppings?

A : What kind of toppings?

B : Olives and meatballs, please.

A : Anything else?

B : One french fries and two bottled water, please.
How much is that?

A : It's (　　) dollars.

ア　26　　イ　28　　ウ　31　　エ　34

問5　次の図について説明した英文を読み，（　①　），（　②　）に入る語の組合せとして最も適切なものを，あとのア～エから1つ選びなさい。

図

Today pictograms (　①　) used in various places such as public facilities and transportation. They are very useful for small children and foreigners who do not understand Japanese well. Pictograms make our lives (②) convenient.

ア ① aren't ② less イ ① aren't ② more

ウ ① are ② less エ ① are ② more

問6 次の図は，時間割を表している。英文を読み，問いに対する答えとして適切なものを，あとのア～エから1つ選びなさい。

図

School Open Day Honcho J.H.S.

Date: **Saturday, October 29**

	1-A		1-B	
Time	Subject	Place	Subject	Place
9:45 - 10:35	science	science room	English	English room
10:45 - 11:35	Japanese	library	art	art room
11:45 - 12:35	P.E.	schoolyard	math	classroom

If you go to the schoolyard at noon, what subject can you see?

ア math イ P.E. ウ Japanese エ art

問7 次の英文を読み，問いに対する答えとして適切なものを，以下のア～エから1つ選びなさい。

There is a 9-hour time difference between Akashi and London. It's 6 p.m. in Akashi now. What time is it in London now? (You don't have to consider daylight saving time.)

ア 3 a.m. イ 3 p.m. ウ 9 a.m. エ 9 p.m.

問8 話の流れに合うように，( )内に以下のア～エを並びかえて文章を完成させたとき，左から3番目に来るものを1つ選びなさい。

The way students study has been changing. Let's look at one example. (→ → →)

ア In addition to that, BYOD (Bring Your Own Device) has just started at school now.

イ Previously, a lot of students used paper dictionaries to look up the meaning of words.

ウ　So students can use their own devices according to the situation and learn more.

エ　However, they started using e-dictionaries rather than paper ones recently.

▌2024年度 ▌兵庫県 ▌難易度 ■■■□□

【4】次の各問いに答えなさい。

問1　次の(1)，(2)の英文において，(　　)に適するものを，以下の①～④の中からそれぞれ1つずつ選び，番号で答えよ。

(1)　Don't speak ill of others (　　) their backs.

①　against　②　behind　③　from　④　on

(2)　We have to put up (　　) inconveniences for a while.

①　at　②　of　③　to　④　with

問2　次の各英文の(　　)に共通して入る英単語はどれか。以下の①～④の中から1つ選び，番号で答えよ。

Turn left at the first (　　).

The summer vacation is just around the (　　).

①　bypass　②　corner　③　line　④　section

問3　次の英語のことわざと同じ意味をもつ日本のことわざはどれか。以下の①～④の中から1つ選び，番号で答えよ。

Out of sight, out of mind.

①　去る者は日々に疎し。　②　転ばぬ先の杖。

③　窮すれば通ず。　④　百聞は一見に如かず。

問4　次の英会話において意味が通じるように英単語を並べかえたとき，[　　]内で5番目にくる英単語はどれか。①～⑦から1つ選び，番号で答えよ。ただし，文頭にくる語も小文字で示している。

A : Excuse me. [①　time　②　this　③　to　④　get
⑤　what　⑥　does　⑦　train] Osaka?

B : It arrives at 11:05.

▌2024年度 ▌長崎県 ▌難易度 ■■■□□

解答・解説

【１】(1) ③　　(2) ⑤

○**解説**○ (1) 選択式穴埋め問題。ことわざの知識が求められる。「本は表紙カバーだけでは判断できない」という意味の文になる③が適切。
(2) 文章の内容に関する問題。合致しないものを選ぶ点に注意する。⑤は，Mr.Davisが遊園地を子供より楽しんでいたとする本文の内容と合致しない。

【２】(1) ②　　(2) ④

○**解説**○ (1) 選択式穴埋め問題。standを用いた熟語の知識が問われている。熟語stand by Aで「Aを支持する，助ける」という意味になる。
(2) 文章についての空欄穴埋め問題。　A　engage in ～で「～に携わる，従事する」という意味となるengageが適切。　B　openが「(劇場を)開く」という意味で入る。　C「楽しんだ」「楽しめる」という意味のenjoyが適切。　D「成長する」という意味のgrowが適切。
E　develop into ～で「～に発展する」，という意味のdevelopが適切。

【３】問1　エ　　問2　イ　　問3　ウ　　問4　エ　　問5　エ
問6　イ　　問7　ウ　　問8　ア

○**解説**○ 問1　Kobe is a nice city.とIt has many places to visit.の2文をつなぐ。Itは人以外の主語であるので，主格の関係代名詞whichを用いる。
問2　返答から相手に許可を求めている。　問3　相手の提案に対する肯定的な返答。　問4　Lサイズピザ1枚で20ドル，トッピング1つ3ドルを2つなので6ドル，フレンチフライ1つで3ドル，水1本2.5ドルを2本なので5ドル，合計34ドルとなる。　問5　ピクトグラムは，公共施設や交通機関など様々な場所で用いられ，私たちの生活をより便利にしている。　問6　正午にschoolyard(校庭)で行われているのは，1－Aの表の一番下にあるP.E.(体育)の授業である。　問7　明石はロンドンより9時間進んでいるので，明石が午後6時のとき，ロンドンはその9時間前の午前9時。　問8　冒頭文は「生徒の学び方が変わってきている。

次の例を見てみよう」。続く文は，以前と現在での対比であると判断できるので，イ「以前は生徒が紙の辞書を持参していた」→これに続けて，現在の状態を述べているエ「生徒は紙の辞書ではなく電子辞書を使い始めた」→BYOB(Bring Your Own Bottle, 自分の飲み物を持ち込むパーティー形式)にかけて，ア「学校でも電子機器を持参するBYOD(Bring Your Own Device)が始まった」→最後に，電子辞書を使うことの利点を述べているウ「生徒は自分の状況に応じて自分の機器を使えるので，よりよく勉強できる」とまとめる。よって，イ→エ→ア→ウの順が適切。

【4】問1　(1)　②　　(2)　④　　問2　②　　問3　①　　問4　⑦

○解説○　問1　(1)「陰で悪口を言う」という定型表現。　(2)　put up withで「我慢する」。　問2　just around the cornerで「すぐ近くにある」。問3「目にしないものは忘れ去られる」という意味。親しい人でもしばらく会っていないとその人のことを忘れてしまうことを表す。
問4　正しく並べ替えると, What time does this train get to Osaka?となる。5番目は⑦のtrain。

人文科学 芸術

要点整理

日本の音楽家

○観阿弥⇒室町末期の能役者・謡曲作者。観世家の始祖で，猿楽の大成者。「卒都婆小町」「自然居士」

○世阿弥⇒室町末期の能役者で，観阿弥の長男。足利義満の手厚い保護を受け，能楽を大成。著書に『風姿花伝』がある。

○八橋検校⇒江戸時代の箏曲家。組歌を作り，箏曲の複雑高度な芸術化を図る。「六段の調」「みだれ」「八段の調」。

○生田検校⇒江戸時代の箏曲家で生田流の祖。「思川の曲」「砧(きぬた)」

○黒沢琴古⇒江戸時代の尺八宗家琴古流の祖で，普化宗尺八の確立者。

○山田検校⇒江戸時代の箏曲家で，山田流の祖。「葵の上」「江の島」。

○伊沢修二(1851～1917)⇒文部省にあって，小学校教育に唱歌をはじめとして西洋音楽を採用した教育者。東京音楽学校の初代校長。

○滝廉太郎(1879～1903)⇒西洋音楽に日本風を取り入れた作曲家。「箱根八里」「荒城の月」「四季」より「花」「鳩ぽっぽ」。

○山田耕筰(1886～1965)⇒作曲家で指揮者。わが国最初の交響楽団である日本交響楽協会を育成。「からたちの花」「この道」「赤とんぼ」。

○中山晋平(1887～1952)⇒作曲家。俗楽旋律に基礎をおく純日本的歌曲に特色がある。「カチューシャの唄」「砂山」「てるてる坊主」。

○弘田龍太郎(1892～1952)⇒作曲家。「靴がなる」「叱られて」「小諸なる古城のほとり」。

○宮城道雄(1894～1956)⇒箏曲家で，十七弦琴の創案者。失明の後，名人中島検校に師事する。洋楽を取り入れ，邦楽の革新に努めた。「春の海」「水の変態」。

西洋の音楽家

○ヴィヴァルディ⇒「四季」

○バッハ⇒「マタイ受難曲」，「小フーガト短調」

○ヘンデル⇒「水上の音楽」，「メサイア」
○ハイドン⇒「天地創造」，「四季」，「時計」
○モーツァルト⇒「フィガロの結婚」，「魔笛」
○ベートーヴェン⇒「3番・英雄」，「5番・運命」，「6番・田園」，「9番・合唱」，ピアノ協奏曲「5番・皇帝」
○シューベルト⇒「冬の旅」，「鱒」，「魔王」，交響曲「8番・未完成」
○メンデルスゾーン⇒「真夏の夜の夢」，「フィンガルの洞窟」
○シューマン⇒「子どもの情景」
○ショパン⇒「子犬のワルツ」，「別れの曲」
○リスト⇒「ハンガリー狂詩曲」
○ヴェルディ⇒「アイーダ」，「椿姫」，「オテロ」
○ワーグナー⇒「ニーベルンゲンの指輪」，「タンホイザー」
○ヨハン・シュトラウス⇒「ウィーンの森の物語」，「美しく青きドナウ」
○ブラームス⇒「ハンガリー舞曲」，「交響曲第1番」，「ドイツ・レクイエム」
○サン・サーンス⇒「動物の謝肉祭」より「白鳥」
○チャイコフスキー⇒「白鳥の湖」，「くるみ割り人形」，「眠りの森の美女」
○ビゼー⇒「カルメン」，「アルルの女」組曲
○ドビュッシー⇒「海」，「子どもの領分」
○ラヴェル⇒「ダフニスとクロエ」，「ボレロ」，「水の戯れ」
○ストラヴィンスキー⇒「火の鳥」，「春の祭典」，「ペトルーシュカ」

西洋美術史

○エジプト(B.C.3200頃～B.C.332頃)⇒静的，平面的でプリミティブな表現。
○メソポタミア(B.C.3500頃～B.C.330頃)
○エーゲ(B.C.3000頃～B.C.1100頃)
○ギリシャ(B.C.700頃～B.C.30頃)⇒人間を中心とした，理想美を探求。
○ローマ(B.C.146頃～A.D.400頃)⇒ギリシャ文化とキリスト教文化を合わせ，ヨーロッパ文化のみなもととなる。

人文科学

○ビザンツ(400頃～1400頃)⇒初期キリスト教文化。

○ロマネスク(900頃～1400頃)⇒ロマネスクはローマ風という意味。

○ゴシック(1200頃～1400頃)⇒中世キリスト教会の権威と人々の強い信仰心，天にそそり立つような壮大，豪華な大聖堂が建てられた。

○ルネサンス(1400頃～1600頃)⇒中世の封建制度や教会の支配にしばられない自由な雰囲気が生まれる。古代ギリシャ，ローマの文化を理想とした。

○バロック(1600頃～1700頃)⇒バロックの語源はゆがんだ真珠。

○ロココ(1700頃～1800頃)⇒貴族趣味の文化。

○19世紀⇒近代市民社会の成立，産業革命による工業の発展を背景に持つ。

・古典主義(ロココ趣味に反発，古代ギリシャ，ローマを手本とし，理想美を目指した)
・ロマン主義(ドラマチックで躍動的な場面の表現)
・自然主義(パリ郊外のバルビゾン村で製作した風景画家達)
・写実主義(あるがままを忠実に写そうとした)
・印象派(物体の固有色を否定し，これまでの暗い画面を明るい画面へ変化させた。浮世絵からの影響も受ける)
・新印象派(点描による表現，点描派という)
・後期印象派(印象派からさらに一歩踏みだし，各自がそれぞれ個性的な表現へ進んだ)

○20世紀

・フォービズム(野獣派，原色を使い主観的で大胆な表現)
・抽象主義(ものの姿を使わず，内的イメージを表現)
・シュールレアリズム(超現実主義，人間の意識の裏側にひそんでいる思いもかけない不合理な世界を表現)

日本美術史

○縄文時代⇒縄文式土器

○弥生時代⇒弥生式土器

○古墳時代⇒埴輪

○飛鳥時代(552～645)⇒法隆寺，釈迦三尊像(法隆寺)，弥勒菩薩像(広隆寺)，玉虫厨子(法隆寺)

○奈良時代(645～794)⇒《白鳳時代》薬師寺東塔，法隆寺金堂壁画・《天平時代》東大寺，唐招提寺金堂，正倉院(校倉造)，大仏(東大寺)

○平安時代(794～1192)⇒《貞観時代》室生寺五重塔・《藤原時代》平等院鳳凰堂(寝殿造)，阿弥陀如来像(寄木造)，「源氏物語絵巻」

○鎌倉時代(1192～1333)⇒東大寺南大門，円覚寺舎利殿，金剛力士像(東大寺)，運慶・快慶

○室町時代(1333～1573)⇒金閣，銀閣(書院造)，竜安寺石庭(枯山水)，「秋冬山水図」(雪舟)

○桃山時代(1573～1603)⇒「唐獅子図」(狩野永徳)，「松林図」(長谷川等伯)

○江戸時代(1603～1867)⇒《元禄文化》日光東照宮，桂離宮，「風神雷神図」(俵屋宗達)，「紅白梅図」(尾形光琳)・《化政文化》美人画(鈴木春信，喜多川歌麿)，役者絵(東洲斎写楽)，「富嶽三十六景」(葛飾北斎)，「東海道五十三次」(安藤広重)

○明治時代～(1868～)⇒「老猿」，「西郷隆盛像」(高村光雲)，「鮭」(高橋由一)，「グレーの秋」，「収穫」(浅井忠)，「読書」，「湖畔」(黒田清輝)，「黒扇」(藤島武二)，「海の幸」(青木繁)，「麗子像」(岸田劉生)，「金蓉」(安井曽太郎)，日本画(フェノロサ，岡倉天心)

実施問題

音楽

【1】1929(昭和4)年に作曲された「春の海」の作曲者として適切な人物を，次のア～エから1つ選びなさい。

ア　八橋検校　　イ　宮城道雄　　ウ　滝廉太郎　　エ　中田喜直

2024年度　兵庫県　難易度

【2】次の楽譜は，ある楽曲の一部である。この作曲者として最も適切なものを，以下の①～⑤のうちから選びなさい。

①　ヴィヴァルディ　　②　モーツァルト　　③　ベートーヴェン
④　シューベルト　　⑤　スメタナ

2024年度　神奈川県・横浜市・川崎市・相模原市　難易度

【3】次の(1)，(2)の問いに答えなさい。答えは①～⑤のうちから1つ選びなさい。

(1)　西洋音楽における用語や記号のうち，強弱を示すものの組合せとして正しいものはどれか。

①	*rit.*	D.S.	**Allegro**	*f*
②	*dim.*	*mp*	**Allegro**	𝄐
③	*dim.*	*mp*	𝆒	*f*
④	*dim.*	D.S.	𝆒	*f*
⑤	*rit.*	*mp*	**Allegro**	𝄐

(2)　次の表は，アクリル絵の具，油絵の具，岩絵の具，ポスターカラーの4つの絵の具についてまとめたものである。表中の空欄(　ア　)

～(　エ　)に当てはまる絵の具の組合せとして，最も適切なものはどれか。

絵の具	説　明
（ア）	不透明なため、乾いてから違う色を重ねると下の色は見えなくなり、広い面もむらなく塗ることができる絵の具。
（イ）	色の素である顔料に植物の油を加えて練ったもので、１５世紀頃にはヨーロッパなどで絵画の中心的な画材となった絵の具。
（ウ）	乾燥すると水に溶けなくなり、木・石・プラスチック・金属・コンクリートなど、様々なものに塗るのに適した絵の具。
（エ）	岩を細かく砕いてつくられ、にかわと混ぜて日本画で使われる伝統的な絵の具。

① ア　アクリル絵の具　　イ　油絵の具
　ウ　岩絵の具　　　　　エ　ポスターカラー
② ア　油絵の具　　　　　イ　ポスターカラー
　ウ　岩絵の具　　　　　エ　アクリル絵の具
③ ア　ポスターカラー　　イ　油絵の具
　ウ　アクリル絵の具　　エ　岩絵の具
④ ア　ポスターカラー　　イ　アクリル絵の具
　ウ　油絵の具　　　　　エ　岩絵の具
⑤ ア　アクリル絵の具　　イ　油絵の具
　ウ　ポスターカラー　　エ　岩絵の具

2024年度 ｜ 群馬県 ｜ 難易度

【4】次の楽譜は，雅楽「越天楽」の旋律に歌詞が付けられた「越天楽今様」である。問1，問2に答えなさい。

問1　空欄1，空欄2に当てはまる適切なものの組合せを選びなさい。

ア　1− $\frac{3}{4}$　　2−

イ　1− $\frac{3}{4}$　　2−

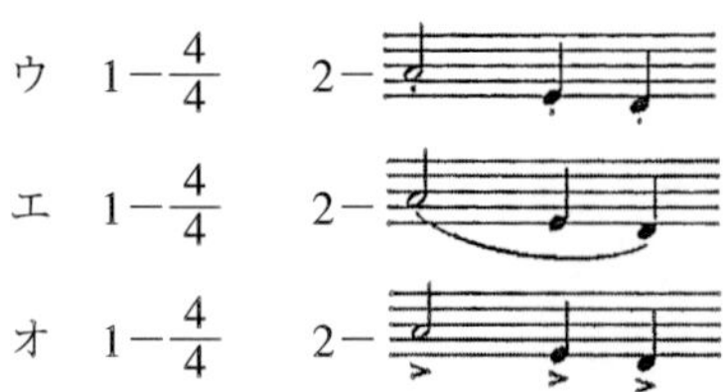

問2　雅楽に関する記述として，適切なものの組合せを選びなさい。

① 雅楽は，約1300年の歴史をもつ日本の古典芸能である。

② 雅楽は，世界最古のオーケストラとも呼ばれ，指揮者が存在しない。

③ 宮内庁楽部の演奏する雅楽は，ユネスコ無形文化遺産保護条約に記載されている。

④ 雅楽は，観阿弥，世阿弥親子によって大成された伝統的な芸術の一つである。

⑤ 雅楽の種類のうち，「管弦」は舞を伴って演奏される。

ア　①②③　　イ　①②④　　ウ　①③⑤　　エ　②④⑤
オ　③④⑤

2024年度　北海道・札幌市　難易度■■■□□

【5】正しいものはいくつありますか。

ア　古典派の音楽家にはモーツァルトやメンデルスゾーンなどがいる。

イ　フランスのラヴェルが作曲した「ボレロ」は，二つの主題を繰り返す構成でできている曲である。

ウ　「浜辺の歌」(林古溪作詞・成田為三作曲)，「早春賦」(吉丸一昌作詞・中田章作曲)はともに8分の6拍子の曲である。

エ　箏は奈良時代に雅楽の楽器として，インドから伝来した。弦の数は10本であるが，弾ける音階は限られており，基本的には五音音階である。

オ　音の高さを半音下げる記号を♯(シャープ)といい，半音上げる記号を♭(フラット)という。

①　1つ　　②　2つ　　③　3つ　　④　4つ　　⑤　5つ

2024年度　長野県　難易度■■■□□

【6】曲名と作曲者の組み合わせとして最も適切なものを，次の1～4の中から1つ選びなさい。

	曲名	作曲者
1	行進曲《威風堂々》第1番	F.ショパン
2	バレエ音楽《火の鳥》	I.ストラヴィンスキー
3	ポロネーズ第6番〈英雄〉	G.ホルスト
4	管弦楽組曲《惑星》より〈木星〉	E.エルガー

2024年度 埼玉県・さいたま市 難易度

【7】拍のない自由なリズムの日本の民謡として最も適切なものを，次の1～4の中から1つ選びなさい。

1　河内音頭(大阪府民謡)　　2　山中節(石川県民謡)
3　谷茶前(沖縄県民謡)　　4　宮城長持歌(宮城県民謡)

2024年度 埼玉県・さいたま市 難易度

【8】次のア～オは，音楽記号とその説明である。正しいものを二つ選ぶとき，その組合せを解答群から一つ選び，番号で答えよ。

ア　スラー　－　高さの異なる複数の音符につけられる弧線
イ　ト音記号　－　音の高さを半音下げる記号
ウ　フラット　－　各音を短く切って演奏する記号
エ　スタッカート　－　五線譜の第2線を始点として書かれる高音部記号
オ　タイ　－　同じ高さの二つの音符を結ぶ弧線

【解答群】　1　ア，イ　2　ア，ウ　3　ア，エ　4　ア，オ
5　イ，ウ　6　イ，エ　7　イ，オ　8　ウ，エ
9　ウ，オ　0　エ，オ

2024年度 愛知県 難易度

【9】次の旋律で始まる歌唱共通教材の曲名を①～⑤から選び，番号で答えよ。

① われは海の子　② まきばの朝　③ かくれんぼ
④ こいのぼり　⑤ スキーの歌

2024年度 ｜ 神戸市 ｜ 難易度

【10】ギターを弾くときの奏法で，弦を弾く方の手を上下させて和音を演奏する奏法を何というか。次の①～④から一つ選んで，その番号を書け。

① アポヤンド奏法　② アル・アイレ奏法
③ ストローク奏法　④ アルペッジョ奏法

2024年度 ｜ 香川県 ｜ 難易度

【11】日本や外国の踊りの説明として適切でないものを①～④から選び，番号で答えよ。

① 阿波踊りは，軽快なリズムにのり，軽快な足さばきや手振りで踊るのが特徴である。
② ソーラン節は，低く踏みしめるような足取りや腰の動きで踊るのが特徴である。
③ マイム・マイムは，前半の厳かな挨拶の部分と後半の軽快なステップやアーチくぐりなどの変化を付けて，スムーズに隊形移動しながら踊るのが特徴である。
④ フラメンコは，ギターを伴奏に，手やカスタネットをたたきながら足を踏み鳴らして踊るのが特徴である。

2023年度 ｜ 神戸市 ｜ 難易度

解答・解説

【1】イ

○**解説**○ ア　八橋検校は，江戸時代の箏曲の演奏家・作曲家で，近世箏曲の開祖と言われる。　ウ　滝廉太郎は，明治時代の作曲家であり「荒城の月」などが代表作である。　エ　中田喜直は，終戦後から作曲家として活動を開始し，「夏の思い出」「めだかの学校」などの童謡や合唱曲を残した。

【2】⑤

○**解説**○ 楽譜は，チェコの作曲家スメタナの交響詩「わが祖国」より「モルダウ」である。合唱曲としても広く親しまれている。音の高さを正しく読み取れない場合は，音程にこだわらずリズムだけでも正しく読み取るようにすると良い。8分の6拍子の特徴的なリズムから「モルダウ」であることが分かる。

【3】(1)　③　　(2)　③

○**解説**○ (1)　「*dim.*」はだんだん弱く，「*mp*」は少し弱く，「＞(crescendo)」はだんだん強く，「*f*」は強くを意味する。なお，「*rit.*」はだんだん遅く，「D.S.」はセーニョ(𝄋)に戻る，「Allegro」は速く，「𝄐」は音を十分伸ばすことを意味する。　(2)　ポスターカラーは水溶性の絵の具だが，水彩絵の具とは異なり不透明であるため，混色や塗り重ねが容易である。油絵の具は，主として鉱物質の顔料と亜麻仁油やけし油などと練り合わせて作られた絵の具。油による特有のつやと透明感，筆致を残す描き方ができることなどが特徴。アクリル絵の具は，アクリル樹脂の乳化剤を練り合わせて作られた絵の具。重ね塗りも透明感のある塗り方もできる。乾燥すれば耐水性を生ずる。岩絵の具は主に天然の鉱物を粉末にし，精製・乾燥させた絵の具。非水溶性のため膠とまぜて用いる。最近は人工の岩絵の具もある。

【4】問1　エ　　問2　ア

○解説○ 問1　1小節の中で4分音符4つ分の音を演奏するので，4分の4拍子である。また，音を滑らかにつなげて表現する箇所なので「スラー」を用いる。　問2　④　観阿弥，世阿弥は雅楽ではなく「能」を大成した人物である。　⑤「管弦」は管楽器，弦楽器，打楽器での演奏のことを意味し，舞は伴わない。

【5】②

○解説○ 正しいのは，イとウの2つである。　ア　メンデルスゾーンは，ロマン派の作曲家である。　エ「箏」は，中国から雅楽の演奏用として伝来した楽器で，弦は13本である。　オ　半音下げる記号は「♭」，半音上げる記号は「♯」である。

【6】2

○解説○ 行進曲「威風堂々」はE.エルガー，ポロネーズ第6番「英雄」はF.ショパン，管弦楽組曲「惑星」はG.ホルストが，それぞれの曲の作曲者である。

【7】4

○解説○ 日本の民謡には，拍がある規則正しいリズムの「八木節様式」と，拍のない自由なリズムの「追分節様式」がある。追分節様式には，長持歌や馬子唄もこれに属している。八木節様式は三味線の演奏に合わせて歌い，追分節様式は尺八の演奏とともにゆったりと抑揚をつけながら歌うことが多い。八木節と追分節を聞き比べて違いを感じ取った上で，選択肢の民謡を聞いてみると，拍の有無が分かりやすい。

【8】4

○解説○ イ　ト音記号は，譜表で中央ハ(ド)の音より5度上のト(ソ)の音の位置を定める記号である。五線譜の第2線を始点として書かれる。ウ　フラットは，音の高さを半音下げる記号である。　エ　スタッカートは，各音を短く切って演奏する記号である。

【9】④

○**解説**○ 楽譜は第5学年の歌唱共通教材「こいのぼり」である。音楽の問題で歌唱共通教材は最頻出なので，はじめの四小節ぐらいは楽譜をおぼえておくとよい。

【10】③

○**解説**○ アポヤンド奏法とアル・アイレ奏法は和音ではなく1つの音を演奏する。アルペッジョ奏法は和音を一音ずつに分けて演奏する。アルペッジョは分散和音という意味を持つ。和音を演奏するのはストローク奏法である。

【11】③

○**解説**○ ③はスウェーデンのフォークダンスであるグスタフス・スコールの説明文である。マイム・マイムは軽快な音楽に合わせステップを踏みながら移動するイスラエルのフォークダンスで，円を作り，手をつないで踊る点に特徴がある。

美術

【1】レオナルド・ダ・ヴィンチが描いた作品として適切なものを，次のア～エから1つ選びなさい。

ア

イ

ウ

エ

▌2024年度 ▌兵庫県 ▌難易度

【2】次の図版は、「松林図屛風」の一部である。この作者として最も適切なものを，以下の①～⑥のうちから選びなさい。

① 尾形　光琳　　② 俵屋　宗達　　③ 雪舟　等楊
④ 長谷川　等伯　⑤ 円山　応挙　　⑥ 渡辺　崋山

▌2024年度 ▌神奈川県・横浜市・川崎市・相模原市 ▌難易度

【3】正しいものはいくつありますか。

ア　尾形光琳の作品には「紅白梅図屛風」や「燕子花図屛風」などがある。

イ　ガウディが手がけたサグラダ・ファミリア聖堂は世界遺産に登録

されている。

ウ　ゴッホの作品には,「ひまわり」や「真珠の首飾りの少女」がある。

エ　ブラシに濃いめの絵の具をつけ，金網からこすりつけ霧状に絵の具を紙にのせる技法を「フロッタージュ」という。

オ　色や形を段階的に変化させて表現する方法を「リピテーション」という。

①　1つ　②　2つ　③　3つ　④　4つ　⑤　5つ

2024年度　長野県　難易度

【4】次の作品の作者の名前として最も適切なものを，①~⑤の中から一つ選びなさい。

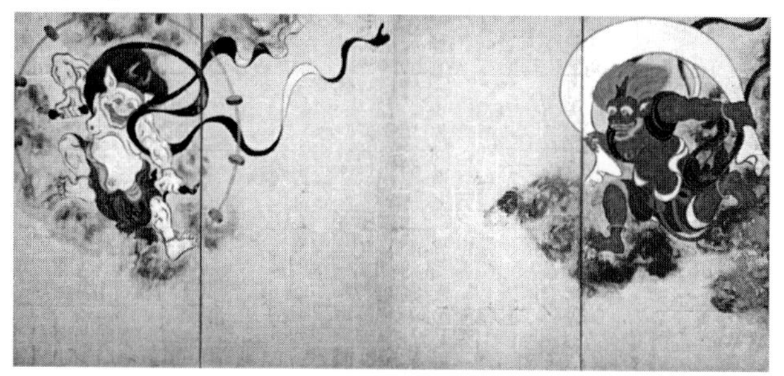

①　菱川師宣　②　俵屋宗達　③　歌川広重　④　葛飾北斎
⑤　喜多川歌麿

2024年度　三重県　難易度

【5】次の明治時代の絵画作品と作者の組み合わせとして最も適切なものを，①~⑤の中から一つ選びなさい。

	「湖畔」	「悲母観音」	「無我」
①	雪舟	横山大観	狩野永徳
②	狩野永徳	雪舟	狩野芳崖
③	黒田清輝	狩野芳崖	横山大観
④	狩野芳崖	黒田清輝	雪舟
⑤	横山大観	狩野永徳	黒田清輝

2024年度　三重県　難易度

【6】次の作品の作者として正しいものを，以下の1～4の中から1つ選びなさい。

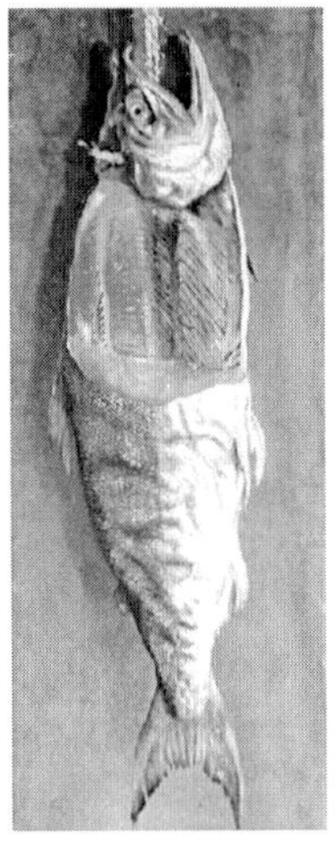

1　青木　繁　　2　黒田　清輝　　3　高橋　由一　　4　岸田　劉生

▌2024年度 ▌埼玉県・さいたま市 ▌難易度

【7】次は，色の三原色と混色について説明した文です。文中の[　①　]～[　④　]にあてはまる語句の組み合わせとして正しいものを，以下の1～4の中から1つ選びなさい。

色光の三原色は[　①　]で構成され，これらを重ねると[　②　]なっていく。他方，絵の具などの色料の三原色は，[　③　]で構成され，これらを重ねていくと明度が[　④　]なっていく。

	①	②	③	④
1	レッド，グリーン，ブルー	明るく	シアン，マゼンダ，イエロー	低く
2	レッド，グリーン，ブルー	暗く	シアン，マゼンダ，イエロー	高く
3	シアン，マゼンダ，イエロー	明るく	レッド，グリーン，ブルー	低く
4	シアン，マゼンダ，イエロー	暗く	レッド，グリーン，ブルー	高く

▌2024年度 ▌埼玉県・さいたま市 ▌難易度

【8】次のア～オは，世界の芸術家とその代表作などについて述べたものである。正しいものを二つ選ぶとき，その組合せを解答群から一つ選び，番号で答えよ。

ア　モネ　－　『ひまわり』『夜のカフェテラス』　オランダの画家

イ　セザンヌ　－　『睡蓮』　フランスの画家　印象派

ウ　ゴッホ　－　『りんごとナプキン』　フランスの画家　近代絵画の父

エ　ピカソ　－　『ゲルニカ』　スペインの芸術家　独創的な作風が特徴

オ　レンブラント　－　『夜警』　オランダの画家　光と影の魔術師

【解答群】　1　ア，イ　2　ア，ウ　3　ア，エ　4　ア，オ
5　イ，ウ　6　イ，エ　7　イ，オ　8　ウ，エ
9　ウ，オ　0　エ，オ

2024年度　愛知県　難易度

【9】次の作品は，「ゲルニカ」という作品名の油彩画である。この作品の作者を①～④から選び，番号で答えよ。

①　ジョルジュ・ブラック　②　パブロ・ピカソ
③　アンリ・マティス　④　ポール・セザンヌ

2024年度　神戸市　難易度

【10】水墨画は，墨だけで描く絵であるが，墨の濃淡や線の強弱，ぼかしやかすれなど，さまざまな技法によって豊かな表現が生まれる。最初に描いた墨が乾いてから，墨を重ねて描くことによって重厚感などを出す技法を何というか。次の①～④から一つ選んで，その番号を書け。

① 積墨法　② 没骨法　③ 三墨法　④ 運筆法

▌2024年度 ▌香川県 ▌難易度

【11】木材を加工するときの技法について述べた文として誤っているものを，次のア～エから1つ選びなさい。

ア　彫刻刀で彫る場合は，切り出し刀で下描きの線に沿って，しっかりと切り込みを入れる。その切り込みに向かって，平刀や丸刀で斜めに彫っていく。

イ　のこぎりで切る場合は，切り始めは親指のつめをのこぎりの刃に当てるようにして，すばやくのこ身を上下に動かし溝をつける。その後，板をしっかりと押さえて，のこぎりが曲がらないように気をつけて切り進める。

ウ　小刀で削る場合は，木材をしっかりと持ち，持った手の親指で小刀の背を押し出すようにして削る。このとき，刃を木材に対して鋭角になるように当てると削りやすくなる。

エ　切り出した板の形を整えたり，角に丸みを付けたりする場合には，やすりで削る。このとき，板がぐらつかないように，クランプや万力などでしっかり固定して作業をする。

▌2023年度 ▌兵庫県 ▌難易度

【12】次は，色彩に関して述べた文章です。文中の[　①　]～[　③　]にあてはまる語句の組み合わせとして最も適切なものを，以下の1～4の中から1つ選びなさい。

全ての色は，色相，明度，彩度の3つの性質によってとらえることができる。[　①　]は，もっとも明度が高く，黒はもっとも明度が低い。同じような色でも，色みが[　②　]色は彩度が低く，色みがはっきりしている色は彩度が高い。色は大きく分けると，無彩色と有彩色に分けられ，無彩色は3つの性質のうち，[　③　]だけをもつ。

1　①黄　②　暗い　③　明度
2　①白　②　鈍い　③　明度
3　①白　②　暗い　③　色相
4　①黄　②　鈍い　③　色相

2023年度　埼玉県・さいたま市　難易度

解答・解説

【1】ウ

○解説○　レオナルド・ダ・ヴィンチは，ミケランジェロやラファエロなどとともに，ルネサンスを代表する芸術家。美術以外にも建築，土木，科学，数学など種々の技術に通じ，多方面に才能を発揮した万能の天才である。ウの「最後の晩餐」は，キリストが受難前夜に12人の弟子と共に祝った晩餐の様子を描いたもの。　ア　20世紀のスペイン出身の画家，パブロ・ピカソの「ゲルニカ」の素描。　イ　19世紀のオランダ出身の画家，フィンセント・ファン・ゴッホの「ひまわり」。エ　ルネサンス期のイタリアの画家，ドメニコ・ギルランダイオによる「最後の晩餐」。

【2】④

○解説○　「松林図屛風」は，安土桃山時代の絵師，長谷川等伯の代表作である。六曲一双，紙本墨画の屛風画である。墨の濃淡だけでモヤの中に浮かび上がる松林を大胆な筆致で描いた作品で，国宝である。選択肢で示された画家は，いずれも国宝に指定された作品を制作している。国宝に指定されている作品は，尾形光琳の「紅白梅図屛風」や「燕子花図屛風」，俵屋宗達の「風神雷神図屛風」，雪舟等楊の「天橋立図」や「四季山水図巻」，円山応挙の「雪松図屛風」，渡辺崋山の「絹本淡彩鷹見泉石像」などがある。雪舟等楊は室町時代に活躍した作家であり，それ以外はいずれも江戸時代に活躍した画家である。日本の絵画として，ここで示された水墨画，日本画の他に浮世絵についても合わせて理解しておこう。

【3】②

○解説○ 正しいのは，アとイの2つである。　ウ「真珠の首飾りの少女」は，17世紀のオランダの画家，ヨハネス・フェルメールの代表作の一つである。オランダの絵画黄金期の最も傑出した画家の一人だが，現存する作品は30数点という寡作の画家としても知られる。ゴッホの代表作には「ひまわり」のほか，「星月夜」，「自画像」などがある。エ　説明の技法は，スパッタリングである。フロッタージュは凹凸のあるものに紙をあて，上から鉛筆やコンテなどで擦ることで紙の下の凹凸を写し取る技法。これらの技法は，偶然にできる形や色を利用した効果や表現の技法で，モダンテクニックと呼ばれている。　オ　説明された方法は，グラデーションである。リピテーションは，形や色彩，サイズなどを反復，繰り返し配置する方法である。短調になりがちなので，繰り返しの変化を工夫して構成することがポイントとなる。

【4】②

○解説○ 提示された作品は，江戸時代前期に描かれた俵屋宗達作の「風神雷神図屏風」である。向かって左に雷神，右に風神が描かれている。尾形光琳，酒井抱一，鈴木其一などの琳派の絵師が模写したものも多数ある。

【5】③

○解説○ 「湖畔」は，湖を背景に団扇を手にした浴衣姿の女性を描いた黒田清輝の最高傑作。重要文化財。黒田は日本近代洋画の巨匠といわれる洋画家で，フランス留学中，アカデミックな教育を基礎に明るい外光をとり入れた印象派的な視覚を学び，日本にそれまで知られていなかった外光表現をもたらした。「悲母観音」は，雲間に浮かぶ観世音菩薩が嬰児に霊水を注ぐ様子を描いた狩野芳崖の絶筆にして近代日本画の原点とされる大作。重要文化財。芳崖は，江戸末期から明治期にかけての日本画家。従来の狩野派の筆法に西洋画の画法を取り入れ，新しい日本画の領域を開拓した。「無我」は，禅の境地である「無」

を童子の姿で描いた横山大観の出世作。横山は，明治から昭和にかけて活躍した日本画家。今日，朦朧体とよばれる技法を試みるなど，日本画の近代化に大きな足跡を残した。なお，雪舟は室町時代の禅僧で，日本山水画の大成者である。狩野永徳は狩野派全盛の基礎を築いた安土桃山時代の画家で，安土城，聚楽第，大坂城などの障壁画を手掛けた。

【6】3

○**解説**○ 作品は，高橋由一の「鮭」である。高橋は明治初期の洋画家で，はじめ日本画を学んでいたが，のちに洋画に転向し，写実的手法で静物，肖像，風景などを描き，油彩による写実を追求した。「鮭」は，国の重要文化財である。

【7】1

○**解説**○ 色光の三原色は赤(Red)，緑(Green)，青(Blue)で，頭文字からRGBと表記されることもある。また，色料の三原色はシアン(緑みの青，Cyan)，マゼンタ(赤紫，Magenta)，イエロー(黄，Yellow)で，同様にCMYと表記される場合がある。色光の三原色は混色すればするほど明度が上がる加法混色で，色料の三原色は混色すればするほど明度が下がる減法混色である。明度とは色が持つ3つの属性のうちの一つで，明るさの度合いのこと。

【8】0

○**解説**○ ア　モネは，印象派を代表するフランスの画家である。代表作に『印象・日の出』『睡蓮』『日傘をさす女』などがある。　イ　セザンヌは，近代絵画の父と呼ばれる後期印象派を代表するフランスの画家である。代表作に『りんごとナプキン』『カード遊びをする人たち』『サント＝ヴィクトワール山』などがある。　ウ　ゴッホは，後期印象派の中でも最も知名度の高いオランダ出身の画家である。『ひまわり』『夜のカフェテラス』のほか，『黄色い家』『星月夜』などの代表作がある。

【9】②

○**解説**○ パブロ・ピカソはキュビスムの創始者とされるスペイン生まれの画家。1936年から1939年にかけて起こったスペイン内戦のおりに，バスク地方の小さな村ゲルニカがドイツ軍機などによる無差別襲撃を受け，多数の犠牲者が出た。この報を聞いたピカソが描いたのが「ゲルニカ」である。

【10】①

○**解説**○ ②の没骨法は輪郭線をひかずに水墨や彩色で直接描く技法。③の三墨法はひと筆の穂に濃墨，中墨，淡墨の三色の墨を含ませ，グラデーションをつくる技法。二色ないし四色以上で表現することもある。④の運筆法は水墨画の技法名ではなく，文字や絵をかくときの筆の動かし方のこと。

【11】イ

○**解説**○ のこぎりで木材を切断するとき，切り始めは親指の関節やあて木をあてる。切り始めは軽い力でゆっくり切るとよい。木材を真っ直ぐ切るには，顔がのこぎりの真上にくるようにし，のこ身が真っ直ぐになっているか確認しながら作業する。切り終わりはゆっくりとのこぎりを動かし切り落とす材料を支えるようにすると，材料が欠けるのを防ぐことができる。

【12】2

○**解説**○ 色が持つ3つの属性，色相・明度・彩度を色の三要素(三属性)という。色相は赤みや青みといった色みの性質，彩度は色みの強弱の度合い，明度とは明るさの度合いのことで，白がもっとも明度が高く，黒がもっとも明度が低い。すべての有彩色の明度はその間にある。また，あらゆる色は無彩色と有彩色に分類できるが，属性として明度だけをもつのが無彩色である。

人文科学 日本史

要点整理

原始・古代

●原始時代

(1) 各時代の特徴

時代	年代	道具	特徴	主な遺跡
旧石器時代	数万年前～約1万年前	打製石器	狩猟・採取 洞穴	群馬：岩宿遺跡
縄文時代	約1万年前～紀元前4世紀頃	磨製石器 縄文土器	狩猟・漁労・採取 竪穴住居 貝塚，土偶	青森：三内丸山遺跡
弥生時代	紀元前3世紀頃～紀元3世紀頃	青銅器 鉄器 弥生土器	稲作の本格化 高床倉庫 環濠集落	静岡：登呂遺跡 佐賀：吉野ヶ里遺跡
古墳時代	3世紀後半～7世紀	土師器 須恵器 埴輪	前方後円墳 ヤマト政権 氏姓制度	大阪：大仙陵古墳 奈良：高松塚古墳

(2) 中国史書にみられる日本～小国家の分立

史書	時代	内容
『漢書』地理志	紀元前後	日本には，100余りの小国が分立
『後漢書』東夷伝	1～2世紀頃	倭の奴国王が後漢に使いを送り，光武帝から金印を授かる
『魏志』倭人伝	3世紀	邪馬台国の女王卑弥呼が30余りの小国を従える。魏の皇帝から「親魏倭王」の称号と金印などを授かる

(3) ヤマト政権の確立

大王が中心となり，大和地方の有力な豪族が連合して成立し，4世紀末にほぼ国土を統一。大王が氏に地位や家柄を示す姓を与えて従わせる**氏姓制度**によって豪族を支配した。

	国内	国外
4世紀	氏姓制度の確立 国内統一の進行	391年，百済と結び，高句麗・新羅と交戦 （高句麗好太王碑文）
5世紀	氏姓・部民制度の整備 男子王権世襲制の確立	倭の五王が中国南朝に朝貢 478年，倭王武が上表文を提出 （『宋書』倭国伝）
6世紀	豪族勢力の強大化 地方の国造層の反乱	百済に伽耶４県を割譲 伽耶滅亡（562年）

●飛鳥時代

(1) 聖徳太子の政治

・推古天皇の摂政となり，蘇我馬子と協力して天皇中心の統一国家を目指す。

・**冠位十二階**（家柄より才能のある者を採用）と**十七条憲法**（役人の心得を示したきまり）を制定。

・**遣隋使**（小野妹子ら）を派遣し，隋と対等な外交を行おうとした。

> ＜十七条憲法＞
> 一に曰く，和を以て貴（たっと）しと為し，忤（さか）ふること無きを宗（むね）と為よ。二に曰く，篤（あつ）く三宝（さんぼう）を敬へ。

(2) 大化の改新（645年）

中大兄皇子（後の天智天皇）・中臣鎌足らが蘇我氏を倒して始めた，中央集権国家を目指す政治改革。646年には，改新の詔（公地公民の制，班田収授・新税制の実施など）を発布し，今後の基本方針を明示。

(3) 白村江の戦い（663年）

百済の再興を支援するため朝鮮半島に大軍を送ったが，新羅・唐連合軍に大敗した戦い。

(4) 壬申の乱（672年）

天智天皇の死後，天皇の子**大友皇子**と天皇の弟**大海人皇子**が皇位継承をめぐり争った内乱。勝利した大海人皇子は飛鳥浄御原宮で即位し，天武天皇になり，天皇中心の国づくりを推進。

(5) 律令国家の成立

・大宝律令（701年）…唐の律令にならい制定され，律令国家完成。

・班田収授法…6年ごとに作成する戸籍に基づき口分田（6歳以上の男

子に2段，女子はその3分の2）を支給する制度。

・農民の負担…**租・庸・調**の税のほか，兵役・労役など。

税	租	収穫量の約3％の稲
	庸	歳役の代わりに成年男子は麻の布
	調	成年男子は地方の特産物(絹・麻の布，海産物等)
兵役他	雑徭	成年男子は，国司のもとでの年間60日以内の労働
	兵士	成年男子3～4人に1人。年間平均36日間兵士として訓練
	防人	兵士から選ばれる。3年間，九州北部の警備

・中央と地方…中央は二官（神祇官・太政官）八省，地方は国司・郡司・里長によって治められた。

●奈良時代

(1) 平城京遷都（710年）

唐の都長安にならい，奈良に建設。碁盤目状（条坊制）の道路が整備され，和同開珎も使用された。

(2) 土地制度

三世一身法（723年）	開墾奨励のため，新たに溝池をつくって開墾した者は三世まで私有を認める法令
墾田永年私財法（743年）	口分田の荒廃や不足から，新たに開墾した土地の永久私有を認める法令⇒私有地(後の荘園)が発生し，公地公民の原則が崩壊

(3) 聖武天皇

貴族の勢力争い，逃亡・浮浪農民の増加，天災・飢饉・伝染病の流行など社会不安が拡大したことから，仏教による**鎮護国家**を目指し，国ごとに国分寺・国分尼寺，平城京に東大寺・大仏を建立。

●平安時代

(1) 平安京遷都（794年）

桓武天皇は，律令政治の再建を目指し，長岡京を経て平安京に遷都。坂上田村麻呂を征夷大将軍として派遣し，蝦夷を平定。

(2) 遣唐使の廃止（894年）

唐が衰退したことから，菅原道真が建議して廃止。菅原道真はのちに大宰府に左遷された。

(3) **新しい仏教**

都から離れ，山中での学問や修行を重視。

最澄	天台宗	比叡山延暦寺
空海	真言宗	高野山金剛峰寺

(4) **摂関政治（10世紀後半～11世紀）**

藤原氏が，天皇が幼いときには**摂政**，成人してからは**関白**として，天皇にかわって政治を行い，実権を掌握。**藤原道長・頼通**父子の頃が全盛期。

(5) **荘園の発達**

中央の有力な大貴族や大社寺に対して，地方の中小荘園領主の寄進が進む。藤原氏，のちには上皇や平氏に荘園が集中。

(6) **武士のおこりと成長**

地方政治の乱れなどを背景とし，地方の豪族・名主が自衛のため武装するようになり**武士団**を結成。棟梁として源氏と平氏が勢力を拡大。

(7) **院政の開始（1086年）**

摂関政治が衰えたことから，**白河天皇**は退位したのち，上皇として御所の院で院政を始める。

(8) **保元の乱（1156年），平治の乱（1159年）**

保元の乱は，上皇（院）と天皇（朝廷）や摂関家との対立に源氏・平氏が動員されて戦った争乱。平治の乱は，保元の乱で活躍した平清盛と源義朝が戦った争乱。**平清盛**が勝利した。

(9) **平氏政権**

乱後，**平清盛**は1167年に武士として初めて**太政大臣**となり，政治の実権を握る。大輪田泊（現在の神戸港）を改修し，**日宋貿易**を展開。

●古代の文化

文化	特徴	主な作品
飛鳥文化	国際色豊かな日本最初の仏教文化	法隆寺金堂・五重塔 法隆寺金堂釈迦三尊像・玉虫厨子 中宮寺・広隆寺半跏思惟像

白鳳文化	初唐文化の影響を受けた仏教文化	薬師寺東塔 薬師寺金堂薬師三尊像 高松塚古墳壁画
天平文化	盛唐文化の影響を受けた仏教文化	東大寺正倉院 唐招提寺鑑真和上像 興福寺阿修羅像 『古事記』,『日本書紀』,『万葉集』
弘仁・貞観文化	密教と密教芸術 漢文学の隆盛	室生寺金堂・五重塔,『風信帖』(空海) ＜三筆＞空海・嵯峨天皇・橘逸勢
国風文化	遣唐使廃止による日本独自の文化 かな文字の発達 浄土信仰	平等院鳳凰堂 『古今和歌集』 『源氏物語』(紫式部) 『枕草子』(清少納言) 『土佐日記』(紀貫之)

中世

●鎌倉時代

(1) 鎌倉幕府

・源頼朝が**守護**,**地頭**を設置(1185年)。

守護	国ごと	大番催促,謀叛人の逮捕,殺害人の逮捕
地頭	荘園・公領ごと	年貢の徴収・納税,治安維持など

・源頼朝が**征夷大将軍**に任じられる(1192年)。

・将軍と御家人は,土地を仲立ちにして御恩と奉公という主従関係で結ばれる(封建制度)。

(2) 執権政治

源氏は3代で絶え,頼朝の妻北条政子とその父北条時政が幕府の実権を掌握。北条氏が代々,執権(将軍を補佐する役)として政治を行う。

(3) 承久の乱(1221年)

後鳥羽上皇が政権を朝廷に取り戻そうとして挙兵したが,失敗。幕府は西国支配と朝廷監視のため，京都に**六波羅探題**を設置。

(4) **御成敗式目（1232年）**

執権**北条泰時**が制定。武家社会のしきたりや頼朝以来の裁判の基準など51か条からなる。その後長く武家政治の手本となった。

(5) **元寇と幕府の衰退**

元軍は**文永の役**（1274年），**弘安の役**（1281年）の2度にわたり九州北部に襲来したが，幕府は暴風雨にも助けられこれを撃退。戦いに参加した御家人たちは十分な恩賞を与えられず，幕府への不満が増大。幕府は御家人救済のため**永仁の徳政令**を出すが，効果はなかった。

(6) **鎌倉文化**

武士の気風を反映した素朴で力強い文化。

和　歌	『新古今和歌集』（藤原定家ら編纂）
随　筆	**『徒然草』**（吉田兼好），**『方丈記』**（鴨長明）
軍記物	『平家物語』（琵琶法師が語り伝える）
彫　刻	東大寺南大門金剛力士像（運慶・快慶）
新仏教	浄土宗（法然），浄土真宗（親鸞），時宗（一遍）
	日蓮宗（日蓮），臨済宗（栄西），曹洞宗（道元）

●建武の新政と南北朝時代

(1) **建武の新政（1334年）**

後醍醐天皇が公家と武家を従えて始める。公家中心の政治であったことから武士の不満が高まり，**足利尊氏**が挙兵して政権は解体。

(2) **南北朝時代（1336～92年）**

足利尊氏が京都に光明天皇を立てる一方，**後醍醐天皇**は吉野に逃れて正統性を主張し，以降南北2つの朝廷が対立。3代将軍足利義満のときに南北朝統一。

●室町時代

(1) **室町幕府**

足利尊氏は建武式目を制定し，京都で武家政治を復活。征夷大将軍に任命され幕府を開く。足利義満が室町に「花の御所」を造営。

(2) 勘合貿易（日明貿易）

倭寇の取締りを明から求められた足利義満が，貿易の利益を目的に開始。倭寇と区別するために勘合（符）という合い札を使用。

(3) 応仁の乱（1467～77年）

将軍の後継ぎ争いに有力守護大名の勢力争いがからみ起こる。全国の守護大名が東西に分かれて京都を中心に戦い，戦乱が全国に波及。

(4) 戦国大名

下剋上（下の身分の者が実力で上の身分の者を倒す）の風潮の中で，実力で領土を支配し勢力を広げていった大名。分国法で領国を支配。

(5) 代表的な一揆

正長の土一揆	1428年	近江坂本の馬借，農民が，借金帳消しを要求
山城の国一揆	1485年	守護の畠山氏を国外に追放し，8年間自治
加賀の一向一揆	1488年	一向宗の信徒が守護を倒し，約100年間自治

(6) 室町文化

公家文化と武家文化が融合。禅宗の影響（簡素で深みのある文化）。

建　築	**鹿苑寺金閣**（足利義満），**慈照寺銀閣**（足利義政） 東求堂同仁斎（書院造）
その他	**水墨画**（雪舟），能楽（観阿弥・世阿弥） 御伽草子（『一寸法師』，『浦島太郎』など）

近世

●安土桃山時代

(1) ヨーロッパ人の来航

・鉄砲の伝来（1543年）…種子島に漂着したポルトガル人が伝える。

・キリスト教の伝来（1549年）…イエズス会の宣教師フランシスコ＝ザビエルが鹿児島に上陸し伝える。西日本各地で布教活動を行う。

(2) 南蛮貿易

鉄砲伝来以降，ポルトガル人，スペイン人との貿易が活発化。日本には中国産の生糸や火薬・鉄砲が輸入され，日本からは銀などを輸出。

(3) 織田信長

・桶狭間の戦いで駿河の今川義元を破る。
・15代将軍足利義昭を京都から追放し，室町幕府を滅ぼす。
・長篠の戦いで，足軽鉄砲隊によって甲斐の武田勝頼軍を破る。
・楽市・楽座を安土城下で実施し，商工業者の自由な営業活動を促進。

(4) 豊臣秀吉

＜刀狩令＞
一，諸国百姓，刀，脇差，弓，やり，てつはう，
　其外武具のたぐい所持候事，堅御停止候。

・全国の田畑の面積やよしあしを調べ，石高や耕作者などを**検地帳**に記録し年貢を徴収する**太閤検地**を実施。
・一揆を防ぐため農民から武器を取り上げる**刀狩令**で，**兵農分離**推進。
・朝廷から関白・太政大臣に任ぜられた後，1590年の小田原攻めによって天下統一を達成。
・朝鮮侵略を企て，1592年（文禄の役）と1597年（慶長の役）の2度にわたり出兵したが失敗。

(5) 桃山文化

大名や大商人の気風を反映した，豪華・雄大で活気にあふれた文化。

建　築	天守閣を備えた豪壮な城(安土城，大坂城，姫路城)
障壁画	狩野永徳「唐獅子図屏風」
茶の湯	千利休が大成。茶器・茶室建築が発達
芸　能	出雲の阿国が，歌舞伎踊りを始める
工　芸	朝鮮の陶工によって有田焼，萩焼，薩摩焼などが誕生

●江戸時代

(1) 江戸幕府の成立

・**徳川家康**は関ヶ原の戦いで石田三成らを破った後，**征夷大将軍**に任ぜられ，江戸幕府を開いた。幕府と藩が全国の土地と民衆を支配する幕藩体制をしく。
・関東・東海などの要地には，**親藩**（徳川氏の一門），**譜代大名**（関ヶ原の戦い以前からの家臣）を，九州・東北などの辺地には，**外様大名**（関ヶ原の戦い以降の家臣）を配置。

(2) 幕藩体制の確立

・大名を統制するため**武家諸法度**を制定し，将軍の代替わりごとに発布。

> **<武家諸法度>**
> 一，文武弓馬の道，専ら相嗜むべき事。
> 一，諸国の居城，修補をなすと雖も，必ず言上すべし。

・3代将軍徳川家光が**参勤交代**を制度化。大名の経済力をそぐことが目的。

・朝廷・公家の統制のため，**禁中並公家諸法度**を制定。

・年貢の納入などで共同責任を負わせる**五人組**で農民や町人を統制。

(3) 朱印船貿易

秀吉の政策を受け継ぎ，朱印状を交付して海外渡航を許可。タイ（シャム）のアユタヤなどでは**日本町**が形成された。

(4) 鎖国

ポルトガル船の来航を禁止し，オランダ商館を長崎の出島に移し鎖国が完成。キリスト教禁止の徹底と幕府による貿易利益の独占が目的。

長崎	オランダ	商館を出島に設置。**オランダ風説書**を提出させた
	清	長崎での居留地を唐人屋敷として区画制限
対馬藩	李氏朝鮮	**通信使**が朝鮮から幕府に派遣
薩摩藩	琉球王国	**謝恩使・慶賀使**が琉球から幕府に派遣

(5) 5代将軍徳川綱吉の政治

・朱子学（儒学）を奨励し，湯島聖堂を建設。

・財政改善のため金の含有量を減らした貨幣を発行し，物価上昇を招く。

・極端な動物愛護令である生類憐みの令を発布し，人々の反感をかう。

(6) 新井白石の政治（正徳の治）

朱子学に基づく文治政治により財政の立て直しを図る。**正徳小判**など良貨を発行し，**海舶互市新例**を出し長崎貿易を制限。

(7) 元禄文化

上方（京都・大坂）を中心とした，人間的で華麗な町人文化。

文学	浮世草子	井原西鶴	『日本永代蔵』『世間胸算用』
	俳諧紀行文	松尾芭蕉	『奥の細道』
	浄瑠璃の脚本	近松門左衛門	『国性(姓)爺合戦』『曽根崎心中』

人文科学

絵画	浮世絵	菱川師宣	「見返り美人図」
	装飾画	尾形光琳	「紅白梅図屏風」

(8) 幕政改革

享保の改革 (1716 ～45)	8代将軍 徳川吉宗	公事方御定書	裁判・刑罰の基準を示す
		目安箱	民衆の意見や不満を聞くため
		上げ米の制	参勤交代緩和のかわりに米上納
田沼意次の政治 (1772 ～86)	老中 田沼意次	株仲間の奨励	運上・冥加などの営業税の増収
		新田開発	印旛沼・手賀沼の干拓計画
		長崎貿易奨励	貿易利益が目的
寛政の改革 (1787 ～93)	老中 松平定信	囲い米	米価調整や飢饉に備え米を貯蔵
		棄損令	旗本や御家人の借金帳消し
		寛政異学の禁	昌平坂学問所で朱子学を講義
天保の改革 (1841 ～43)	老中 水野忠邦	株仲間の解散	物価高騰抑制のため
		人返しの法	農民の出稼ぎを禁止
		上知令	江戸・大坂周辺の天領化構想

(9) 化政文化

江戸を中心とした，庶民性の強い成熟した町人文化。

文学	滑稽本	十返舎一九	『東海道中膝栗毛』
	読　本	滝沢馬琴	『南総里見八犬伝』
錦絵	美人画	喜多川歌麿	「ポッピン(ビードロ)を吹く女」
	風景画	葛飾北斎	「富嶽三十六景」
		歌川（安藤）広重	「東海道五十三次」
	役者絵	東洲斎写楽	「大谷鬼次の奴江戸兵衛」「市川鰕蔵」
学問	洋学	前野良沢・杉田玄白	『解体新書』
		伊能忠敬	『大日本沿海輿地全図』
	国学	本居宣長	『古事記伝』

(10) 藩校・私塾

藩校・藩学	弘道館（水戸藩），花畠教場（岡山藩），明倫館（長州藩）
私塾	松下村塾（吉田松陰），適塾（緒方洪庵），鳴滝塾（シーボルト）

近代・現代

●近代

(1) 明治維新

■開国

ペリーの来航	1853	4隻の軍艦を率いて来航し，幕府に開国を要求
日米和親条約	1854	**下田・箱館**を開港（事実上の開国）
日米修好通商条約	1858	大老井伊直弼と総領事ハリスが締結 **箱館・神奈川・長崎・新潟・兵庫**を開き貿易開始 アメリカの**治外法権**（**領事裁判権**）を認め，**関税自主権**のない不平等条約
安政の大獄	1858	井伊直弼が尊王攘夷派を多数弾圧した事件

■倒幕に至るまでの経過

生麦事件	1862	薩摩藩島津久光の行列を横切ったイギリス人を殺傷
薩英戦争	1863	生麦事件の報復としてイギリス軍艦が薩摩藩に砲火
四国艦隊下関砲撃事件	1864	長州藩外国船砲撃事件の報復として，英・仏・米・蘭の四国連合艦隊が下関を砲撃
薩長連合	1866	坂本竜馬らの仲介で成立した薩摩・長州両藩の同盟
大政奉還	1867	15代将軍徳川慶喜による政権の返上
王政復古の大号令	1867	薩長討幕派が天皇を中心とする新政府樹立を宣言。これにより，江戸幕府は滅亡

■新政府の政策

五箇条の誓文	1868	新政府の政治の基本方針。公議世論の尊重など
版籍奉還	1869	藩主が所有する土地と人民を天皇に返上
廃藩置県	1871	藩を廃止して，地方を府・県に区分し，中央から府知事・県令（後の知事）を派遣
学制	1872	6歳以上の男女すべてが小学校教育を受ける
徴兵令	1873	富国強兵のため満20歳以上の男子に兵役の義務
地租改正	1873	土地の所有者と地価を定め，地券を発行し，所有者に税金として地価の3%を現金で納めさせる
教育勅語	1890	「忠君愛国」を謳い，戦前の教育理念となる
四民平等	封建的身分制度を撤廃，士族特権も全廃	
殖産興業	官営模範工場を設立。貨幣・金融・郵便の諸制度も整備	

(2) 自由民権運動

・新政府に不満をもつ士族が西郷隆盛を中心として**西南戦争**を起こす。

・板垣退助らが**民撰議院設立の建白書**を政府に提出。国会開設を要求。

・自由民権派が国会開設に備えて政党を結成。

自由党	板垣退助	フランス流の民権思想（急進的）
立憲改進党	大隈重信	イギリス流の立憲思想（穏健）

(3) 大日本帝国憲法と帝国議会

・内閣制度を創設し，**伊藤博文**が**初代内閣総理大臣**に就任。

・君主権の強いドイツ憲法を手本に天皇主権の**大日本帝国憲法**を制定。

・第1回衆議院議員総選挙の有権者は，**直接国税15円以上を納める25歳以上の男子**に限られ，総人口の約1.1％にすぎなかった。

(4) 条約改正

陸奥宗光	1894	**治外法権（領事裁判権）の撤廃**に成功 日英通商航海条約締結による
小村寿太郎	1911	**関税自主権の回復**に成功 日米通商航海条約締結による

(5) 日清戦争と日露戦争

戦争	背景	講和条約	講和条約の内容
日清戦争 (1894～95年)	甲午農民戦争がきっかけ	下関条約	清は朝鮮の独立を認める 清は遼東半島・台湾を日本に譲る 清は2億両の賠償金を日本に支払う

※三国干渉…ロシア，ドイツ，フランスが日本に遼東半島返還を要求。

戦争	背景	講和条約	講和条約の内容
日露戦争 (1904～05年)	ロシアの南下に対抗し，日英同盟締結	ポーツマス条約	樺太の南半分を日本に割譲 南満州鉄道の権利を日本に譲る 朝鮮における日本の優越権を認める 旅順・大連の租借権を日本に譲る

※日比谷焼打ち事件…条約の内容を不満とし国民が政府を激しく攻撃。

●現代

(1) 第一次世界大戦と日本

セルビアの青年将校がオーストリア皇太子夫妻を暗殺したサライェヴォ事件をきっかけに勃発。ドイツ，オーストリアが同盟国，イギリス，フランス，ロシア，セルビアなどが連合国。日本は日英同盟を理由に連合国側に参戦し勝利。ヴェルサイユ条約で終戦となり，**国際連盟**成立。

(2) 大正デモクラシー

護憲運動や民本主義（吉野作造）。原敬が初の本格的な**政党内閣**を組織。1925年の普通選挙法により25歳以上のすべての男子に選挙権を付与。

(3) ファシズム体制の形成

・**満州事変**…日本軍が奉天郊外で鉄道を爆破（柳条湖事件）して開始。満州全域を占領し，満州国を建国。国際連盟が満州からの撤退勧告を決議したが，日本は**国際連盟**を脱退。

・政党政治が終わり，軍部が政治を支配。

五・一五事件	1932年	海軍将校が**犬養毅**首相らを暗殺
二・二六事件	1936年	陸軍将校が首相官邸などを襲撃

・**日中戦争**…北京郊外で日中両軍が衝突した盧溝橋事件から全面戦争に突入し，南京を占領。国家総動員法で戦時体制強化。

(4) 第二次世界大戦

1939年にドイツがポーランドに侵入して勃発。日本はアメリカを仮想敵国とする日独伊三国同盟を結び，資源を求めて東南アジアに進出。

ハワイのアメリカ軍基地である真珠湾への攻撃により太平洋戦争開始。東南アジアへ戦線を拡大したが，ミッドウェー海戦で敗れて以降，戦況は日本不利に。広島・長崎への原爆投下により，ポツダム宣言を受諾して降伏。

(5) 日本の民主化

・マッカーサーを最高司令官とする連合国軍最高司令官総司令部（GHQ）が，ポツダム宣言に基づき民主化政策を進める。

・衆議院議員選挙法改正により満20歳以上のすべての男女に選挙権を

付与。

・財閥解体（独占禁止法制定など），農地改革，日本国憲法制定。

(6) 歴代の主な内閣とできごと

吉田茂内閣	サンフランシスコ平和条約・日米安全保障条約（1951年）
鳩山一郎内閣	日ソ共同宣言，国際連合加盟（1956年）
岸信介内閣	日米新安全保障条約（1960年）
佐藤栄作内閣	日韓基本条約（1965年），沖縄の日本復帰（1972年）
田中角栄内閣	日中共同声明（1972年）
福田赳夫内閣	日中平和友好条約（1978年）

人文科学　日本史

要点整理

【1】奈良時代の人々に課せられた税や負担のうち，稲を納めることの名称として正しいものを，次の1～5のうちから一つ選べ。

1　租　　2　調　　3　庸　　4　雑徭　　5　兵役

2024年度　大分県　難易度

【2】次の写真は鶴林寺(加古川市)の本堂である。この寺を創建した聖徳太子に関連して述べた文として適切なものを，以下のア～エから1つ選びなさい。

ア　家柄によらず才能のある人物を役人に登用するため，冠位十二階の制を定めた。

イ　中国の進んだ制度や文化の摂取のため，607年に小野妹子などを唐に派遣した。

ウ　十七条の憲法を定め，土地と人民を国家が直接支配する公地公民の方針を示した。

エ　法隆寺を建立し，日本で最初の仏教文化である白鳳文化が栄えた。

2024年度　兵庫県　難易度

【3】平安時代に建立された中尊寺金色堂について，その所在地と建立に関係の深い人物の組合せとして，正しいものはどれか。①～⑤のうちから1つ選びなさい。

	所在地	人　物
①	岩手県	厩戸皇子
②	岩手県	藤原清衡
③	奈良県	厩戸皇子
④	奈良県	藤原清衡
⑤	奈良県	聖武天皇

▌2024年度 ▌群馬県 ▌難易度

【4】日本の室町時代の対外関係についての記述として最も適当なものを，次の①から⑤までの中から一つ選び，記号で答えよ。

① 日明貿易は，日本側に大きな利益をもたらし，輸入された銅銭は日本の貨幣流通に大きな影響を与えた。

② 朝鮮との交易は，16世紀まで活発に行われ，朝鮮からは大量の生糸が輸入され，民衆の衣料として広く用いられた。

③ 日明貿易は，足利義持によって一時中断されたが，その後，足利義政の時に再開された。

④ 倭寇の活動が活発になったことで，朝鮮軍が倭寇の本拠地と考えていた平戸を襲撃した応永の外寇によって，日朝貿易は一時中断することになった。

⑤ 北海道南部に進出した和人の圧迫に対し，たえかねたアイヌは，15世紀半ばに，大首長シャクシャインを中心に蜂起した。

▌2024年度 ▌沖縄県 ▌難易度

【5】鎌倉時代に関する次の①～④の文について，その正誤の組み合わせとして正しいものを，以下の1～4の中から1つ選びなさい。

① 後白河上皇の皇子である以仁王は，全国に平氏打倒のよびかけを発し，伊豆で源頼朝，木曽で源義経が挙兵した。

② 鎌倉幕府は，年貢の上納と引きかえに荘園の管理権を委ねた新補地頭や，地頭との間で荘園を折半して支配する本補地頭を任命した。

③ 将軍と主従関係を結んだ武士を御家人という。幕府は，東国の武士社会で育まれた御恩と奉公という関係を基盤としながら公権力として成長をとげた。御家人の奉公の中心は軍事奉仕であった。

④ 執権の北条泰時は，連署に叔父である時房をむかえ，有力御家人から11人を選んで評定衆を組織し，合議によって政務・裁判を行う新体制をきずいた。

1 ① 正 ② 誤 ③ 正 ④ 誤
2 ① 誤 ② 誤 ③ 正 ④ 正
3 ① 正 ② 正 ③ 誤 ④ 誤
4 ① 誤 ② 正 ③ 誤 ④ 正

▌2024年度 ▌埼玉県・さいたま市 ▌難易度

【6】鎌倉時代の仏教の宗派と関係のある人物の組み合わせとして最も適切なものを，①～⑤の中から一つ選びなさい。

	浄土宗	浄土真宗	時宗	臨済宗	曹洞宗
①	法然	親鸞	一遍	栄西	道元
②	親鸞	法然	日蓮	道元	栄西
③	法然	親鸞	日蓮	道元	栄西
④	親鸞	法然	日蓮	栄西	道元
⑤	法然	親鸞	一遍	道元	栄西

▌2024年度 ▌三重県 ▌難易度

【7】鎌倉時代の文化は，武家を中心とした新しい文化が花開く一方，新仏教が数多く誕生した。次の図は，京都の市屋道場で一遍が弟子たちと念仏をとなえながら，鉦(かね)を打ち，床を踏みながら踊っている様子を表したものである。一遍は，善人・悪人や信心の有無を問うことなく，すべての人が救われるという念仏の教えを説き，念仏札を配

り，踊念仏によって多くの人々に教えを広めながら各地を布教して歩いた。この一遍を開祖とする新仏教の宗派は何か。以下の①～④から一つ選んで，その番号を書け。

① 臨済宗　② 曹洞宗　③ 時宗　④ 日蓮宗

▌2024年度 ▌香川県 ▌難易度

【8】次の文は，鎌倉時代に新しい仏教を広めた僧について述べたものである。それぞれ誰について述べたものか。適切な組合せを①～④から選び，番号で答えよ。

ア 法華経の題目(南無妙法蓮華経)を唱えれば，人も国も救われると説き，法華宗を開いた。

イ 一心に「南無阿弥陀仏」と念仏を唱えれば，誰でも極楽浄土に生まれ変われると説いて浄土宗を開いた。

ウ 座禅によって自分の力でさとりを開こうとする禅宗を宋から伝え，曹洞宗を開いた。

エ 踊念仏や，念仏の札を配って教えを広め，時宗を開いた。

① ア 栄西　イ 親鸞　ウ 道元　エ 法然
② ア 日蓮　イ 一遍　ウ 栄西　エ 親鸞
③ ア 親鸞　イ 法然　ウ 栄西　エ 一遍
④ ア 日蓮　イ 法然　ウ 道元　エ 一遍

▌2024年度 ▌神戸市 ▌難易度

【9】江戸時代に幕府が銭座で鋳造させ，全国に流通した銅貨として適切なものを，次のア～エから1つ選びなさい。

ア
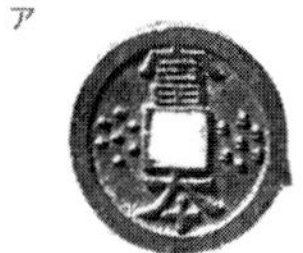

イ

ウ

エ

2024年度 兵庫県 難易度

【10】次の文章に該当する人物名として最も適当なものを，以下の①から⑤までの中から一つ選び，記号で答えよ。

> 明治期になると，西洋の文化や制度，生活様式が取り入れられるようになり，彼は「東洋になきものは，有形において数理学，無形において独立心」と考えた。独立とは一身の独立と国家の独立のことであり，この独立自尊の精神と実学を学ぶことの重要性を主張した。

① 福沢諭吉　② 森有礼　③ 中江兆民　④ 西周
⑤ 新島襄

2024年度 沖縄県 難易度

【11】日本で行われた国葬について，皇族及び，2022年に行われた安倍晋三氏以外で，戦後国葬が行われた人物として最も適当なものを，次の①から⑤までの中から一つ選び，記号で答えよ。

① 佐藤栄作　② 吉田茂　③ 大平正芳　④ 小渕恵三
⑤ 中曽根康弘

2024年度 沖縄県 難易度

【12】次の出来事ア～オが起きた順に並べたものとして最も適切なものを，以下の①～⑥のうちから選びなさい。

ア　政府が岩倉使節団を欧米に派遣した。
イ　西郷隆盛を中心に鹿児島の士族などが西南戦争を起こした。
ウ　和歌山県沖でノルマントン号事件が起こった。
エ　陸奥宗光が領事裁判権の撤廃に成功した。

オ　大老となった井伊直弼は日米修好通商条約を結んだ。

① ウ → ア → オ → エ → イ

② ウ → オ → ア → イ → エ

③ ウ → オ → エ → ア → イ

④ オ → ウ → ア → イ → エ

⑤ オ → ア → イ → ウ → エ

⑥ オ → ア → ウ → イ → エ

▌2024年度 ▌神奈川県・横浜市・川崎市・相模原市 ▌難易度

【13】次の文は，日本の条約改正について述べたものである。(　a　)，(　b　)にあてはまる語句の組み合わせとして最も適切なものを，①～⑤の中から一つ選びなさい。

1911年，(　a　)外務大臣がアメリカと交渉し(　b　)を回復した。

	a	b
①	小村寿太郎	関税自主権
②	陸奥宗光	治外法権
③	井上馨	関税自主権
④	小村寿太郎	治外法権
⑤	陸奥宗光	関税自主権

▌2024年度 ▌三重県 ▌難易度

【14】ア～オの人物と，その説明(1)～(5)の最も適切な組み合わせを選びなさい。

ア　中江藤樹　　イ　伊藤仁斎　　ウ　荻生徂徠
エ　本居宣長　　オ　石田梅岩

(1)　古代中国の文献を実証的に研究する「古文辞学」を確立した。

(2)　「石門心学」とよばれた町人の道徳を説いた。

(3)　「論語」や「孟子」の本来の意味を明らかにする「古義学」を提唱した。

(4)　王陽明の学説に共鳴し，私塾「藤樹書院」を開いた。

(5)　「源氏物語」を研究し，「源氏物語玉の小櫛」を著した。

① ア－(3)　イ－(2)　ウ－(1)　エ－(4)　オ－(5)
② ア－(1)　イ－(5)　ウ－(4)　エ－(2)　オ－(3)
③ ア－(4)　イ－(5)　ウ－(1)　エ－(2)　オ－(3)
④ ア－(4)　イ－(3)　ウ－(1)　エ－(5)　オ－(2)
⑤ ア－(4)　イ－(3)　ウ－(5)　エ－(1)　オ－(2)

【15】次のア～ウの建築物とA～Cの記述の中から，天平文化に関連するものを選び，その組合せとして最も適切なものを，以下の①～⑥のうちから選びなさい。

ア
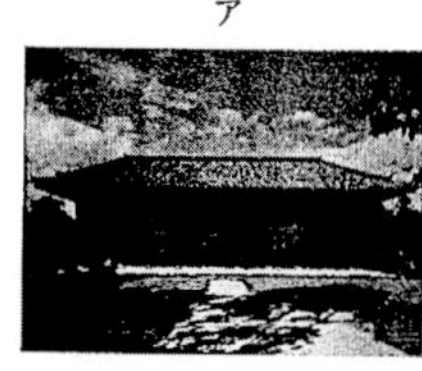

イ

ウ
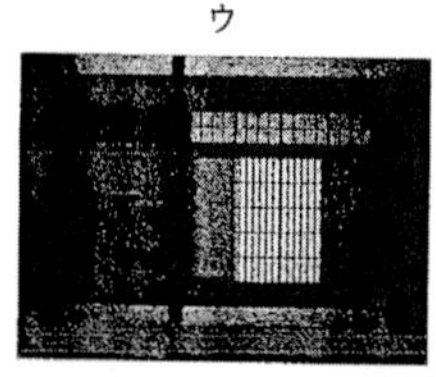

A　貴族の文化と禅宗の影響を受けた武士の文化が混じり合った文化
B　唐からもたらされた文化の影響を強く受けた国際的な文化
C　取り入れた唐の文化をもとに，日本の風土や生活にあわせてつくり変えた文化

① ア－A　② ア－B　③ イ－B　④ イ－C　⑤ ウ－A
⑥ ウ－C

2024年度　神奈川県・横浜市・川崎市・相模原市　難易度

【16】次の(1)，(2)に答えよ。

(1)　縄文時代の集落跡で青森県にある遺跡を，次のア～エから一つ選べ。

ア．吉野ヶ里遺跡　イ．釈迦堂遺跡　ウ．三内丸山遺跡
エ．岩宿遺跡

(2)　明治時代，高等教育の普及や大学での研究がさかんになる中で，1890年に破傷風の血清療法を発見，1892年に私立伝染病研究所を設

立し，1894年にはペスト菌を発見した人物の名前を，次のア～エから一つ選べ。

ア．志賀　潔　　イ．野口英世　　ウ．永井　隆

エ．北里柴三郎

2024年度 山梨県 難易度

解答・解説

【1】1

○**解説**○ 租は土地税で，田1段につき稲2束2把(収穫の約3%)を納めた。ちなみに2の調は諸国の産物を朝廷に納める税で，布などで物納された。3の庸は中央での労役の代わりに，布にかえて納めたもの。4の雑徭と5の兵役は労働税で，雑徭は地方での労役であった。

【2】ア

○**解説**○ イ　唐ではなく隋へ派遣した。　ウ　十七条の憲法は役人に対する心構えを示したものである。　エ　日本で最初の仏教文化は飛鳥文化。白鳳文化は聖徳太子の死後に栄えた文化である。

【3】②

○**解説**○ 中尊寺金色堂は岩手県の平泉にあり，奥州藤原氏に関連している。なお，厩戸皇子(聖徳太子)がつくったといわれているのは法隆寺，聖武天皇と関係があるのは東大寺である。

【4】①

○**解説**○ ②　朝鮮から大量に輸入されたのは，生糸ではなく綿布である。

③　日明貿易を再開したのは，足利義政ではなく足利義教である。

④　応永の外寇により攻撃されたのは，平戸ではなく対馬である。

⑤　15世紀半ば，アイヌはコシャマインを中心に蜂起した。シャクシ

ャインの戦いは，1669年，アイヌの首長シャクシャインが松前氏の収奪に対して起こした蜂起である。

【5】2

○解説○ ①「木曽で源義経」は，正しくは「木曽で源義仲」である。
②　承久の乱以前から地頭であったものを本補地頭，承久の乱以後に地頭になったものを新補地頭という。説明の文章は，地頭請と下地中分についてのものである。

【6】①

○解説○ 鎌倉仏教の開祖は，浄土宗が法然，浄土真宗は親鸞，時宗は一遍，臨済宗は栄西，曹洞宗は道元である。こうした鎌倉仏教が開宗された背景としては，既成の仏教教団や為政者からの厳しい弾圧があった。

【7】③

○解説○ 踊念仏から時宗とわかる。鎌倉新仏教は浄土宗・浄土真宗・時宗・日蓮宗・臨済宗・曹洞宗の6つである。宗祖やその人物が書いた書物などを教科書などで確認しておくとよい。

【8】④

○解説○ 法華宗の開祖は日蓮，浄土宗の開祖は法然，曹洞宗の開祖は道元，時宗の開祖は一遍である。なお，栄西は臨済宗，親鸞は浄土真宗の開祖である。

【9】エ

○解説○ アの富本銭は飛鳥時代に作られ，現時点で最も古い貨幣とされている。イの和同開珎は奈良時代のもの。ウの永楽通宝は中国の明朝で作られた貨幣で，室町時代に日明貿易で大量に輸入された。エが江戸時代に流通した寛永通宝である。

【10】①

○解説○「独立自尊」と「実学を学ぶことの重要性を主張」がキーワードで，福沢諭吉が当てはまる。

【11】②

○解説○ 1947(昭和22)年日本国憲法の施行に伴い，戦前の国葬令は廃止された。戦後の首相経験者で国葬が営まれたのは，安倍晋三以外には吉田茂だけである。1967(昭和42)年，当時の佐藤栄作内閣が，吉田茂の戦後日本の再建に尽力した業績などを踏まえ，国葬にすることを閣議決定した。

【12】⑤

○解説○ ア 岩倉具視を首班とする使節団が欧米派遣のため出発したのは，1871年のことである。 イ 西郷隆盛らが起こした西南戦争は，1877年の出来事である。 ウ 英国貨物船ノルマントン号が勝浦沖で沈没し，日本人乗客全員が水死した事件は，1886年10月に起こった。 エ 陸奥宗光が外務大臣に就任すると条約改正事業に着手し，1894年7月に日英通商航海条約が調印され，この条約によって領事裁判権が撤廃されたほか，関税自主権の一部が回復した。 オ 日米修好通商条約が締結されたのは，1858年6月のことである。関税自主権がなく，治外法権を認める不平等条約だった。年代の古い順に並べると，オ→ア→イ→ウ→エとなる。

【13】①

○解説○ 条約改正は，1871年の岩倉使節団の欧米派遣から始まり，1894年に陸奥宗光が日英通商航海条約を結び領事裁判権(治外法権)の撤廃に成功，同じ年に関税自主権の一部が回復。その後の1911年，小村寿太郎外務大臣がアメリカと交渉を行い，関税自主権を完全に回復して完了した。

【14】④

○解説○ (1) 古文辞学が手がかりになる。荻生徂徠は，江戸時代中期の古文辞学派の儒学者で，朱子学を批判した人物でもある。 (2) 石門心学が手がかりになる。石田梅岩は，江戸時代中期の思想家で，石門心学の創始者である。独自の実践的倫理思想を，特に商人に対して平易に説いた。 (3) 古義学が手がかりになる。伊藤仁斎は江戸時代初期の儒学者で，古義学派の祖である。 (4) 藤樹書院が手がかり。中江藤樹は江戸時代初期の儒学者で，陽明学の祖である。近江聖人と称えられた。　(5)『源氏物語』の研究が手がかりになる。本居宣長は江戸時代中期の国学者で，国学を大成させた人物である。

【15】②

○**解説**○ アの建築物は正倉院，イは平等院鳳凰堂，ウは慈照寺(銀閣)東求堂同仁斎である。アは奈良時代の天平文化，イは平安時代の国風文化，ウは室町時代の東山文化に関連する。記述Aは北山文化または東山文化，Bは天平文化，Cは国風文化に関する記述である。したがって，天平文化を表す組合せはアーB，国風文化を表す組合せはイーC，東山文化を表す組合せはウーAとなる。

【16】(1)　ウ　　(2)　エ

○**解説**○ (1)　アの吉野ヶ里遺跡は，佐賀県にある弥生時代の環濠集落跡。イの釈迦堂遺跡は，山梨県にある縄文時代を中心とした複合遺跡。エの岩宿遺跡は，群馬県にある旧石器時代の遺跡である。　(2)　破傷風の血清療法やペスト菌を発見したのは，北里柴三郎である。アの志賀潔は赤痢菌の発見，イの野口英世は黄熱病の研究で知られる。ウの永井隆は，自らも被爆しながら被爆者の救護を続けた医学者として知られている。

人文科学　世界史・歴史共通

要点整理

古代・中世

●人類の出現

	年　代	人　類	特　徴
猿人	約450万～200万年前	アウストラロピテクス	アフリカで出土
原人	約150万～20万年前	ジャワ原人	ジャワ島で出土
		北京原人	北京で出土。火の使用
旧人	約20万～9万年前	ネアンデルタール人	ドイツで出土。埋葬の習慣
新人	約4万～1万年前	クロマニョン人	フランス。骨角器の使用，ラスコーなどの洞窟絵画

●四大文明

文　明	年　代	河　川	特　徴
メソポタミア	前3500	ティグリス川 ユーフラテス川	太陰暦，六十進法，ハンムラビ法典，楔形文字
エジプト	前3500	ナイル川	太陽暦，十進法，神聖文字（ヒエログリフ），ピラミッド
インダス	前2300	インダス川	象形文字，印章，青銅器，彩文土器 モエンジョ＝ダーロの遺跡
黄河	前4000	黄河	甲骨文字（漢字の起源），青銅器

●ギリシアの文明

(1)　ギリシア民主政

紀元前8世紀頃，地中海沿岸にポリスと呼ばれる都市国家が成立。前5世紀に成年男子が参加する民主政治の基礎が確立した。

(2)　ギリシアの哲学

人　名	特　徴
タレス	万物の根源を水と考え，「哲学の父」と呼ばれた。
ヘラクレイトス	「万物は流転する」と説いた。

プロタゴラス	「人間は万物の尺度である」と説いた。
ソクラテス	客観的真理の実在と知徳合一を説き，衆愚政治批判。
プラトン	イデアの存在を説き，『国家論』で哲人政治を主張。
アリストテレス	「人間はポリス的動物である」と説き，ギリシアの学問を集大成した。

●中世ヨーロッパの成立

(1) ゲルマン民族大移動

4世紀後半，ゲルマン民族がドナウ川を越えローマ帝国内に移住を開始し，先住のケルト民族を追いやった。その結果，476年に西ローマ帝国が崩壊し，ゲルマン諸国家が成立。

(2) フランク王国

ゲルマン諸国のうちフランク王国は，8世紀後半のカール大帝の時代に西ヨーロッパのほとんどを占める大帝国となった。800年，教皇レオ3世はフランク王**カール大帝**にローマ皇帝の冠を授け，西ヨーロッパ世界は政治的・宗教的・文化的に独立。

(3) フランク王国分裂

カールの死後，王国では内紛が起こり，843年の**ヴェルダン条約**，870年のメルセン条約でフランク王国は東・西フランクとイタリア王国に分裂。これらは後にそれぞれドイツ・フランス・イタリアに発展。

●十字軍の遠征と西ヨーロッパ諸国の形成

(1) 十字軍の遠征（1096～1270年）

キリスト教の聖地イェルサレムはイスラーム教徒の支配下におかれていたことから，**教皇ウルバヌス2世**は**クレルモン公会議**で十字軍の遠征を決議。1096年に第1回十字軍が出発し，以降1270年まで計7回派遣されたが，結局聖地イェルサレムの回復は達成できなかった。

(2) 百年戦争（1339～1453年）

フランス王位継承をめぐりイギリスがフランスに対して起こした戦争。**ジャンヌ＝ダルク**の活躍もありフランスが勝利。このの ち，イギリス国内では王位継承をめぐり**バラ戦争**（1455～85年）が起こった。

●イスラーム世界の成立

(1) イスラーム教の成立

メッカの商人ムハンマド（マホメット）が，アッラーを唯一神とするイスラーム教を創始。630年にメッカを占領しアラビア半島を統一。

(2) イスラーム帝国の成立

7世紀にムアーウィヤによってウマイヤ朝が成立。8世紀にはバグダードを都とするアッバース朝が，西インドから北アフリカ，イベリア半島にまで勢力を広げ，大帝国を築いた。

近世

●ルネサンス

14～16世紀にイタリアを中心にヨーロッパ各地に広がった，古代ギリシア・ローマの古典文化復興運動。神を中心とする中世のキリスト教文化から解放され，自由で人間らしい文化を追求した。

	人　名	出身国	作　品
文芸	ダンテ	イタリア	『神曲』
	エラスムス	ネーデルラント	『愚神礼賛』
	トマス＝モア	イギリス	『ユートピア』
	シェークスピア	イギリス	『ハムレット』
美術	ボッティチェリ	イタリア	「ヴィーナスの誕生」
	レオナルド＝ダ＝ヴィンチ	イタリア	「最後の晩餐」「モナリザ」
	ミケランジェロ	イタリア	「最後の審判」

●大航海時代

ポルトガル	バルトロメウ＝ディアス	喜望峰到達（1488年）
	ヴァスコ＝ダ＝ガマ	カリカット到達（1498年） インド航路開拓
スペイン	コロンブス（イタリア人）	サンサルバドル島到達（1492年） 新大陸発見
	マゼラン（ポルトガル人）	一行が世界周航（1519～22年）

●宗教改革

世俗化し堕落したローマ教会を批判し，カトリックを否定して聖書に復帰しようとする運動。16世紀にヨーロッパで展開された改革派をプロテスタントと呼ぶ。

(1) ルターの宗教改革（1517年）

ドイツのマルティン＝ルターは，教皇レオ10世の贖宥状（免罪符）販売を「九十五カ条の論題」で批判し，信仰義認説，聖書中心主義を唱えた。1555年，神聖ローマ皇帝カール5世は，アウクスブルクの宗教和議でルター派を認めるなど両派の講和は成立したが，不徹底であったため，後の三十年戦争の一因となった。

(2) カルヴァンの宗教改革

フランス人のカルヴァンはスイスで改革を行い，魂の救済は予め神によって決められているとする予定説を唱えた。勤労の結果としての蓄財を認めたことから，新興商工業者に広く受け入れられた。

(3) 反宗教改革

宗教改革に対抗して行われたカトリック側のたて直し運動。イグナティウス＝ロヨラやフランシスコ＝ザビエルらによって設立されたイエズス会が中心となり，海外で布教活動を行った。

●絶対王政

国王が官僚と常備軍を支えとして，強力に国家統一を進める政治形態で，16～18世紀にかけてヨーロッパの多くの国でとられた。封建国家の最終の段階であり，市民革命により近代国家に移行した。

国	君　主	主なできごと
スペイン	フェリペ2世	レパントの海戦（1571年）でオスマン帝国艦隊を撃破して，地中海の支配権を確立。広大な領土を獲得し，「太陽の沈まぬ国」と呼ばれた
イギリス	エリザベス1世	アルマダ海戦（1588年）でスペインの無敵艦隊を破り，海上の支配権を掌握 東インド会社を設立（1600年）し，アジア貿易の拡大・海外進出を図る
フランス	ルイ14世	ヴェルサイユ宮殿などを築き財政悪化を招くスペイン継承戦争（1701～13年）で，海外領土の多くをイギリスに割譲される

近代

●イギリス市民革命

(1)　中産市民階級の形成

工場制手工業（マニュファクチュア）が発達し，その経営者は都市の商工業者と結び，中産市民階級として大きな力をもつようになった。

(2)　ピューリタン（清教徒）革命（1640～60年）

国王が議会を無視して重税を課し，専制を続けたことから，議会派と国王軍との間で戦いが起こった。**クロムウェル**が率いる議会派が勝利し，チャールズ1世を処刑して共和政をしいた。

(3)　名誉革命（1688～89年）

クロムウェルの死後，国王による専制政治が復活。議会はジェームズ2世を追放し，オランダ総督ウィレムとその妻メアリ（ジェームズ2世の娘）を国王として迎える。課税には議会の承認が必要なことなどを定めた**権利の章典**を制定し，議会政治が確立。

●アメリカ独立革命

(1)　アメリカ独立戦争（1775～83年）

北アメリカ東海岸に13のイギリス植民地があったが，本国の重税・貿易統制などに対し植民地人の不満が高まり，独立を求めて本国との間で戦争が起こった。植民地軍総司令官はワシントン。

(2) アメリカ独立宣言（1776年）

トマス＝ジェファソンらが起草。各植民地の代表が集結して，ロックの自然法思想を基盤に自由と平等，圧政に対する抵抗権を主張し，独立を宣言。

(3) パリ条約（1783年）

植民地軍は当初苦戦したものの，フランス，スペインが植民地軍側に参戦し，ロシアや北欧諸国がアメリカの独立を支援したことから，勝利をおさめる。イギリスは，パリ条約で13の植民地の独立を承認。

(4) 合衆国憲法の制定（1787年）

人民主権，連邦制，三権分立を柱とする。連邦政府が発足し，初代大統領にはワシントンが就任。

●フランス革命とナポレオン

(1) フランス革命（1789～99年）

財政難を乗り切るために国王ルイ16世が身分制の議会（三部会）を召集すると，第三身分（平民代表）は国民議会の結成を宣言。国王が国民議会を軍事力で抑圧しようとしたことから，パリの民衆がバスティーユ牢獄を襲撃し，全国に反乱が広がった。

(2) フランス人権宣言（1789年）

アメリカ独立戦争に従軍した**ラ＝ファイエット**らが起草。ルソーの影響を受け，自由・平等，人民主権，言論の自由，私有財産の不可侵などを原則とする。1792年に共和政が成立し，翌年ルイ16世を処刑。

(3) ナポレオンの皇帝就任（1804年）と退位

第一共和政で**ロベスピエール**が恐怖政治を行うが，テルミドールのクーデタで処刑，政情不安となる中で，軍人ナポレオンが度重なる戦争に勝利し，独裁的な権力を掌握。国民投票で皇帝に就任するが，ワーテルローの戦いに大敗し退位。

●イギリス産業革命

(1) 産業革命

イギリスでは，18世紀に入ると綿工業を中心として機械を使った工場制機械工業が出現。生産力が急速に増大し，社会のしくみが大きく変化した。

(2) イギリス産業革命の背景

・植民地戦争勝利により，海外市場が拡大，資本が蓄積されたこと。
・第2次囲い込みで土地を失った農民が賃金労働者となったこと。
・毛織物業を中心にマニュファクチュアが発達していたこと。
・石炭や鉄などの工業資源に恵まれていたこと。

紡績機・力織機	ジョン＝ケイ	飛び杼	1733年
	ハーグリーヴズ	ジェニー（多軸）紡績機	1764年頃
	アークライト	水力紡績機	1768年
	クロンプトン	ミュール紡績機	1779年
	カートライト	力織機	1785年
動力	ワット	蒸気機関の改良	1769年
交通機関	フルトン（米）	蒸気船	1807年
	スティーヴンソン	蒸気機関車	1814年

●ウィーン体制

(1) ウィーン会議（1814～15年）

ナポレオン失脚後のヨーロッパ秩序を決定するため，オーストリア外相**メッテルニヒ**が中心となりヨーロッパ諸国が参加。**タレーラン**の唱えた正統主義が基本原理。大国間の勢力均衡をウィーン体制という。

(2) 七月革命（1830年）と二月革命（1848年）

フランスで民衆が蜂起し，国王シャルル10世が亡命（七月革命）。さらに，国王ルイ＝フィリップが亡命して共和政が復活し，成年男子による普通選挙が実現（二月革命）。革命は周辺諸国に波及し，ウィーン体制は崩壊した。しかしフランスではナポレオン3世が皇帝となり帝政が成立。

(3) 19世紀のヨーロッパ諸国

イギリス	選挙権拡大。ヴィクトリア女王のもと，経済的に発展し「世界の工場」と呼ばれた
イタリア	1861年イタリア王国成立，1870年イタリア半島統一
ドイツ	プロイセン＝フランス戦争で，プロイセンが勝利。**ビスマルク**を宰相として，1871年ドイツ帝国が成立

●アメリカ南北戦争

(1) モンロー宣言（1823年）

ラテンアメリカ諸国の独立にあたり，アメリカ大陸へのヨーロッパ諸国の干渉を排除した宣言。アメリカ大統領モンローが発表した。

(2) 南北戦争（1861～65年）

北部	商工業が発達。輸入製品に関税をかける保護貿易。奴隷制反対
南部	黒人奴隷により綿花などを栽培する大農園が発達。自由貿易

北部の立場を代表する**リンカン**が大統領に就任すると，南部は合衆国からの離脱を宣言し，戦争に発展。リンカンが**奴隷解放宣言**を発した後は北軍優勢となり，南部は降伏して統一を回復した。

●帝国主義

19世紀末頃から第一次世界大戦までの時期に，列強が軍事力と経済力を背景に植民地獲得を目指して世界を分割していった動き。

イギリス3Ｃ政策	カイロ，ケープタウン，カルカッタ（アフリカとインド）における植民地の結びつきの強化を目指す
ドイツ3B政策	ベルリン，ビザンティウム（イスタンブル），バグダードを鉄道で結び西アジアへの進出を目指す

現代

●第一次世界大戦

(1) 三国同盟と三国協商

三国同盟	ドイツ，オーストリア，イタリアがフランスに対抗して結成
三国協商	フランス，イギリス，ロシアが三国同盟に対抗して結成

既得権益を守ろうとする三国協商側と，新たな植民地を獲得しようとする三国同盟側の対立が激化。

(2) 第一次世界大戦（1914～18年）

ボスニアの州都サライェヴォで，オーストリア皇太子夫妻がセルビア人の青年によって暗殺された**サライェヴォ事件**をきっかけに，オーストリアがセルビアに宣戦して開始。ドイツ，オーストリアなどの同盟国側と，イギリス，フランス，ロシア，セルビアなどの連合国側（イタリアは当初中立，のちに連合国側で参戦）が戦い，連合国側が勝利した。

●ロシア革命

(1)　ロシア革命（1917年）

第一次世界大戦が長期化し，物資不足，生活苦が発生したことから，皇帝の専制政治に対する不満が高まる。ロシア二月革命で皇帝が退位し，戦争を続けようとする臨時政府も十月革命で**レーニン**らの指導による武装蜂起によって倒され，ソヴィエト政府が樹立。

(2)　ソヴィエト連邦の成立（1922年）

革命の波及をおそれたイギリス，フランス，アメリカ，日本などは，反革命派を支援し，シベリアなどロシア各地を占領。ソヴィエト政府は，反革命派との内戦と列強による干渉戦争を切り抜け，世界最初の社会主義国家であるソヴィエト社会主義共和国連邦を結成した。

●ヴェルサイユ体制

(1)　ヴェルサイユ条約（1919年）

パリ講和会議で締結。アメリカ大統領ウィルソンの唱えた**14カ条の原則**に従い，協調により世界平和を維持する国際秩序が形成される。

・ドイツ…全植民地の返還と軍備の制限，巨額の賠償金

・東ヨーロッパの国々…**民族自決の原則**に基づき独立

(2)　国際連盟

①国際連盟発足（1920年）

世界の恒久平和を目指す世界最初の国際機構。ウィルソンが提案。

常任理事国は，日本，フランス，イギリス，イタリアの4カ国。

②国際連盟の問題点

・アメリカは不参加，ソ連・ドイツは除外，日本，イタリアはのちに脱退。

・全会一致の原則により，総会での意思統一が困難。

・侵略行為に対抗する手段は経済制裁のみ。

(3) 軍縮

ワシントン会議	1921年〜1922年	海軍主力艦の保有量の制限（**海軍軍縮条約**） 日英同盟の廃止（**四カ国条約**） 中国の独立尊重と列強の機会均等（**九カ国条約**）
ロンドン会議	1930年	海軍補助艦の保有量の制限

●世界恐慌

(1) 世界恐慌（1929年）

ニューヨークのウォール街での株価の大暴落をきっかけに，アメリカが経済恐慌に陥り，大不況が世界の資本主義諸国に広まる。

(2) 各国の対策・状況

アメリカ	経済に対する政府の統制を強め，TVAなど公共事業に投資する**ニューディール政策**（**F.ローズヴェルト大統領**による）
イギリス・フランス	本国と植民地の結びつきを強化する
ソ連	**スターリン**のもとで5カ年計画が実施され，恐慌の影響をほとんど受けず，工業生産は飛躍的に増大

(3) ファシズムの台頭

イタリア	1922年，**ファシスト党**の**ムッソリーニ**が政権を掌握。軍国主義的独裁政治を実施
ドイツ	1933年，**ヒトラー**が**ナチス（ナチ党）**を率いて政権を掌握。ヴァイマル憲法を無視した独裁政治を実施

●第二次世界大戦

(1) 第二次世界大戦（1939〜45年）

独ソ不可侵条約を結んだドイツがポーランドに侵入したことから，イギリス・フランスがドイツに宣戦して開始。ドイツはヨーロッパのほとんどを支配し，1941年には不可侵条約を破ってソ連に侵攻。

(2) 戦争の終結

当初はドイツなど枢軸国側が優勢であったが，アメリカを中心に連合国が反撃。ミッドウェー海戦での日本海軍の敗北，スターリングラードでのドイツ軍の敗北などで連合国側が優位となった。1945年5月にドイツが，8月には日本が無条件降伏し終戦となった。

(3) 第二次世界大戦に関する主な会談

会談	内容
大西洋上会談（1941年8月）	ローズヴェルト（米）とチャーチル（英）が，ファシズムの進攻に対処するために会談。大西洋憲章を発表
カイロ会談（1943年11月）	ローズヴェルト，チャーチル，蔣介石（中）が，対日戦の基本方針を討議。カイロ宣言を発表
ヤルタ会談（1945年2月）	ローズヴェルト，チャーチル，スターリン（ソ）が，ドイツの戦後処理を討議。ソ連の対日参戦が決定
ポツダム会談（1945年7～8月）	チャーチル（途中からアトリー），トルーマン（米），スターリンが会談。ドイツ，日本の占領政策の方針を決定

●東西冷戦

(1) 米ソの対立

アメリカを中心とする西側諸国（資本主義陣営）は**北大西洋条約機構**（NATO，1949年）を，ソ連を中心とする東側諸国（社会主義陣営）はワルシャワ条約機構（1955年）を創設。

(2) 朝鮮戦争（1950～53年）

朝鮮民主主義人民共和国（北朝鮮）は武力統一を目指し，**北緯38度線**を越えて大韓民国へ侵攻。韓国側にはアメリカ主体の国連軍が，北朝鮮側には中国義勇軍が参戦。戦況は一進一退を続け，休戦協定が成立した。北緯38度線を基準に軍事境界線が設定され，南北の分断が固定された。

(3) キューバ危機（1962年）

ソ連がキューバにミサイル基地の建設を計画していたことが発覚。アメリカのケネディ大統領が海上封鎖を行ったことから，一時核戦争の危機に陥った。ソ連の譲歩で戦争は回避された。

(4) 冷戦の終結

1985年にソ連共産党書記長に就任した**ゴルバチョフ**は，大規模な改革（ペレストロイカ）を実施。1989年にはベルリンの壁が崩壊し，同年の**マルタ会談**で，アメリカ大統領ブッシュとゴルバチョフが冷戦終結宣言を出す。1990年**東西ドイツが統一**され，91年にはソ連邦も崩壊した。

中国史

●古代～19世紀

王朝	年代	建国者	都	主なできごと	反乱
秦	前221～ 前206年	始皇帝	咸陽	万里の長城修築。郡県制。焚書・坑儒で儒家を弾圧	陳勝・呉広の乱
前漢	前202～ 後8年	劉邦 （高祖）	長安	武帝のとき最盛期。均輸法・平準法，郷挙里選。外戚の王莽に滅ぼされる	呉楚七国の乱
後漢	25～ 220年	劉秀 （光武帝）	洛陽	シルクロード貿易の発展。倭（日本）との交渉	黄巾の乱
隋	581～ 618年	楊堅 （文帝）	大興城 （長安）	科挙，均田制，租庸調制。2代目煬帝は，大運河建設，高句麗遠征失敗	
唐	618～ 907年	李淵 （高祖）	長安	2代目太宗（李世民）のとき最盛期（貞観の治）。朱全忠に滅ぼされる	安史の乱 黄巣の乱
北宋	960～ 1127年	趙匡胤 （太祖）	開封	文治政治。靖康の変で，女真族の金により滅亡	
モンゴル帝国	1206～ 71年	チンギス＝ハン （太祖）	カラコルム	ワールシュタットの戦いで，ドイツ・ポーランド諸侯連合軍を破る	
元	1271～ 1368年	フビライ＝ハン （世祖）	大都 （北京）	マルコ＝ポーロが訪問。モンゴル人第一主義。高麗を服属させ，南宋を滅ぼす	紅巾の乱
明	1368～ 1644年	朱元璋 （洪武帝）	南京 →北京	里甲制，賦役黄冊（戸籍台帳），魚鱗図冊（土地台帳），一条鞭法。永楽帝の命で鄭和の南海遠征，満漢併用制	李自成の乱
清	1636～ 1912年	ヌルハチ （太祖）	北京	禁書で漢人を統制。乾隆帝のとき最大版図。辮髪，文字の獄	三藩の乱

人文科学

●近現代史

戦争・反乱・改革運動		内容・結果
アヘン戦争（1840 ～42年）	清×英	イギリスは貿易赤字解消のためインド産アヘンを密輸し清と対立。清が敗れ，南京条約締結（香港の割譲，5港開港など不平等条約）
アロー戦争（1856 ～60年）	清×英・仏	北京（天津）条約締結（11港開港，外国公使北京駐留，キリスト教布教の自由）
太平天国の乱（1851 ～64年）	清× 太平天国	重税が課され民衆の不満高まる。洪秀全が「滅満興漢」をスローガンに挙兵するが鎮圧
洋務運動（1860 年代）	曾国藩・ 李鴻章ら	西洋近代科学技術の導入による富国強兵策。清仏戦争，日清戦争の敗北で限界
変法運動（1898 年）	康有為・ 光緒帝ら	立憲君主制を目指す改革。西太后と結んだ反対派により弾圧され失敗（戊戌の政変）
義和団事件（1900 ～01年）	義和団・ 清× 列強諸国	「扶清滅洋」をスローガンとする外国文化の一掃を目指す排外運動に乗じ，列強に宣戦布告。日本・ロシアを主力とする8カ国連合軍に敗れ，北京議定書締結（外国軍隊の北京駐兵，賠償金の支払い，中国の半植民地化）
辛亥革命（1911 ～12年）	清× 革命派	孫文が三民主義（民族の独立，民権の伸張，民生の安定）を唱え，革命運動を推進。四川暴動をきっかけに革命派が挙兵（武昌蜂起）。孫文を臨時大総統とし南京に中華民国成立

人文科学　世界史・歴史共通

実施問題

【1】次の表の(　A　)の時期の出来事として適切なものを，以下のア～エから1つ選びなさい。

表

1602	オランダの東インド会社が設立された
	(　A　)
1776	アメリカで独立宣言が出された

ア　高度な石造技術を持ったインカ帝国が繁栄した。
イ　マゼランの一行が世界一周に成功した。
ウ　ルイ14世によって絶対王政が行われた。
エ　ダーウィンの『種の起源』が出版された。

2024年度　兵庫県　難易度■■■□□

【2】次の文は十字軍について説明したものである。[　A　]と[　B　]に当てはまる語句の組合せとして，正しいものはどれか。①～⑤のうちから1つ選びなさい。

> 11世紀にイスラム教の国が聖地[　A　]を占領すると，[　B　]の呼びかけに応じた西ヨーロッパ諸国の王や貴族は十字軍を組織した。

①　A：メッカ　　　B：マルティン＝ルター
②　A：メッカ　　　B：ローマ教皇
③　A：メッカ　　　B：ナポレオン
④　A：エルサレム　B：ローマ教皇
⑤　A：エルサレム　B：ナポレオン

2024年度　群馬県　難易度■■■□□

【3】次の文は，冷戦の進展について述べたものである。文中の(　ア　)～(　ウ　)にあてはまる語句の組合せとして，最も適切なものを，以下の1～5の中から1つ選べ。

> アメリカは1947年，トルーマン・ドクトリンや(　ア　)を通じて自由主義勢力を結束させ，共産主義勢力の拡大を阻止する「封じ込め政策」を採用した。その後，(　イ　)を設立して西側陣営の軍事的結束を強め，西欧の経済統合も進んだ。これに対してソ連は，共産党情報局(コミンフォルム)，経済相互援助会議(COMECON)を設立し，東欧諸国を中心に東側陣営の政治的・経済的結束の強化を図り，(　ウ　)の結成を通じて軍事的結束を強めた。この東西対立のなかで，1949年にドイツは東西に分断され，1961年には「ベルリンの壁」が築かれた。

	ア	イ	ウ
1.	マーシャルプラン	ワルシャワ条約機構	北大西洋条約機構(NATO)
2.	北大西洋条約機構(NATO)	マーシャルプラン	ワルシャワ条約機構
3.	マーシャルプラン	北大西洋条約機構(NATO)	ワルシャワ条約機構
4.	北大西洋条約機構(NATO)	ワルシャワ条約機構	マーシャルプラン
5.	ワルシャワ条約機構	マーシャルプラン	北大西洋条約機構(NATO)

2024年度 ｜ 和歌山県 ｜ 難易度

【4】ナポレオンの政治や動向についての記述として適当でないものを，次の①から⑤までの中から一つ選び，記号で答えよ。

① ローマ教皇と宗教協約を結んで，カトリック教会と和解した。

② 近代市民社会の原理をまとめた民法典を制定した。

③ トラファルガー沖の海戦で勝利し，イギリスに進出した。

④ ロシアに遠征したが，ロシア軍の焦土作戦によって敗北した。

⑤ 大陸封鎖令によって，ヨーロッパ諸国とイギリスの通商を禁止した。

2024年度 ｜ 沖縄県 ｜ 難易度

【5】18世紀末ごろから，開国を迫る外国船が日本近海に現れるようになり，琉球にも姿を見せるようになった。この時，琉球を訪れるとともに，琉米修好条約を結んだ人物として最も適当なものを，次の①から⑤までの中から一つ選び，記号で答えよ。

① ハリス　② ラクスマン　③ プチャーチン
④ ビッドル　⑤ ペリー

▌2024年度▌沖縄県▌難易度

【6】次の年表は，2023年に日本との外交関係樹立50周年となるベトナムの略史の一部をまとめたものである。年表中の(　A　)～(　D　)に当てはまる語句の組合せとして正しいものはどれか。なお，同じ記号には同じ語句が入るものとする。

年月	略史
1884年	ベトナムが（　A　）の保護国となる
1940年9月	日本軍の（　A　）領インドシナ北部進駐
1941年7月	日本軍の（　A　）領インドシナ南部進駐
1945年9月	（　B　）が「ベトナム民主共和国」独立を宣言
1946年12月	インドシナ戦争
1954年7月	ジュネーブ休戦協定、17度線を暫定軍事境界線として南北分離
1965年2月	（　C　）軍による北爆開始
1973年1月	パリ和平協定、（　C　）軍の撤退
1973年9月	日本と外交関係樹立
1976年7月	南北統一、国名をベトナム社会主義共和国に改称
1995年7月	（　C　）との国交正常化
1995年7月	（　D　）正式加盟
1998年11月	ＡＰＥＣ正式参加
2007年1月	ＷＴＯ正式加盟

	A	B	C	D
1.	フランス	スカルノ	ソビエト連邦	国際連合
2.	オランダ	ホー＝チ＝ミン	アメリカ	NATO
3.	スペイン	スカルノ	ソビエト連邦	ASEAN
4.	オランダ	アウンサン	アメリカ	国際連合
5.	フランス	ホー＝チ＝ミン	アメリカ	ASEAN

▌2024年度▌岡山市▌難易度

【7】次の文は，20世紀初頭に起きた世界恐慌について述べたものである。文中の下線部①～④のうち，誤っているものはどれか。

> 1929年10月24日の「暗黒の木曜日」と呼ばれるニューヨークのウォール街にある証券取引所で起きた株価の大暴落をきっかけにアメリカで恐慌が起き，世界中に広まった。1933年にアメリカの大統領になった①チャーチルは，②ニューディール政策と呼ばれる対策を行った。その柱は農産物の生産量を調整する③農業調整法(AAA)や産業を統制する④全国産業復興法(NIRA)であった。

▌2024年度 ▌長崎県 ▌難易度

【8】産業革命による影響として，適切でないものを次の①～④から1つ選びなさい。

① 工業都市では，工場のけむりや騒音などの公害，上下水道の不備による不衛生などの新しい問題も生まれた。

② イギリス産の絹織物は，大西洋の三角貿易の商品にもなり，後にはアジアにも輸出された。

③ 産業革命は，ほかの欧米諸国でも起こり，19世紀の末には各国で電気も普及するようになった。

④ 工業の発達によって資本家と労働者が増えると，政治への参加を求め始めるようになった。

▌2024年度 ▌青森県 ▌難易度

【9】次の(1)～(3)は，19世紀に世界各地で起こった出来事について述べたものである。(a)～(c)内に当てはまるものを語群から選ぶとき，正しい組合せとなるものを解答群から一つ選び，番号で答えよ。

(1) 1853年にはじまったクリミア戦争の報道に接した(a)は，野戦病院におもむいて，傷病兵の看護につくした。

(2) 1862年にプロイセンの首相になった(b)は，鉄血政策によるドイツ統一をめざした。

(3) 1895年の下関条約調印後，ドイツ，フランス，(c)の三国は，日本に遼東半島を清へ返還することを求めた。

【語　群】　ア　ラクスマン　　イ　ナイチンゲール
ウ　ビスマルク　　エ　ナポレオン
オ　アメリカ　　　カ　ロシア

【解答群】　1　a－ア　b－ウ　c－オ
2　a－ア　b－ウ　c－カ
3　a－ア　b－エ　c－オ
4　a－ア　b－エ　c－カ
5　a－イ　b－ウ　c－オ
6　a－イ　b－ウ　c－カ
7　a－イ　b－エ　c－オ
8　a－イ　b－エ　c－カ

2024年度｜愛知県｜難易度

【10】神聖ローマ帝国内のボヘミア(ベーメン)王国で即位した新王のカトリック化政策に対して，1618年にプロテスタント貴族がおこした反乱を発端に，ドイツを主戦場にヨーロッパ諸国が参戦した。この長期化・複雑化した国際的宗教戦争(三十年戦争)を終結させるために1648年に結ばれた講和条約は何と呼ばれるか。次の①～④から一つ選んで，その番号を書け。

①　ウェストファリア条約　　②　ヴェルサイユ条約
③　マーストリヒト条約　　④　ポーツマス条約

2024年度｜香川県｜難易度

【11】次の1，2，3のことがらと最も関係の深い人物を，それぞれのアからエのうちから一つ選べ。

1　御成敗式目の制定
〔ア　足利尊氏　　イ　平清盛　　ウ　北条泰時　　エ　豊臣秀吉〕

2　文明開化
〔ア　本居宣長　　イ　二宮尊徳　　ウ　新井白石
エ　福沢諭吉〕

3　冷戦の終結
〔ア　スターリン　　イ　トルーマン　　ウ　チャーチル

エ　ゴルバチョフ〕

▌2024年度 ▌栃木県 ▌難易度

【12】次の年表を見て，問1，問2に答えなさい。

1192年	源頼朝が朝廷から征夷大将軍に任じられる
1221年	承久の乱にて[　1　]が幕府軍に敗れる
1232年	執権の[　2　]が御成敗式目を制定する
1274年	元軍が九州北部に押し寄せ，幕府軍との戦いとなる
1333年	鎌倉幕府が滅びる

問1　空欄1，空欄2に当てはまる適切な語句の組合せを選びなさい。

ア　1－後白河上皇　　2－北条泰時
イ　1－後鳥羽上皇　　2－北条時宗
ウ　1－後鳥羽上皇　　2－北条泰時
エ　1－後醍醐天皇　　2－北条時宗
オ　1－後醍醐天皇　　2－北条泰時

2　年表に示された期間(1192年～1333年)に起きたできごととして適切なものの組合せを選びなさい。

①　イタリア人のマルコ＝ポーロがユーラシアを旅し，その後，旅行記を口述した。
②　宋から帰国した道元が，越前(福井県)に永平寺を建立し，禅の普及に努めた。
③　唐の皇帝が律令という法律で国を治め，人々に土地を割り当てて，税や労役を課した。
④　チンギス＝ハンがモンゴルを統一し，モンゴル帝国を築いた。
⑤　ドイツのルターが，教皇や教会の権威を否定し，宗教改革の口火を切った。

ア　①②④　　イ　①③⑤　　ウ　①④⑤　　エ　②③④
オ　②③⑤

▌2024年度 ▌北海道・札幌市 ▌難易度

【13】正しいものはいくつありますか。

ア　1221年の承久の乱後，朝廷の監視と尾張国以西の御家人の統轄をするため，京都守護が新たに置かれた。

イ　16世紀末から17世紀初めに活躍したイギリスの劇作家シェークスピアは，「ハムレット」「リア王」「オセロー」等の作品を残した。

ウ　1951年，サンフランシスコ講和会議が開かれ，日本と48ヵ国との間でサンフランシスコ平和条約が調印された。

エ　1995年，世界の貿易の自由化をめざし，世界貿易機関(WTO)が発足した。

オ　北里柴三郎は伝染病研究所に入り，1897年赤痢菌を発見した。

①　1つ　　②　2つ　　③　3つ　　④　4つ　　⑤　5つ

2024年度　長野県　難易度

解答・解説

【1】ウ

○解説○ ア　インカ帝国は15～16世紀にアンデス高原で栄え，1533年に滅亡。　イ　マゼランの世界一周達成は1522年。なお，マゼランは途中の1521年に戦死。　ウ　ルイ14世の在位期間は1643～1715年であるのでAの時期にあてはまる。　エ　ダーウィンは1859年に『種の起源』を出版し，進化論を提唱した。

【2】④

○解説○ B　当時のローマ教皇はウルバヌス2世であった。

【3】3

○解説○ 1947年，トルーマン大統領により打ち出されたトルーマン・ドクトリンは，アメリカによる共産主義の封じ込め政策である。同年，国務長官マーシャルによって，マーシャルプランが出された。これは，アメリカによるヨーロッパ経済の復興と自立のための援助計画である。軍事面では1949年にソ連に対抗して，アメリカと西欧諸国を中心に12か国が参加して，北大西洋条約機構(NATO)という軍事同盟が結成された。これに対し1955年，ワルシャワ条約に基づきソ連，ブルガリア，ハンガリー，東ドイツなど東欧社会主義国8か国によるワルシャワ条約機構という軍事同盟が結成された。

【4】③

○**解説**○ トラファルガー沖の海戦では，ネルソン提督率いるイギリス艦隊がフランス・スペイン連合艦隊に勝利し，ヨーロッパの制海権を握った。これによって，ナポレオンはイギリス上陸作戦を断念した。

【5】⑤

○**解説**○ 琉米修好条約は，1854年日米和親条約の締結後，ペリーが琉球王府との間に結んだ条約で，水，食料，燃料(薪)の補給などが主要な内容であった。

【6】5

○**解説**○ A　19世紀後半，ベトナムはカンボジア，ラオスとともにフランス領であった。　B　第二次世界大戦後，1945年にホー＝チ＝ミンが「ベトナム民主共和国」として独立を宣言した。スカルノはインドネシア，アウンサンはビルマ(現ミャンマー)の独立運動家・政治家である。　C　1946年のインドシナ戦争は，フランスとベトナムの戦争であった。フランスの敗戦により，1954年にジュネーブ休戦協定が結ばれ，ベトナムは北緯17度線を暫定軍事境界線として南北に分断された。フランスは撤退したが，替わってアメリカの介入により第2次インドシナ戦争(ベトナム戦争)が始まる。結局アメリカは，1973年1月のパリ協定でベトナムを撤退し，1975年に南ベトナムの無条件降伏で終結した。　D　ベトナムは1995年に，7番目の加盟国としてASEAN(東南アジア諸国連合)に正式加盟した。なお，国際連合への加盟は1977年のことである。

【7】①

○**解説**○ ①のチャーチルはイギリスの首相経験者(在任期間：1940～1945年，1951～1955年)。ニューディール政策を実施したのは，第32代アメリカ大統領フランクリン・D・ルーズベルト(在任期間：1933～1945年)である。

【8】②

○**解説**○ イギリス産の「絹織物」ではなく，「綿織物」である。三角貿易による利益が，イギリスに産業革命をもたらした要因の一つとなっている。

【9】6

○**解説**○ (1) 「クリミア戦争」，「野戦病院におもむいて，傷病兵の看護」という部分から，ナイチンゲールである。 (2) 「プロイセンの首相」，「鉄血政策」から，ビスマルクである。 (3) 「下関条約」，「三国」という部分から，三国干渉についての記述だと読み取れる。日清戦争後，日本は遼東半島を中国に割譲させたが，ドイツ，フランス，ロシアの三国が日本にその領有の放棄を勧告してきた。

【10】①

○**解説**○ ウェストファリア条約は1648年に結ばれた三十年戦争の講和条約。主な内容として，スイスとオランダの独立が正式に承認される，ドイツ内ではアウクスブルクの宗教和議の再確認とカルヴァン派の承認などがあげられる。②のヴェルサイユ条約は第一次世界大戦の講和条約，③のマーストリヒト条約はヨーロッパ連合の基本条約，④のポーツマス条約は日露戦争の講和条約である。

【11】1 ウ　2 エ　3 エ

○**解説**○ 1 御成敗式目は，鎌倉時代の3代執権の北条泰時のときに制定されたもので，最初の武家法といわれている。 2 文明開化は，明治初期に西洋文明を積極的に模倣し，急速に近代化，欧化した現象をいう。福沢諭吉は，江戸時代末期から明治時代初めに活躍した思想家，教育家である。本居宣長は江戸時代中期の国学者，二宮尊徳は江戸時代末期の農政家，新井白石は江戸時代中期の儒学者である。　3　冷戦は，1989年のマルタ会談によって終結が宣言された。アメリカのブッシュ大統領とゴルバチョフ書記長との会談であった。

【12】問1　ウ　　問2　ア

○**解説**○ 問1　1　承久の乱は，後鳥羽上皇が鎌倉幕府打倒のために起こした戦いである。後白河上皇(1127～1192年)は平安末期に活躍した人物で，天皇を退いた後院政を行い，源頼朝に平氏を討たせた。後醍醐天皇(1288～1339年)は，足利尊氏，新田義貞の協力により鎌倉幕府を倒し，建武の新政を行ったが，武士の不満を招き尊氏と対立し，南北朝並立の混乱を招いた人物である。　2　御成敗式目を制定したのは，鎌倉幕府3代執権の北条泰時である。8代執権北条時宗は，蒙古襲来時の執権である。　問2　1192～1333年は，鎌倉時代に該当する。①のマルコ＝ポーロのユーラシア旅行は1271～1295年，②の道元の永平寺建立は1244年，④のチンギス＝ハンのモンゴル帝国建国は1206年なので，適切である。一方，③の唐は618～907年に存在した中国の王朝で，⑤のルターが宗教改革の口火を切ったのは1517年のことであるので不適切。

【13】③

○**解説**○ 正しいのは，イ・ウ・エの3つである。　ア　承久の乱後，鎌倉幕府が京都六波羅に設置した機関は，六波羅探題である。　オ　北里柴三郎は世界初の破傷風菌の純粋培養に成功した後，伝染病研究所を設立し，「ペスト菌」を発見した。「赤痢菌」を発見したのは，この伝染病研究所に入所した志賀潔である。なお，野口英世もこの伝染病研究所に入所していた。

社会科学

社会科学　地　理

要点整理

図法

●図法の種類と特徴・用途

地球表面を平面化するために用いられる方法を図法（地図投影法）と呼ぶ。

図法の種類		特　徴	用　途
正積図法	ホモロサイン(グード)図法	全体的に形のひずみが平均化。 断裂図法ゆえに高緯度地方はきれぎれになる。	世界全図
	モルワイデ図法	緯線は平行直線，高緯度で間隔小。 中央経線は直線，その他の経線は楕円曲線。中緯度地域の形のひずみは少ない。	中緯度重点の世界地図・半球図
	正距方位図法	中央経線と赤道の比は１：２。方位図法の一種で，地図主点から任意の点までの距離が正しく表される。ポステル図法ともいわれる。投影中心の裏側の地点(対蹠点)が陸上であった場合，その陸地は最も外側にドーナツ型に投影され，全ての海洋はその中の湖になる。	飛行機の最短経路(大圏コース)や方位を見る
正角図法	メルカトル図法	緯線・経線は互いに直交し，面積，距離は高緯度ほど拡大する。 等角航路が直線で示される。	海図

ホモロサイン(グード)図法	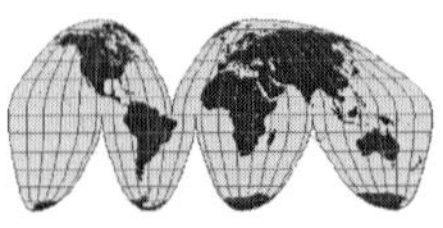	モルワイデ図法	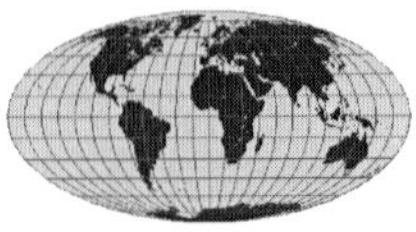
正距方位図法	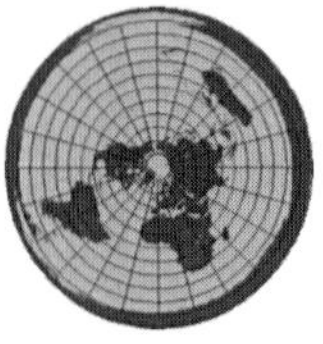	メルカトル図法	

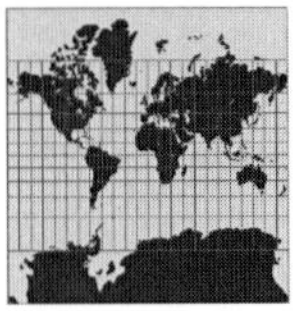

気候区分

●世界の気候区分

熱帯	熱帯雨林気候(Af)	年中高温多雨，気温の日較差大。赤道付近に分布
	サバナ気候（Aw）	年中高温で，雨季と乾季の区別が明瞭
乾燥帯	砂漠気候（BW）	降水量が年間を通し極端に少なく，砂漠が発達
	ステップ気候（BS）	降水量が少なく，長い乾季と短い雨季。砂漠周辺に分布し，短草草原（ステップ）が広がる
温帯	温暖冬季少雨気候（Cw）	夏は高温湿潤な季節風の影響で降水量が多く，冬の乾燥との差が大きい
	地中海性気候（Cs）	夏は高温で乾燥し，冬は偏西風が吹き温暖湿潤
	温暖湿潤気候（Cfa）	季節風の影響を受け，夏は高温で雨が多い。冬は低温で乾燥。四季の変化が最も明瞭
	西岸海洋性気候（Cfb）	偏西風と暖流の影響により，夏涼しく冬温暖で降水量も年間を通して安定。気温の年較差小
冷帯	冷帯湿潤気候（Df） 冷帯夏雨気候（Dw）	夏は短いが，降雨があり気温も高くなる。冬は低温（最寒月平均気温－3℃未満）
寒帯	ツンドラ気候（ET）	短い夏のみ永久凍土がとけ，コケ類などが生育
	氷雪気候（EF）	温暖月でも月平均気温は0℃未満
	高山気候（H）	温帯や熱帯の高地に見られる気候。気温や気圧が低く，気温の年較差は小さい

●日本の気候区分

北海道の気候	冬の気温が0℃以下
日本海側の気候	冬に雪で降水量が多い
内陸の気候	気温の年較差大きく，少雨
太平洋側の気候	夏に高温多湿
瀬戸内の気候	気温の年較差小さく，少雨
南西諸島の気候	冬でも温暖で，多雨

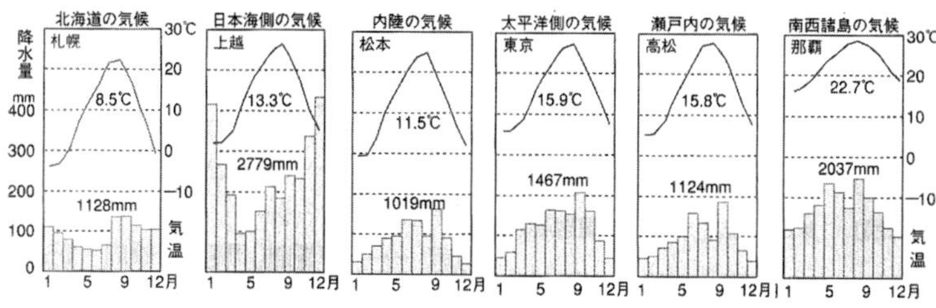

日本の地形

(1) 日本の地体構造

① フォッサマグナ

本州中央部を横断する大地溝帯。中生代・古生代にできた地層の溝の中に，新生代の地層がつまって形成されたとされ，溝の西縁が糸魚川静岡構造線，東縁が新発田小出構造線・柏崎千葉構造線となっている。

② 中央構造線
(メディアンライン)

西南日本を日本海側の**内帯**と太平洋側の**外帯**に分ける，起源の古い断層帯。

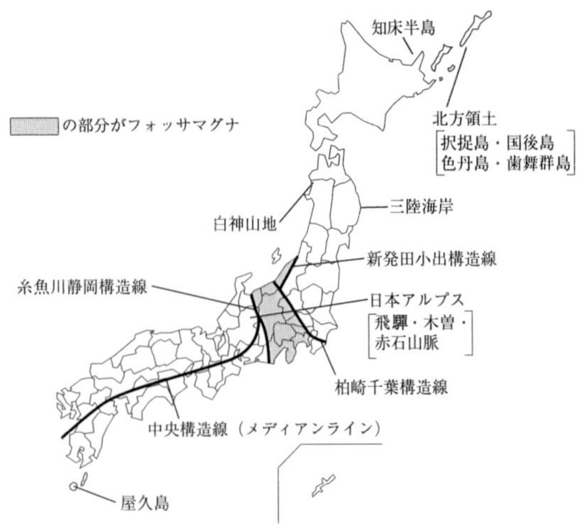

(2) 日本の山地

国土の**約4分の3が山地**で，火山が多い。

① 日本アルプス

中央高地にある**飛騨・木曽・赤石**の各山脈が標高3000m級前後の山々を連ねて形成。

② 火山帯

東日本火山帯	千島・那須・鳥海・富士・乗鞍火山帯
西日本火山帯	白山・霧島火山帯

(3) 日本の河川

長い川	信濃川(367km)が1位 以下，利根川，石狩川	流域面積の広い川	利根川(16,840km²)が1位 以下，石狩川，信濃川

(4) その他の地形

カルデラ湖	火山の中央部分に形成されたくぼ地（カルデラ）に水が貯まってできた湖。阿寒湖，十和田湖など
カルスト地形	石灰岩の溶食によってできたくぼ地。秋吉台など

(5) 海流

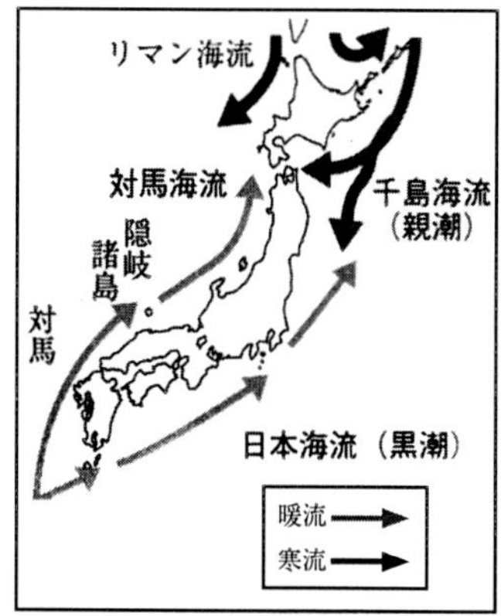

(6) 日本列島とプレート

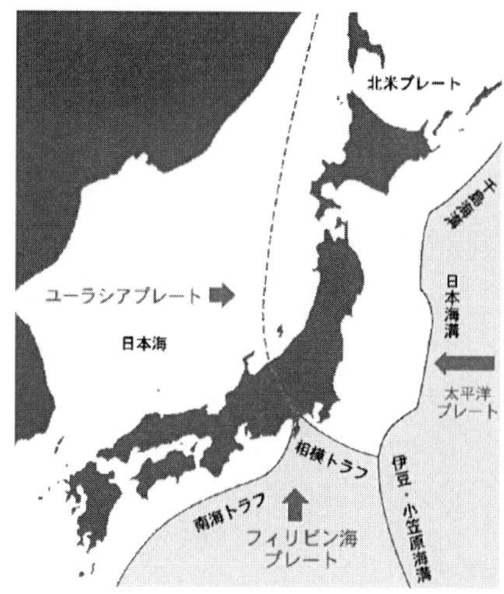

日本の農業

(1) 食料自給率の推移（%）

【国内消費仕向量に対する国内生産量の割合（%）】

年度	米	小麦	大豆	野菜	果実	肉類	鶏卵	牛乳・乳製品	食料自給率
1960	102	39	28	100	100	91	101	89	79
1980	100	10	4	97	81	81	98	82	53
2000	95	11	5	81	44	52	95	68	40
2010	97	9	6	81	38	56	96	67	39
2015	98	15	7	80	41	54	96	62	39
2020	97	15	6	80	38	53	97	61	37
2021	98	17	7	79	39	53	97	63	38

※2021は概算

『日本国勢図会2023/24』より作成）

(2) 農業生産

【米・小麦・野菜の主産地の生産割合（2021年）（%）】

※米と小麦は2022年

産物名	第1位		第2位		第3位		第4位	
米	新　潟	8.7	北海道	7.6	秋　田	6.3	山　形	5.0
小麦	北海道	61.8	福　岡	7.6	佐　賀	5.7	愛　知	3.0
にんじん	北海道	31.7	千　葉	17.7	徳　島	7.9	青　森	6.7
ねぎ	埼　玉	11.9	千　葉	11.9	茨　城	11.9	北海道	4.9
ピーマン	茨　城	22.5	宮　崎	18.0	鹿児島	9.0	高　知	8.8
ほうれんそう	埼　玉	10.8	群　馬	10.2	千　葉	8.8	茨　城	8.5
レタス	長　野	32.7	茨　城	15.9	群　馬	10.0	長　崎	6.4
キャベツ	群　馬	19.7	愛　知	18.0	千　葉	8.1	茨　城	7.4
ブロッコリー	北海道	16.3	埼　玉	9.3	愛　知	8.5	香　川	7.8

（『日本国勢図会2023/24』より作成）

【果実などの主産地の生産割合（2021年）（%）】

産物名	第1位		第2位		第3位		第4位	
みかん	和歌山	19.7	愛　媛	17.1	静　岡	13.3	熊　本	12.0
りんご	青　森	62.8	長　野	16.7	岩　手	6.4	山　形	4.9
ぶどう	山　梨	24.6	長　野	17.4	岡　山	9.1	山　形	8.8
もも	山　梨	32.2	福　島	22.6	長　野	9.9	山　形	8.3
いちご	栃　木	14.8	福　岡	10.1	熊　本	7.3	愛　知	6.7
かき	和歌山	21.1	奈　良	15.1	福　岡	8.4	岐　阜	6.7

（『日本国勢図会2023/24』より作成）

日本の貿易

(1) 日本の貿易相手国と貿易品目

日本の貿易は，かつては**アメリカ**を筆頭とした欧米諸国との貿易が盛んであったが，今では**中国**を筆頭にした対アジア貿易が中心となっている。2020年は新型コロナの感染症拡大によって貿易が停滞したが，引き続き世界の貿易に影響を及ぼすと見られる。

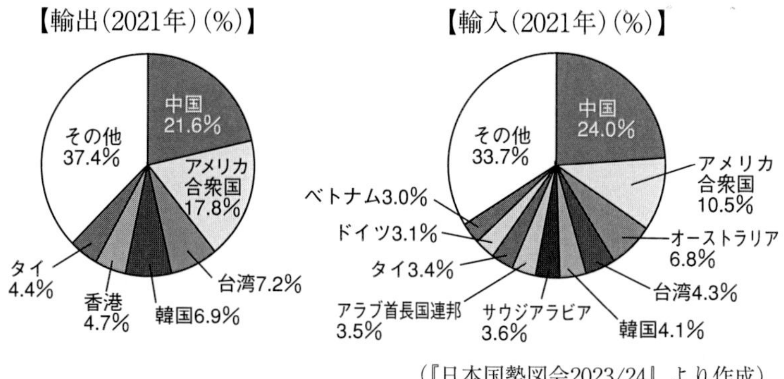

(『日本国勢図会2023/24』より作成)

(2) 日本の主要輸入品とその相手国

資源の乏しい日本は，原油，石炭，天然ガスなどのエネルギー資源や，工業原料となる鉄鉱石，銅鉱などの鉱産資源のほとんどを輸入。近年，食料品(肉類，果実)や衣類の輸入が増加している。

(2021年)(金額による百分比%)

	品名	第1位		第2位		第3位		第4位	
原材料	原油	サウジアラビア	40.0	アラブ首長国	34.8	クウェート	8.5	カタール	7.4
	石炭	オーストラリア	67.2	インドネシア	11.3	ロシア	10.2	アメリカ合衆国	4.8
	鉄鉱石	オーストラリア	55.3	ブラジル	28.3	カナダ	7.0	南ア共和国	3.7
	銅鉱	チリ	35.0	オーストラリア	18.0	インドネシア	13.0	ペルー	9.9
	液化天然ガス	オーストラリア	36.0	マレーシア	12.5	アメリカ合衆国	11.0	カタール	11.0
	木材	カナダ	29.8	アメリカ合衆国	17.0	ロシア	13.1		
食料品	肉類	アメリカ合衆国	29.1	タイ	13.4	オーストラリア	13.1	カナダ	11.0
	魚介類	中国	18.0	チリ	9.2	ロシア	9.1	アメリカ合衆国	8.6
	小麦	アメリカ合衆国	45.1	カナダ	35.5	オーストラリア	19.2		
	野菜	中国	49.4	アメリカ合衆国	15.0	韓国	5.4	タイ	4.0
	果実	フィリピン	18.9	アメリカ合衆国	18.7	中国	14.1		
	衣類	中国	55.8	ベトナム	14.1	バングラデシュ	4.6		

(『日本国勢図会2023/24』より作成)

日本の水産業

(1) 近年の状況

世界有数の漁業国であるが，魚介類の輸入はアメリカ，中国に次いで世界第3位。かつて盛んであった遠洋漁業は，排他的経済水域の設定や石油危機による燃料費負担増で衰退し，沖合漁業も漁獲量の制限や魚の減少で不振。漁獲量全体に占める養殖業の割合は，1990年の12％から2019年には24％に上昇している。

【漁業種類別魚獲高の推移】

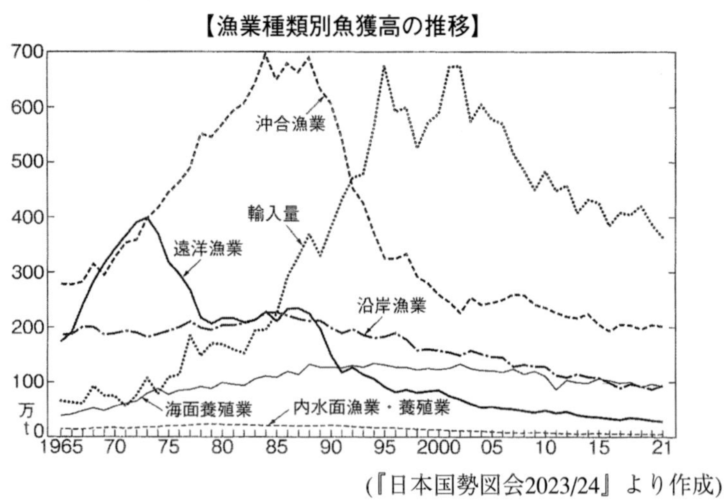

(『日本国勢図会2023/24』より作成)

(2) 水産業の盛んな地域

三陸海岸沖合の千島海流（親潮）と日本海流（黒潮）がぶつかる**潮目**や，東シナ海にある大陸棚の海域。水揚げ量第1位の漁港は**銚子**。

日本の工業

(1) 主な工業地帯・工業地域と生産割合（2020年）

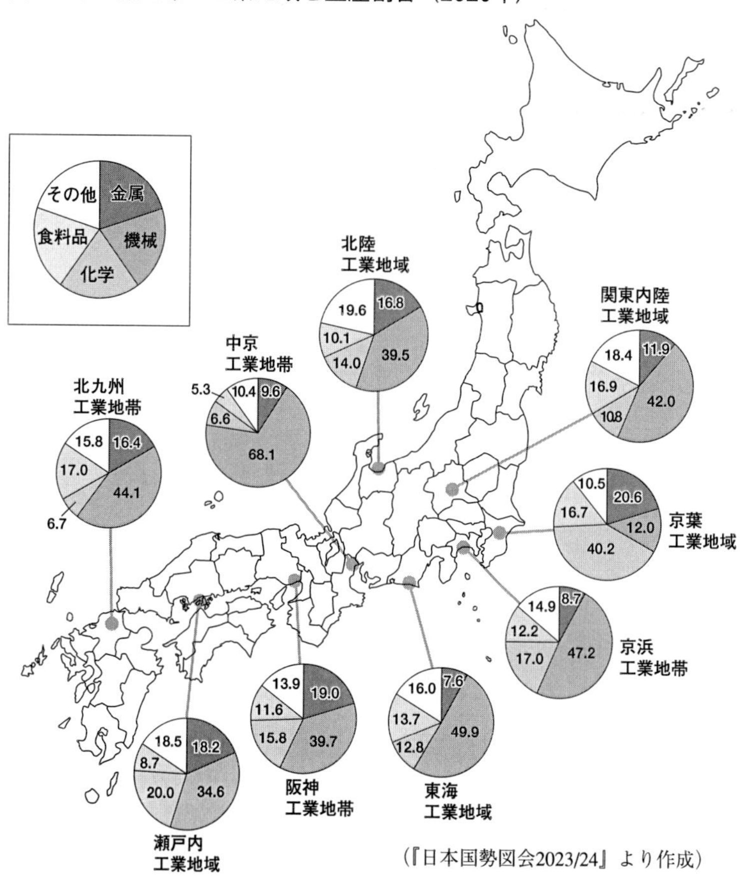

（『日本国勢図会2023/24』より作成）

(2) 日本の工業の歩みと近年の状況

1940年代までは繊維等の軽工業，1960年代には基礎素材型の重化学工業が臨海地域で急速に発展し，加工貿易を行ってきた。1980年代以降，コンピュータなどの先端技術産業が発展。空港や高速道路周辺の内陸部にIC（集積回路）の工場が進出する。近年では，中国などのサプライチェーンの活用に活路を見出してきていたが，コロナ禍等により，その脆弱さが認識された。

都道府県別データ一覧

※面積・人口は2021年，製造品出荷額等は2019年，農業産出額は2020年

都道府県名	県庁所在地	面積（単位：km²）	人口（単位：千人）	製造品出荷額等（単位：億円）	農業産出額（単位：億円）	全国シェア第1位の生産物の例
北海道	札幌市	78,421	5,183	61,336	12,667	ばれいしょ，てんさい，ほたてがい
青森県	青森市	9,646	1,221	17,504	3,262	りんご，にんにく，ごぼう
岩手県	盛岡市	15,275	1,196	26,435	2,741	生うるし，あわび類
宮城県	仙台市	7,282	2,292	45,590	1,902	養殖わかめ類，養殖ぎんざけ
秋田県	秋田市	11,638	945	12,998	1,898	プリズム
山形県	山形市	9,323	1,055	28,679	2,508	おうとう，あけび，西洋なし
福島県	福島市	13,784	1,812	51,232	2,116	桐，固定局通信装置
茨城県	水戸市	6,097	2,852	126,383	4,417	れんこん，メロン，ピーマン
栃木県	宇都宮市	6,408	1,921	90,110	2,875	いちご，かんぴょう
群馬県	前橋市	6,362	1,927	90,522	2,463	こんにゃくいも，乳酸菌飲料
埼玉県	さいたま市	3,798	7,340	139,529	1,678	金・同合金展伸材，アイスクリーム
千葉県	千葉市	5,157	7,562	125,846	3,853	らっかせい，合成ゴム，しょうゆ
東京都	新宿区	2,194	14,010	74,207	229	補聴器，電子顕微鏡
神奈川県	横浜市	2,416	9,236	178,722	659	口紅・ほお紅等
新潟県	新潟市	12,584	2,177	50,113	2,526	米(水稲)，米菓，金属洋食器
富山県	富山市	4,248	1,025	39,411	629	アルミサッシ，水力発電
石川県	金沢市	4,186	1,125	30,478	535	金属はく，表示装置，漆器製家具
福井県	福井市	4,191	760	22,902	451	眼鏡枠，漆器製食卓用品
山梨県	甲府市	4,465	805	25,053	974	もも，ぶどう，ミネラルウォーター
長野県	長野市	13,562	2,033	62,194	2,697	寒天，えのきたけ，レタス，みそ
岐阜県	岐阜市	10,621	1,960	59,896	1,093	陶磁器製和飲食器，ほう丁
静岡県	静岡市	7,777	3,607	172,749	1,887	茶，ピアノ，プラモデル
愛知県	名古屋市	5,173	7,517	481,864	2,893	電動工具，衛生陶器，あさり類
三重県	津市	5,774	1,756	107,685	1,043	液晶パネル，いせえび
滋賀県	大津市	4,017	1,411	80,754	619	はかり，理容用電気器具
京都府	京都市	4,612	2,561	57,419	642	絹織物，分析装置，既製和服・帯
大阪府	大阪市	1,905	8,806	172,701	311	魔法びん，自転車，せっけん
兵庫県	神戸市	8,401	5,432	163,896	1,478	ガス風呂釜，清酒，こんぶつくだ煮
奈良県	奈良市	3,691	1,315	21,494	395	ソックス，アルミ・同合金粉
和歌山県	和歌山市	4,725	914	26,754	1,104	はっさく，みかん，うめ，柿
鳥取県	鳥取市	3,507	549	7,868	764	らっきょう
島根県	松江市	6,708	665	12,488	620	しじみ，固定コンデンサ
岡山県	岡山市	7,114	1,876	77,397	1,414	畳表，織物製学校服
広島県	広島市	8,479	2,780	98,047	1,190	養殖かき類，レモン，ソース類
山口県	山口市	6,113	1,328	65,735	589	あまだい類，スダイダイ
徳島県	徳島市	4,147	712	19,209	955	すだち，発光ダイオード，しろうり
香川県	高松市	1,877	942	27,416	808	オリーブ，うちわ・扇子
愛媛県	松山市	5,676	1,321	43,303	1,226	タオル，養殖まだい，養殖真珠
高知県	高知市	7,104	684	5,953	1,113	ぶんたん，花みょうが，ゆず
福岡県	福岡市	4,987	5,124	99,760	1,977	たけのこ
佐賀県	佐賀市	2,441	806	20,839	1,219	陶磁器製置物，養殖のり類，えび類
長崎県	長崎市	4,131	1,297	17,385	1,491	養殖ふぐ類，あじ類，びわ，たい類
熊本県	熊本市	7,409	1,728	28,706	3,407	い，トマト，すいか
大分県	大分市	6,341	1,114	43,135	1,208	かぼす，ぎんなん
宮崎県	宮崎市	7,735	1,061	16,523	3,348	単式蒸留焼酎，きゅうり，杉(素材)
鹿児島県	鹿児島市	9,186	1,576	20,247	4,772	養殖うなぎ，かんしょ，養殖ぶり
沖縄県	那覇市	2,282	1,468	4,990	910	さとうきび，パインアップル

（『データでみる県勢2023年版』より作成）

社会科学　地理

実施問題

【1】次の円グラフは，日本の輸出品目を示している。［あ］～［う］に入る品目の正しい組合せを，以下の1～5のうちから一つ選べ。

日本の輸出品目(2020年)

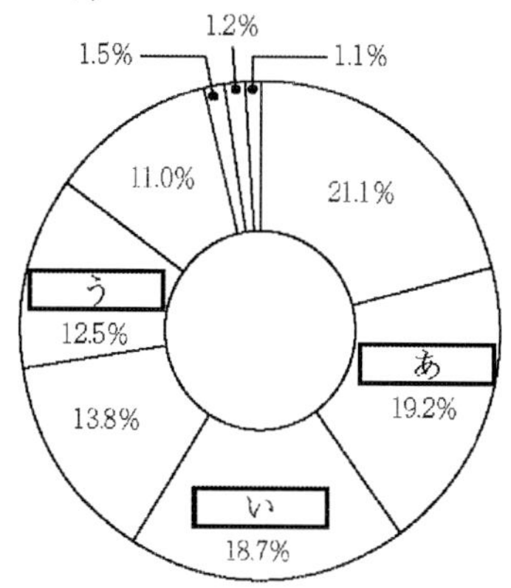

(財務省『貿易統計』，CEICから作成)

	あ	い	う
1	輸送用機器	食料品	化学製品
2	輸送用機器	電気機器	鉱物性燃料
3	一般機械	食料品	鉱物性燃料
4	一般機械	電気機器	化学製品
5	一般機械	電気機器	鉱物性燃料

▌2024年度 ▌大分県 ▌難易度 ■■■□□

【2】日本の地理について述べた文として適切なものを，次のア～エから1つ選びなさい。

ア　太平洋沖には，赤道から北上してくる暖流の親潮と，北から南下してくる寒流の黒潮が流れている。

イ　瀬戸内地方は，冬の季節風が四国山地に遮られ，夏の季節風が中国山地に遮られるため，年間を通じて温暖で降水量が少ない。

ウ　日本はオーストラリア，ニュージーランドとともに，領海と排他的経済水域を合わせた面積が国土面積よりも広い国である。

エ　南海トラフではフィリピン海プレートがユーラシアプレートの下に沈み込むことで，巨大地震の発生が予想されている。

2024年度 兵庫県 難易度

【3】次の図のように自宅から市役所に行く途中に出てくる建物の地図記号として適切でないものを，以下のア～エから1つ選びなさい。

図

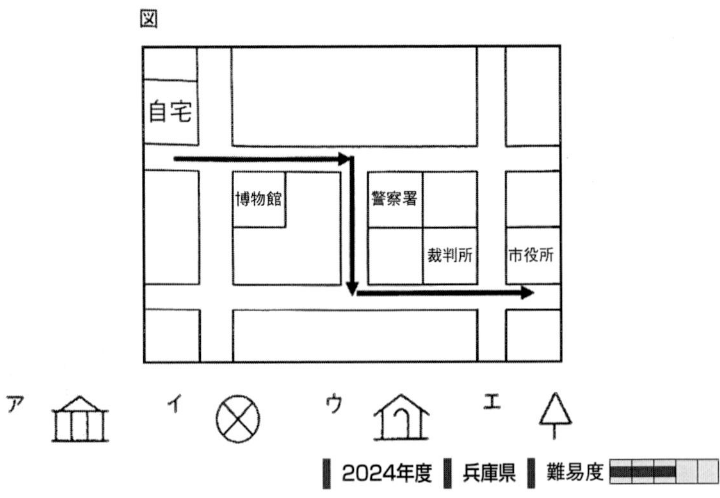

2024年度 兵庫県 難易度

【4】兵庫県西脇市は北緯35度線と東経135度線が交差することから，「日本のへそ」のまちとして知られている。北緯35度線を通らない県を，次のア～エから1つ選びなさい。

ア　島根県　　イ　奈良県　　ウ　静岡県　　エ　千葉県

2024年度 兵庫県 難易度

【5】次の会話文は，日本に住む高校生の二郎さんと，二郎さんの友人でカナダのバンクーバーに住む健介さんが，スマートフォンのメッセージアプリを使ってやりとりしている様子である。会話文の内容から考えた時，[A]に当てはまる経度として，最も適切なものはどれか。ただし，サマータイム(日の出時刻が早まる時期に時刻を1時間進める制度)は実施していないものとする。①～⑤のうちから1つ選びなさい。

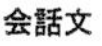

二郎：今、「海外に広がる日本文化」をテーマに探究学習に取り組んでいるんだ。そちらの様子を、オンライン会議システムを使って聞かせてもらえないかな。

健介：なるほど、それはいいね！今週だと、こちらの時間で、土曜日の午後５時からであれば時間がとれそうだよ。

二郎：了解。そちらの経度はおよそ［　A　］だったよね。時差を計算すると・・・日本は日曜日の午前 10 時だね。友達も一緒にオンライン会議に参加させてもらいたいから、都合がつくか確認してみるね。

健介：了解！連絡を待ってるね。

①　東経165度　　②　東経15度　　③　西経75度

④　西経90度　　⑤　西経120度

【6】次の1，2の問いに答えよ。答えは，それぞれの問いのアからエのうちから一つ選べ。

1　次の図は，ある自然災害についてのハザードマップを公開している自治体を示したものである。この自然災害として，最も適切なものはどれか。

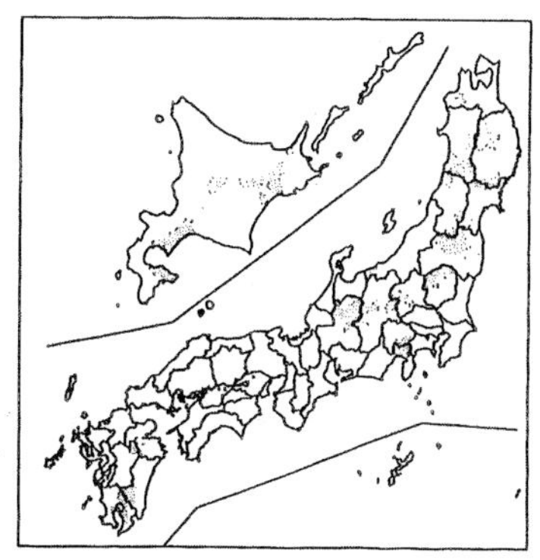

図（「国土交通省ウェブページ」により作成）
（▨ハザードマップをウェブサイトで公開している自治体（2022 年時点））

ア　高潮　　イ　火山災害　　ウ　津波　　エ　土砂災害

2　7月に白夜がみられる国はどれか。

ア　アルゼンチン　　イ　エジプト　　ウ　ノルウェー

エ　メキシコ

2024年度　栃木県　難易度

【7】次の表は，ウクライナ，ベルギー王国，ドイツ連邦共和国のデータを示したものである。A～Cに当てはまる国の組合せとして正しいものはどれか。

	人口（万人）2018年	人口密度（人/km²）2018年	貿易額（百万ドル）2018年		穀物自給率（%）2017年	エネルギー自給率（%）2017年	1人あたりの国民総所得（ドル）2018年
			輸出	輸入			
A	8,279	232	1,562,547	1,292,833	113	37	47,450
B	1,139	373	468,643	454,714	34	27	45,430
C	4,238	70	47,335	57,187	310	66	2,660

	A	B	C
1.	ウクライナ	ドイツ連邦共和国	ベルギー王国
2.	ベルギー王国	ウクライナ	ドイツ連邦共和国
3.	ドイツ連邦共和国	ウクライナ	ベルギー王国
4.	ドイツ連邦共和国	ベルギー王国	ウクライナ
5.	ベルギー王国	ドイツ連邦共和国	ウクライナ

▌2024年度 ▌岡山市 ▌難易度

【8】国家の領域と領土問題についての記述として最も適当なものを，次の①から⑤までの中から一つ選び，記号で答えよ。

① 領海基線から200海里までの海域(領海を除く)を排他的経済水域といい，沿岸国が海底資源や水産資源を利用する権利が認められている。

② 日本の領海と排他的経済水域の合計は約447万km²で世界第1位である。

③ 人為(数理)的国境の例として，エジプトとリビアの北緯22度，エジプトとスーダンの東経25度の経緯線が用いられている。

④ 北海道の北東部にある歯舞群島，色丹島，国後島，択捉島が北方領土とよばれ，日本は北方領土と千島列島の返還を求めて，ロシアと交渉を続けている。

⑤ 南アジアのカシミール地方では，インドとバングラデシュ間で，領土をめぐり現在も武力衝突が起きている。

▌2024年度 ▌沖縄県 ▌難易度

【9】2022年に発生したロシアによるウクライナへの侵攻時のウクライナ大統領名と，ウクライナの位置の組み合わせとして正しいものを，以下の①から⑤までの中から一つ選び，記号で答えよ。

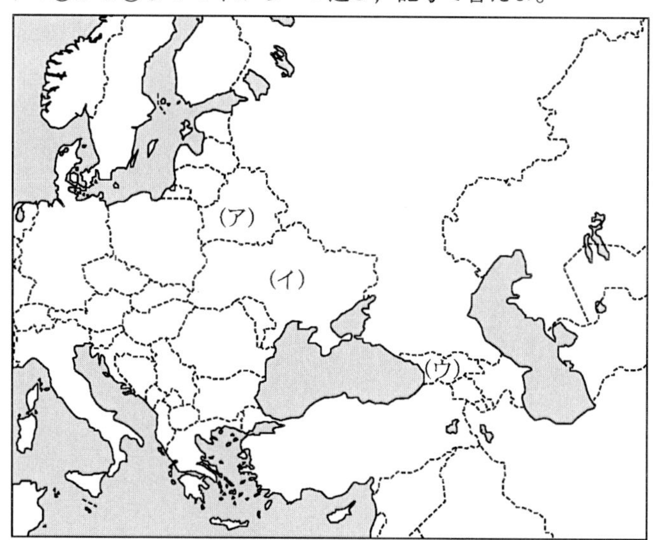

	ウクライナ大統領名	ウクライナの位置
①	ルカシェンコ	(ア)
②	ゼレンスキー	(イ)
③	ポロシェンコ	(イ)
④	ゼレンスキー	(ウ)
⑤	ポロシェンコ	(ウ)

2024年度 沖縄県 難易度

【10】次の雨温図A～Cは，以下のヨーロッパの地図中に示した都市ア～エのいずれかのものである。雨温図と都市の組合せとして，最も適切なものを，あとの1～6の中から1つ選べ。なお，折れ線グラフが月平均気温，棒グラフが月降水量を示す。

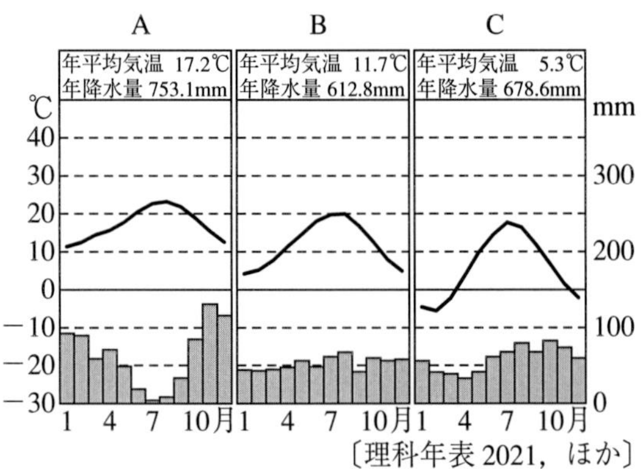

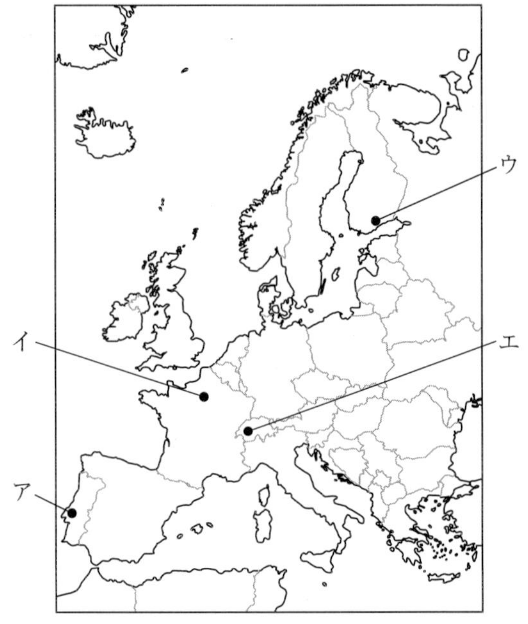

	A	B	C
1.	ア	イ	ウ
2.	イ	ウ	エ
3.	ウ	エ	ア
4.	エ	ア	イ
5.	ア	ウ	エ

6. イ　エ　ア

▌2024年度 ▌和歌山県 ▌難易度

【11】次の地図A～Cに示されたルートと説明①～③の組合せとして，最も適切なものを，以下の1～5の中から1つ選べ。

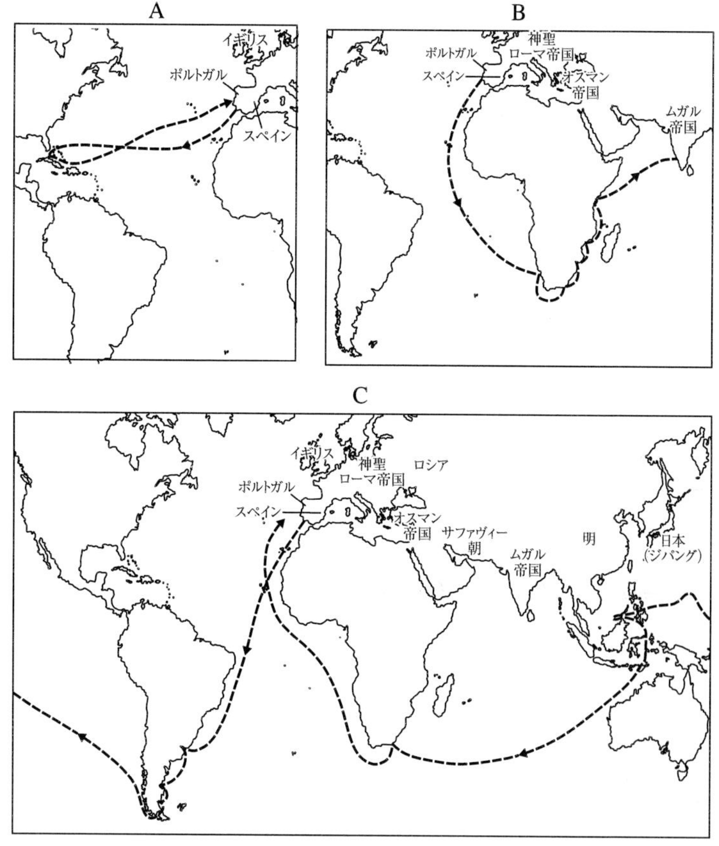

説明

① スペインは，アジア航路の探索も続け，マゼランの計画を支援した結果，彼の船隊は南アメリカの南端を経て，初の世界一周を達成した。

② スペインは，大西洋を横断してアジアに向かうコロンブスの計画を後援し，彼の船団はカリブ海の島に到着した。

③　ポルトガルは，アジア航路の開拓を目的に南大西洋へ探検隊を派遣した。ヴァスコ＝ダ＝ガマがインドに到達し，ヨーロッパとインドを直結する航路がはじめて開かれた。

1.　A－①　　2.　B－③　　3.　C－②　　4.　A－③
5.　B－②

2024年度　和歌山県　難易度

【12】都市問題についての記述として最も適当なものを，次の①から⑤までの中から一つ選び，記号で答えよ。

①　先進国の大都市中心部では，地価の上昇や居住環境の悪化が進み，人口が郊外へ流出するスプロール現象，郊外では，住宅や工場が無秩序に建設され，ドーナツ化現象が起こった。

②　衰退していた旧市街が，新しい施設や高層住宅の建設により再評価され，比較的裕福な人々が都心に回帰したが，これにより，これまで住んでいた人が住めなくなることはほとんどない。

③　アメリカのポートランドのような，都市中心部に行政や商業施設，住宅などを集め，公共交通の利便性を高めるとともに中心市街地の活性化を図っている都市を，プライメートシティという。

④　発展途上国の大都市では，都市内部の空き地や鉄道・幹線道路沿いなどを占拠してスラムが形成され，インフォーマルセクターとよばれる不安定な仕事に就いている人々がいる。

⑤　メキシコシティは，高原の盆地に位置し，汚れた空気が拡散しにくく，スモッグがたびたび発生するため，市街地への自動車の乗り入れを制限するとともに，公共交通機関の整備と安価な住宅の供給を自国の資金と技術で進めている。

2024年度　沖縄県　難易度

【13】次の地図は，2021年時点における日本の主な発電所の所在地を示したものです。地図中の①と②にあたる発電所の組み合わせとして正しいものを，以下の1～4の中から1つ選びなさい。

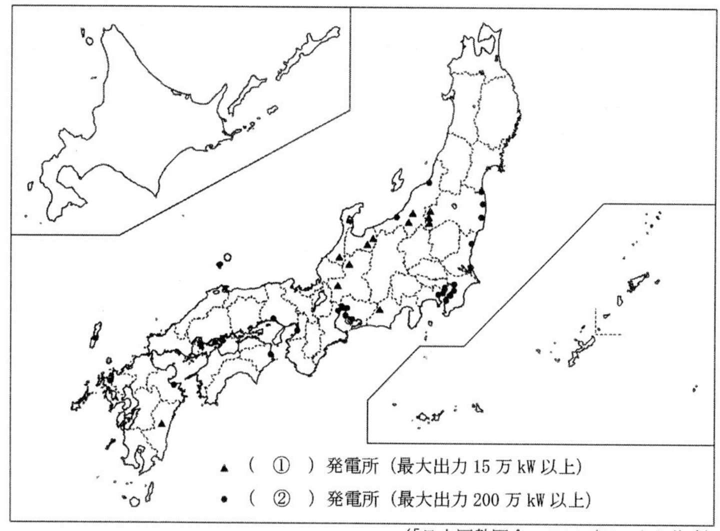

（「日本国勢図会　2022／23」より作成）

1 ① 水力 ② 原子力　2 ① 水力 ② 火力
3 ① 地熱 ② 火力　4 ① 地熱 ② 原子力

2024年度　埼玉県・さいたま市　難易度

【14】次の文章は，緯度と経度について説明したものである。文章中の（　a　）〜（　c　）にあてはまる語句の組合せとして正しいものを，以下の1〜4のうちから1つ選びなさい。

> 地球上の位置は，（　a　）度と（　b　）度を使って表すことができる。（　a　）度は赤道を0度としている。（　b　）度はイギリスのロンドンにある旧グリニッジ天文台を通る本初子午線を0度としている。
>
> 日本標準時は兵庫県の明石市を通る東（　b　）135度の（　b　）線を基準としているため，イギリスと日本の標準時に基づく時差は（　c　）である。

1　a　緯　　b　経　　c　9時間
2　a　経　　b　緯　　c　15時間
3　a　緯　　b　経　　c　15時間
4　a　経　　b　緯　　c　9時間

▌2024年度 ▌宮城県・仙台市 ▌難易度 ■■■□□

【15】次のグラフは，日本の農業総産出額(国内で生産された農産物の売り上げ相当額のこと，最終生産物の生産量×価格であらわす)を示している。グラフ内のAに当てはまる農産物はどれか。

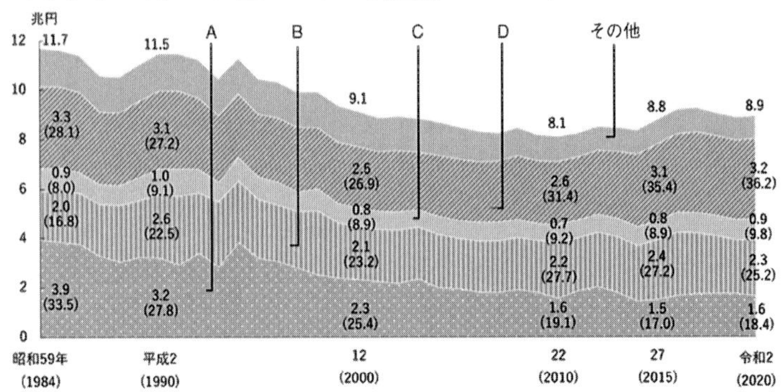

資料：農林水産省「生産農業所得統計」
注：1）「その他」は、麦類、雑穀、豆類、いも類、花き、工芸農作物、その他作物、加工農産物の合計
　　2）（　）内は、産出額に占める割合(%)

①　野菜　　②　畜産　　③　米　　④　果実

▌2024年度 ▌長崎県 ▌難易度 ■■■□□

【16】次の略地図1中の①～④から青森市と同緯度の緯線を1つ，略地図2中の⑤～⑧から青森市と同経度の経線を1つ，合わせて2つ選びなさい。ただし，それぞれの略地図の縮尺は同一ではない。

略地図 1

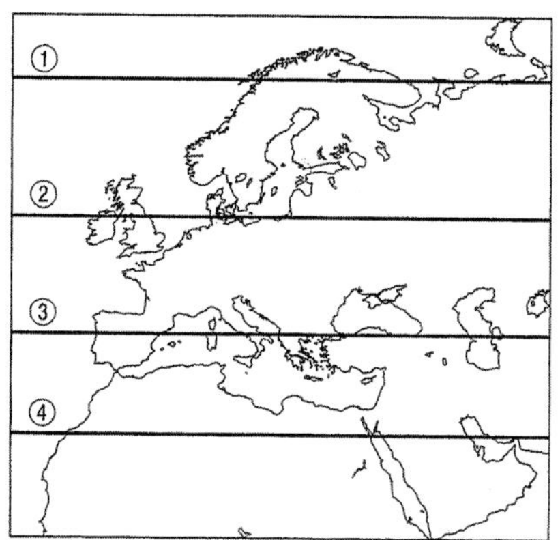

略地図 2

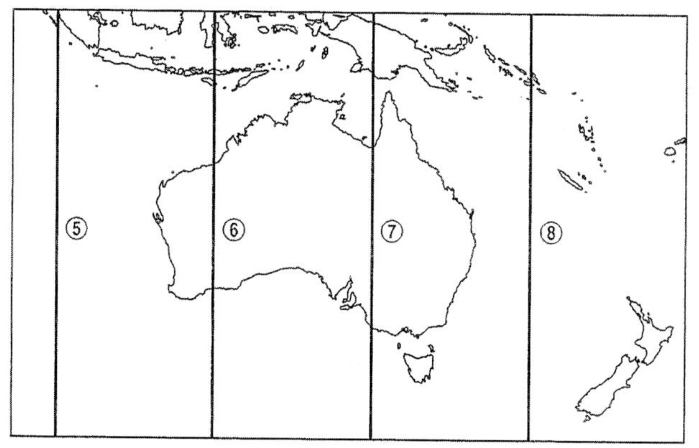

2024年度 青森県 難易度

【17】次のア～オの雨温図は，以下の地図内の5つの都市のものを示している。夏と冬の季節風の資料を参考にして，雨温図と都市名の組合せとして最も適切なものを，後の①～⑥のうちから選びなさい。

雨温図

	ア	イ	ウ	エ	オ
年平均気温	23.3℃	7.4℃	13.9℃	16.2℃	15.8℃
年降水量	2161mm	985mm	2837mm	1579mm	1143mm

<気象庁ウェブサイト掲載資料（1991年～2020年）をもとに作成>

地図

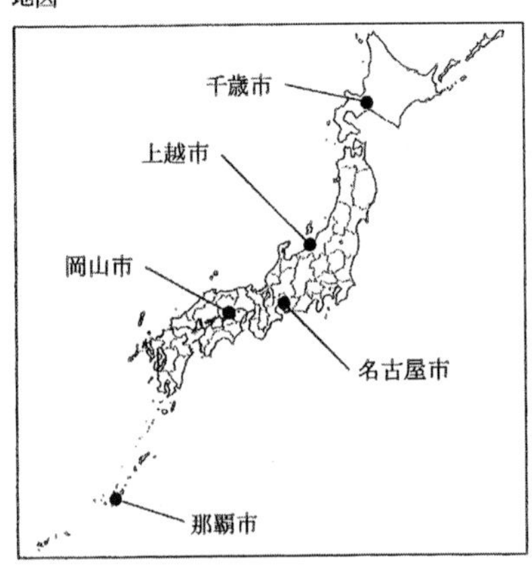

資料　夏と冬の季節風

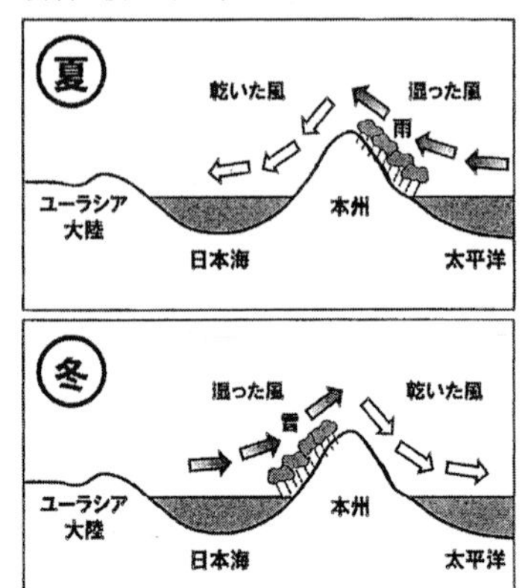

① ア　岡山市　イ　千歳市　ウ　名古屋市　エ　上越市
　オ　那覇市
② ア　那覇市　イ　上越市　ウ　千歳市　エ　名古屋市
　オ　岡山市
③ ア　千歳市　イ　那覇市　ウ　岡山市　エ　上越市
　オ　名古屋市
④ ア　那覇市　イ　千歳市　ウ　上越市　エ　名古屋市
　オ　岡山市
⑤ ア　那覇市　イ　上越市　ウ　名古屋市　エ　岡山市
　オ　千歳市
⑥ ア　那覇市　イ　千歳市　ウ　上越市　エ　岡山市
　オ　名古屋市

2024年度 | 神奈川県・横浜市・川崎市・相模原市 | 難易度

【18】次の記述は，地球上の位置を表す方法について述べたものである。空欄[　ア　]~[　オ　]に当てはまるものの組合せとして最も適切なものを，以下の①~④のうちから選びなさい。

地球上の国や都市などの位置は，[　ア　]と[　イ　]を使って表すことができる。

[　ア　]は，赤道から南北にどれだけはなれているかを表したものである。赤道を0度，北極点と南極点を90度として，地球を南北にそれぞれ90度に分けている。地球の表面の同じ[　ア　]を結んだ線を[　ウ　]という。

一方，北極点と南極点とを地球の表面を通って結んだ線を[　エ　]という。そのうち，基準となる[　エ　]を本初子午線といい，[　オ　]にある旧グリニッジ天文台を通る。

[　イ　]は，本初子午線から東西にどれだけはなれているかを表したものである。本初子午線を基準の[　エ　]として[　イ　]0度で表し，地球を東西にそれぞれ180度に分けている。

① ア　緯度　イ　経度　ウ　緯線　エ　経線
　オ　ロンドン
② ア　緯度　イ　経度　ウ　緯線　エ　経線

オ　ニューヨーク

③　ア　経度　　イ　緯度　　ウ　経線　　エ　緯線

オ　ロンドン

④　ア　経度　　イ　緯度　　ウ　経線　　エ　緯線

オ　ニューヨーク

2024年度　神奈川県・横浜市・川崎市・相模原市　難易度

【19】次の(1)，(2)に答えよ。

(1)　国際連合が発表した「世界人口推計2022年版」によると，2023年7月1日時点の推計値で，中華人民共和国を上回り，人口が世界で最も多くなると示された国を，次のア～エから一つ選べ。

ア．アメリカ合衆国　　イ．インド　　ウ．ナイジェリア

エ．ブラジル

(2)　総務省統計局「人口推計」において，2023年1月1日現在の日本の総人口(概算値)に最も近いものを，次のア～エから一つ選べ。

ア．8400万人　　イ．1億400万人　　ウ．1億2400万人

エ．1億4400万人

2024年度　山梨県　難易度

【20】第1次産業，第2次産業，第3次産業それぞれに含まれる産業の組み合わせとして，最も適切なものを，①～⑥の中から一つ選びなさい。

	第1次産業	第2次産業	第3次産業
①	鉱業	情報通信業	運輸業
②	漁業	製造業	建設業
③	建設業	情報通信業	金融業
④	農業	運輸業	製造業
⑤	林業	建設業	情報通信業
⑥	情報通信業	金融業	鉱業

2024年度　三重県　難易度

【21】次の①～④の文のうち，ケッペンの気候区分について正しく述べたものはどれか。最も適切なものを一つ選んで，その番号を書け。

①　サバナ気候区は，ほとんどが赤道周辺に分布し，年中多雨で，気温が高く，多種類の常緑広葉樹からなる密林に覆われている。

② 地中海性気候区は，中緯度の大陸西岸などに分布し，夏の乾燥する特色をいかしたオリーブなどの果樹栽培が盛んである。

③ ステップ気候区は，北極海沿岸とチベット高原などに分布し，短い夏には気温が上がり，低木・草・コケ類などがまだらに育つ。

④ 氷雪気候区は，大陸の東部と黒海沿岸などに分布し，夏は冷涼，冬は温暖で，気温の年間差が小さく，落葉広葉樹が生育する。

2024年度 香川県 難易度

【22】次の文は日本の気候について述べたものである。適切なものを①～④から選び，番号で答えよ。

① 日本の気候区分は，寒帯に属する北海道の気候，温帯に属する日本海側の気候，太平洋側の気候，中央高地の気候，瀬戸内の気候，熱帯に属する南西諸島の気候に区分される。

② 2022年現在，日本の最高気温の記録は41.1℃であり，静岡県浜松市(2020年)と埼玉県熊谷市(2018年)で記録されている。

③ ユーラシア大陸の東にある日本は，季節風(モンスーン)の影響を受ける。夏は太平洋側から乾いて暖かい南西の風が吹き，冬はシベリア側から湿った冷たい北東の風が吹く。

④ 夏のあいだ，北西の風が寒流の日本海流の上を通って東日本に吹き寄せると，太平洋側では気温が上がりにくくなる。この風をやませという。

2024年度 神戸市 難易度

【23】農業について述べた次の①～④の文のうち，誤っているものはどれか。一つ選んで，その番号を書け。

① 1次産業としての農林漁業と，2次産業としての製造業，3次産業としての小売業等の事業との総合的かつ一体的な推進を図り，地域資源を活用した新たな付加価値を生み出す取組を6次産業化という。

② IoT，AI，ロボット技術などの先端技術を活用する農業をスマート農業という。

③ 同じ場所で同じ作物を1年に2回栽培することを二毛作といい，同じ場所で異なる2種類の作物を1年の異なる時期に栽培することを二

期作という。

④　電灯照明を利用し成長の促進や抑制を行い，開花時期を調整し出荷時期をコントロールする栽培方法を電照栽培という。

2024年度 香川県 難易度

【24】次の表は，日本と宮城県の主なできごとについてまとめたものである。表中の(a)～(c)にあてはまる語句の組合せとして正しいものを，以下の1～4のうちから1つ選びなさい。

年号	日本の主なできごと	宮城県の主なできごと
(a) 5年	日本で初めて，新橋・横浜間に鉄道が開通する。	旧仙台藩を中心とする仙台県が改称し宮城県となる。
(b) 15年	青森・函館間に電話が開通し，本州と北海道の市外通話が開始する。	仙台市の中心部に路面電車の仙台市電が開通する。
(c) 3年	東京で日ソ首脳会談が開かれ，領土問題の存在が文書で示される。	古川農業試験場で，ブランド米の「ひとめぼれ」が誕生する。
平成 28年	オバマ大統領が現職の米大統領として初めて広島を訪問する。	仙台空港が国管理空港として全国で初めて民営化される。
令和 4年	大学入試センター試験に代わり，大学入学共通テストが行われる。	県政150周年を記念して，記念誌の発行やイベントが行われる。

1　a　明治　b　明治　c　昭和
2　a　大正　b　大正　c　平成
3　a　明治　b　大正　c　平成
4　a　大正　b　昭和　c　平成

2023年度 宮城県・仙台市 難易度

【25】次の(a)～(c)の文章は，地図の図法の特徴について説明したものである。それぞれの特徴にあてはまる図法の組み合わせとして最も適切なものを，①～⑥の中から一つ選びなさい。

(a)　緯線と経線が直角に交わっていて，海図に利用される。
(b)　中心点からの任意の地点までの最短経路が直線で描かれる。
(c)　緯線が平行で，高緯度での形のひずみが小さく，面積が正しい。

	a	b	c
①	モルワイデ図法	正距方位図法	メルカトル図法
②	正距方位図法	メルカトル図法	モルワイデ図法
③	モルワイデ図法	メルカトル図法	正距方位図法
④	メルカトル図法	正距方位図法	モルワイデ図法
⑤	正距方位図法	モルワイデ図法	メルカトル図法
⑥	メルカトル図法	モルワイデ図法	正距方位図法

2023年度 | 三重県 | 難易度

解答・解説

【1】4

○**解説**○ 日本の輸出品目の上位を占めるのは機械類で，その内訳は，輸送用機械，一般機械，電気機器の順である。「あ」には一般機械(コンピュータなど)，「い」には電気機器があてはまる。「う」の選択肢の鉱物性燃料とは，石油・石炭・ガスのことであり，日本から輸出するものではなく日本へ輸入されるものである。したがって，「う」は化学製品が妥当である。

【2】エ

○**解説**○ ア 親潮(千島海流)は寒流，黒潮(日本海流)は暖流である。イ 冬の季節風を遮るのは中国山地，夏の季節風を遮るのは四国山地である。 ウ ニュージーランドは正しいが，オーストラリアは該当しない。

【3】ウ

○**解説**○ アは博物館，イは警察署，ウは老人ホーム，エは裁判所の地図記号である。なお，市役所の地図記号は二重丸(◎)で表す。よく使用される地図記号は確認しておくとよい。

【4】イ

○解説○ 北緯35度線を通る県には，他に京都府や滋賀県などがある。

【5】⑤

○解説○ バンクーバーの西経を知っていれば簡単だが，時差からも算出できる。経度15度で1時間時差が生じ，問題では17時間の時差があるので，日本(東経135度)とバンクーバーの経度差は15×17＝255〔度〕。したがって，バンクーバーの経度は255－135＝(西経)120〔度〕となる。

【6】1　イ　　2　ウ

○解説○ 1　内陸部に多く分布していることから，高潮や津波ではない。火山災害か土砂災害だが，有珠山，浅間山，御嶽山，阿蘇山，桜島など内陸部の活火山に隣接する地域に分布していることから，火山災害である。土砂災害は，全国隅々にわたって分布している。　2　白夜とは，夏に太陽が一晩中沈まない日のことをいう。南極や北極に近い場所で見られる。以上から選択肢を確認すると，北欧に位置しているノルウェーが該当する。

【7】4

○解説○ ウクライナの黒土(チェルノーゼム)地帯は，世界的な穀倉地帯の一つであり，小麦やとうもろこしを中心に，ひまわり，てんさいなどの栽培がさかんである。表中穀物自給率が最も高いCが，ウクライナと判断できる。残るAとBは，1人あたりの国民総所得が同じ程度に多い国だが，Aは人口が8千万人超と多く，貿易額も輸出入ともに多いことから，ヨーロッパ最大の工業国であり世界4位の経済大国であるドイツ連邦共和国と判断できる。Bは人口が最も少ない一方，人口密度が大きいことから，ベルギーとわかる。

【8】①

○解説○ ②　日本の領海と排他的経済水域の合計は約447万km²で，世界第6位である。第1位はアメリカである。　③　北緯22度はエジプトとスーダン，東経25度はエジプトとリビアの人為的国境である。

④　日本は北方領土の返還を求めて，ロシアと交渉している。返還を求める中に，千島列島は含まれていない。　⑤　カシミール地方をめぐる紛争は，インドとパキスタンの間で起きている。

【9】②

○解説○　地図中の(ア)はベラルーシ，(イ)はウクライナ，(ウ)はジョージアである。ルカシェンコはベラルーシの大統領，ポロシェンコはウクライナの元大統領である。

【10】1

○解説○　雨温図Aは，冬季に降水が集中し夏季は乾燥しているため，地中海性気候のものと考えられる。雨温図Bは，年中湿潤で冬季は比較的温暖，夏季は比較的冷涼なため，西岸海洋性気候のものと考えられる。雨温図Cは，気温の年較差が大きく，降水量は年間を通じて変化が少ないため，亜寒帯湿潤気候のものと考えられる。地図中のアはリスボン，イはパリ，ウはヘルシンキ，エはジュネーブである。リスボンは地中海性気候，パリとジュネーブは西岸海洋性気候，ヘルシンキは亜寒帯湿潤気候に属する。雨温図Aはアのリスボンのもの，雨温図Cはウのヘルシンキのものと判断できる。パリとジュネーブを比較すると，同じ西岸海洋性気候であっても，ジュネーブは冬季には最低気温がマイナスとなることもあり，パリよりも平均気温が低い。よって，雨温図Bはイのパリのものである。

【11】2

○解説○　地図Aは②のコロンブス，地図Bは③のヴァスコ＝ダ＝ガマ，地図Cは①のマゼランのルートを示したものである。

【12】④

○解説○　①　都心部から人口が郊外に流出するのがドーナツ化現象で，都市部から郊外へ無秩序に開発が拡散していく現象がスプロール(虫食い)現象である。　②　衰退していた旧市街が，新しい施設や高層住宅の建設により再評価されると，家賃が高くなり比較的裕福な人は都心に回帰できるが，それまで住んでいた低所得者は住めなくなってしまう。 ③ プライメートシティとは，人口が突出して多い都市(首位都市)で，産業や経済の中心となっている都市のことである。 ⑤ 最後の「自国の資金と技術」は誤りである。一部を国際的な資金と技術の援助に頼っている。

【13】2

○解説○ ① 印のほとんどが山間部に位置している。このことから，山に流れる川の上流に位置している場所につくられるダムを利用した水力発電と考えられる。地熱発電においては，最大出力が15万kW以上の発電所がないことからも，地熱発電所ではないと判断できる。 ② ほとんどが沿岸部に位置し，特に東京湾沿いや愛知県の沿岸に多い。火力発電の燃料である石油，LNGなどは輸入によってまかなっていることから，内陸部よりも沿岸部に設置した方が費用を抑えることができる。よって火力発電である。東京湾沿いに数多く分布していることを見れば，原子力発電所の分布図ではないと判断できる。

【14】1

○解説○ 緯度は赤道を基準として南北へ90度，経度はグリニッジ天文台跡を通る子午線を基準として東西へ180度を表す。aは「赤道を0度としている」，bは「イギリスのロンドンにある旧グリニッジ天文台を通る本初子午線を0度としている」との記述から，それぞれ「緯度」，「経度」であるとわかる。cについては時差の問題である。経度15度で1時間の時差が生じるので，135÷15＝9〔時間〕の時差が生じている。

【15】③

○解説○ 昔と比較すると，産出額そのものが減少している。中でも，1980年代以降，食の洋風化や総人口の減少，近年では糖質制限などの影響もあり，米の消費は大きく減少している。

【16】③，⑦

○**解説**○ 地理の問題であるが，青森県に関連する問題ともいえる。青森市の緯度はおよそ北緯41°で，スペインのマドリード，イタリアのローマ，中国の北京，アメリカのニューヨークとほぼ同緯度に位置している。また，青森市の経度はおよそ東経141°である。同じ経度の場所は，オーストラリアの東部やロシア東部などである。

【17】④

○**解説**○ 資料から読み取れるのは，夏は太平洋側で降水量が多く，冬は逆に日本海側で降水量が多いということである。地図中の都市で日本海側に位置するのは，上越市のみである。よって，冬に降水量が多い雨温図ウは日本海側の気候で，上越市のものと判断できる。次に雨温図の平均気温が年間を通して高いアが，南西諸島の気候である那覇市，平均気温が年間を通して低いイが，北海道の気候である千歳市のものと判断できる。岡山市は瀬戸内の気候で，四国山地と中国山地に挟まれているので，一年を通じて降水量が少ない。よって，雨温図オが該当する。残るエは，太平洋側の気候に属する名古屋市のものである。

【18】①

○**解説**○ ア・ウ　赤道0度，北極点と南極点を90度として，南北にどれだけはなれているかを表すのは，緯度である。また，同じ緯度を結んだ線を緯線という。　イ・エ・オ　北極点と南極点とを地球の表面を通って結んだ線を経線という。本初子午線から東西にどれだけはなれているかを表すのは，経度である。東経0～180度，西経0～180度で表す。本初子午線を通る旧グリニッジ天文台は，ロンドンにある。

【19】(1)　イ　　(2)　ウ

○**解説**○ (1)　国連人口基金の「世界人口白書2023」によると，インド，中国，アメリカ，インドネシア，パキスタンの順となっている。

(2)　総務省統計局の「人口推計」では，2023年5月1日の確定値で，日本の総人口は1億2447万7千人と公表されている。

● 社会科学

【20】⑤

○**解説**○ 第1次産業に分類されるのは，農林水産業である。第2次産業は，鉱業・製造業・建設業，第3次産業は，商業・サービス業・運輸通信業・金融保険・不動産・医療・福祉・公務などである。

【21】②

○**解説**○ 気候区の特徴を把握するには，まず，熱帯・乾燥帯・温帯・亜寒帯・寒帯の5つに大分し，それぞれをさらに細分化していくとよい。特に気温や降水量に注目すること。 ① 熱帯雨林気候についての説明である。サバナ気候は雨季と乾季が明確である。 ③ 文章はツンドラ気候についての説明である。ステップ気候は乾燥帯に属し，砂漠気候を囲むように分布している。 ④ 氷雪気候は寒帯に属する。この地域は人間が居住するのは非常に困難な場所である。

【22】②

○**解説**○ ① 北海道の気候は，寒帯ではなく冷帯に属する。南西諸島の気候は，熱帯ではなく亜熱帯に属する。 ③ 夏には太平洋側から湿った暖かい南東の風が吹き，冬にはシベリア側から乾いて冷たい北西の風が吹く。 ④ 寒流の千島海流の上を通って冷たく湿った北東の風が吹くと，太平洋側では気温が上がりにくい。この風をやませという。

【23】③

○**解説**○ 二期作は同じ耕地に同じ作物を年に2回栽培すること，二毛作は2種類の異なった作物を同じ耕地に栽培し収穫することである。二毛作の例として米と麦，米と大豆があげられる。他の選択肢で特に注意したいものとして，①の6次産業化，④の電照栽培の具体例として，沖縄や愛知で栽培されている電照菊がある。あわせて確認しておくとよい。

【24】3

○**解説**○ 空欄a～cは元号が重複する場合もあることに注意。 a 「新橋・横浜間に鉄道が開通」に着目するとよい。　b　なお，日本の電話サービスの開始は明治23年である。　c　平成3年，海部俊樹首相とゴルバチョフ大領による首脳会談後，日ソ共同声明を発表した。ここではじめて，北方四島の領土問題が存在することが確認された。

【25】④

○**解説**○ (a)　メルカトル図法は正角図法の一種で，高緯度地方のひずみが大きく，面積が拡大されるため，距離や面積，方位を正しく測ることはできない。また両極は表現できない。　(b)　正距方位図法では図の中心地点から他の任意の地点への方位と距離が正しく示される。同心円上にある地点は，すべて中心から等距離にある。　(c)　モルワイデ図法は正積図法の一種で，経線は中央経線のみが直線で，ほかは楕円となっている。高緯度地方は見やすいが，低緯度地方では形のひずみが大きくなる。

社会科学　公　民

要点整理

政治

●大日本帝国憲法と日本国憲法

比較事項	大日本帝国憲法	日本国憲法
憲法の性格	欽定憲法・硬性憲法	民定憲法・硬性憲法
主権の所在	天皇主権・統治権の総攬	国民主権・象徴天皇制
基本的人権	一応の保障はあったが，法律の留保により制限される	侵すことのできない永久の権利として最大限尊重される
議　　会	天皇の協賛機関	国権の最高機関，立法機関
内　　閣	天皇の輔弼機関	議院内閣制
裁判所	天皇の名による裁判，行政裁判所や特別裁判所があった	違憲立法審査権を有する，立法・行政部に対する司法部の優越
軍　　備	常備軍設置，兵役の義務	戦争放棄，戦力不保持
改正手続	勅令による発議⇒議会の議決	国会の発議⇒国民投票※

※国民投票法2010年5月施行

大日本帝国憲法は，主にドイツの憲法を模範として制定され，君主の一方的意志で制定された欽定憲法である。天皇は，帝国議会の協賛のもとに立法権を行使し，国務大臣の輔弼により，行政を自ら行うか，行政機関に委任して行わせた。さらに議会の承認なしに行える権限である大権が明記されており，君主権のきわめて強い憲法であった。

日本国憲法の三大基本原則の1つに，国民主権があり，これによって天皇は，国政に関する機能を持たず，日本国，及び日本国民統合の象徴となった。天皇は，国事に関する行為のみを行いうるとされ，しかもこの行為には，内閣の助言と承認を必要とする。

高度成長期，公害・環境問題が深刻化する中で，憲法第13条の幸福追求権と憲法第25条の生存権に基づいて，環境権（新しい人権）の確立が叫ばれるようになった。

●国会・内閣・裁判所

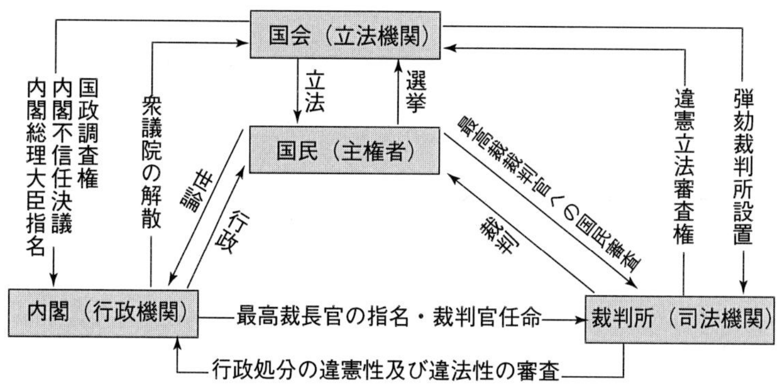

国会は，国権の最高機関であって，国の唯一の立法機関である。（第41条）

国会の召集を行うのは天皇である。

国会は，会期ごとに独立に活動し，会期中に議決に至らなかった案件は，次期国会に継続しない，会期不継続の原則がある。

●国会の構成

	議員定数	任　期	被選挙権	選　挙　区
衆議院	465名 選挙区289名 比例区176名	4年(解散有)	満25歳以上	小選挙区 … 289人　全国を289区 比例代表 … 176人　全国を11区
参議院	248名 選挙区148名 比例区100名	6年(解散無) 3年ごとに 半数改選	満30歳以上	選挙区 … 147人　原則都道府県単位45区 (鳥取県・島根県，徳島県・高知県はそれぞれ2県の区域で1選挙区) 比例代表 … 176人 全国を11区

種　類	召　集	会　期
常会(通常国会)	毎年1回1月中に召集	150日間
臨時会(臨時国会)	内閣が必要と認めた時，またはいずれかの議院の総議員の4分の1以上の要求があった場合	両議院一致の議決による(または内閣の決定による)
特別会(特別国会)	衆議院の解散による総選挙後30日以内	両議院一致の議決による
参議院の緊急集会	衆議院の解散中に緊急の事態が生じたとき内閣が召集	不定(内閣の決定による)

法律案は，衆議院で可決し参議院でこれと異なる議決をしたときは，衆議院で出席議員の3分の2以上の多数で再び可決すれば法律となる。(第59条第2項)

参議院が，衆議院の可決した法律案を受け取った後，国会休会中の期間を除いて60日以内に議決しないときは，衆議院は参議院がその法律案を否決したものとみなすことができる。（第59条第4項）

予算は，先に衆議院に提出しなければならない。（第60条第1項）

参議院が衆議院と異なる議決をし，両議院の協議会を開いても意見が一致しないとき，または参議院が衆議院の可決した予算を受け取った後，国会休会中の期間を除いて30日以内に議決しないときは，衆議院の議決が国会の議決になる。（第60条第2項）

条約の承認については，予算案と異なり，先に衆議院に提出する必要はないが，議決については衆議院が優越する。内閣総理大臣の指名は，衆議院が指名の議決をした後，国会休会中の期間を除いて 10日以内に参議院が指名しないときは，衆議院の指名が国会の指名になる。

●日本の司法

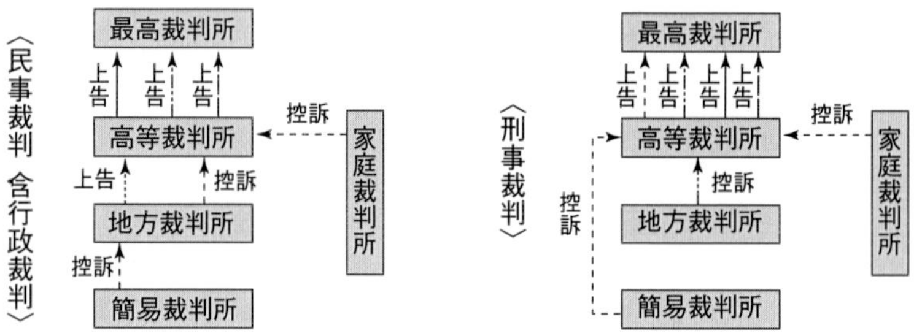

日本国憲法は，司法権を担うのは最高裁判所と下級裁判所であると定め，大日本帝国憲法下にあった特別裁判所の設置は認めていない。わが国の裁判所は，どの裁判所から訴訟を起こしても，原則として3回まで裁判を行うことができるという三審制を採用している。

裁判官の独立に関して，すべて裁判官は，その良心に従い独立してその職権を行い，この憲法及び法律にのみ拘束される（憲法第76条第3項）と規定。

第一審裁判所から，上級裁判所へ裁判をすすめることを控訴という。

第二審裁判所から，上級裁判所へ裁判をすすめることを上告という。

経済

●需要と供給

(1) 需要と供給の法則

需要の法則	ある商品の価格が上昇すれば需要量（買い手の量）は減少し，価格が下落すれば需要量は増大する。したがって，**需要曲線は右下がり**となる
供給の法則	ある商品の価格が上昇すれば供給量（売り手の量）は増大し，価格が下落すれば供給量は減少する。したがって，**供給曲線は右上がり**となる

(2) 均衡価格

需要量と供給量が一致したときの価格。需要曲線と供給曲線の交点で示される。

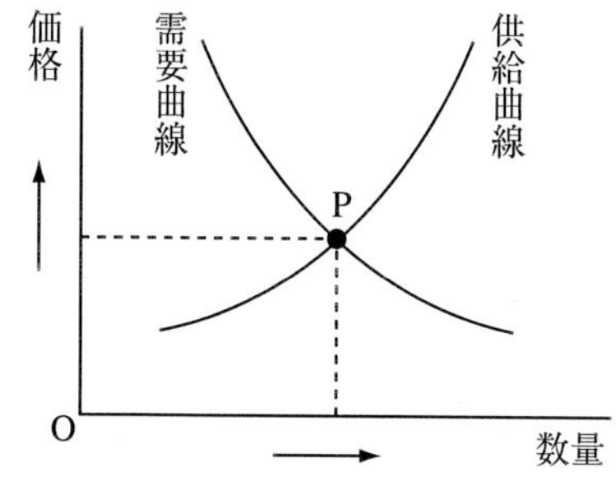

(3) 価格の自動調節機能

多数の売り手と買い手が存在する完全競争市場では，ある商品に対する供給量が需要量を下回れば，価格は上昇する。商品の価格が上昇すると，供給量は増大し需要量は減少する。このような価格の上下変動を通じて，自動的に需要量と供給量が一致するようになり，資源の最適配分が達成される。この機能のことを，**アダム＝スミス**はその著書『国富論』の中で，「**見えざる手**」と呼んだ。

●金融政策

中央銀行が通貨量を調節し，景気，物価の安定をはかる政策。公定歩合操作・公開市場操作・預金準備率操作などがある。好況時には通貨量を減少させて景気を沈静化し，不況時には通貨量を増加させて景気を刺激する。

・金融政策の目的

①通貨の量を調節する　②物価水準を安定させる

③経済成長を促進させる　④国際収支の均衡をはかる

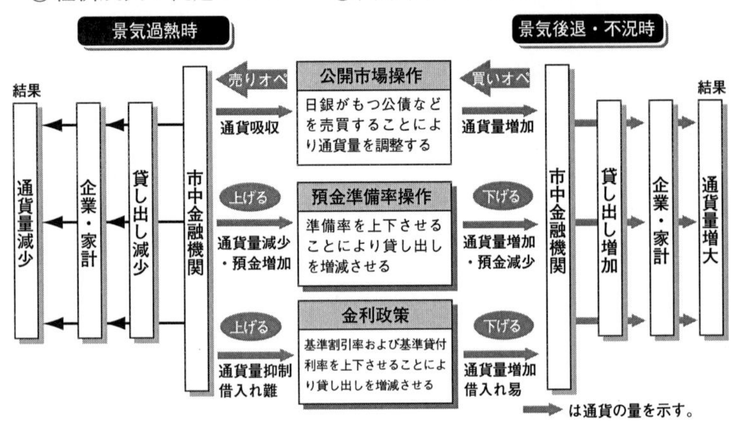

●銀行の業務

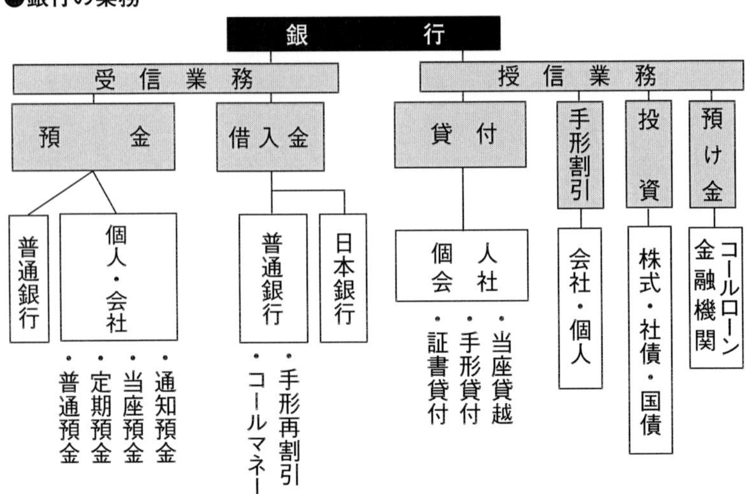

●租税

(1) 直接税と間接税

直接税	実際に税を負担する担税者と，税を納める納税者が同一な税
間接税	担税者と納税者が異なる税

(2) 租税の種類

		直接税	間接税
国　税		所得税，法人税，相続税，贈与税	消費税，酒税，関税，揮発油税，たばこ税
地方税	都道府県税	都道府県民税，事業税，自動車税	都道府県たばこ税，ゴルフ場利用税
	市(区)町村税	市（区）町村民税，固定資産税	市(区)町村たばこ税

(3) 累進課税制度

所得が多いほど税率が高くなる制度。所得税などで採用されており，財政の所得再分配機能がある。

(4) 直間比率

租税収入全体に占める直接税と間接税の比率(2020年度当初予算)。国税収入での比率は6：4で直接税の割合が高い。

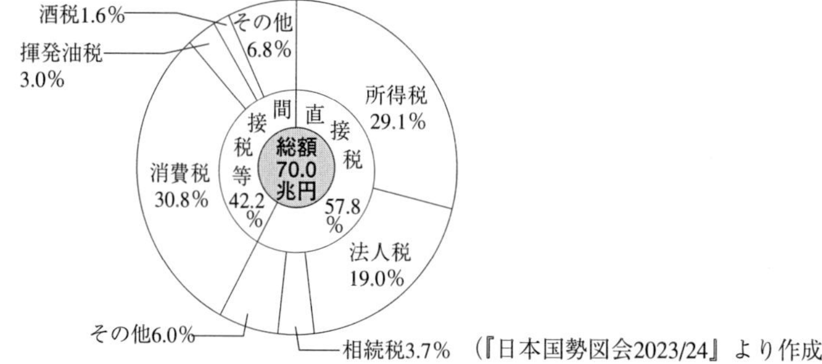

（『日本国勢図会2023/24』より作成）

国際関係

●国際連合

(1) 設立

サンフランシスコ会議で調印された国際連合憲章に基づき，1945年に発足。国際平和と安全の維持，国際問題の解決と人権尊重などを目的とする。本部は**ニューヨーク**。原加盟国は51カ国で，2022年現在193カ国が加盟。日本の加盟は1956年。

(2) 主要機関

総会	国連の中心機関で，全加盟国によって構成。1国に1票の投票権が与えられ，**一般事項は過半数，重要事項は3分の2以上による多数決**で表決。加盟国や理事会に対して勧告する権限を有するが，議決の決定に法的拘束力なし
安全保障理事会	国際平和と安全の維持に関する主要な責任を負う。**拒否権を有するアメリカ，ロシア，イギリス，フランス，中国の5常任理事国**と，任期２年の10非常任理事国の計15カ国で構成。手続き事項は9理事国以上，**実質事項は5常任理事国を含む9理事国以上の賛成**で表決。軍事的強制措置や経済制裁をとることができ，議決の決定に**法的拘束力あり**
経済社会理事会	総会で選出された54カ国で構成。経済・社会・文化・教育・保健などの分野で，研究・報告・勧告などを行う。国連専門機関やNGO（非政府組織）などと連携
国際司法裁判所	加盟国間における紛争処理にあたる。本部はオランダのハーグ。訴えを提起できるのは国家に限られ，裁判の開始には当事国の同意が必要。当事国はその判決に従う義務あり
国連事務局	事務総長の下に国際公務員が活動。事務総長は総会で選出され任期5年。現在の第9代事務総長はポルトガル出身アントニオ・グテーレス

(3) 国連平和維持活動

加盟国から自発的に提供された要員を安全保障理事会が編成し，停戦合意後の紛争現地などに派遣して行う活動。PKF(国連平和維持軍)による停戦や軍の撤退の監視といった伝統的な任務に加え，選挙の実施，文民警察の派遣，人権擁護，難民支援，復興開発など多くの分野での活動を任務としている。

●国際機関

(1) 国連専門機関

国連とは独立した専門的分野の国際機関。経済的・社会的・教育的・保健的分野などで広い国際的責任をもち，経済社会理事会と連携協定を結び，国連に協力している。

国際労働機関（ILO）	世界の労働者の労働条件や生活水準の改善を目的として，労働問題や社会保障などを取り扱う
国際通貨基金（IMF）	国際通貨の安定を図ることを目的とし，国際収支赤字国に対する短期融資が主な業務
国際復興開発銀行（IBRD）	発展途上国の経済構造改革を目的とし，発展途上国に対する長期融資が主な業務
国連教育科学文化機関（UNESCO）	世界の平和と人類の福祉に寄与することを目的とし，一般教育の普及，世界遺産の保存といった教育・科学・文化を通じての国際交流・協力を実施
世界保健機関（WHO）	諸国民の健康保持と増進を目的とし，感染症・風土病の撲滅や公衆衛生の向上などを図る
国連食糧農業機関（FAO）	世界の栄養・生活水準の向上を目的とし，食糧や農業生産の増大，農村地域の生活改善などが任務
国際民間航空機関（ICAO）	国際航空運送業務が機会均等主義に基づき健全かつ経済的に運営されるように各国の協力を図る

(2) その他の国連機関

国連専門機関と類似の性格をもつ世界貿易機関や国際原子力機関のほか，総会の議決によって設立された補助機関がある。

世界貿易機関（WTO）	GATT（関税及び貿易に関する一般協定）を発展解消し発足。国際ルールの確立により自由貿易を促進
国連児童基金（UNICEF）	発展途上国の児童に対する医療・食糧の援助，栄養の補給のほか，災害・戦災被災地の母子に対する緊急支援事業を実施
国際原子力機関（IAEA）	原子力の平和利用を促進するとともに，軍事利用への転用防止のための保護措置を実施
国連難民高等弁務官事務所（UNHCR）	難民の自発的帰還や新しい国の社会への同化を促進させ，難民問題の恒久的な解決を図る
国連貿易開発会議（UNCTAD）	南北問題を解決することを目的とし，発展途上国の開発と貿易の促進を図る

●外国為替相場

(1) 円高と円安

円　高	円の対外的価値が上昇すること 例　1ドル＝120円から1ドル＝100円に
円　安	円の対外的価値が下落すること 例　1ドル＝100円から1ドル＝120円に

(2) 為替相場変動の影響

	輸　出	輸　入	貿易収支	その他の影響
円　高	不　利	有　利	赤字化 （黒字幅縮小）	海外からドルの仕送りを受けて日本で生活している留学生などの生活が苦しくなる。 アメリカ合衆国へ旅行する時に経費が安く済む。
円　安	有　利	不　利	黒字化 （黒字幅拡大）	日本国内の物価が上がり，インフレが促進

●地域的統合

(1) EU(欧州連合)

経済的な統合を中心に発展してきた欧州共同体(EC)を基礎に，経済通貨統合を進めるとともに，共通外交・安全保障政策，司法・内務協力などより幅広い協力をも目指す政治・経済統合体。

1967年	ECSC（欧州石炭鉄鋼共同体），EEC（欧州経済共同体），EURATOM（欧州原子力共同体）を統合しEC（欧州共同体）発足
1992年	ECの市場統合完成
1993年	**マーストリヒト条約**発効。ECからEUへ
1999年	イギリス，デンマーク，スウェーデン，ギリシャを除く11カ国が **単一通貨ユーロ** を導入し，銀行間取引などで利用
2001年	ギリシャがユーロに参加
2002年	12カ国でユーロ紙幣・硬貨の市場流通開始
2003年	ニース条約発効
2004年	中東欧など10カ国が加盟
2007年	ルーマニアとブルガリアがEU　に加盟　スロベニアがユーロに参加
2008年	キプロスとマルタがユーロに参加
2009年	スロバキアがユーロに参加
2011年	エストニアがユーロに参加
2013年	クロアチアがEUに加盟し，EU加盟国は28カ国に拡大
2014年	ラトビアがユーロに参加
2015年	リトアニアがユーロに参加し，ユーロ参加国は19カ国に拡大
2020年	イギリスがEUを正式に離脱，加盟国は初めて減少し27カ国になる
2023年	クロアチアがユーロに参加し，ユーロ参加国は20カ国に拡大

(2) その他の協力機構

東南アジア諸国連合（ASEAN）	1967年発足。東南アジア諸国における経済・社会・政治分野にわたる地域協力機構。10カ国が加盟
アジア太平洋経済協力（APEC）	1989年発足。アジア太平洋地域における経済協力のための政府間の公式な枠組み。貿易・投資の自由化，技術協力を実施
アメリカ・メキシコ・カナダ協定（USMCA）	2020年発効（1994年発効のNAFTAが前身）。アメリカ，カナダ，メキシコ間における包括的自由貿易協定
南米南部共同市場（MERCOSUR）	1995年発足。ブラジル，アルゼンチン，ウルグアイ，パラグアイ，ベネズエラ，ボリビア間における関税同盟
環太平洋パートナーシップ協定（TPP）	環太平洋地域の国々による経済の自由化を目的とした経済連携協定。2006年に4カ国で締約されたTPSEP（環太平洋戦略的経済連携協定）を拡大していく形で交渉開始。2016年に日本を含む12カ国が署名し，のちにアメリカが離脱した。離脱したアメリカを除く11カ国によって2018年に署名・発効した。2021年に入って，中国と台湾が加盟の申請をしたことで注目されている。
地域的な包括的経済連携（RCEP）協定	ASEANを中心にした広域的な自由貿易協定で，2020年11月に署名された。2022年1月に，日本，ブルネイ，カンボジア，ラオス，シンガポール，タイ，ベトナム，オーストラリア，中国，ニュージーランドの10か国が発効した。 また2022年2月に韓国，同年3月にマレーシア，2023年1月にインドネシア，同年6月にフィリピンがそれぞれ発効した。世界のGDP，貿易総額及び人口の約3割，我が国の貿易総額のうち約5割を占める地域の経済連携協定である。

(3) 先進国の協力機構

① OECD(経済協力開発機構)

1961年に設立された先進37カ国が参加する経済協力組織。加盟各国の経済発展と貿易の拡大，発展途上国への援助の促進・調整を図ることを目的とする。前身はOEEC(欧州経済協力機構)。

② サミット(主要国首脳会議)

1975年以来年1回開催されている主要国の首脳会議。日本，アメリカ，イギリス，フランス，ドイツ，イタリア，カナダの7カ国の首脳とEU委員長が集まり，経済・政治をはじめ環境，地域紛争，テロ対策など様々な国際問題について討議する。冷戦後，ロシアも加わったG8サミットが開催されてきたが，ウクライナ情勢を受けたG8への参加停止により，2014年以降は現在の形になっている。2023年は日本がホスト国となり，戦争と核兵器の惨禍を象徴する被爆地である広島で行われた。

社会科学 公民

実施問題

経済・国際関係

【1】不景気のとき，政府が行う財政政策と中央銀行が行う金融政策の組合せとして，正しいものはどれか。①～⑤のうちから1つ選びなさい。

	財政政策	金融政策
①	公共投資を増やし、減税を実施する	資金の貸し出しを増やそうとする
②	公共投資を増やし、減税を実施する	資金の貸し出しを減らそうとする
③	公共投資を減らし、増税を実施する	資金の貸し出しを増やそうとする
④	公共投資を減らし、増税を実施する	資金の貸し出しを減らそうとする
⑤	公共投資を減らし、減税を実施する	資金の貸し出しを増やそうとする

2024年度　群馬県　難易度

【2】次の文は，経済の循環について述べたものである。空欄[　X　]，[　Y　]，[　Z　]には，家計，企業，政府のいずれかが入る。空欄[　X　]，[　Z　]にあてはまる語の組合せとして最も適切なものはどれか。

> [　X　]は，[　Y　]に対して，労働や資本，土地を提供し，その対価として，[　Y　]から賃金や利子・配当，地代などの所得を得る。[　Y　]は，財やサービスを生産・販売し，その対価を得る。[　Z　]は，[　X　]や[　Y　]から税金を集め，警察・外交・国防，公共投資や，補助金，国民に対する教育・医療・福祉サービスなどに使う。

ア　X　家計　　Z　企業
イ　X　家計　　Z　政府
ウ　X　政府　　Z　家計
エ　X　政府　　Z　企業

2024年度　栃木県　難易度

【3】次の文を読んで，問1，問2に答えなさい。

資金が不足している人と余裕がある人の間でお金を融通することを金融といい，家計の[　1　]などを，資金を必要としている企業や家計へと融通して，生産活動や消費活動が滞りなく行われるようにしている。

金融には，企業などが株式や債券を発行することで出資者から借りる方法のほか，銀行などの金融機関を通じて資金を集める[　2　]という方法があり，金融機関や企業間の取引は世界中に広がっている。

問1　空欄1，空欄2に当てはまる語句の組合せを選びなさい。

ア　1－貯蓄　　　2－直接金融
イ　1－サービス　2－直接金融
ウ　1－商品　　　2－間接金融
エ　1－サービス　2－間接金融
オ　1－貯蓄　　　2－間接金融

問2　下線部に関する記述として，適切なものの組合せを選びなさい。

①　日本銀行は，物価の変動を抑え，景気の変動を安定化させるため，一般の銀行との間で国債などを売買する金融政策を行っている。

②　外貨に対し円の価値が上がることを円安，逆に下がることを円高といい，円安や円高になるのは，商品の価格の変化と同様に，需要と供給の関係で決まる。

③　1980年代以降，国際的な金融が停滞し，大規模な金額のやりとりが国境を越えて行われなくなったことが，1997年のアジア通貨危機や，2008年の世界金融危機を引き起こした。

④　近年では，スマートフォンを利用した決済などの新しい金融テクノロジーが進み，貨幣や支払いの在り方が多様化している。

⑤　紙幣や硬貨といった現金通貨のほか，銀行にある預金そのものも通貨の一つであり，企業同士の取引では，主に預金通貨が使われている。

ア　①②③　　イ　①②④　　ウ　①④⑤　　エ　②③⑤
オ　③④⑤

2024年度 | 北海道・札幌市 | 難易度

【4】企業に関する説明として最も適切なものを，次の1～4の中から1つ選びなさい。

1　銀行借入や社債発行などにより外部から調達した資本を他人資本とよび，企業の総資産額から総負債額を引いた残差である純資産を自己資本とよぶ。

2　現在，株式会社は株主の利益を確保することを目的とした企業経営を行うため，慈善事業などに支援をするといった「企業の社会的責任」は存在しない。

3　現代の企業は，長期的な利益をめざして公正かつ透明性の高い経営を行わなければならない。そのため，現代の企業は経営実態について積極的に情報公開することを求められており，このことをコンプライアンスという。

4　企業の種類は大きく私企業と公企業に分けられる。個人商店や農家などは私企業に分類され，株式会社などの法人はすべて公企業に分類される。

2024年度　埼玉県・さいたま市　難易度

【5】次の資料は，需要曲線と供給曲線を表している。商品の需要量が供給量より多いときの価格と供給量の変化について最も適切なものを，以下の①～④から1つ選びなさい。

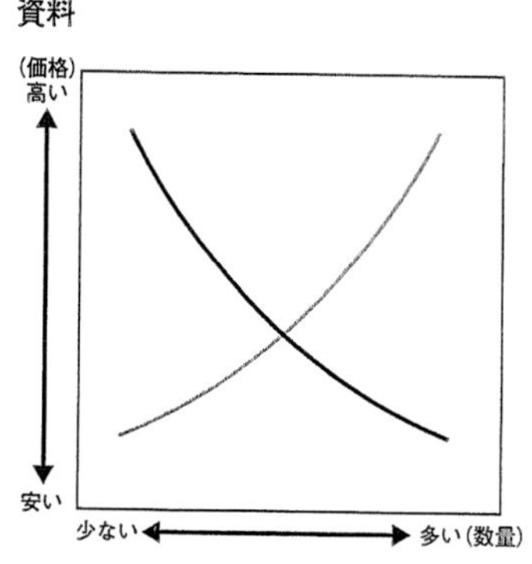

①　価格は安くなり，供給量は減っていく。

②　価格は安くなり，供給量は増えていく。

③　価格は高くなり，供給量は減っていく。

④　価格は高くなり，供給量は増えていく。

▌2024年度 ▌青森県 ▌難易度

【6】次の文中の(　a　)，(　b　)にあてはまることばの組み合わせとして最も適当なものを，以下のア～エから一つ選べ。

> 為替相場は各国の経済の状況によって変動する。1ドル＝100円が1ドル＝120円になることを(　a　)という。このとき，日本国内で，通常，輸入品価格は(　b　)ことになる。

ア．a　円安　　b　上がる　　イ．a　円安　　b　下がる
ウ．a　円高　　b　上がる　　エ．a　円高　　b　下がる

▌2024年度 ▌山梨県 ▌難易度

【7】次の図は，縦軸に価格(P)，横軸に数量(Q)をとり，需要曲線をD，供給曲線をSとし，完全競争市場における，ある商品(X)の価格と数量の関係を示したものである。以下の①～④のうち，図中の供給曲線Sが供給曲線S_1にシフト(数量がQ_0からQ_1に増加，価格がP_0からP_1に下落)する場合の要因を述べたものはどれか。一つ選んで，その番号を書け。

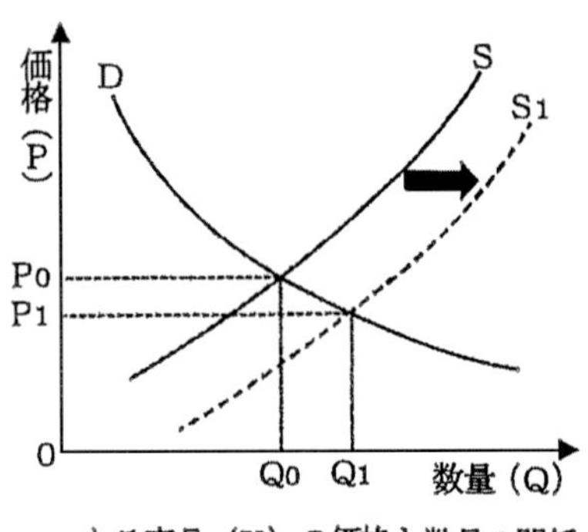

ある商品（X）の価格と数量の関係

①　ある商品(X)の生産に必要な原材料の不足や原材料費の値上げ

②　ある商品(X)の生産に関する技術革新や生産に必要な原材料費の値下げ

③　消費者の所得の上昇やある商品(X)の人気の上昇にともなう買い手の増加

④　消費者の所得の減少やある商品(X)の人気の下落にともなう買い手の減少

▌2024年度 ▌香川県 ▌難易度

【8】次は，円高と円安について説明した文です。文中の[　①　]～[　③　]にあてはまる語句の組み合わせとして最も適切なものを，以下の1～4の中から1つ選びなさい。

> [　①　]において，[　②　]とは，円1単位で交換できる他通貨の単位数が相対的に少ない状態のことです。逆に，[　③　]とは，円1単位で交換できる他通貨の単位数が相対的に多い状態のことです。
>
> 例えば日本人が旅先のサンフランシスコで買い物をするため，1万円をドルに両替するとします。1ドル＝125円であれば，1万を125で割った80ドルになります。しかし，1ドル＝100円であれば1万を100で割った100ドルになります。これらを比べると，1ドル＝100円の場合は，1ドル＝125円の場合と比べて，同じ金額の円についてより多くのドルを取得できるので，[　③　]ということになります。逆に，1ドル＝125円の場合は，1ドル＝100円の場合と比べて，同じ金額の円についてより少ないドルしか取得できないので，[　②　]ということになります。

1　①　金融相場　②　円高　③　円安
2　①　金融相場　②　円安　③　円高
3　①　為替相場　②　円高　③　円安
4　①　為替相場　②　円安　③　円高

▌2024年度 ▌埼玉県・さいたま市 ▌難易度

【9】2023年4月に北大西洋条約機構(NATO)の31か国目の加盟国となった国はどこか。次の①～④から一つ選んで，その番号を書け。

①　フィンランド　②　カナダ　③　ノルウェー
④　デンマーク

▌2024年度 ▌香川県 ▌難易度

【10】次の表は，国際連合に関わる機関とその略称について示したものである。機関と略称の組み合わせとして最も適切なものを，①～⑥の中から一つ選びなさい。

	国際通貨基金	国際労働機関	世界貿易機関	国連難民高等弁務官事務所
①	IAEA	ILO	IMF	UNICEF
②	ILO	IAEA	IMF	UNHCR
③	IMF	ILO	WTO	UNHCR
④	IAEA	IMF	WHO	UNICEF
⑤	ILO	IMF	WTO	UNCTAD
⑥	IMF	IAEA	WHO	UNCTAD

▌2024年度 ▌三重県 ▌難易度

【11】難民等の保護や救援活動に取り組む国際連合の機関を，[Ⅰ]のア～エから一つ選べ。また，その機関で，1991年から2000年まで国連難民高等弁務官を務めた人物の名前を，[Ⅱ]のア～エから一つ選べ。

[Ⅰ] ア．WHO　イ．WTO　ウ．UNCTAD
エ．UNHCR

[Ⅱ] ア．明石　康　イ．緒方貞子　ウ．マザー・テレサ
エ．ハンナ・アーレント

▌2024年度 ▌山梨県 ▌難易度

【12】次のA～Dの文のうち，アメリカの大統領制について正しく述べたものはどれとどれか。その組合せとして適切なものを，以下の①～④から一つ選んで，その番号を書け。

A　大統領は，連邦議会が選任した大統領選挙人を通じた間接選挙によって選ばれる。

B　大統領は，連邦議会による大統領の不信任決議に対し，議会を解散する権限をもっている。

C　大統領は，連邦議会に対する法案提出権をもたないが，連邦議会が可決した法案に対する拒否権をもっている。

D　大統領は，連邦議会に対し，口頭や文書で報告・勧告をおこなう教書送付権をもっている。

①　AとB　②　AとC　③　BとD　④　CとD

▌2024年度 ▌香川県 ▌難易度

解答・解説

【1】①

○解説○ 問題文から景気を上げるための政策，つまり市中に多くのお金が回るようにする方法を考える。公共投資の増加は「雇用を増やす＝市中にお金が回る」政策と考えられる。

【2】イ

○解説○ 生産，流通，消費の一連のつながりを経済という。また，経済活動を行う主体を経済主体といい，国の経済の場合は家計，企業，政府の三つがそれにあたる。 X「Yに対して，労働や資本，土地を提供」とあるので，家計である。 Z「税金を集め～サービスなどに使う」とあるので，政府である。 なお，Yは企業である。

【3】問1 オ　問2 ウ

○解説○ 問1 1 家計から金融に回されるものは，貯蓄である。貯蓄は，家計が労働力や土地を提供して得た賃金や地代を貯めたものである。サービスや商品は家計が提供するものではなく，企業が提供する。 2 金融機関が仲立ちとなって，預金を企業に提供することで資金を調達する方法を，間接金融という。直接金融とは，企業が株式や社債を発行して，家計から直接資金を調達する方法である。

問2 ② 外貨に対して円の価値が上がることを円高，逆に下がることを円安という。なお，後半の記述は正しい。 ③ アジア通貨危機や世界金融危機は，金融の自由化・グローバル化が進み，資金の移動が飛躍的に拡大したために起こった。

【4】1

○解説○ 2 企業の社会的責任(CSR)は，企業が組織活動を行うに当たって担う社会的責任のことである。利害関係者に対して説明責任を果たすことが第一の責務で，そのほか文化活動の支援(メセナ)，社会貢献活動(フィランソロピー)などを通して，企業の社会的責任(CSR)を果たすことを，企業は求められている。　3　コンプライアンスは法令順守の意味だが，法令順守だけでなく倫理観，公序良俗などの社会的規範に従い，公正・公平に業務を行うことを意味する。説明の文章は，ディスクロージャー(情報開示)に関するものである。　4　企業の種類は私企業と公企業に分けられ，私企業には法人企業などの共同企業と個人企業があり，公企業には国や地方公共団体が出資する特殊法人，独立行政法人などがある。最も多いのは，私企業の中の株式会社である。

【5】④

○**解説**○ 右下がりが需要曲線，右上がりが供給曲線である。需要量が供給量より多い場合には，価格は高くなる。価格が高いと供給量は増えていき，均衡点に達すると，需要と供給のバランスがつりあうことになる。

【6】ア

○**解説**○ 1ドル＝100円から1ドル＝120円になるということは，ドルに対する円の価値が下がることなので，円安である。円安になると，例えば同じ1ドルの製品を輸入する際，今までは100円支払っていたのが120円支払うことになり，日本国内での輸入品価格は高くなる。

【7】②

○**解説**○ 供給曲線が右側にシフトせずに価格が下がったとしたら，需要は増え，供給は減る。しかし，供給曲線が右側にシフトすると，価格が下がっても供給も増えている。これはその商品に対する生産性が上昇したこと(技術革新)や，原材料等の値下げが生じたことを意味している。供給曲線はつくる側に関する曲線であるということを意識して考えてみること。

【8】4

○**解説**○ 為替相場とは，外国為替市場において，異なる通貨が交換される際の交換比率である。我が国で最も頻繁に目にするのは，円・ドル相場である。ドルと交換する場合を考えると，例えば同じ15000円でも，1ドル150円のときは100ドルに交換されるのに対し，1ドル120円になると125ドルに交換され，より多くのドルを交換することができる。このように，円の価値が交換通貨に対して価値が高くなる状態が円高である。円安はその逆である。金融相場は，金融事情が変動の原因となる株価又は商品の相場動向のことを指す。

【9】①

○**解説**○ NATOは集団防衛機構であり，1949年に設立された。誤肢の3つの国は設立当初から参加している国である。

【10】③

○**解説**○ 国際通貨基金(International Monetary Fund)の略称はIMF，国際労働機関(International Labour Organization)の略称はILO，世界貿易機関(World Trade Organization)の略称はWTO，国連難民高等弁務官事務所(The Office of the United Nations High Commissioner for Refugees)の略称はUNHCRである。ちなみにIAEAは国際原子力機関，WHOは世界保健機関，UNICEFは国連児童基金，UNCTADは国連貿易開発会議の略称である。

【11】Ⅰ　エ　　Ⅱ　イ

○**解説**○ Ⅰ　難民の保護や救援活動に取り組む国連の機関とは，国連難民高等弁務官事務所(Office of the United Nations High Commissioner for Refugees)のことである。略称はUNHCRである。　WHOは世界保健機関，WTOは世界貿易機関，UNCTADは国連貿易開発会議の略称である。　Ⅱ　1991年から2000年まで国連難民高等弁務官を務めたのは，緒方貞子である。明石康は，国連事務総長特別代表を務めた。マザー・テレサはカトリックの修道女で，インドで貧しい人々の救済を行い，ノーベル平和賞を受けた。ハンナ・アーレントはドイツ系ユダヤ人の政治哲学者であり，全体主義の分析で知られている。

【12】④

○**解説**○ A　大統領選挙人の選出方法は州によって異なる。　B　大統領は議会解散権を有しておらず，議会も大統領不信任決議を行う権利を有していない。

政治・日本国憲法

【1】地方自治について述べた文として適切なものを，次のア～エから1つ選びなさい。

ア　地方分権一括法により自治事務と法定受託事務が廃止され，機関委任事務が設けられた。

イ　地方公共団体が条例に基づいて実施する住民投票の結果は，法的な拘束力をもたない。

ウ　地方公共団体における市町村長・都道府県知事の被選挙権は，ともに30歳以上とされている。

エ 「ふるさと納税」制度を利用した寄付によって差し引かれる税は，所得税だけである。

2024年度　兵庫県　難易度

【2】次の資料は，ある市の人口と有権者数を表している。この市の住民が地方議員の解職を請求する場合の請求先と必要な署名数の組み合わせとして正しいものを，以下の①～⑧から1つ選びなさい。

資料

人　　口	15万人
有権者数	12万人

①　選挙管理委員会　2400人　②　選挙管理委員会　50000人

③　首長　2400人　④　首長　50000人

⑤　選挙管理委員会　3000人　⑥　選挙管理委員会　40000人

⑦　首長　3000人　⑧　首長　40000人

2024年度　青森県　難易度

【3】次の文章は，現在の衆議院または参議院について説明したものである。(a)～(c)の説明にあてはまる組み合わせとして最も適切なものを，①～⑥の中から一つ選びなさい。

(a)　被選挙権が25歳以上であり，議員定数は465人である。

(b)　任期は6年だが，3年ごとに半数を改選する。

（ c ） 議員の選挙は小選挙区比例代表並立制で行われる。

	a	b	c
①	衆議院	衆議院	参議院
②	参議院	衆議院	参議院
③	衆議院	参議院	参議院
④	参議院	衆議院	衆議院
⑤	衆議院	参議院	衆議院
⑥	参議院	参議院	衆議院

▌2024年度 ▌三重県 ▌難易度

【4】次の記述ア～エは，日本の裁判制度について述べたものである。その内容の正誤の組合せとして最も適切なものを，以下の①～⑥のうちから選びなさい。

ア 裁判員制度とは，選ばれた国民が裁判官と一緒に民事裁判を行う制度である。

イ 下級裁判所の種類は3種類で，地方裁判所，家庭裁判所，簡易裁判所がある。

ウ 推定無罪の原則とは，刑事裁判において，有罪判決を受けるまで無罪の扱いを受けることである。

エ 同じ事件について回数の制限なく，裁判を受けることができる。

① ア 正 イ 誤 ウ 正 エ 正
② ア 正 イ 正 ウ 誤 エ 誤
③ ア 正 イ 正 ウ 正 エ 誤
④ ア 誤 イ 誤 ウ 誤 エ 正
⑤ ア 誤 イ 正 ウ 正 エ 誤
⑥ ア 誤 イ 誤 ウ 正 エ 誤

▌2024年度 ▌神奈川県・横浜市・川崎市・相模原市 ▌難易度

【5】衆議院の解散による衆議院議員の総選挙後に召集される国会の名称を，次のア～エから一つ選べ。

ア．常会(通常国会)　　イ．臨時会(臨時国会)

ウ．特別会(特別国会)　　エ．参議院の緊急集会

▌2024年度 ▌山梨県 ▌難易度

【6】次の文は，選挙について述べたものである。適切なものを①～④から選び，番号で答えよ。

① 民主的な選挙のためには，財産や性別による差別がなく選挙権が認められること(普通選挙)，公平に一人一票であること(平等選挙)，投票の秘密が守られること(秘密選挙)，候補者に直接投票できること(直接選挙)が必要である。

② 2015年に公職選挙法が改正され，2021年の衆議院議員選挙から「18歳選挙権」が初めて，実現した。

③ 2013年，インターネットを使った選挙運動が解禁され，演説会の様子を動画配信することは可能になったが，メールによる投票呼びかけが認められていない。

④ 日本の衆議院議員の選挙制度は，全国を一つの単位とする比例代表選挙と，都道府県を単位とする選挙区選挙とに分かれている。

2024年度 神戸市 難易度

【7】次の文は，日本の政治制度について述べたものである。この政治制度の名称として，正しいものはどれか。1～5から1つ選びなさい。

内閣総理大臣(首相)は国民の代表で構成される議会の指名により選ばれる。現在では多くの場合，議会の過半数を占める政党(多数党もしくは第一党)に属する議員によって内閣が構成され，その政党の党首が首相に選ばれるので，行政府と立法府とは密接な関係にあり，政権を担当する政党(与党)が議会の過半数の議席を占めている場合，内閣は安定しやすい。

1. 大統領制　2. 議院内閣制　3. 半大統領制　4. 民主集中制
5. 開発独裁

2023年度 徳島県 難易度

【8】次の文は，日本国憲法第94条の条文である。空欄[A]，[B]にあてはまる語の組合せとして正しいのはどれか。

> 地方公共団体は，その財産を管理し，事務を処理し，及び行政を執行する権能を有し，[A]の範囲内で[B]を制定することができる。

ア　A　法律　　B　条例
イ　A　条例　　B　法律
ウ　A　法律　　B　政令
エ　A　政令　　B　法律

▌2024年度 ▌栃木県 ▌難易度

【9】次は日本国憲法の条文の一部である。(　　)に入る正しい言葉の組み合わせを選びなさい。

> 第20条　(　ア　)の自由は，何人に対してもこれを保障する。いかなる(　イ　)も，国から特権を受け，又は政治上の権力を行使してはならない。
> 第26条　2　すべて国民は，法律の定めるところにより，その(　ウ　)する子女に(　エ　)を受けさせる義務を負ふ。(　オ　)は，これを無償とする。

①　ア　信教　　イ　政治団体　　ウ　養育　　エ　一般教育　　オ　義務教育
②　ア　思想　　イ　政治団体　　ウ　保護　　エ　普通教育　　オ　初等教育
③　ア　思想　　イ　宗教団体　　ウ　養育　　エ　普通教育　　オ　初等教育
④　ア　信教　　イ　宗教団体　　ウ　養育　　エ　一般教育　　オ　義務教育
⑤　ア　信教　　イ　宗教団体　　ウ　保護　　エ　普通教育　　オ　義務教育

▌2024年度 ▌長野県 ▌難易度

【10】日本国憲法に定められている内閣の職務・権限について正しいものを，①～⑤から一つ選んで番号で答えなさい。

①　最高裁判所長官の任命
②　条約の承認
③　法律の制定
④　天皇の国事行為に係る助言と承認

⑤　法令審査権

2023年度　京都市　難易度

【11】次のア～オの中で日本国憲法の条文(一部抜粋)として正しいものはいくつありますか。

ア　すべて公務員は，全体の奉仕者であつて，一部の奉仕者ではない。

イ　すべて国民は，健康で社会的な最低限度の生活を営む権利を有する。

ウ　国民は，法律の定めるところにより，納税の責任を負ふ。

エ　何人も，裁判所において裁判を受ける権利を奪はれない。

オ　参議院議員の任期は，8年とし，4年ごとに議員の半数を改選する。

①　1つ　②　2つ　③　3つ　④　4つ　⑤　5つ

2023年度　長野県　難易度

解答・解説

【1】イ

○解説○ ア　自治事務と法定受託事務が創設され，機関委任事務が廃止された。　ウ　知事は30歳以上，市区町村長は25歳以上である。
エ　住民税も控除できる。

【2】⑥

○解説○ 議員の解職請求の署名数は，有権者数の3分の1以上である。有権者数が12万人だから，その3分の1の4万人以上の連署が必要となる。提出先は選挙管理委員会である。選挙管理委員会は請求後，ただちに請求の要旨を関係区域内に公表して，住民投票を実施しなければならない。

【3】⑤

○解説○ 衆議院議員の定数は465人，選出方法は小選挙区比例代表並立制である。任期は4年で解散があり，被選挙権は25歳以上である。参議院議員の定数は248人，選出方法は選挙区制と全国単位の比例代表制である。任期は6年で3年ごとに半数が改選され，解散はない。被選挙権は30歳以上である。

【4】⑥

○**解説**○ ア　裁判員制度は，選ばれた国民が裁判官と一緒に刑事裁判を行う制度である。　イ　下級裁判所とは，高等裁判所，地方裁判所，家庭裁判所，簡易裁判所の4種類である。　エ　同一事件では，原則3回まで裁判を受けることができる。これを三審制という。

【5】ウ

○**解説**○ 衆議院解散後の総選挙から30日以内に召集されるのは，特別会(特別国会)である。常会(通常国会)は，毎年1回1月中に召集される。臨時会(臨時国会)は，内閣または衆参いずれかの議院の総議員の4分の1以上の要求によって召集される。参議院の緊急集会は，衆議院の解散中に緊急の必要がある場合，内閣の要求によって召集される。

【6】①

○**解説**○ ②　平成27(2013)年の公職選挙法改正後，初の「18歳選挙権」が実施されたのは平成28(2016)年の参議院議員選挙である。　③　政党や候補者が投票依頼のメールを送ることはできるが，有権者が投票依頼メールを転送することや，有権者が他の有権者に投票を呼びかけるメールを送ることはできない。　④　わが国の衆議院議員選挙では比例代表選挙は全国を11ブロック，選挙区は全国を289に分けて実施している。

【7】2

○**解説**○ 文中の「行政府と立法府とは密接な関係にあり」という部分がポイントになる。言い換えれば，内閣と国会が密接な関係にあるということである。ここから，議院内閣制と導けるようにしたい。この議院内閣制度は，内閣の組織や継続の基礎を国会に置く制度であると考えればよい。

【8】ア

○解説○ 「Aの範囲内でBを制定することができる」と書いてあるので，Bよりも Aの方が上位であることが読み取れる。このような関係になっているのはアとウであるが，地方公共団体についてなので，法律と条例である。政令は内閣が定めるものである。

【9】⑤

○解説○ ア・イ　日本国憲法第20条は信教の自由を保障するとともに，政教分離原則を定めている。　ウ～オ　日本国憲法第26条は，第1項ですべての国民に対して教育を受ける権利を定め，第2項ですべての国民に対して保護する子女に教育を受けさせる義務を定めている。これを受け教育基本法では，第4条で教育の機会均等，第5条で義務教育について定めている。

【10】④

○解説○ 「天皇の国事行為」，「国会」，「内閣」，「裁判所」の権限について確認しておくとよい。　①　最高裁判所長官は内閣の指名に基づき，天皇が任命する。　②　条約の締結は内閣の権限であるが，それを承認するかどうかを決めるのは国会の権限である。　③　法律の制定は国会の権限である。「国会は，国権の最高機関であつて，国の唯一の立法機関である」(憲法第41条)と定められている。　⑤　裁判所の権限である。

【11】②

○解説○ 正しいのはアとエの2つである。　ア　日本国憲法第15条第2項の条文である。　イ　日本国憲法第25条第1項の条文だが，「社会的な」の部分は正しくは「文化的な」である。　ウ　日本国憲法第30条の条文だが，「責任」の部分は正しくは「義務」である。納税の義務は，国民の三大義務の一つである。　エ　日本国憲法第32条の条文である。　オ　日本国憲法第46条の条文だが，「8年とし，4年ごとに」の部分は正しくは「6年とし，3年ごとに」である。

現代社会・倫理・総合

【1】次のア～エについて，採択された年を古い順に並べたものとして最も適切なものを，以下の①～⑤のうちから選びなさい。

ア　児童(子ども)の権利条約

イ　世界人権宣言

ウ　国際人権規約

エ　障害者権利条約

① ウ → イ → エ → ア

② ウ → ア → イ → エ

③ イ → ア → ウ → エ

④ イ → ウ → エ → ア

⑤ イ → ウ → ア → エ

▌2024年度 ▌神奈川県・横浜市・川崎市・相模原市 ▌難易度 ■■■□□

【2】次は，共生社会の実現について述べたものである。(a)～(c)内に当てはまるものを語群から選ぶとき，正しい組合せとなるものを解答群から一つ選び，番号で答えよ。

高齢者や障害者が，健常者とともに社会に参加して生活できるようにすべきだという(a)の考え方が現在，根付きつつある。このような考え方に基づき，生活の障壁となるものを取り除く(b)の街づくりや，健常者・障害者を問わず全ての人が利用できる(c)の商品開発が進んでいる。

【語　群】
ア　セーフティネット　　イ　ノーマライゼーション
ウ　バリアフリー　　エ　ナショナルミニマム
オ　ユニバーサルデザイン　　カ　クリエイティブデザイン

【解答群】
1　a－ア　b－ウ　c－オ
2　a－ア　b－ウ　c－カ
3　a－ア　b－エ　c－オ
4　a－ア　b－エ　c－カ
5　a－イ　b－ウ　c－オ

6 a－イ　b－ウ　c－カ
7 a－イ　b－エ　c－オ
8 a－イ　b－エ　c－カ

■2023年度■愛知県■難易度

【3】次の文章は，日本の社会保障に関するものである。(a)(b)にあてはまる語句の組み合わせとして最も適切なものを，①～⑦の中から一つ選びなさい。

日本の社会保障制度は，「社会保険」「社会福祉」「(a)」「(b)」から構成されています。

	a	b
①	介護保険	雇用保険
②	公的扶助	保健医療・公衆衛生
③	後期高齢者医療制度	厚生年金保険
④	国民年金	児童福祉
⑤	後期高齢者医療制度	保健医療・公衆衛生
⑥	国民年金	厚生年金保険
⑦	公的扶助	児童福祉

■2023年度■三重県■難易度

【4】次の表は，17世紀から18世紀にかけてヨーロッパに広がった「社会契約説」を比較したものである。表中のA～Cに入る思想家の正しい組合せを，以下の1～5のうちから一つ選べ。

	自然状態	社会契約	政治的態度
A	万人(ばんにん)の万人に対する戦いの状態	自然権を完全に放棄(ほうき)する→主権者に絶対服従(ふくじゅう)	専制君主制を擁護(ようご)する立場 主権在君
B	自由・平等と平和が、比較的保たれている状態	自然権を一時的に信託(しんたく)する→抵抗権・革命権をもつ	名誉革命を理論づける 主権在民
C	自由・平等と平和が、理想的に保たれている状態	自然権を一般意志として生かす→自治	フランス革命に影響を与える 主権在民を徹底

	A	B	C
1	ホッブズ	ルソー	ロック
2	ホッブズ	ロック	ルソー
3	ルソー	ホッブズ	ロック
4	ルソー	ロック	ホッブズ
5	ロック	ホッブズ	ルソー

2024年度 大分県 難易度

【5】次の表のa～cの著書の著者［1］～［3］として最も適切なものを，語群①～⑤の中からそれぞれ一つ選びなさい。

	著書	著者
a	『人間不平等起源論』『社会契約論』	1
b	『善悪の彼岸』『悲劇の誕生』	2
c	『方法序説』『省察』	3

《語群》

① デカルト　② ベーコン　③ ニーチェ　④ デューイ
⑤ ルソー

2024年度 三重県 難易度

【6】現代の日本における生命倫理に関わる記述として最も適当なものを，次の①から⑤までの中から一つ選び，記号で答えよ。

① 体外受精によって得られた胚を検査する着床前診断については，日本では自由に行うことが認められている。

② 遺伝的に同じ個体であるクローンを生み出す技術も発達し，技術面や安全性の課題に加え，倫理的な問題が指摘されているが，法規制などは実施されていない。

③ 病院での過度な延命治療を拒否して，本人の意思や家族の同意の下，人為的な手段によって死期を早めさせる尊厳死を望む人々が増えている。

④ 生殖医療の進歩は子どもを授かることができなかった人に希望を与え，夫婦以外の女性に妊娠・出産をかわってもらう代理母出産も実施されるようになった。

⑤　2010年の改正臓器移植法では，本人の意思が不明でも家族の承諾によって臓器提供ができるようになった。

2024年度　沖縄県　難易度

【7】人物と著書の正しい組み合わせはいくつありますか。

ア　アリストテレス　－「国家」
イ　パスカル　－「天文対話」
ウ　カント　－「純粋理性批判」
エ　ユング　－「心理学と宗教」
オ　カーソン　－「沈黙の春」

①　1つ　②　2つ　③　3つ　④　4つ　⑤　5つ

2024年度　長野県　難易度

【8】次の文章は，ヨーロッパにおける近代科学に関するものである。(a)～(d)にあてはまる語句の組み合わせとして最も適切なものを，①～④の中から一つ選びなさい。

ヨーロッパにおいて，(a)は有用で確実な知識をめざして，経験(観察や実験)によって知識を得るという(b)を唱えた。
(c)は明晰・判明な真理をもとにして，理性によって知識を得るという(d)を唱えた。

	a	b	c	d
①	デカルト	帰納法	ベーコン	演繹法
②	デカルト	演繹法	ベーコン	帰納法
③	ベーコン	演繹法	デカルト	帰納法
④	ベーコン	帰納法	デカルト	演繹法

2023年度　三重県　難易度

【9】日本の思想についての記述として最も適当なものを，次の①から⑤までの中から一つ選び，記号で答えよ。

①　荻生徂徠は，『古事記伝』を著して日本固有の道を説き，道理によって物事を理解する中国風の考え方を「漢意」として批判した。
②　新井白石は，徳川家康以後4代の将軍に仕えて，朱子学の官学化

に貢献し，つつしみをもって精神を集中させ，理を正しく認識する修養を説いた。

③ 親鸞は，悪人正機説を唱え，念仏を唱えること自体が阿弥陀仏のはからいであると考え，すべてを阿弥陀仏にゆだねることを説いた。

④ 夏目漱石は，西洋文明を支える精神のあり方に注目し，江戸時代までの封建社会を支えてきた儒教道徳を批判し，天賦人権論にもとづきながら，独立自尊の精神を説いた。

⑤ 和辻哲郎は，近代的自我にめざめた人間を描きながら，西洋とは異なる日本の現実にしたがう「かのように」の思想を論じた。

▍2023年度 ▍沖縄県 ▍難易度

【10】正しいものの組み合わせを選びなさい。

ア 直接税とは，担税者と納税者が同一の税で，所得税や法人税などが該当する。

イ 違憲審査権の行使が認められているのは最高裁判所のみであり，下級裁判所は認められていない。

ウ 欧州連合(EU)に加盟している国のうち，共通通貨ユーロを導入していない国がある。

エ 安全保障理事会はアメリカ，イギリス，フランス，中国，日本の5つの常任理事国と，10か国の非常任理事国とで構成されている。

オ 臨時国会は，衆議院の解散総選挙後に招集され，内閣総理大臣の指名などを行う。

① アとウ ② イとエ ③ イとオ ④ ウとエ
⑤ アとオ

▍2024年度 ▍長野県 ▍難易度

解答・解説

【1】⑤

○解説○ アの子どもの権利条約は，1989年に国連で採択され，1990年に国際条約として発効した。イの世界人権宣言は，1948年12月10日に国連で採択された。毎年12月10日は，国際人権デーとして記念日とされている。ウの国際人権規約は，世界人権宣言の法的拘束力をもつ条約として1966年に国連で採択され，1976年に発効した。エの障害者権利条約は，2006年に国連において採択され，2008年に発効した。我が国が批准したのは2014年である。採択された年を古い順に並べると，イ→ウ→ア→エとなる。

【2】5

○**解説**○ a　ノーマライゼーションは，高齢者や障害者などの社会的支援を必要とする人々を特別視せず，誰もが同等に生活ができる社会を目指す考え方である。一方，セーフティネットとは，あらかじめ予想される危険や損害の発生に備えて，被害の回避や最小限化を図る目的で準備された制度や仕組みのことである。　b　バリアフリーは，多様な人が社会に参加する上での障壁(バリア)をなくすことである。一方，ナショナルミニマムは，国家が国民に対して保障すべき最低限の生活水準のことである。　c　ユニバーサルデザインとは，障害の有無にかかわらず，すべての人にとって使いやすいようにはじめから意図してつくられた製品・情報・環境のデザインのことである。

【3】②

○**解説**○ 社会保障制度は，国民の生活を生涯にわたって支えるものである。「社会保険」は国民が病気，障害，老齢，失業など生活上の困難をもたらす状況に遭遇した場合に，その生活の安定を図ることを目的とする。「社会福祉」は，社会生活をする上で様々なハンディキャップを負う国民が，ハンディキャップを克服して安心して社会生活を営めるよう支援する制度，「公的扶助」は，生活困窮者に対して最低限度の生活を保障し，自立を助けようとする制度，「保健医療・公衆衛生」は，国民が健康に生活できるよう様々な事項についての予防，衛生のための制度である。

【4】2

○**解説**○ A　自然状態では各人が自分の権利を主張して争い合う状態，つまり「万人の万人に対する戦いの状態」になると考えたのは，ホッブズである。　B　社会契約として，統治者が自然権の保障を怠った場合，人々は統治者への抵抗権・革命権を持つと考えたのは，ロックである。　C　フランス革命に影響を与え，主権在民を徹底したのは，ルソーである。

【5】1　⑤　　2　③　　3　①

○**解説**○ a　『人間不平等起源論』『社会契約論』はフランスの思想家ルソーの著作で，人民主権論を展開した。　b　『善悪の彼岸』『悲劇の誕生』の著者であるニーチェはドイツの哲学者で，実存哲学の先駆者である。　c　『方法序説』『省察』の著者であるデカルトはフランスの哲学者・数学者で，「我思う，故に我あり」の命題によって哲学の第一原理を確立した。　ベーコンはイギリスの哲学者で，イギリス古典経験論の創始者。デューイはアメリカの哲学者で，プラグマティズムの大成者。

【6】⑤

○**解説**○ ①　着床前診断は，日本では自由に行うことは認められていない。受けることができるのは，医学的に重い遺伝性の病気が子供に伝わる可能性がある人などの一定の条件を満たした人のみである。
②　クローンを生み出す技術については，ヒトに関するクローン技術等の規制に関する法律(クローン技術規制法)がある。　③　人為的な手段によって死期を早めさせるのは，安楽死である。尊厳死は，治療不可能な病気にかかって，意識を回復する見込みがなくなった患者に対して，延命治療を中止する場合をいう。　④　代理母出産は，技術的には可能で，法規定は存在していないが，倫理的観点から日本産婦人科学会により禁止されている。

【7】③

○**解説**○ 正しいのは，ウ・エ・オの3つである。　ア『国家』はプラトンの著書である。アリストテレスは，『形而上学』や『ニコマコス倫理学』などを著した。　イ　『天文対話』はガリレオ＝ガリレイの著書で，地動説に関する天文学書である。パスカルの主著は『パンセ』など。　なお，カーソンの『沈黙の春』は，農薬などの化学物質による環境汚染の問題を指摘した書物である。

【8】④

○**解説**○　ヨーロッパにおける近代科学の大きな流れとして帰納法と演繹法がある。帰納法は観察や実験を通して知識を得る方法で，イギリスのフランシス・ベーコンが提唱し，ジョン・ロックなどに受け継がれ英国経験論へと発展した。他方で，演繹法は，数学のように，疑いのない普遍的な原理から論理的推論という理性の働きによって知識を得る方法である。フランスのルネ・デカルトが提唱し，大陸合理論へと発展した。

【9】③

○**解説**○　①　『古事記伝』の著者は本居宣長である。　②　新井白石ではなく，林羅山が正しい。　④　「天賦人権論」「独立自尊」から『学問のすすめ』の著者である福沢諭吉が正しい。　⑤　「かのように」は森鷗外の思想である。なお，和辻哲郎の著書には『古寺巡礼』『風土』などがある。

【10】①

○**解説**○　イ　日本国憲法第81条は，「最高裁判所は，一切の法律，命令，規則又は処分が憲法に適合するかしないかを決定する権限を有する終審裁判所である」と定め，違憲立法審査権を裁判所に与えている。終審裁判所とあることから，下級裁判所を含む全ての裁判所にも与えられる権限であると解釈されている。　エ　常任理事国は，アメリカ，イギリス，フランス，中国，ロシアの5か国である。日本は非常任理事国の常連だが，常任理事国ではない。　オ　特別国会の説明である。臨時国会は，災害対策のための補正予算の審議を求めるときなどの臨時の必要があるときに召集される。

社会科学　時事・環境

要点整理

時事用語

□**裁判員制度**……国民が裁判官とともに裁判内容（事実認定・量刑）の決定に関与する新たな制度。「裁判員」に選任された国民は，健康上の理由などやむをえない事情がある場合以外は，参加義務がある。「裁判員」が参加する裁判は，法定刑の重い刑事事件の第一審。2004年成立，2009年5月実施。

□**TPP(環太平洋経済連携協定)**…Trans-Pacific Partnershipの略。2006年にAPEC参加国であるニュージーランド，シンガポール，チリ，ブルネイの4カ国が発効させた，貿易自由化を目指す経済的枠組みである。工業製品や農産品，金融サービスなどをはじめとする，加盟国間で取引される全品目について関税を原則的に100％撤廃しようというものである。

□ **TPP11**……TPP(環太平洋戦略的経済連携協定)の当初の参加国12カ国のうちアメリカを除く11カ国(日本を含む)で改めて協定を取りまとめようとする構想，および，その協定の枠組みのこと。もともと米国を含む12カ国で構成される協定の枠組みだったが，アメリカは2017年初頭にトランプ政権発足まもなくTPPへの離脱を表明した。当初の枠組みでは12カ国が揃わなければ協定が発効できないため，枠組みを部分的に見直して「TPP11」へと改め，最終的には11カ国でも発効できる形に調整された。

□ **FTA / EPA(自由貿易協定/経済連携協定)**………2つ以上の国や地域の間で，自由貿易協定(物やサービスの貿易)の要素と，貿易以外の分野について，締結を行う包括的な協定のこと。物品の貿易についての自由貿易協定は，世界貿易機関のGATT第24条に定められている2つの要件を満たしていれば，「すべての加盟国に対し待遇を差別しない」という世界貿易機関の原則の例外として貿易をおこなうことができる。

□**消費税増税**……2013年10月1日，消費税増税が正式に決定し，2014年4月1日から従来の5％から8％へ3％上昇した。足りない予算を国債(借金)で補ってきた日本の借金総額は現在1,000兆円を大幅に超えており，政府は，消費税増税により財政再建を進めようとしている。メリットは税収増による財政再建となるが，デメリットは生活に密着する場合が多く，すぐに顕在化しやすいため世論への悪影響も起きやすい。消費者にとっては値上げとなるケースが多くなるため，不急不要な商品を買い控える動きにつながりやすい。また増税前の駆け込み需要による増税後の反動もあり，需要が大きく上下してしまう事もあげられる。2019年10月1日には10％に増税された。

□**働き方改革関連法**……正式名称は「働き方改革を推進するための関係法律の整備に関する法律」で，日本法における8本の労働法の改正を行うための法律の通称である。労働者がそれぞれの事情に応じた多様な働き方を選択できる社会を実現する働き方改革を総合的に推進するため，長時間労働の是正，多様で柔軟な働き方の実現，2018年7月公布，2019年4月1日から施行されている。

□**マイナンバー制度**……国民一人ひとりに番号を割り振り，社会保障や税に関する情報を一元管理する制度。2013年にマイナンバー制度の関連法案が可決された。2015年末頃から国民に個人番号を記載した通知カードが配布され，2016年1月から番号の利用が開始された。

□**SDGs**……Sustainable Development Goalsの略で持続可能な開発目標のこと。発展途上国のみならず，先進国も含めて世界全体が取り組む国際目標である。地球上に存在する人の全て，誰一人も取り残さない(leave no one behind)ことを誓うものであり，17の目標，169のターゲット，232の指標から構成されている。持続可能なより良い世界の実現を目指し，日本の企業においても取り組みが進んでいる。

□**リニア中央新幹線**……最高時速500キロで疾走する次世代の超特急新幹線。2027年に東京(品川)－名古屋間が開業し，2045年には大阪まで延びる予定である。完成すれば東京と名古屋の間が40分，東京と大阪の間が67分で結ばれることになる。

□**セルフメディケーション税制**……健康の維持や増進，また疾病の予防取り組みとして医薬品を購入した場合に，購入金額の一部を総所得金額等の控除対象とする制度であるセルフメディケーション税制は，医療費控除の特例として2017年1月1日から2021年12月31日までの間に，医薬品を一定の条件で購入した場合に適用される。控除対象者は，特定健康診査や予防接種，定期健康診断，健康診査，がん検診などを行っていることが条件となっている。

□**18歳選挙権**……2016年7月10日の参議院選挙は，公職選挙法改正により選挙権年齢が18歳に引き下げられてから，初めての国政選挙であった。ちなみに，全国で初は福岡県うきは市で7月3日に行われた市長選で，うきは市の18歳と19歳にとってはこの日が2度目の投票日となった。注目された投票率だが，18歳が51.28%，19歳が42.30%という結果だった(有権者全体では54.70%)。一見して低い数字であるが，20代の投票率の低さ(33.37%)を考えれば，初めての選挙権が比較的意識されたともいえる。

□**2025年問題**……日本が2025年頃に本格的に直面する超高齢化社会の問題。高齢者の割合(高齢者率)がこれまでになく高まり，医療費・社会保障その他の課題にどう取り組んでいくかが大きな問題となることが指摘されている。厚生労働省によれば，2025年には75歳以上の後期高齢者の全人口に対する割合が18%を超え，65歳以上(前期高齢者)を含めた高齢者の割合は30%を超える。2040年代には高齢化社会がピークに至り，人口の3%以上が65歳以上の高齢者になると予測されている。

□**新型コロナウイルス感染症**……2019年12月，中華人民共和国湖北省武漢市において確認された。世界保健機関(WHO)は，2020年1月30日，新型コロナウイルス感染症について，「国際的に懸念される公衆衛生上の緊急事態(PHEIC)」を宣言した。その後，世界的な感染拡大の状況，重症度などから3月11日，新型コロナウイルス感染症をパンデミック(世界的な大流行)とみなせると表明した。新型コロナウイルスはコロナウイルスのひとつで，一般の風邪の原因となるウイルスや，「重症急性呼吸器症候群(SARS)」や2012年以降発生している「中東呼吸器症候群(MERS)」ウイルスが含まれる。

□**コロナ禍**……2019年末から世界的に発生した新型コロナウイルス感染症(COVID-19)の流行による災難や危機的状況を指す言葉である。「コロナ禍」の「禍」は「か」と読み，「災い」や「災難」「不幸なできごと」を意味する。

□**テレワーク**……情報通信技術(ICT)を活用した時間や場所にとらわれな

い柔軟な働き方のことを指す。具体的には，①在宅勤務，②モバイルワーク，③サテライトオフィス勤務に分けられる。働き方改革において，「労働生産性の向上」と「仕事と様々な要素の両立」のために推進されている新しい働き方である。新型コロナウイルス感染症(COVID-19)の広がりをきっかけに，テレワークを導入する企業が急速に増えていった。またテレワークが普及することで，都内などの企業が集まる地域以外でも業務を行えるので，過疎化地域の活性化にも活用できることも期待されている。

□**デジタル庁**……2021年9月1日に設置。内閣に設置された総合調整機能(勧告権等)を有する組織である。デジタルの活用により，一人一人のニーズに合ったサービスを選ぶことができ，多様な幸せが実現できる社会を目指す。

□**DX**……デジタル・トランスフォーメーションの略で，IT(情報技術)が社会のあらゆる領域に浸透することによってもたらされる変革のこと。

□**インボイス制度**……2023年10月1日から導入される新しい仕入税額控除。正式名称は，「適格請求書等保存方式」という。インボイスとは，売手が買手に対して正確な適用税率や消費税額を伝えることを目的とした書類である。現在では2種類の消費税率が混在しており，正しい消費税額を計算するために，売手は税額等の記載ルールに則ったインボイス(適格請求書等)を発行し，買い手はそれを保存することを定めたものである。

□**G7広島サミット**……2023年5月に日本の広島において，フランス，米国，英国，ドイツ，日本，イタリア，カナダの7か国及び欧州連合(EU)の首脳が参加して開催された国際会議。

□**こども家庭庁**……2023年4月に設置。各府省庁に分かれているこども政策に関する総合調整権限を一本化するための新たな機関で，こどもの最善の利益を第一として，こどもの視点に立った当事者目線の政策を強力に進めていくことを目指す。

文化

●日本の世界遺産

世界遺産は，1972年に開かれた第17回ユネスコ総会で採択された国際条約で，世界の文化遺産および自然遺産の保護に関する法律で規定されている。日本は，1992年に加盟し，文化庁が文化遺産を推薦し，環境省が自然遺産を推薦することになっている。2023年3月現在，日本の世界遺産は25件(文化遺産20件，自然遺産5件)である。

世界遺産名	所在地	登録年	区分
法隆寺地域の仏教建造物	奈良県	1993年	文化
姫路城	兵庫県	〃	文化
屋久島	鹿児島県	〃	自然
白神山地	青森県，秋田県	〃	自然
古都京都の文化財(京都市，宇治市，大津市)	京都府，滋賀県	1994年	文化
白川郷・五箇山の合掌造り集落	岐阜県，富山県	1995年	文化
原爆ドーム	広島県	1996年	文化
厳島神社	広島県	〃	文化
古都奈良の文化財	奈良県	1998年	文化
日光の社寺	栃木県	1999年	文化
琉球王国のグスク及び関連遺産群	沖縄県	2000年	文化
紀伊山地の霊場と参詣道	三重県，奈良県，和歌山県	2004年	文化
知床	北海道	2005年	自然
石見銀山遺跡とその文化的景観	島根県	2007年	文化
小笠原諸島	東京都	2011年	自然
平泉一仏国土(浄土)を表す建築・庭園及び考古学的遺跡群一	岩手県	2011年	文化
富士山一信仰の対象と芸術の源泉	山梨県，静岡県	2013年	文化
富岡製糸場と絹産業遺産群	群馬県	2014年	文化
明治日本の産業革命遺産　製鉄・製鋼，造船，石炭産業	福岡県・佐賀県・長崎県・熊本県・鹿児島県・山口県・岩手県・静岡県	2015年	文化
ル・コルビュジエの建築作品－近代建築運動への顕著な貢献	東京都(他フランス，ドイツ，スイス，ベルギー，アルゼンチン，インド)	2016年	文化
「神宿る島」宗像・沖ノ島と関連遺産群	福岡県	2017年	文化
長崎と天草地方の潜伏キリシタン関連遺産	長崎県，熊本県	2018年	文化
百舌鳥・古市古墳群	大阪府	2019年	文化
奄美大島，徳之島，沖縄県北部及び西表島	鹿児島県，沖縄県	2021年	自然
北海道・北東北の縄文遺跡群	北海道，青森県，岩手県，秋田県	〃	文化

●日本のノーベル賞受賞者

ダイナマイトの発明者アルフレッド・ノーベル(1833～96年)の遺言に従い，巨額の遺産の一部を物理学，化学，医学・生理学，文学の分野で優れた業績を残し，または世界の平和に貢献した人物に贈る賞として1901年に創設された。1968年に経済学賞も加わった。

受賞年	人　名	受賞部門	受賞理由・主な研究
1949年	湯川秀樹	物理学賞	中間子理論の研究
1965年	朝永振一郎	物理学賞	量子電磁力学の分野における基礎的研究
1968年	川端康成	文学賞	『伊豆の踊子』『雪国』など
1973年	江崎玲於奈	物理学賞	半導体におけるトンネル効果と超電導体の実験的発見
1974年	佐藤栄作	平和賞	日本の首相として国を代表して核兵器保有に終始反対し，太平洋地域の平和の安定に貢献
1981年	福井謙一	化学賞	化学反応過程の理論的研究
1987年	利根川進	医学・生理学	抗体の多様性生成の遺伝的原理
1994年	大江健三郎	文学賞	『あいまいな日本の私』『日本語と日本人の心』など
2000年	白川英樹	化学賞	導電性高分子の発見と開発
2001年	野依良治	化学賞	有用な化学物質を選択的につくりだすことが出来る不斉合成を開発
2002年	小柴昌俊	物理学賞	宇宙物理学，特に宇宙からのニュートリノの検出への先駆的な貢献
2002年	田中耕一	化学賞	生体高分子の同定および構造解析のための手法の開発
2008年	南部陽一郎※	物理学賞	素粒子物理学における自発的対称性の破れの発見
2008年	小林誠，益川敏英	物理学賞	小林・益川理論とCP対称性の破れの起源の発見による素粒子物理学への貢献
2008年	下村脩	化学賞	緑色蛍光タンパク質(GFP)の発見と生命科学への貢献
2010年	鈴木章，根岸英一	化学賞	パラジウム触媒クロスカップリングの開発
2012年	山中伸弥	医学・生理学	体細胞のリプログラミング(初期化)による多能性獲得の発見
2014年	天野浩，赤﨑勇 中村修二※	物理学賞	高輝度で省電力の白色光源を可能にした青色発光ダイオードの発明
2015年	大村智	医学・生理学	寄生虫によって起こる感染症の治療法の発見
2015年	梶田隆章	物理学賞	ニュートリノの振動の発見
2016年	大隅良典	医学・生理学	細胞の中で不要となったものをバルク処理するオートファジーの仕組みの解明
2018年	本庶佑	医学・生理学	がんを攻撃をする免疫のブレーキを外す分子「PD-1」の発見
2019年	吉野彰	化学賞	リチウムイオン電池の開発に寄与
2021年	真鍋淑郎※	物理学賞	地球温暖化の予測のための気候変動モデルの開発

(注) ※南部陽一郎，中村修二，真鍋淑郎は，それぞれ日本国籍から米国籍に変更した。

環境

□環境ホルモン：動物の体内に入るとホルモンに似た働きをし，生殖などの内分泌機能を乱す化学物質。「内分泌かく乱物質」とも。環境省ではダイオキシンや農薬など67物質をリストアップ。「奪われし未来」が，殺虫剤が流出した湖で大半の雄ワニに生殖器が縮む異常が見られる事実や男性の精子数が過去50年間で半減した事例を紹介。生殖機能を混乱させ，種の存続に悪影響を及ぼすことから，深刻な地球環境問題だが，科学的な解明は進んでいない。

□温室効果ガス：代表的なものは，二酸化炭素(大気中での寿命：5～200年)，メタン(12年)，二酸化窒素(114年)，対流圏オゾン，クロロフルオロカーボン(45年)の5つ。石炭，石油など化学燃料の大量消費で発生し，地面表の温度を上昇させる。

□ダイオキシン汚染：ゴミ焼却過程で発生する化学物質「ポリ塩化ジベンゾ・パラ・ジオキシン」による環境汚染。人工物質として最強の毒性を持つ物質。低濃度でも摂取し続けることにより，発ガンなどの可能性がある。従って，8章49条からなる「ダイオキシン類対策特別措置法」が1999(平成11)年に公布された。その主な内容は，①一生の間，摂取し続けても健康に悪影響を及ぼさない一日の耐容摂取量を人の体重1キロ当たり4ピコグラム以下とする。その具体的な数値は政令で定める。②大気，土壌，水質の環境基準を決定する。それに基づいてダイオキシンを排出する焼却炉などの施設を特定施設に指定し，排ガス・排水の排出基準を定める。③事業者が排出基準や総量規制基準を順守しなければ，環境庁・都道府県は改善命令を出す，以上のようなものである。

□酸性雨：自動車や工場の排ガスから出る窒素酸化物や硫黄酸化物が硝酸や硫酸に変わり，雨に取り込まれて降ってくるもの。pH(水素イオン濃度指数)5.6以下の雨のことであり，1930年代から見られるようになった。日本でもpH4前後の雨が観測されており，生態系に深刻な影響を与えるものとして国境を越えた国際問題となってきている。

□地球温暖化：二酸化炭素など温室効果ガスによって，地球の表面の温度が上昇していく現象。温暖化が続くと，南極や北極の氷が溶けて海面が上昇したり，気候が変わって農作物の収穫に被害が出たりなど，様々な影響が予想される。

実施問題

一般時事

【1】労働者の権利と労働問題に関わる記述として適当でないものを，次の①から⑤までの中から一つ選び，記号で答えよ。

① 日本の労働時間は減少傾向にあり，海外との格差は縮小している。

② 日本では，産業別労働組合が大半を占め，労使一体的な関係が続いている。

③ 女性の労働環境を整えるため，労働基準法や男女雇用機会均等法の改正，育児・介護休業法の制定などが行われている。

④ 正規労働者でも，裁量労働制やフレックスタイム制など，働き方が多様化している。

⑤ 労働環境を改善するために，長時間労働の抑制，同一労働同一賃金の実現などを柱とした働き方改革関連法が成立した。

▌2024年度 ▌沖縄県 ▌難易度■■■□□

【2】次の□内の文は，世界とわが国の人口について説明しようとしたものである。文中の(　　)内に共通してあてはまる数字として最も適切なものはどれか。以下の①～④から一つ選んで，その番号を書け。

> 国連人口基金(UNFPA)の「世界人口白書2023」によると，2022年に世界人口が(　　)億人を超え，史上最多となった。
> 一方，わが国では，厚生労働省が2023年6月に発表した人口動態統計(概数)によると，2022年の出生数が，1899年の統計開始以来，初めて(　　)万人を割り込んだ。

① 60　② 80　③ 100　④ 120

▌2024年度 ▌香川県 ▌難易度■■■□□

●社会科学

【3】次の(1)～(6)の各問いに答えよ。

(1) 次の文は，山口県の教育についてである。(　　)に入る適切な語句を答えよ。

> 山口県教育委員会では，平成30年10月に5年間の本県教育の指針となる「山口県教育振興基本計画」を新たに策定しました。この計画では，前計画の教育目標「未来を拓く(　　)『やまぐちっ子』の育成」を継承し，これからの複雑で予測が困難な時代にあって，子どもたちが社会の変化に対応しながら，主体的に未来を切り拓く力の育成に向けて，本県の教育課題に的確に対応した諸施策を総合的・計画的に推進しています。
>
> こうした取組をより確かなものとし，本県教育の一層の質の向上を図るためには，県教育委員会，市町教育委員会と学校が今年度の主な取組内容を共有し，一体となって取り組む必要があることから，単年度の計画としての「山口県教育推進の手引き」を作成しています。

(2) 次の省庁に関する文の(　　)に入る適切な語句を答えよ。

> 2021年9月のデジタル庁以来の省庁設置となる(　　)は厚生労働省や内閣府に分かれていた保育や貧困対策などの担当部署が移管され，2023年4月に発足した。

(3) 次の人口に関する文の(　　)に入る適切な語句を以下の語群から選び，記号で答えよ。

> 令和3年の日本の出生数は(　　)万1622人で，前年より2万9213人減少し，明治32年の人口動態調査開始以来最少となった。出生率(人口千対)は6.6で前年の6.8より低下し，合計特殊出生率は1.30で前年の1.33より低下した。(令和3年(2021)　人口動態統計(確定数)の概況，厚生労働省より)

語群　ア　81　　イ　21　　ウ　151　　エ　201

(4) 次の文は，文部科学大臣の下，とりまとめられたプランの概要の抜粋である。(　　)に入る適切な語句を以下の語群から選び，記号で答えよ。

> 不登校により学びにアクセスできない子供たちをゼロにすることを目指し，
> 1. 不登校の児童生徒全ての学びの場を確保し，学びたいと思った時に学べる環境を整える
> 2. 心の小さなSOSを見逃さず，「チーム学校」で支援する
> 3. 学校の風土の「見える化」を通じて，学校を「みんなが安心して学べる」場所にする
>
> ことにより，誰一人取り残されない学びの保障を社会全体で実現するための(　　)プランを，文部科学大臣の下，とりまとめた。

語群　1　ライフ　　2　子ども・子育て応援　　3　COCOLO
　　　4　アクション

(5)　次の文化庁に関する文の(　　)に入る適切な都市名を答えよ。

> 芸術文化の振興，文化財の保存・活用，国際文化交流の振興等を使命とする文化庁は，外交や国会対応，関係省庁との調整や政策企画立案などの業務についても現在と同等以上の機能とすることを前提とし，(　　)に移転を行った。

(6)　次の環境に関する文の(　　)に入る適切な語句を以下の語群から選び，記号で答えよ。

> 「食品ロス」についてのFAO(国際連合食糧農業機関)の報告書によると，世界では食料生産量の(　　)に当たる約13億トンの食料が毎年廃棄されている。日本でも1年間に約612万トン(2017年度推計値)もの食料が捨てられており，これは東京ドーム5杯分とほぼ同じ量で，日本人1人当たり，お茶碗1杯分のごはんの量が毎日捨てられている計算になる。

語群　ア　3分の1　　イ　10分の1　　ウ　50分の1
　　　エ　100分の1

2024年度　山口県　難易度■■■□□□

【4】次のA～Cの文中の空欄(　①　)～(　③　)にあてはまる最も適切な語句を，以下のア～エの中からそれぞれ一つずつ選び，記号で答えなさい。

A　次世代のWebサービスとして提唱されている「Web3.0」と関係が深いサービスの一つに(　①　)がある。

ア　SNS　　イ　MetaVerse　　ウ　BBS　　エ　streaming

B　財務省は，2024年度上期をめどに紙幣のデザインを一新すると発表した。新しい一万円札の肖像画の人物は(　②　)である。

ア　渋沢栄一　　イ　津田梅子　　ウ　北里柴三郎

エ　聖徳太子

C　農村づくりに関する調査のため，令和5年1月に(　③　)の調査団が山形県に来県し，知事との面会や現地視察を行った。

ア　OPEC　　イ　OECD　　ウ　UNESCO　　エ　IMF

▌2024年度 ▌山形県 ▌難易度 ■■■□□

【5】次の文は，令和4年度中に報道されたニュースの一部である。ニュースの内容が正しいものを○，誤っているものを×としたとき，その組合せとして正しいものはどれか。

A　2022年，FIFAワールドカップがカタールで開催された。今回初めてアフリカで行われた。当地の厳しい暑さを避けて11月から12月にかけて開催された。

B　2022年6月，経済産業省は厳しい電力需給状況を踏まえ，東京電力管内に電力需給ひっ迫注意報を発令した。政府はより厳しい需給が見通される冬に向けて原子力発電所の運転再開など，最大限の供給力確保に向けて万全の取組を進めていく考えを示した。

C　2022年11月，岡山城は「令和の大改修」を終え，リニューアルオープンした。「歴史を伝える城，集う城」をテーマに，周辺の文化施設とも連動し，市街地への回遊性を高めている。

	A	B	C
1.	○	○	×
2.	×	○	○
3.	○	×	○

4. ○　×　×

5. ×　×　○

2024年度 岡山市 難易度

【6】次の(1)～(4)に答えよ。

(1) 2023年4月4日に新たにNATO(北大西洋条約機構)に加盟した国を，次のア～オから一つ選べ。

ア．ノルウェー　イ．スウェーデン　ウ．フィンランド
エ．ウクライナ　オ．ポーランド

(2) 平成28年3月の「政府関係機関移転基本方針」(まち・ひと・しごと創生本部決定)に基づき京都への移転に向けた準備を進め，令和5年5月15日から京都庁舎における業務を本格稼働した省庁を，次のア～オから一つ選べ。

ア．文化庁　イ．スポーツ庁　ウ．こども家庭庁
エ．資源エネルギー庁　オ．観光庁

(3) インターネット上に構築される仮想の三次元空間を何というか。次のア～オから一つ選べ。

ア．VR　イ．アバター　ウ．チャットボット
エ．メタバース　オ．チャットGPT

(4) 二酸化炭素などの温室効果ガスの排出量と植林・森林管理などによる吸収量を差し引きゼロとなった状態を何というか。次のア～オから一つ選べ。

ア．カーボンフリー　イ．カーボンニュートラル
ウ．カーボンネガティブ　エ．カーボンポジティブ
オ．カーボンオフセット

2024年度 山梨県 難易度

【7】次の(1)～(10)の問いに答えよ。

(1) 次の文章の[　　]にあてはまる語を，以下の①～④から一つ選べ。

> 政府は，2023年5月11日のAI戦略会議で，「チャットGPT」などの[　　]技術の利用が急速に広がる中，著作権の侵害など弊害への懸念も指摘されているため，活用推進のあり方と同時に，規制やルール作りの検討を進める方針を示した。

① 模倣AI　② 類推AI　③ 生成AI　④ 予測AI

(2) 障害を抱えた息子との共生や反核といったテーマを追究する小説を執筆し，日本人で二人目のノーベル文学賞を受賞して，2023年3月に死去した作家を，次から一つ選べ。

① 小林秀雄　② 大江健三郎　③ 畑正憲

④ 石原慎太郎

(3) 次の文章の(　ア　)，(　イ　)にあてはまる語の正しい組合せを，以下の①～④から一つ選べ。

> 温室効果ガス排出量を実質ゼロにする(　ア　)へのシフトが時代の潮流となる中，秋田県では，2022年12月，大規模な(　イ　)としては国内初となる商業運転が始まった。

① ア グリーンツーリズム　イ 太陽光発電

② ア グリーンツーリズム　イ 洋上風力発電

③ ア カーボンニュートラル　イ 太陽光発電

④ ア カーボンニュートラル　イ 洋上風力発電

(4) 次の文章の[　　]にあてはまる語を，以下の①～④から一つ選べ。

> 天文学に大きな功績を残した「ハッブル宇宙望遠鏡」の後継機としてNASAが中心となって開発した「[　　]宇宙望遠鏡」が，2022年7月から本格的に運用が開始され，鮮明な天体画像を地球へ送り届けている。

① ケプラー　② ジェームズ・ウェッブ

③ ナンシー・グレース・ローマン　④ ハーシェル

(5) 次の文章の[　　]にあてはまる人名を，以下の①～④から一つ選べ。

> 政府は，2023年4月7日の閣議で，日本銀行の新しい総裁に[　　]氏を任命する人事を決定した。戦後初となる学者出身の総裁として，現在の大規模な金融緩和からの出口戦略を探る重責を担うことになる。

①　植田和男　　②　白川方明　　③　福井俊彦　　④　黒田東彦

(6)　次の文章の[　　]にあてはまる国名を，以下の①～④から一つ選べ。

> 2023年2月6日，日本政府は[　　]南部を震源とする地震を受け，行方不明者の捜索，救助を実施する国際緊急援助隊・救助チームの派遣を決めた。先発隊の18人は6日深夜，現地に向け羽田空港を出発した。

①　トルコ　　②　ギリシア　　③　イスラエル　　④　イラン

(7)　次の文章の[　　]にあてはまる略語を，以下の①～④から一つ選べ。

> 地球温暖化の加速による気候危機がかつてないほど深刻化している。国連の気候変動に関する政府間パネル([　　])は最新の報告書で，「この10年間の選択や対策が，数千年先まで影響を持つ」と強い言葉で警鐘を鳴らした。

①　IPCC　　②　IAEA　　③　IFCS　　④　IBRD

(8)　次の文章の[　　]にあてはまる国名を，以下の①～④から一つ選べ。

> 第二次世界大戦後，一貫して軍事的中立を維持してきた[　　]が，2023年4月，北大西洋条約機構(NATO)に正式加盟した。これで加盟国は31カ国となり，ロシアにとっては，ウクライナ侵攻でNATO拡大阻止を狙いながら，かえって拡大を招く結果となった。

①　スウェーデン　　②　スイス　　③　フィンランド
④　オーストリア

(9) 2023年3月，元パラスポーツ選手の国枝慎吾氏に国民栄誉賞が授与された。国枝氏が活躍した競技を，次から一つ選べ。

① 車いすマラソン　② 車いすバスケットボール
③ 車いすフェンシング　④ 車いすテニス

(10) 2023年3月に文化庁が移転した都市を，次から一つ選べ。

① 金沢市　② 奈良市　③ 京都市　④ 大阪市

2024年度 秋田県 難易度

【8】次の文章を読んで，(1)～(3)の問いに答えよ。

文部科学省は2023年4月28日，6年ぶりとなる小中学校の教員を対象にした勤務実態調査の速報値を公表した。それによると，国が残業の上限としている月(　ア　)時間を超えるとみられる教員が中学校で77.1％，小学校では64.5％に上ったほか，「過労死ライン」とされる月(　イ　)時間に相当する可能性がある教員が中学校で36.6％，小学校で14.2％となった。

永岡文部科学大臣は(ウ)今回の調査を踏まえ，(エ)公立の義務教育諸学校等の教育職員の給与等に関する特別措置法(給特法)の見直しや働き方改革，教員やスタッフの体制の充実などについて，中央教育審議会に諮問した。

(1) (　ア　)，(　イ　)にあてはまる数の正しい組合せを，次から一つ選べ。

① ア　45　イ　60　② ア　45　イ　80
③ ア　80　イ　100　④ ア　80　イ　120

(2) 下線部(ウ)の結果としてあてはまらないものを，次から一つ選べ。

① 1日当たりの在校等時間は減少したものの，依然として長時間勤務が続いている。
② 平日の持ち帰り残業時間は，小中学校ともに増加した。
③ 中学校の部活動における1週間の平均活動日数は減少した。
④ 校長，副校長・教頭，教諭のうち，1日当たりの在校等時間が最も長かったのは教諭であった。

(3) 下線部(エ)の内容としてあてはまるものを，次から一つ選べ。

① 超過勤務時間に応じて超過勤務手当が支払われる。
② 給料月額の4％を一律に支給する代わりに超過勤務手当が支払われない。
③ 校長が認めた場合に限り超過勤務手当が支払われる。
④ 月の超過勤務手当の上限が定められている。

2024年度 秋田県 難易度

【9】次の文章を読んで，(1)～(3)の問いに答えよ。

新型コロナウイルスの感染症法上の位置付けが，2023年5月8日から(ア)「5類」へと移行された。今後，法律に基づいた外出自粛の要請などはなくなるほか，感染対策は個人の判断に委ねられるなど，3年余り続く国のコロナ対策は大きな節目を迎えた。

また，流行状況の把握については，医療機関などが毎日すべての感染者数を報告する「全数把握」から(イ)「定点把握」へと変更された。

(1) 下線部(ア)の感染症としてあてはまらないものを，次から一つ選べ。
① 感染性胃腸炎　② 麻しん　③ 結核　④ 風しん

(2) 下線部(イ)の説明として正しいものを，次から一つ選べ。
① 地域の基幹病院が重症化率の高い60歳以上の新規感染者数を毎日報告する。
② 国の医療機関が定期的に病床使用率とクラスターの状況を報告する。
③ 指定された医療機関が1週間分の新規感染者数をまとめて報告する。
④ 自治体ごとに定めた方法により新規感染者数や死亡者数を週に一度報告する。

(3) 5類移行後の感染症対策として誤っているものを，次から一つ選べ。
① これまで無料であった検査や外来診療などの窓口負担分が自己負担となる。

② 療養期間の目安として発症翌日から5日間は外出を控えることが推奨されている。

③ 2023年度においてはワクチンの無料接種は継続される。

④ 感染者数の減少に伴い，外来診療が可能な医療機関の数を縮小する。

2024年度 秋田県 難易度

【10】次の文中の(　　)に該当する語句として正しいものを，以下の1～5から一つ選びなさい。

日本の鉄道が1872(明治5)年10月14日に(　　)～横浜間で開業して，2022(令和4)年で150年を迎えた。

1 東京　2 浅草　3 品川　4 新橋　5 新宿

2024年度 高知県 難易度

【11】次の文章を読んで，(1)～(3)の問いに答えよ。

> 2023年4月1日，子ども政策を社会の最重要課題に据えて取組を進めるため，内閣総理大臣直属の機関として，(　ア　)が発足した。内閣府や厚生労働省から一部の部局が移管され，児童手当の支給や妊娠から出産・子育てまでの一貫した支援，保育行政，それに児童虐待，いじめ，貧困対策など，子どもに関わる業務を幅広く担当する。
>
> 4月3日，発足式が東京都内で開かれ，岸田内閣総理大臣は挨拶で「子どもたちにとって何が最もよいことなのか。これを常に考えて，健やかで幸せに成長できるような社会を実現する。そうした『(　イ　)社会』の実現。これが，(　ア　)の使命です。」と述べた。

(1) (　ア　)にあてはまる語を，次から一つ選べ。

① こども庁　② こども福祉庁　③ こども家庭庁

④ こども総合支援庁

(2) (　イ　)にあてはまる語を，次から一つ選べ。

① こどもまんなか　② こどもあんしん

③ こどもファースト　④ こどもセーフティ

(3) 2023年4月1日に施行されたこども基本法の基本理念としてあてはまらないものを，次から一つ選べ。

① 全てのこどもについて，個人として尊重され，その基本的人権が保障されるとともに，差別的取扱いを受けることがないようにすること。

② 全てのこどもについて，その年齢及び発達の程度に応じて，その意見が尊重され，その最善の利益が優先して考慮されること。

③ 家庭や子育てに夢を持ち，子育てに伴う喜びを実感できる社会環境を整備すること。

④ こどもの養育については，国が第一義的責任を有するとの認識の下，必要な養育環境を整備すること。

2024年度 秋田県 難易度

【12】次の文の(　　)にあてはまる適切な語句を①～④から選び，番号で答えよ。

令和4年9月，約66キロメートルの営業キロ数で全国の新幹線路線の中で距離が最短の西九州新幹線が武雄温泉(佐賀県武雄市)と(　　)間で部分開業した。

① 長崎　② 鹿児島　③ 福岡　④ 大分

2024年度 神戸市 難易度

【13】厚生労働省は，2025年を目途に，高齢者の尊厳の保持と自立生活の支援の目的のもと，重度な要介護状態となっても住み慣れた地域で自分らしい暮らしを人生の最後まで続けることができるよう，住まい・医療・介護・予防・生活支援が一体的に提供されるシステムの構築を推進している。このシステムを何と呼ぶか。次の①～④から一つ選んで，その番号を書け。

① 全国総合マネジメントシステム

② 地域総合マネジメントシステム

③ 全国包括ケアシステム

④ 地域包括ケアシステム

2024年度 香川県 難易度

【14】次の文の(　　)にあてはまる適切な語句を①～④から選び，番号で答えよ。

2022年9月，政府と日本銀行は，急激な円安の進行を阻止するため，(　　)の為替介入を実施した。

① 円売りドル買い　② 円売りユーロ買い

③ ユーロ売り円買い　④ ドル売り円買い

▍2024年度 ▍神戸市 ▍難易度■■■□□

解答・解説

【1】②

○解説○ 日本のほとんどの労働組合は企業別組合である。

【2】②

○解説○ 世界人口はアフリカを中心に増加を続けており，2050年には約97億人になると推計されている。一方，日本の人口は2008年の1億2,808万人をピークに，2011年から12年連続で減少している。1947～49年の第1次ベビーブームで年間約270万人の子どもが生まれていたが，現在ではその$\frac{1}{3}$以下にまで低下している。このことが多くの地域で現在進められている公立小中高等学校の統廃合の大きな要因となっている。なお，国連人口基金は1969年に設立，開発途上国や経済移行諸国に人口関連の支援を行う機関である。

【3】(1) たくましい　(2) こども家庭庁　(3) ア　(4) 3　(5) 京都　(6) ア

○解説○ (1) なお，令和5年度以降を対象とした新たな山口県教育振興基本計画が，令和5年10月頃に公開されることが予想される。その内容を学習するとともに，現計画からの変更点とその背景をおさえておくと理解が深まるだろう。 (2) こども家庭庁は内閣府の外局であり，こども・若者がぶつかるさまざまな課題を解決し，大人が中心になって作ってきた社会を「こどもまんなか」社会へと作り変えていくための司令塔として位置づけられている。 (3) ここで用いられている出生率とは人口1,000人当たりの出生数のことであることから，現在の日本の人口がおよそ1億2,000万人であることを知っていれば，正答も可能である。120,000,000×(6.6÷1,000)＝792,000〔人〕より，最も近いアが答えと考えられる。 (4) COCOLO(Comfortable, Customized and Optimized Locations of learning)プランは，行政だけでなく，学校，地域社会，各家庭，NPO，フリースクール関係者等による相互理解と連携によって，子供たちのためにそれぞれの持ち場で取組を進めることが必要としている。その背景の一つとして不登校の児童生徒数の急増があげられ，令和3年では約30万人とされている。 (5) その他，中央省庁の地方移転については，消費者庁・国民生活センターなどによる消費者行政新未来創造オフィスが徳島県に開設されたこと(現在では，消費者庁新未来創造戦略本部」)，総務省統計局が和歌山県に一部移転したことなどがあげられる。 (6) なお，2021年のデータによると，食品ロスは問題文の約2倍にあたる約25億トンであり，世界で栽培・生産された全食品のうちの約40％にあたる，とされている。

【4】① イ　② ア　③ イ

○**解説**○ ① メタバース(Meta Verse)とは，インターネットに構築された仮想空間のことで，実際の世界と同じような体験や交流，サービスを楽しむことができる。2023年に文部科学省が示した「大学・高専における遠隔教育の実施に関するガイドライン」においても，遠隔授業を活用した新たな取組としてメタバースの導入が推奨されている。 ② 2024年上期をめどに一新される紙幣には，五千円札は津田梅子，千円札は北里柴三郎の肖像が，新たに採用されている。 ③ OECD(経済協力開発機構)の調査団は，ルーラルイノベーション(農村部における革新)の事例を調査するため，令和5(2023)年1月に山形県を訪れた。ルーラルイノベーションの取組は，都市部で先行して行われているイノベーションを，農村部でも起こすことで，農村地域の持続的発展を目指すという取組である。

● 社会科学

【5】2

○**解説**○ A　2022年，FIFAワールドカップはカタールで11月から12月にかけて開催されたが，カタールはアフリカ州ではなく，ペルシア湾岸のアジア州の国である。アフリカでのFIFAワードカップの開催は，2010年の南アフリカ共和国のみである。

【6】(1)　ウ　　(2)　ア　　(3)　エ　　(4)　イ

○**解説**○ (1)　ノルウェーは，NATO原加盟国12か国の1つである。ポーランドは，冷戦終結後の1999年に加盟している。スウェーデンは，2022年5月にフィンランドとともにNATOへの加盟を申請し，難色を示していたトルコが加盟に同意している。ウクライナ政府は，NATOへの加盟を強く求めているが，ロシアと戦争が行われている状況において，加盟の件は棚上げの状態になっている。　(2)　京都は，文化財が多く伝統文化が蓄積していること，文化財を活用した観光を強化できること，地方文化の多様性の確保につながること，といった点が評価され，文化庁の移転先に選ばれた。　(3)　VR(Virtual Reality)は，コンピュータによって創りだされた仮想空間などを現実であるかのように疑似体験できる技術。アバターは，デジタル空間でゲームのプレイヤーやSNSのユーザー自身を表すアイコン等の事。チャットボットは，人工知能を活用した「自動会話プログラム」のこと。チャットGPTは，質問に答えて自然な言葉で文章を生成する人工知能。文部科学省はチャットGPTやBing Chat，Bard等の対話型生成AIに関して，令和5(2023)年7月に「初等中等教育段階における生成AIの利用に関する暫定的なガイドライン」を策定しているので，目を通しておきたい。

(4)　2020年10月，政府は2050年までに温室効果ガスの排出を全体としてゼロにする，カーボンニュートラルを目指すことを宣言している。「2050年カーボンニュートラル」の目標は，120以上の国及び地域が掲げている。なおカーボン・オフセットとは，CO_2等の温室効果ガスの排出について，まずできるだけ排出量が減るよう削減努力を行い，どうしても排出される温室効果ガスについて，排出量に見合った温室効果ガスの削減活動に投資すること等により，排出される温室効果ガスを埋め合わせるという考え方である。

【7】(1) ③　(2) ②　(3) ④　(4) ②　(5) ①　(6) ①
(7) ①　(8) ③　(9) ④　(10) ③

○**解説**○ (1) 生成AIは，あらかじめ学習したデータをもとに，画像・文章・音楽などの様々なコンテンツを新たに生成できる人工知能の総称を意味する。 (2) 大江健三郎がノーベル文学賞を受賞したのは，1994年のことである。川端康成氏に続き，2人目のノーベル文学賞受賞者である。 (3) カーボンニュートラルは，温室効果ガスの排出量と吸収量を均衡させること，つまり二酸化炭素などの温室効果ガスの「排出量」から，植林，森林管理などによる「吸収量」を差し引いて，ゼロにすることを意味している。グリーンツーリズムとは，農山漁村に滞在し農漁業体験をして，地域の人々との交流を図る余暇活動のことである。風力発電については，秋田県は大規模な洋上風力発電施設を導入し，2023年5月現在の発電所の最大出力は北海道，青森県に次いで3位となっている(資源エネルギー庁資料より)。 (4) NASAの二代目長官の名前にちなんで命名された。 (5) 福井俊彦氏は2003年から2008年まで，白川方明氏は2008年から2013年まで，黒田東彦氏は2013年から2023年まで，日銀総裁を務めた。 (6) トルコ南東部のシリアとの国境付近で発生し，マグニチュード7.8の地震と推定されている。トルコとシリアにおける死者数は，約6万人とされている。
(7) 気候変動に関する政府間パネル(IPCC: Intergovernmental Panel on Climate Change)は，世界気象機関(WMO)及び国連環境計画(UNEP)により，1988年に設立された政府間組織で，各国政府の気候変動に関する政策に科学的な基礎を与えることを目的としている。 (8) フィンランドと同時期にNATO加盟が内定した国として，スウェーデンがある。スウェーデンは2023年9月現在まだ正式には加盟できていないが，10月以降に加盟することが報じられている。 (9) 国枝慎吾氏は，テニス大会最高峰の四大大会で史上最多の通算50勝を挙げ，パラリンピックで東京大会を含め3大会で金メダルを獲得したことなどが評価された。 (10) 現在省庁の地方移転が進められ，その手始めとして文化庁の中枢が京都に移転した。

【8】(1) ② (2) ④ (3) ②

○**解説**○ (1) 残業の上限は原則として，「月45時間・年360時間」とされている。また，臨時的な特別の事情があり，労使が合意する場合でも「年720時間以内」または休日労働を含めた場合「月100時間以内，2～6か月平均80時間以内」と決められている。教員の場合，「公立学校の教師の勤務時間の上限に関するガイドライン」に，その旨が示されている。一般企業においては，違反した場合は罰金等の罰則が科せられる。一方，「過労死ライン」は，厚生労働省が行う労災認定の基準になっていることからこのように呼ばれている。 (2) ④は，1日当たりの在校等時間が平日においては，「教諭」よりも「副校長・教諭」の方が長いという結果だった。 (3) 公立の義務教育諸学校等の教育職員の給与等に関する特別措置法(給特法)は，公立学校の教育職員の給与や労働条件を定めた法律で，原則として時間外勤務手当や休日勤務を支給しない代わりに，給料の月額の4%に相当する額を「教職調整金」として支給することを定めている。教員は修学旅行などの学校外の教育活動や自己研修なども求められるなど，一般の公務員にはない特殊性があり，勤務時間を把握しづらいと考えられたため，このような仕組みになっている。

【9】(1) ③ (2) ③ (3) ④

○**解説**○ (1) 結核は，2類感染症になっている。 (2) 令和5(2023)年5月8日から，週1回，全国約5千の医療機関に年齢層や性別ごとの新規感染者数を報告してもらう「定点把握」に変更された。 (3) 各選択肢の内容は，厚生労働省がその5類移行時に公表した「新型コロナウイルス感染症(COVID-19)に係る新型インフルエンザ等感染症から5類感染症への移行について」に示されている。④についての記載はない。医療体制については，入院措置を原則とした行政の関与を前提とした限られた医療機関による特別な対応から，幅広い医療機関による自律的な対応に移行する，そして都道府県毎に移行計画を策定し，段階的に移行する旨が示されている。

【10】4

○解説○ 日本の鉄道は，1972(明治5)年に新橋～横浜間を結んで開業したのが始まりである。当時の新橋駅は，汐留にあった駅舎が新橋駅として開業したものである。

【11】(1) ③ (2) ① (3) ④

○解説○ (1) 令和4(2022)年6月にこども家庭庁設置法が成立し，令和5(2023)年4月，こども家庭庁が発足した。政府は人口減少に歯止めがかからない中，社会全体で子供の成長を後押しするため，こども家庭庁を創設した。「こども庁」との名称にする案もあったが，子育てにおける家庭の役割が重視されて「こども家庭庁」という名称になった。(2) 様々な文書等で，こどもまんなか社会とは「常にこどもの最善の利益を第一に考え，こどもに関する取組・政策を我が国社会の真ん中に据える社会」である旨が説明されている。 (3) ④ こども基本法第3条が「基本理念」を定めているが，その第5号は「こどもの養育については，家庭を基本として行われ，父母その他の保護者が第一義的責任を有するとの認識の下，これらの者に対してこどもの養育に関し十分な支援を行うとともに，家庭での養育が困難なこどもにはできる限り家庭と同様の養育環境を確保することにより，こどもが心身ともに健やかに育成されるようにすること」と規定している。

【12】①

○解説○ 西九州新幹線は長崎市(長崎駅)と福岡市(博多駅)を結ぶ143kmの新幹線ルートで，長崎～武雄温泉間はフル規格新幹線，武雄温泉～博多間は在来線特急で運行され，武雄温泉駅のホームで乗り換える対面乗換方式(リレー方式)となっている。この対面乗換方式による運行の場合，長崎～博多間の所要時間は，乗換時間も含めて，最速1時間20分であり，従来の最速の特急1時間50分と比較して30分の短縮となった。

● 社会科学

【13】④

○**解説**○ 現在，厚生労働省は2025年を目途に，高齢者の尊厳の保持と自立生活の支援の目的のもとで，可能な限り住み慣れた地域で，自分らしい暮らしを人生の最期まで続けることができるよう，地域の包括的な支援・サービス提供体制である地域包括ケアシステムの構築を推進している。例えば香川県では「香川県一人暮らし高齢者等対策事業」として，「地域支え合い活動リーダー」を地域ごとに複数名置き，社協や老人クラブ，自治会などの協力の下，一人暮らしの高齢者等を支える仕組みを構築している。

【14】④

○**解説**○ 政府と日本銀行は円安の進行を阻止するため円買い・外貨売り，円高の進行を阻止するため円売り・外貨買いの為替介入を行うことがある。外貨の売買に(米)ドルを使用するのは，貿易も金融取引では(米)ドル建てが最も多い，各国の外貨準備では(米)ドル建てが最大である等，世界の基軸通貨となっているからである。

国際関係

【1】次の文を読んで，問1，問2に答えなさい。

SDGsとは，2001年に策定された[　1　]の後継として，2015年9月の国連サミットで加盟国の全会一致で採択された「持続可能な開発のための2030アジェンダ」に記載された，2030年までに持続可能でよりよい世界を目指す国際目標であり，[　2　]ことを誓っている。

問1　空欄1，空欄2に当てはまる適切な語句の組合せを選びなさい。

ア　1－パリ協定
　　2－「心のバリアフリー」を体現する

イ　1－ミレニアム開発目標
　　2－「心のバリアフリー」を体現する

ウ　1－モントリオール議定書
　　2－地球上の「誰一人取り残さない」

エ　1－パリ協定
　　2－地球上の「誰一人取り残さない」

オ　1－ミレニアム開発目標
　　2－地球上の「誰一人取り残さない」

問2　下線部に関する記述として，適切なものの組合せを選びなさい。

①　日本は2016年に策定した「SDGs実施指針」を2019年に改定し，日本として特に注力すべき優先課題と主要原則を改めて提示した。

②　社会，経済，環境の3側面から捉えることのできる8のゴールと21のターゲットから構成され，すべての国において取り組むことが望ましいとされている。

③　すべての人に包摂的かつ公正な質の高い教育を確保し，生涯学習の機会を促進することをゴールの一つとしている。

④　世界の消費と生産における資源効率を改善するため，先進国の経済成長を抑制することをゴールの一つとしている。

⑤　ジェンダー平等を達成し，すべての女性及び女児の能力強化(エンパワーメント)を行うことをゴールの一つとしている。

ア　①②③　　イ　①③⑤　　ウ　①④⑤　　エ　②③④
オ　②④⑤

2024年度　北海道・札幌市　難易度

【2】国際社会に対する日本の協力体制について述べた文として適切なものを，次のア～エから1つ選びなさい。

ア　アジア太平洋経済協力(APEC)に参加している。
イ　環太平洋パートナーシップ(TPP)協定から離脱した。
ウ　これまで国際連合の平和維持活動(PKO)に参加したことがない。
エ　気候変動枠組条約締約国会議(COP)が1997年に東京で開催した。

2024年度　兵庫県　難易度

【3】持続可能な開発目標(SDGs)について説明した文として適切でないものを，次のア～エから1つ選びなさい。

ア　2015(平成27)年の国連サミットで採択された2035(令和17)年までの国際目標である。
イ　「誰一人取り残さない」ことを理念としている。
ウ　兵庫県教育委員会では，子どもたちが主体となって取り組んでいるSDGs活動をたたえ，「ひょうごSDGsスクールアワード」として表彰している。
エ　持続可能な世界を実現するための17のゴール・169のターゲットから構成されている。

2024年度　兵庫県　難易度

【4】フランス，米国，英国，ドイツ，日本，イタリア，カナダの7か国並びに欧州連合(EU)の首脳が参加して毎年開催される国際会議G7サミット(主要国首脳会議)が，2023年5月19日から21日まで日本で開催された。この開催地はどこか。次の①～④から一つ選んで，その番号を書け。

①　沖縄県名護市　　②　広島県広島市　　③　三重県志摩市
④　北海道洞爺湖町

2024年度　香川県　難易度

【5】次の図は，Sustainable Development Goals の一部を表している。［ 1 ］，［ 2 ］にあてはまる語句として最も適切なものを，語群①～⑧の中から一つずつ選びなさい。

《語群》

① CLEAN WATER AND SANITATION

② QUALITY EDUCATION

③ ZERO HUNGER

④ NO POVERTY

⑤ LIFE BELOW WATER

⑥ REDUCED INEQUALITIES

⑦ CLIMATE ACTION

⑧ GENDER EQUALITY

▌2024年度 ▌三重県 ▌難易度

【6】2022年8月30日に死去した，旧ソビエト社会主義共和国連邦(ソ連)の大統領であったミハイル・ゴルバチョフについての説明として適切でないものを，次の1～4の中から1つ選びなさい。

1 国内では「ペレストロイカ」(改革)に励み，外交にあっては，「ノーボエ・ムイシュレーニエ」(新思考)を旗印に新しい戦略を打ち出した。

2 ソ連共産党中央委員会の解散を勧告し，ソ連共産党の実質的な解体を宣言した。

3 大統領制を導入し，ロシア連邦の初代の大統領になった。

4 1990年にノーベル平和賞を受賞した。

▌2024年度 ▌埼玉県・さいたま市 ▌難易度

【7】次の文章は，G7広島サミットに向けた岸田内閣総理大臣のメッセージの一部(首相官邸HPより抜粋)である。(1)～(4)の問いに答えよ。

> 今日国際社会は，コロナ禍に見舞われ，また，国際秩序を根幹から揺るがすロシアによるウクライナ侵略に直面し，歴史的な転換期を迎えつつあります。力による一方的な現状変更の試みや核兵器による威嚇，その使用を断固として拒否し，(　ア　)に基づく国際秩序を守り抜く。G7議長として，議論を牽引し，こうしたG7の強い意志を，歴史に残る重みを持って，力強く世界に示したいと考えています。

(1)　G7とは何の略語か，次から一つ選べ。

①　Group of Seven　　②　Global Seven

③　Government of Seven　　④　Great Seven

(2)　(　ア　)にあてはまる語を，次から一つ選べ。

①　情報の分析　　②　法の支配　　③　集団的自衛権

④　経済的自由主義

(3)　G7広島サミットの招待国を，次から一つ選べ。

①　フィリピン　　②　韓国　　③　中国　　④　マレーシア

(4)　G7広島首脳コミュニケの前文で述べられていないものを，次から一つ選べ。

①　全ての者にとっての安全が損なわれない形での核兵器のない世界という究極の目標に向けて，軍縮・不拡散の取組を強化する。

②　G7内及びその他の国々との協力を通じ，将来のクリーン・エネルギー経済への移行を推進する。

③　我々が共有する民主的価値に沿った，信頼できる人工知能(AI)という共通のビジョンと目標を達成するために，包摂的なAIガバナンス及び相互運用性に関する国際的な議論を進める。

④　強固で，持続可能な，かつ，均衡ある成長を達成するための我々の取組を強化することに対する3本の矢のアプローチ，すなわち相互補完的な財政，金融及び構造政策の重要な役割を再確認する。

▌2024年度▐ 秋田県 ▐ 難易度 ■■■□□

【8】UNHCRは，1950(昭和25)年に設立され，近年では，アフリカ，中東，アジアで発生した難民危機への対応を行うとともに，紛争で家を追われた国内避難民，無国籍者への支援等も行っている。また，ウクライナにおける紛争や情勢不安の影響を受け，1994(平成6)年から今日にいたるまで，現地当局，パートナー団体，地元の組織と連携しながら，保護や人道支援を必要としている人々のサポートを現場で行っている。UNHCRの日本語名称として正しいものを，次の1～5から一つ選びなさい。

1　世界保健機関

2　国際連合ボランティア計画

3　国際連合児童基金

4　国連難民高等弁務官事務所

5　国際移住機関

▌2024年度▌高知県▌難易度■■■□□

【9】次の文の(　　)にあてはまる適切な語句を①～④から選び，番号で答えよ。

2022年9月に死去したイギリスの(　　)二世女王は，1952年の即位以降，イギリス王室史上最長となる70年にわたり在位した。

①　チャールズ　　②　ウィリアム　　③　エリザベス

④　シャーロット

▌2024年度▌神戸市▌難易度■■■■□

【10】次の文の(　　)にあてはまる適切な語句を①～④から選び，番号で答えよ。

国連教育科学文化機関(　　)は，日本の各地で伝承されてきた盆踊りなど，お囃子に合わせて踊る日本の民俗芸能「風流踊」を無形文化遺産に登録することを決定した。

①　ILO　　②　WHO　　③　OECD　　④　UNESCO

▌2024年度▌神戸市▌難易度■■■■□

【11】2022年6月の国連総会で，安全保障理事会の非常任理事国5か国の入れ替え選挙が秘密投票で行われ，日本が選出された。日本が非常任理事国に選ばれた回数として適切なものを①～④から選び，番号で答えよ。

① 3回目　② 6回目　③ 9回目　④ 12回目

▌2024年度 ▌神戸市 ▌難易度

解答・解説

【1】問1 オ　問2 イ

○**解説**○ 問1 貧困，紛争，気候変動等の数多くの課題が地球上に存在するが，その課題を整理し解決方法を考え，2030年までに達成すべき具体的な目標が，出題のSDGs(Sustainable Development Goals)すなわち「持続可能な開発目標」である。 1 誤肢のパリ協定は，2020年以降の地球温暖化対策の国際的な取組を定めた協定で，2015年に国連気候変動枠組条約第21回締約国会議(COP21)で採択された。同じく誤肢のモントリオール議定書は，特定フロン・ハロンなどオゾン層を破壊する物質の生産・消費の具体的削減策について定めた国際的な取り決めで，1987(昭和62)年にオゾン層の保護のためのウィーン条約に基づき採択された。 2 誤肢の「心のバリアフリー」を体現するポイントは，「ユニバーサルデザイン2020行動計画」に示されている。

問2 ② 8つのゴールと21のターゲットで示されているのは，SDGsの前身であるミレニアム開発目標である。SDGsは17のゴール・169のターゲットから構成されている。 ④ 「先進国の経済成長を抑制する」という部分が特に誤り。「経済成長が，環境を悪化させることにつながらないようにする」と示されている。

【2】ア

○**解説**○ イ 日本は離脱していない。離脱したのはアメリカである。 ウ 1992年にPKO法(国際連合平和維持活動等に対する協力に関する法律)が成立して以来，参加している。　エ　気候変動枠組条約第3回締約国会議(COP3)が開催されたのは，東京ではなく京都である。

【3】ア

○**解説**○ 持続可能な開発目標(SDGs：Sustainable Development Goals)は，「2035年までの目標」ではなく，「2030年までに持続可能でよりよい世界を目指す」国際目標である。

【4】②

○**解説**○ 先進国首脳会議(サミット)は1975年フランスのランブイエで開催された以降，毎年開催される国際会議。参加国は日本・アメリカ・イギリス・フランス・イタリア・ドイツ・カナダであったが，1997年からはロシアが正式に参加してG8ととなり「主要国首脳会議」と称されたが，2014年のクリミア侵攻によりロシアは除外され再びG7となった。日本ではこれまで7回(東京3回，九州・沖縄，北海道洞爺湖，三重県伊勢志摩，広島県広島市)開催されている。

【5】1　⑧　　2　⑤

○**解説**○ Sustainable Development Goals＝持続可能な開発目標には，17の目標が設定されている。17の目標のうち，語群の①は6「安全な水とトイレを世界中に」，②は4「質の高い教育をみんなに」，③は2「飢餓をゼロに」，④は1「貧困をなくそう」，⑤は14「海の豊かさを守ろう」，⑥は10「人や国の不平等をなくそう」，⑦は13「気候変動に具体的な対策を」，⑧は5「ジェンダー平等を実現しよう」である。

【6】3

○**解説**○ ロシア連邦初代大統領は，ボリス・エリツィンである。ゴルバチョフ氏は，1985年にソ連共産党書記長に就任し，「グラスノスチ(情報公開)」，「ペレストロイカ(建て直し)」といった改革を進め，停滞したソ連の政治経済の立て直しを図った。また新思考外交のもと，西側諸国との対話を進め，1989年アメリカのブッシュ(父)大統領とのマルタ会談において，冷戦の終結を宣言した。1990年には憲法改正によってソ連大統領に就任したが，1991年にソ連邦の解体とともに大統領を辞任した。

【7】(1) ① (2) ② (3) ② (4) ④

○**解説**○ (1) サミットは，年1回主要国の首脳が国際社会の問題について協議する国際会議のことである。G7はGroup of Seven の略で，G7サミットは先進7か国首脳会議を表す。G7は日本，アメリカ，イギリス，フランス，ドイツ，イタリア，カナダで構成されている。 (2) ロシア，中国が国際法に違反するさまざまな行動に出ていることが，この表明につながっている。 (3) G7広島サミットにおける招待国は，韓国のほか，オーストラリア，ブラジル，インド(G20議長国)，インドネシア(ASEAN議長国)，コモロ(アフリカ連合)，クック諸島(太平洋諸島フォーラム議長国)，ベトナムであった。 (4) ④の内容は，平成28(2016)年の伊勢志摩サミットの首脳宣言に置いて述べられたものである。

【8】4

○**解説**○ UNHCRは「The Office of the United Nations High Commissioner for Refugees」の略である。国連の中で難民保護に関する仕事を行う。これに従事する高等弁務官は難民に対して国連の権威の下に国際的保護を提供する等の業務を行う。国連難民高等弁務官事務所については，日本人で初めての国連難民高等弁務官として国際政治学者だった緒方貞子氏が就任し，1991年から2000年まで務めたことも押さえておきたい。

【9】③

○**解説**○ エリザベス2世(1926～2022年)はジョージ6世の長女として生まれ，1947年エディンバラ公と結婚したのち，1952年にイギリス女王に即位した。イギリス史上最長期間女王として在位し，その間イギリス王室に対する厳しい社会の見方に対応するため，バッキンガム宮殿の一部公開や王位継承制度の改正等の王室近代化のための改革を行った。なお，①のチャールズ(チャールズ3世)は現イギリス国王，②のウィリアムは現イギリス皇太子，③のシャーロットはウィリアム皇太子の長女である。

【10】④

○**解説**○ ①のILOは国際労働機関，②のWHOは世界保健機関，③のOECDは経済協力開発機構の略称である。UNESCOにより無形文化遺産に登録された国指定重要無形民俗文化財である「風流踊(ふりゅうおどり)」は，広く親しまれている盆踊や小歌踊，念仏踊，太鼓踊など，各地の歴史や風土に応じて様々な形で伝承されてきた民俗芸能で，華やかな，人目を惹くという「風流」の精神を体現し，衣裳や持ちものに趣向をこらして，笛，太鼓，鉦などで囃し立て，賑やかに踊ることにより，災厄を祓い，安寧な暮らしがもたされることを願うという共通の特徴を持っている。

【11】④

○**解説**○ 国際の平和と安全に主要な責任を持つ安全保障理事会は15カ国で構成される。内訳は常任理事国5カ国(中国，フランス，ロシア連邦，イギリス，アメリカ)と非常任理事国10カ国であり，非常任理事国の任期は2年となっている。各理事国は1票の投票権を持ち，手続事項に関する決定は9カ国以上の賛成，実質事項に関する決定は5常任理事国の同意投票を含む9カ国以上の賛成が必要である。日本は1956年の国連加盟以来，12回目の非常任理事国であり，国連加盟国中最多である。

法律・制度

【1】令和5年4月1日に発足したこども家庭庁がつかさどる事務として誤りを含むものを，次の1～4のうちから1つ選びなさい。

1　こどもの保育及び養護
2　こどもの虐待の防止
3　学校教育の振興
4　いじめの防止等に関する相談の体制など地域における体制の整備

▌2024年度 ▌宮城県・仙台市 ▌難易度 ■■■□□□

【2】日本の安全保障に関わる記述として適当でないものを，次の①から⑤までの中から一つ選び，記号で答えよ。

①　日本の防衛政策は，相手から武力攻撃を受けたときにはじめて防衛力を行使する専守防衛を原則としている。
②　2015年に安全保障関係法が成立し，平和安全法制の枠組みとして整備されたが，集団的自衛権の行使は容認されていない。
③　自衛隊の最高指揮監督権をもつ内閣総理大臣をはじめ，防衛大臣を含む閣僚は文民でなければならない。
④　日米安全保障条約は，日本の安全保障政策の軸の一つであり，日本の領域内での日米いずれか一方への武力攻撃に対する共同防衛が明記されている。
⑤　唯一の被爆国である日本は，核兵器を「もたず，つくらず，もちこませず」という非核三原則を国是としてきた。

▌2024年度 ▌沖縄県 ▌難易度 ■■■■□□

【3】次の文は，「第5次男女共同参画基本計画」(令和2年12月　内閣府)の一部である。文中の(　1　)，(　2　)に当てはまる語句として正しいものを，以下の1～4からそれぞれ1つずつ選びなさい。

> 地方公共団体や関係機関・団体と連携し，人権に配慮し，固定的な性別役割分担意識や性差に関する偏見の解消，固定観念を打破するとともに，(1)による悪影響が生じないよう，男女双方の意識改革と理解の促進を図る。また，人々の意識形成に大きな影響力をもつ(2)及びメディアの分野における政策・方針決定過程への女性の参画を促進する。

1 無意識の思い込み(アンコンシヤス・バイアス)　2 貧困
3 学校教育　4 健康と福祉

2024年度 名古屋市 難易度

【4】次の文は，裁判員制度について述べたものである。文中の下線部①～④のうち，正しいものはどれか。

> 国民に身近で速くて頼りがいのある司法の実現をめざし，①1948年から司法制度改革が行われた。裁判に国民の良識を反映させ，主権者としての国民の意識を高めることを目的に，②一般の裁判員が職業裁判官と刑事裁判を行う裁判員制度が導入された。③裁判員は一事件につき原則12人で対応する。なお，④裁判も評議も公開される。

2024年度 長崎県 難易度

【5】次の表は，民法改正により令和4年4月から成年年齢が20歳から18歳に引き下げられたことを受けて，18歳になったらできることと20歳にならないとできないことの一部をまとめたものである。以下のア～エの事項は，表のAとBのどちらに入るか，その組合せとして最も適切なものを，後の①～④のうちから選びなさい。

A 18歳（成年）になったらできること	B 20歳にならないとできないこと
◆親の同意がなくても、携帯電話の契約ができる ◆親の同意がなくても、一人暮らしの部屋を借りることができる ◆公認会計士や司法書士、医師免許、薬剤師免許などの国家資格を取る	◆競馬、競輪、オートレース、競艇の投票券を買う ◆養子を迎える ◆大型・中型自動車運転免許を取得する

事項

ア　親の同意がなくても，クレジットカードをつくることができる

イ　親の同意がなくても，ローンを組むことができる

ウ　10年有効のパスポートを取得する

エ　飲酒，喫煙をする

① ア－A　イ－B　ウ－A　エ－A

② ア－A　イ－A　ウ－A　エ－B

③ ア－B　イ－B　ウ－A　エ－B

④ ア－A　イ－A　ウ－B　エ－B

2024年度　神奈川県・横浜市・川崎市・相模原市　難易度

【6】次の記述は，「障害者基本法」(平成25年6月改正)の条文の一部である。空欄[　ア　]~[　ウ　]に当てはまるものの組合せとして最も適切なものを，以下の①～④のうちから選びなさい。

第4条

2　社会的[　ア　]の除去は，それを必要としている障害者が現に存し，かつ，その実施に伴う負担が[　イ　]でないときは，それを怠ることによつて前項の規定に違反することとならないよう，その実施について必要かつ[　ウ　]がされなければならない。

① ア　障壁　イ　過重　ウ　合理的な配慮

② ア　障害　イ　過重　ウ　機会の保証

③ ア　障害　イ　過度　ウ　合理的な配慮

④ ア　障壁　イ　過度　ウ　機会の保証

2024年度　神奈川県・横浜市・川崎市・相模原市　難易度

解答・解説

【1】3

○解説○ こども家庭庁の「所掌事務」については，こども家庭庁設置法第4条に規定があり，1については同法第四号に，2については同法第十六号，4については同法第十七号に規定がある。なお，3の学校教育の振興については，内閣官房ホームページ内の「こども政策の新たな推進体制に関する基本方針のポイント～こどもまんなか社会を目指すこども家庭庁の創設～」において，文部科学省の事務のひとつとして紹介されているものである。

【2】②

○解説○ 安全保障関連法は，2015(平成27)年に成立した「国際平和支援法」及び「平和安全法制整備法」の2つの法規のことである。安全保障関連法には，集団的自衛権の限定的な行使の容認が含まれている。

【3】(1) 1　(2) 3

○解説○ 「第5次男女共同参画基本計画」は，男女共同参画社会基本法に基づき，施策の総合的かつ計画的推進を図るため，令和12(2030)年度末までの「基本認識」並びに令和7(2025)年度末までを見通した「施策の基本的方向」及び「具体的な取組」を定めたものである。この中にある「無意識の思い込み(アンコンシャス・バイアス)」は，誰もが潜在的に持っている思い込みのことで，取組の進展が未だ十分でない要因の一つとして挙げられている。

【4】②

○解説○ ① 司法制度改革は1999年から実施されている。 ③ 裁判官3人，裁判員6人で構成される。 ④ 裁判は原則公開であるが，評議は非公開である。

【5】②

○**解説**○ 民法の改正により，令和4(2022)年4月から18歳以上であれば，ローンやクレジットカードの契約は親の同意がなくても可能になった。また，10年有効のパスポートの取得が可能になった。一方，飲酒，喫煙は，改正後も20歳以上でなければ認められていない。なお，大型・中型自動車免許の取得は，道路交通法の改正により令和4(2022)年5月から19歳以上に引き下げられている。

【6】①

○**解説**○ 障害者基本法第4条は，差別の禁止を定めている。その第2項では，合理的配慮をしないことも差別であるという障害者の権利に関する条約の趣旨を踏まえ，障害者の差別とならないよう，(実施に伴う負担が過重でないときは)その障壁を除去するための措置が実施されなければならないことが規定されている。

文化・科学

【1】2021年に真鍋淑郎氏が受賞したノーベル賞として正しいものを，次の1～5から一つ選びなさい。

1　物理学　　2　化学　　3　生理学・医学　　4　文学　　5　平和

2023年度　高知県　難易度

【2】日本の小惑星探査機「はやぶさ2」が採取した石や砂に対する初期分析を行った結果，アミノ酸が数十種類見つかった。「はやぶさ2」が石や砂などを採取した小惑星の名前として，正しいものはどれか。

①　リュウグウ　　②　パラス　　③　ジュノー　　④　ベスタ
⑤　イトカワ

2024年度　群馬県　難易度

【3】2022年，第94回アカデミー賞(映画芸術科学アカデミー主催)で国際長編映画賞を受賞した「ドライブ・マイ・カー」の監督名と原作者名の組み合わせとして正しいものを，次の1～4の中から1つ選びなさい。

	監督名	原作者名
1	濱口　竜介	原田　マハ
2	濱口　竜介	村上　春樹
3	是枝　裕和	村上　春樹
4	是枝　裕和	原田　マハ

2024年度　埼玉県・さいたま市　難易度

【4】我が国の無形文化遺産として「無形文化遺産の保護に関する条約」に基づく代表一覧に2022(令和4)年に掲載されたものを，次の1～5から一つ選びなさい。

1　和食；日本人の伝統的な食文化
2　伝統的酒造り
3　風流踊

4　那智の田楽

5　結城紬

2024年度 高知県 難易度 ■■■□□□□

解答・解説

【1】1

○**解説**○　「地球温暖化を確実に予測する気候モデルの開発」が，真鍋淑郎氏の受賞理由である。直近の日本人ノーベル賞受賞者は頻出なので，その人名と授与された賞，及び受賞理由を確実に把握しておきたい。

【2】①

○**解説**○　はやぶさ2は小惑星リュウグウを探査し，石や砂などを採取した。なお，はやぶさは小惑星イトカワを探査した。

【3】2

○**解説**○　濱口竜介氏は1978年生まれの映画監督で，「寝ても覚めても」でもベネチア国際映画祭銀獅子賞を受賞している。また，出題されたように「ドライブ・マイ・カー」でアカデミー賞を受賞し，また同作品でカンヌ国際映画祭脚本賞も受賞している。2023年には，「悪は存在しない」でベネチア国際映画祭銀獅子賞を受賞し，黒澤明監督以来の世界3大映画祭コンペティション部門受賞及びアメリカアカデミー賞受賞の快挙を成し遂げた。一方，是枝裕和氏は1962年生まれの映画監督で，2018年に「万引き家族」でカンヌ国際映画祭において最高の賞にあたるパルムドールを受賞している。「ドライブ・マイ・カー」は，村上春樹氏の短編集『女のいない男たち』に収録された短編作品である。

【4】3

○**解説**○ 「風流踊(ふりゅうおどり)」は,「風流」の精神を体現し,衣装・持ち物に趣向をこらして,歌や,笛・太鼓・鉦などの囃子に合わせて踊る民俗芸能である。無形文化遺産の保護に関する条約に基づく一覧に2022年に掲載され,全国で41件が記載された。「和食;日本人の伝統的な食文化」は2013年,「那智の田楽」は2012年,「結城紬」は2010年にその一覧表に記載されている。「伝統的酒造り」は,その提案が2023年3月になされており,2024年11月頃に登録可否が審議される見通しとなっている。

環境

【1】地球温暖化による影響としてあてはまるものの組合せとして，最も適切なものを，以下の1～5の中から1つ選べ。

ア　地球温暖化による気温上昇に伴い，寒冷地での栽培に適する農産物の品質が向上し，収穫量が増加するとともに，北半球では農産物の栽培適地が変化している。

イ　モルディブでは地球温暖化の影響によって，サンゴが繁殖し，重要な漁業資源となっている。

ウ　干ばつによって農業ができなくなった地域がある一方，豪雨による水害が頻発する地域も出てきている。

エ　海水が温められて熱膨張したり，氷河がとけたりして海面が上昇すると，広大な範囲で海岸平野やサンゴ礁の島々が水没する危険性が出てくる。

1. ア　と　イ　　2. イ　と　ウ　　3. ア　と　ウ
4. ウ　と　エ　　5. ア　と　エ

▌2024年度 ▌和歌山県 ▌難易度 ■■■□□

【2】カーボンナノチューブの特長を説明する文章として適切なものを①～④から選び，番号で答えよ。

①　微生物などによって水と二酸化炭素に分解されるため，環境への影響が少ない。

②　炭素原子が網目のように結びついた構造により軽くて強く，導電性が高い。

③　炭素繊維と樹脂が複合した強化プラスチックの一種であり，繊維の織り方で強度を変化させることができる。

④　データ量の多い情報を高速で正確に伝えることができるため，通信用ケーブルなどに使われる。

▌2024年度 ▌神戸市 ▌難易度 ■■■□□

【3】次のア～オは，エルニーニョ現象に関連する自然現象について述べたものである。正しいものを二つ選ぶとき，その組合せを解答群から一つ選び，番号で答えよ。

ア　エルニーニョ現象とは，太平洋赤道域の日付変更線付近から南米沿岸にかけて海面水温が平年より高くなり，その状態が1年程度続く現象である。

イ　エルニーニョ現象と逆に海面水温が平年より低くなる現象は，フェーン現象と呼ばれる。

ウ　エルニーニョ現象は，日本の気温や日照時間に影響を与えることがある。

エ　エルニーニョ現象が発生しても，海面水位には影響を与えない。

オ　エルニーニョ現象が発生すると，西太平洋熱帯域の海面水温が低下し，積乱雲の活動が活発になる。

【解答群】　1　ア，イ　2　ア，ウ　3　ア，エ　4　ア，オ
5　イ，ウ　6　イ，エ　7　イ，オ　8　ウ，エ
9　ウ，オ　0　エ，オ

2024年度　愛知県　難易度

解答・解説

【1】4

○**解説**○　ア　気温上昇に伴い，寒冷地での栽培に適する農産物の収穫量は減少する。このまま地球温暖化が進めば，たとえば，りんごの栽培適地は徐々に北上し，現在の東北から北海道全域へ移行すると予測されている。　イ　サンゴの体内には植物プランクトンが生息している。植物プランクトンは光合成を行い，それによって得た栄養の一部をサンゴに与え共生している。海水温度が上昇すると，この植物プランクトンが死んでしまうため，栄養を得られなくなったサンゴも死滅する。これにより，サンゴ礁が形成していた豊かな漁場も失われる。

【2】②

○解説○ ①はバイオプラスチック，③は炭素繊維強化プラスチック，④は光ファイバーの特長の説明である。カーボンナノチューブはその特長から，燃料電池やコンピュータ素材としての活用が期待されている。

【3】2

○解説○ イ　ラニーニャ現象の説明である。フェーン現象は，湿潤な空気が山を越えて反対側に吹き下りたときに，風下側で吹く乾燥した高温の風によって付近の気温が上昇する現象である。　エ　エルニーニョ現象が発生すると，太平洋赤道域の東側に暖かい水が移動するため，東側を中心に海面水位が平年より高くなり，逆に西側では低くなる。　オ　西太平洋熱帯域の海面水温が低下することで，西太平洋熱帯域で積乱雲の活動は不活発になる。それに伴い，夏季は太平洋高気圧の張り出しが弱くなり，気温が低く，日照時間が少なくなる傾向がある。

実施問題

家庭科

【1】日本においてジャガイモの発芽抑制への利用が認められているものはどれか。

①　赤外線　　②　可視光線　　③　紫外線　　④　放射線

2024年度　長崎県　難易度

【2】次のa～cは，衣類等の洗濯表示の記号である。それぞれの意味をア～カから選ぶとき，正しい組合せとなるものを解答群から一つ選び，番号で答えよ。

a

b

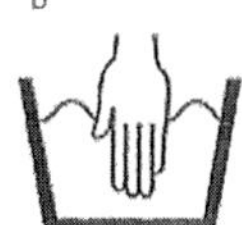

c

ア　液温は30℃を限度とし，洗濯機で洗濯処理ができる。
イ　液温は30℃以上で，手洗いができる。
ウ　液温は40℃を限度とし，手洗いができる。
エ　家庭での手洗いができない。
オ　底面温度200℃(高温)を限度として，アイロンを掛けることができる。
カ　底面温度50℃(低温)を限度として，アイロンを掛けることができる。

【解答群】
1　a－ア　b－ウ　c－オ
2　a－ア　b－ウ　c－カ
3　a－ア　b－エ　c－オ
4　a－ア　b－エ　c－カ
5　a－イ　b－ウ　c－オ
6　a－イ　b－ウ　c－カ
7　a－イ　b－エ　c－オ
8　a－イ　b－エ　c－カ

2024年度　愛知県　難易度

【3】多重債務に陥ると，個人の力では解決できない場合が多い。多重債務者は，消費生活センターや金融庁の窓口，弁護士などに相談し，借金を整理する必要がある。次の表はその主な方法を説明しようとしたものである。表中のX，Y，Zの(　　)内にあてはまる方法の組合せとして正しいものは，以下の①～④のうちのどれか。一つ選んで，その番号を書け。

方法	方法の説明
（ X ）	裁判所の監督下で自分の財産を失う代わりに借金をなかったことにする
（ Y ）	司法書士や弁護士が間に入って返済条件の軽減をはかる
特定調停	裁判所が間に入って，貸し主と話しをして，返済条件の軽減をはかる
（ Z ）	裁判所を通じて債務を減らし，残金を分割で支払う

① X－自己破産　Y－任意整理　Z－個人再生
② X－個人再生　Y－任意整理　Z－自己破産
③ X－任意整理　Y－自己破産　Z－個人再生
④ X－自己破産　Y－個人再生　Z－任意整理

2024年度 香川県 難易度

【4】次の文は，衣類の取扱い表示とその説明である。(　　)にあてはまる適切な語句を①～④から選び，番号で答えよ。

＜説明＞

上の衣類の取扱い表示は，「干すときは，日かげの(　　)がよい」ことを示している。

①　斜め干し　②　陰干し　③　平干し　④　つり干し

2024年度 神戸市 難易度

【5】年を取ると段々と体の力が弱くなり，外出する機会が減り，病気にならないまでも手助けや介護が必要となってくる。このように健康な状態と要介護状態の中間に位置し，身体的機能や認知機能の低下がみられる状態のことを何というか。次の①～④から一つ選んで，その番号を書け。

① バイアス　② ストレッサー　③ フレイル
④ アジェンダ

▌2023年度 ▌香川県 ▌難易度

解答・解説

【1】④

○解説○ 本来，食品に放射線を照射することは原則として禁止されているが，例外としてジャガイモの発芽抑制のために放射線を照射することは認められている。

【2】1

○解説○ a・b 洗濯おけの形で表された記号は，洗濯処理記号である。おけの中に表示された数値は，液温の限度の温度を表している。手のイラストがあるものは，手洗いで40℃を限度として洗濯処理ができる記号である。 c アイロンの形で表された記号は，アイロン仕上げ処理記号である。記号の中に表示されたドットは底面温度の限度を表しており，その数が多いほど高温での処理ができることを表している。

【3】①

○解説○ 三者を比較すると，任意整理のみ裁判所での手続きが不要だが，債務を減額するという点での効果は最も低い。一方，自己破産は任意整理，個人再生での要件である「一定の収入」が不要で，債務は原則全額免除になるが，家や車などは売却しなければならない等，個人資産に対する介入が最も大きい。

【4】④

○**解説**○ 四角の中の斜線は家のひさし，つまり日かげを表し，縦線はハンガーに干すつり干しを表している。

【5】③

○**解説**○ ①バイアスは判断に偏りをもたらす要因のこと，②ストレッサーはストレスを引き起こす因子のこと，④アジェンダは会議の日時・内容を前もって共有することを意味する。

保健体育

【1】次の(1)～(3)は，熱中症の応急手当について述べたものである。(a)～(c)内に当てはまるものを語群から選ぶとき，正しい組合せとなるものを解答群から一つ選び，番号で答えよ。

(1) まず涼しくて(a)のよい場所に移し，衣服をゆるめ安静を保つ。体温が高ければ，うちわなどで風を送る。

(2) 軽症で意識があり，嘔吐(おうと)がなければ，飲料を飲ませる。その飲料は，少量の(b)を含むものが望ましい。また，顔色が青白い場合には，頭部を低くし，足部を高くした体位をとる。

(3) 体温上昇が激しい場合には，できるだけ裸に近い状態にして，冷たい濡(ぬ)れタオルで全身を拭いたりおおったりし，扇風機などで風を送る。さらに，(c)，首や脚のつけ根にある動脈のあたりに氷を当てるなど，体温を下げるための処置を組み合わせて行う。

【語　群】 ア　日当たり　　イ　風通し　　ウ　カフェイン
エ　食塩　　オ　脇の下　　カ　へそ

【解答群】
1　a－ア　b－ウ　c－オ
2　a－ア　b－ウ　c－カ
3　a－ア　b－エ　c－オ
4　a－ア　b－エ　c－カ
5　a－イ　b－ウ　c－オ
6　a－イ　b－ウ　c－カ
7　a－イ　b－エ　c－オ
8　a－イ　b－エ　c－カ

▌2023年度▌愛知県▌難易度 ■■■□□

【2】「第3期スポーツ基本計画」(令和4年3月25日スポーツ庁)において，学校や地域における子供・若者のスポーツ機会の充実と体力の向上を目指すための具体的施策の説明として誤りを含むものを，次の1～4のうちから1つ選びなさい。

1　中学校等の部活動の運営主体を学校から地域に着実に移行する。

2　幼児期からの運動習慣を形成するため，保護者等の生活習慣の改善を促す。

3　教員研修，指導の手引き，ICT活用を通じて体育・保健体育授業の充実を図る。

4　総合型クラブの育成や学校開放を推進し，地域スポーツ環境の整備充実を図る。

▌2024年度 ▌宮城県・仙台市 ▌難易度

【3】2019年末に新型コロナウイルス感染症(COVID-19)による集団感染が発生してから，感染は瞬く間に世界中に広がり，パンデミック(世界的流行)を引き起こした。このような人類を脅かす感染症のパンデミックは過去にも度々起きているが，新型コロナウイルス感染症と同様にウイルスが原因である感染症として，最も適当なものを選びなさい。

①　ペスト　②　マラリア　③　結核　④　コレラ
⑤　天然痘

▌2024年度 ▌千葉県・千葉市 ▌難易度

【4】次の図は，日本人の生活習慣病による死亡原因とその割合を示したものである。図中の①～③にあてはまる死亡原因として適切なものを，以下のア～エから1つ選びなさい。

図

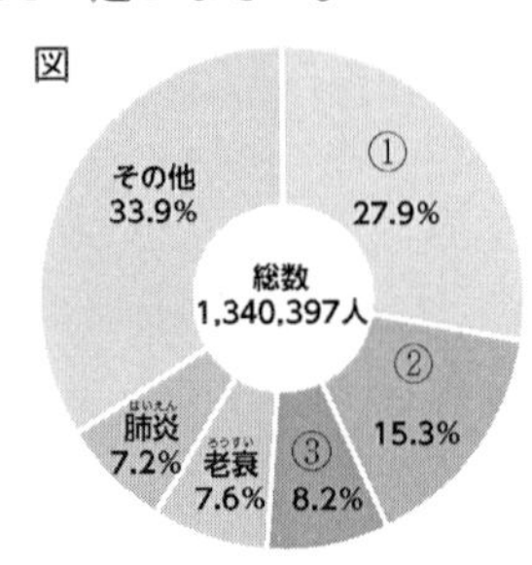

厚生労働省　「平成29年人口動態統計」

ア　①　がん　②　心臓病　③　脳卒中
イ　①　がん　②　脳卒中　③　心臓病
ウ　①　脳卒中　②　がん　③　心臓病
エ　①　心臓病　②　がん　③　脳卒中

▌2024年度 ▌兵庫県 ▌難易度

【5】次の文を読んで，問1，問2に答えなさい。

医薬品を医療の目的から外れて使用したり，医薬品でない薬物を不適切な目的で使用したりすることを薬物乱用という。薬物は脳に直接作用するため，心身に大きな害を及ぼすだけでなく，強い[1]があり，乱用をやめるのは非常に困難である。

薬物乱用の開始には，本人の知識や考え方，心理状態などの個人の要因が関係するほか，周囲の人からの誘いやインターネット上の情報などの[2]的環境の要因も関係する。

問1 空欄1，空欄2に当てはまる適切な語句の組合せを選びなさい。

ア 1－依存性 2－社会
イ 1－依存性 2－物理
ウ 1－依存性 2－身体
エ 1－自立性 2－社会
オ 1－自立性 2－物理

問2 下線部に関する記述として.適切なものの組合せを選びなさい。

① 平成29年告示の「中学校学習指導要領」では，薬物乱用防止教室は，学校保健計画に位置付け，地域の実情に応じて開催に努めることとした。

② 薬物をやめても，脳には薬物の記憶が残るため，ストレスなどによって突然，幻覚や妄想などの病的な精神症状が再発することがあり，これをバーンアウトという。

③ 乱用される薬物には，覚せい剤，大麻，向精神薬や有機溶剤などがあり，1回の使用でも乱用にあたる。

④ スポーツにおいて，禁止薬物の使用などの不正によって競技力を向上させ，競技の公平性を損なう行為をドーピングという。

⑤ 薬物については，有害性や悪影響が深刻であるため，乱用だけでなく，密売・密輸を防ぐために法律が整備されたり，取り締まりが強化されたりしている。

ア ①②④　イ ①②⑤　ウ ①③④　エ ②③⑤
オ ③④⑤

2024年度 | 北海道・札幌市 | 難易度

【6】2023年5月8日に新型コロナウイルスの感染症法上の位置付けが2類感染症から5類感染症に変更された。次の①～④の感染症のうち，感染症法上の位置付けが2類感染症に分類されるものはどれか。一つ選んで，その番号を書け。

① エボラ出血熱　② 細菌性赤痢　③ 麻しん　④ 結核

▌2024年度 ▌香川県 ▌難易度 ■■■□□

【7】次は，心肺蘇生法について述べたものである。(a)～(c)内に当てはまるものを語群から選ぶとき，正しい組合せとなるものを解答群から一つ選び，番号で答えよ。

けがや病気で，心肺停止の状態におちいり死の危険にさらされたときに，救命のために人工的に血液循環を確保する方法として，胸骨圧迫，人工呼吸，(a)による除細動がある。その中の胸骨圧迫は，救助者の体重をかけ，両手で傷病者の胸部への圧迫を1分間に(b)回のテンポで繰り返すことによって心臓内から血液を送り出す方法である。胸骨圧迫によって心臓から送り出される血液量は，通常の3分の1程度だが，それだけの量でも(c)を防ぐことができる。

【語　群】
ア AED　イ BMI　ウ 30～50
エ 100～120　オ 脳の障害　カ 失血死

【解答群】
1 a－ア　b－ウ　c－オ
2 a－ア　b－ウ　c－カ
3 a－ア　b－エ　c－オ
4 a－ア　b－エ　c－カ
5 a－イ　b－ウ　c－オ
6 a－イ　b－ウ　c－カ
7 a－イ　b－エ　c－オ
8 a－イ　b－エ　c－カ

▌2024年度 ▌愛知県 ▌難易度 ■■■□□

【8】次の文は，オリンピズムに関する日本の史実(公益財団法人日本オリンピック委員会ホームページより)である。文中の(　ア　)～(　ウ　)にあてはまる語句の適切な組合せを①～④から一つ選び，番号で答えよ。

> 日本がオリンピック・ムーブメントに関わるようになったのは，(　ア　)が，1909年に(　イ　)の委員に日本人として初めて就任してからである。
>
> 近代オリンピックの創設者で，当時会長であった(　ウ　)は，スポーツによる教育改革に熱心な人物を仲間に加えることを求めており，(　ア　)の考えもオリンピックの理念と矛盾はなかった。

① ア　織田幹雄　　イ　日本オリンピック委員会
　ウ　ロゲ

② ア　金栗四三　　イ　世界ドーピング防止機構
　ウ　サマランチ

③ ア　古橋廣之進　イ　国際スポーツ団体連合
　ウ　バッハ

④ ア　嘉納治五郎　イ　国際オリンピック委員会
　ウ　クーベルタン

2024年度　神戸市　難易度■■■□□

【9】スポーツにおいて，陸上競技，競泳，器械運動などのように，競争する相手から直接影響を受けることが少なく，安定した環境のなかで用いられる技術に対して，球技や武道などのように，たえず変化する状況のなかで用いられる技術のことを何というか。次の①～④から一つ選んで，その番号を書け。

①　アクティブスキル　　②　パッシブスキル

③　クローズドスキル　　④　オープンスキル

2024年度　香川県　難易度■■■□□

解答・解説

【1】7

○解説○ 熱中症の予防は学校現場における重要な課題である。そのため文部科学省は環境省とともに2021(令和3)年に「学校における熱中症対策ガイドライン作成の手引き」を作成し，学校での熱中症対策を促進している。その中では応急手当等の熱中症発生時の対応について述べられているが，まず大切なのは，「環境条件を把握し，それに応じた運動や水分補給を行う」，「暑さに徐々に慣らしていく」，「個人の条件を考慮する」，「服装に気を付ける」，「具合が悪くなった場合には早めに運動を中止し，必要な処置をする」の5つの熱中症予防原則である。

【2】2

○解説○ 出題の計画において，保護者の生活習慣の改善については記述がない。運動習慣の形成に関しては，本計画の「第3章　今後5年間に総合的かつ計画的に取り組む施策」において，「国は，地方公共団体や民間事業者等に対し，障害の有無や性別等にかかわらず幼児期からの運動習慣を形成するため，保護者・保育者等に対し，幼児期における運動の重要性や安全にスポーツを実施できる施設等に関する情報発信を行えるよう支援するとともに，幼児期運動指針やアクティブ・チャイルド・プログラムの活用等を通じた運動遊びの機会の充実を促進する」との記述がある。

【3】⑤

○解説○ ペスト，結核，コレラは細菌が原因で，マラリアは寄生虫が原因である。

【4】ア

○解説○ 2023年10月時点での最新統計である厚生労働省「令和4年(2022年)人口動態調査」において，死亡数は 156万9,050人と過去最多を更新している。本調査結果による死因は第1位が悪性新生物(腫瘍)，第2位は心疾患，第3位は老衰，第4位が脳血管疾患となっている。ただし，出題の平成29年の資料と同様，「生活習慣病」による死亡原因では「がん，心臓病，脳卒中」の順に変化がないことに注意したい。

【5】問1　ア　　問2　オ

○**解説**○ 問1　若年層の薬物乱用等は喫緊の課題となっており，学校教育の現場でも「保健」の授業を中心として，早期からの指導が求められている。例えば，中学校学習指導要領解説保健体育編では「喫煙，飲酒，薬物乱用などの行為は，心身に様々な影響を与え，健康を損なう原因となること。また，これらの行為には，個人の心理状態や人間関係，社会環境が影響することから，それぞれの要因に適切に対処する必要があること」，高等学校学習指導要領解説保健体育編・体育編では「喫煙と飲酒は，生活習慣病などの要因になること。また，薬物乱用は，心身の健康や社会に深刻な影響を与えることから行ってはならないこと。それらの対策には，個人や社会環境への対策が必要であること」を，生徒が理解できるよう指導することが示されている。
問2　①「第五次薬物乱用防止五か年戦略」(平成30年8月　薬物乱用対策推進会議)において，「薬物乱用防止教室は，学校保健計画に位置付け，すべての中学校及び高等学校において年1回は開催するとともに，地域の実情に応じて小学校においても開催に努める」旨が明記されている。学習指導要領に明記されていることではないこと，またすべての中学校や高等学校は年1回の開催が求められている(努力義務ではない)ことから，この記述は誤り。　②　バーンアウトでなく，フラッシュバックが正しい。バーンアウトは，それまで意欲を持ってひとつのことに没頭していた人が，あたかも燃え尽きたかのように意欲をなくし，社会的に適応できなくなってしまう状態を意味する。

【6】④

○**解説**○ 問題文にある「感染症法」の正式名称は「感染症の予防及び感染症の患者に対する医療に関する法律」であり，その第6条で，感染症は1～5類感染症，新型インフルエンザ等感染症，指定感染症及び新感染症に分類するとしている。①エボラ出血熱は1類感染症，②細菌性赤痢は3類感染症，③麻しんは5類感染症とされている。この新型コロナウイルス感染症の扱い変更によって，感染症法に基づく，新型コロナ陽性者及び濃厚接触者の外出自粛は求められなくなり，幅広い医療機関において受診可能になった。

【7】3

○**解説**○ a　AEDはAutomated External Defibrillatorの略語で，自動体外式除細動器のことをいう。一方，BMIはBody Mass Indexの略で，体重と身長から算出される肥満度を表す体格指数である。　b・c　胸骨圧迫は，胸が少なくとも5cm以上沈むように強く，1分間あたり100～120回のテンポで速く，そして絶え間なく行う。心肺蘇生は，脳の障害を最小限に抑えるために実施するものである。失血死は，多量の出血によって，生命の維持に必要とされる血液の量を失ったために死ぬことであり，それを防ぐ方法は止血である。

【8】④

○**解説**○ なお，誤肢である織田幹雄(1905～98年)は1928年のオリンピック・アムステルダム大会 三段跳びで日本人初のオリンピック金メダリストとなった。金栗四三(1891～1983年)は1912年ストックホルム大会の参加者2人のうちの1人で，1920年のアントワープ大会，1924年のパリ大会と計3回出場した日本のマラソン史には欠くことのできない人物である。古橋廣之進(1928～2009年)は世界新記録を何度も更新し，『フジヤマのトビウオ』と称賛された。また，日本オリンピック委員会会長も務めた。

【9】④

○**解説**○ ①のアクティブスキル，②のパッシブスキルはeスポーツの用語で，前者は能動的に任意のタイミングで発動できるスキル，後者は何もしなくても自動で発動するスキルを指す。③のクローズドスキルとは，外的要因によって左右されない自分のペースで行える技能で，体操，陸上，なわとびなどがその傾向が強い。

社会科学 人文・社会科学総合

実施問題

【1】次の(1)～(10)の各文について，(①)～(⑩)に入る語句等をそれぞれア～オから一つずつ選び，記号で答えなさい。

(1) 次のA～Dの文の空欄にそれぞれ適切な語を当てはめたとき，使わない語は(①)である。

A ( )鋒鋭く追及する

B その情報は( )唾ものだ

C 新商品に思わず食( )が動く

D 断( )の思いで故郷を離れる

ア 眉　イ 眼　ウ 腸　エ 指　オ 舌

(2) 次の文で擬人法を用いているものは(②)である。

ア 君は私の太陽だ。

イ 人生はドラマだ。

ウ 友達が勝者のごとく振る舞う。

エ まるで嵐のような喝采だ。

オ 北風が戸をたたく。

(3) 鎌倉時代に，京都から迎えた幼少の将軍を後見して幕政を支え，尼将軍として政治を主導した人物は(③)である。

ア 足利尊氏　イ 日野富子　ウ 源頼朝　エ 北条政子

オ 井伊直虎

(4) インフレーションの説明として，最も適切なものは(④)である。

ア 外国通貨に対する円の価値が高まること。

イ 世界全体で株価が一気に下落すること。

ウ 物価水準が持続的に上昇すること。

エ 経済活動の規模が縮小してGDPが減少すること。

オ 失業者が急激に増加すること。

(5) 次の楽器の中で，木管楽器は(⑤)である。

ア トランペット　イ ホルン　ウ フルート

エ トロンボーン　オ チューバ

(6) 次の空欄に当てはまるものとして，最も適切なものは(⑥)である。

I go to work by train and it is always packed. This morning, I took the first train. It wasn't so crowded and I got a seat. You know what people say, "( )"

ア When in Rome, do as the Romans do.

イ It is no use crying over spilt milk.

ウ The early bird catches the worm.

エ So many men, so many minds.

オ Two heads are better than one.

(7) 次の表は，先週の天気である。表を踏まえると，以下の会話文中の"that day"に当たる曜日は(⑦)である。

【表："that day" を含む週の平日の天気】

曜日	(月)	(火)	(水)	(木)	(金)
天気 最高気温／最低気温	晴れ 23℃/14℃	晴れのち雨 25℃/16℃	雨のち曇り 21℃/14℃	曇りのち雨 18℃/13℃	雨 20℃/14℃

A : It was hot that day.

B : Yes, it was. I remember I was very sweaty.

A : I checked the temperature on that day and it was higher than the day before.

B : Also, I remember I went out with an umbrella thinking it would rain.

A : Indeed, the weather changed later on.

B : It did. I am glad I brought my umbrella with me.

ア Thursday　イ Tuesday　ウ Friday　エ Wednesday

オ Monday

(8) 情報技術を使って，エネルギー使用を最適にする制御を行い，省エネルギーを実現する住宅は(⑧)である。

ア モビリティハウス　イ コーポラティブハウス

ウ シェアハウス　エ コレクティブハウス

オ スマートハウス

(9) 病原体の種類がウイルスでない感染症は(⑨)である。

ア　インフルエンザ　　イ　風疹　　ウ　麻疹　　エ　結核
オ　水痘

(10)　サッカーの競技規則において，ボールアウトオブプレーとなるものは(　⑩　)である。

【タッチラインを真上から見た図】

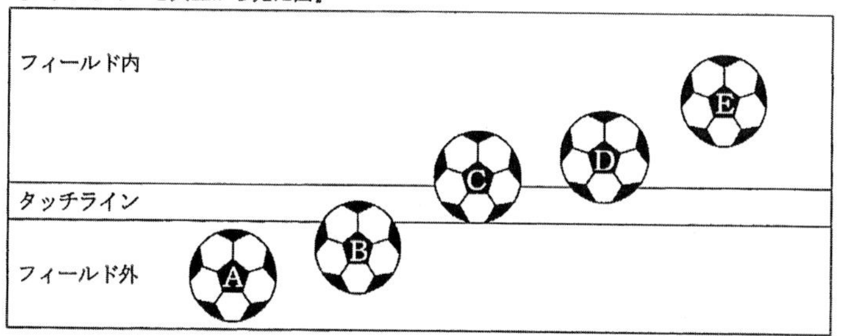

ア　Aのみ　　イ　AとB　　ウ　AとBとC　　エ　AとBとCとD
オ　すべて

2024年度　静岡県・静岡市・浜松市　難易度

【2】次の会話文を読んで，以下の問に答えよ。

生徒：　今年はいよいよ，「かごしま国体」が開催されますね。
先生：　そうだね。10月7日に，a鹿児島県知事や鹿児島県にゆかりのある著名人も出席する総合開会式が開催される予定なんだ。過去にはb1972年に鹿児島県で国体が開催されたことがあって，今回で2回目なんだよ。
生徒：　知っています。前回の国体に祖父が選手として出場しており，そのときのことをよく話してくれました。
先生：　それはすごいね。ところで，国民体育大会という名称は，来年2024年のc佐賀県での大会から変更されるのは知っているかな。
生徒：　新聞で知りました。2024年からは国民スポーツ大会という名称に変わるみたいですね。
先生：　そのとおり。それでは，2023年，2024年と九州で大会が開催されるけど，2025年の大会はどこの都道府県で開催されるか知っているかな。

生徒：　確か，d滋賀県だったと思います。
先生：　よくそこまで知っていたね。国体は毎年開催されているスポーツの祭典で，e地方の活性化につながる場合もあるよ。

問1　下線部aに関連して，知事の被選挙権の年齢と任期の組合せとして正しいものを，次のア～エから一つ選び，記号で答えよ。

	ア	イ	ウ	エ
年齢	満25歳以上	満30歳以上	満25歳以上	満30歳以上
任期	4年	6年	6年	4年

問2　下線部bに関連して，1972年に日本で起こった出来事として最も適当なものを，次のア～エから一つ選び，記号で答えよ。

ア　東京オリンピックが開催され，東海道新幹線が開通した。

イ　日中共同声明が調印され，中華人民共和国との外交関係が樹立された。

ウ　バブルがはじけて地価と株価が暴落し，不況におちいった。

エ　PKO協力法が成立し，自衛隊の海外派遣が可能となった。

問3　下線部cに関連して，佐賀県の複数の干潟は，「特に水鳥の生息地として国際的に重要な湿地に関する条約」に登録されている。その条約の一般的な呼称として正しいものを，次のア～ウから一つ選び，記号で答えよ。

ア　バーゼル条約　　イ　ワシントン条約　　ウ　ラムサール条約

問4　下線部dに関連して，滋賀県の位置として正しいものを，次の図のア～エから一つ選び，記号で答えよ。

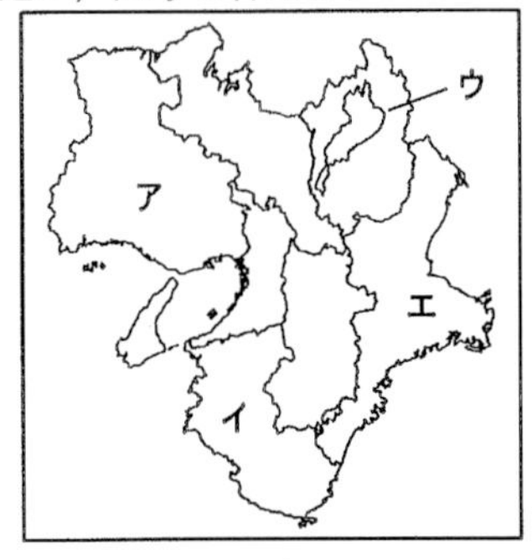

図　近畿地方の略地図

問5　下線部eに関連して，次の文章は地方の財政について説明したものである。(　①　)と(　②　)に入る語句の組合せとして正しいものを，以下のア～カから一つ選び，記号で答えよ。

地方税の収入における，地域間の財政格差を減らすため，国からは(　①　)が配分される。これは使い道を指定されることなく自由に使うことができる一般財源である。このほか，特定の行政活動に使うことを目的として，国から(　②　)が提供される。

	ア	イ	ウ	エ	オ	カ
①	地方交付税	地方債	国庫支出金	地方交付税	地方債	国庫支出金
②	地方債	国庫支出金	地方交付税	国庫支出金	地方交付税	地方債

2024年度　鹿児島県　難易度

【3】次の英文を読み，以下の(1)～(8)の各問いに答えなさい。

FAST FOOD NATION

The flavor industry emerged in the mid-nineteenth century, as processed ①foods began to be manufactured on a large scale. Recognizing the need for flavor additives, the early food processors turned to perfume companies that had years of experience working (　A　) essential oils and volatile aromas. The great perfume houses of England, France, and the Netherlands produced many of the first flavor compounds. In ②the early part of the twentieth century, Germany's powerful chemical industry assumed the technological lead in flavor production. ③Legend has it that a German scientist discovered methyl anthranilate, one of the first artificial flavors, by accident while mixing ④chemicals in his laboratory. Suddenly the lab was filled (　A　) the sweet smell of grapes. Methyl anthranilate later became the chief flavoring compound of grape Kool-Aid. After World War Ⅱ, much of the perfume industry shifted from Europe to the United States, settling in New York City near the garment district and the fashion houses. The flavor industry came (　A　) it, subsequently moving to ⑤New Jersey to gain more plant capacity. Man-made flavor additives were used mainly in baked goods, candies, and sodas until the 1950s, when

⑥sales of processed food began to soar. The invention of gas chromatographs and mass spectrometers — machines capable of detecting volatile gases at low levels — vastly increased the number of flavors that could be synthesized. By the mid-1960s the American flavor industry was churning out compounds to supply the taste of Pop Tarts, Bac-Os, Tab, Tang, Filet-O-Fish sandwiches, and literally thousands of other new foods.

－ *FAST FOOD NATION*, Eric Schlosser －

technological 科学技術の
methyl anthranilate アントラニル酸メチル
Kool-Aid クールエード※
gas chromatograph ガスクロマトグラフ
mass spectrometer 質量分析計
synthesize ～を合成する
Pop Tarts ホップタルト※
Bac-Os ベーコビッツ※
Tab タブ※
Tang タン※
Filet-O-Fish フィレオフィッシュ※

※は商品の名称

(1) 動物は，下線部①foodsを食べると，様々な消化器官が関わって体内に栄養素が吸収される。ヒトの消化器官の1つである肝臓のはたらきについて述べたものを，次の1～5から1つ選びなさい。

1 消化のはたらきを助ける胆汁を貯蔵する。
2 血糖量を下げる物質であるインスリンを出す。
3 ブドウ糖の一部をグリコーゲンに変えて貯蔵する。
4 タンパク質を分解するはたらきをもつ消化酵素を出す。
5 ブドウ糖やアミノ酸などの必要な養分を再び吸収する。

(2) (A)に共通して入る適切な語を次の1～5から1つ選びなさい。

1 into　2 with　3 off　4 around　5 beyond

(3) 下線部②the early part of the twentieth centuryである1901年，X線と

いう放射線を発見したヴィルヘルム・レントゲン博士にノーベル物理学賞が授与された。放射線について述べた次の1～5から正しいものを1つ選びなさい。

1　放射線が人体に与える影響を表す単位は，ベクレル(記号　Bq)である。

2　放射性物質は，放射線を出すと他の物質に変わるが，放射線が時間とともに減少することはない。

3　体外から受けた放射線や体内にとりこんだ放射性物質は，人から人にうつることがある。

4　放射線には，原子をイオンにする能力があるが，遺伝子の本体であるDNAを変化させることはない。

5　放射線は目に見えなくて，物体を通り抜ける性質がある。

(4)　下線部③Legendを表す内容を次の1～4から1つ選びなさい。

1　19世紀半ばに加工食品の大量生産が始まったこと。

2　香水メーカーが大挙してニューヨークへ移動したこと。

3　アントラニル酸メチルを発見したのは，薬品の調合ミスが原因であったこと。

4　ヨーロッパ各国の老舗メーカーが多くの香気化合物を創り出したこと。

(5)　下線部④chemicalsは，様々な原子やイオンを結合させて製造されるものである。カリウムイオンの電子配置と同じになる原子やイオンの組み合わせとして正しいものを，以下の1～4から1つ選びなさい。

なお，次図の19+はカリウムイオンの原子核を，⊖はカリウムイオンの電子を表すものとする。

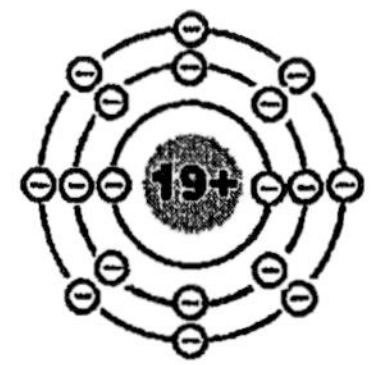

1	アルゴン原子	ネオン原子	ナトリウム原子
2	カルシウムイオン	ナトリウムイオン	塩化物イオン

3　硫化物イオン　　　ナトリウム原子　　　カルシウム原子
4　塩化物イオン　　　アルゴン原子　　　硫化物イオン

(6)　下線部⑤New Jersey の気候は，夏は暑く湿度は高めである。次の表は，空気1m³中の各気温に対する飽和水蒸気量を示したものである。ある部屋で2m³あたり水蒸気が31.0gふくまれている空気があり，湿度を調べたら67%だった。このときの部屋の気温はおよそ何℃であったと考えられるか。以下の1～6から1つ選びなさい。

表　空気中の各気温に対する飽和水蒸気量

気　温（℃）	0	5	8	10	15	18	20	23	25	30	35
飽和水蒸気量（g／m³）	4.8	6.8	8.3	9.4	12.8	15.4	17.3	20.6	23.1	30.4	39.6

1…10℃　　2…18℃　　3…20℃　　4…23℃　　5…25℃
6…30℃

(7)　下線部⑥sales of processed food began to soar.と示されていることの原因として，本文の内容と合うものを次の1～4から1つ選びなさい。

1　ヨーロッパ各国が香気化合物を生産し始めたこと。
2　ファッション街に腰を落ち着けて製品を開発したこと。
3　合成できる香りの幅が広がったこと。
4　新製品に風味を与えるようになったこと。

(8)　本文に書かれている内容として正しくないものを次の1～5から1つ選びなさい。

1　香料添加物が加工食品に欠かせないことを知った当時の加工業者は，自分たちで独自の香料を創り出そうとした。
2　20世紀前半には，ドイツの強力な化学業界が香料生産をリードし始めた。
3　第2次大戦後は，工場用地が確保しやすいニュージャージーへ香料業界は移転した。
4　人工香料添加物を利用していたのは，主に焼き菓子やパン類，キャンディ，炭酸飲料だった。
5　揮発性のガス成分を測定する機械ができると合成できる香りの幅が格段に広がった。

2024年度 ┃ 神戸市 ┃ 難易度 ■■■■□□

【4】次の文を読み，以下の(1)～(8)の各問いに答えなさい。

①フランスでもイギリスでも田舎をドライブすると，古めかしい村や町によく出会う。四，五百年前の宿屋が，昔の看板を掛けていまも宿屋をしていたり，人里離れた古い水車小屋がレストランになっていたりする。新しくなろうと考えぬらしいし，古いのが自慢なのである。石や漆喰の家が多く，地震もないのだから日本のような短い間の変化が起らない。簡単に変えまいと腰を据えたつらがまえが見える。

これらの村や町は，大方，時間を昔に戻したように静かである。ツーリストの自動車が来ると子供たちが手を振って見送ったり，走って追って来る。日本ならどこの田舎でも，トラックが走り，自動車が通っていて珍しくないわけだが，ここでは村道にはいると，両側に家が建ち並んでいるのに道路には人の影を見ず，②切り石を敷き詰めた路面に青く草がはえているのさえ珍しくない。家々の窓の中は薄暗い。ネコが窓わくにうずくまってすわっているのを見ても，人がのぞいているのを，③めったに見ない村だってある。あやしむくらいであった。なにかあって村中が急に出てしまったのか？　と思うと，遠くを牛乳のバケツをさげた女が横切って通ったりするので，人がいるのだと気がつく。ニワトリが歩いている。家中で離れた畑に働きに出ているらしい。それにしても人がすくなく，静かで，屋内の柱時計は，さびた針で昔の時間を刻んでいるのに違いない。ラジオの声がしてテレビのアンテナが屋根に立っている日本の田舎村から考えると，まったくふしぎに思うくらいである。

シャルトルのように古い有名な寺院があって外国からの旅行者を集めている町でも，④十六世紀の建物の傾いたのが，地階だけ自動車のガレエジに改造されてそのままでいる。石だたみを敷いた狭い路地に車など通しようがない。市中を流れる川の岸べには，共同の洗濯小屋ができていて，女たちが流れの水に腕を伸ばして洗濯をしている。鉄道の駅の近くに，電気洗濯機の店を見かけたが，昔からある川の方に洗濯に降りて行く。並んで話したり歌ったりしながら，のどかにジャブジャブやっている。新大陸の⑤アメリカ人の生活のように競争で新しくする気持にはなれないらしい。

⑥ロンドンの町を歩いていたら，電気洗濯機を数台並べて，町の者がバスケットで洗濯物を持ってくると，目方を計って料金を取って自由に洗濯機を使わせる営業があるのを見かけた。機械が回って洗濯ができるまで女たちはその前に腰かけて，編み物をしたり隣としゃべっている。これは桃太郎の，どんぶりこの川の現代への連続だなと思った。大ロンドンの中だから興味深かった。⑦日本の銭湯のようにパブリックなのである。これならば機械に故障が起っても使い手に心配はない。

(以下略)

〈「歴史を紀行する―幻の伽藍」1996年　大佛次郎　著　より〉

(1)　下線部①フランスは国際連合の安全保障理事会の常任理事国であるが，他の常任理事国としてあてはまらない国を次の1～4から1つ選びなさい。

1　ロシア連邦　　2　イギリス　　3　ドイツ　　4　中国

(2)　下線部②切り石を敷き詰めた路面に青く草がはえているについて，筆者が表したかった様子として最も適するものを，次の1～4から1つ選びなさい。

1　人が管理していない自然が多く，石だたみの隙間からも植物が生えてくる様子。

2　古い路面であるため，老朽化が進み，切り石の間の隙間が大きくなってきている様子。

3　切り石を敷いた路面の上を通る人や自動車が少ないため，草が踏まれずに育っている様子。

4　石だたみの隙間から草が生えるなど，人が住みにくい環境に変わってきている様子。

(3)　下線部③めったには副詞であるが，同じ種類の副詞が使用されている例文として正しいものを，次の1～4から1つ選びなさい。

1　私の願いをどうか叶えてください。

2　夢を叶えるために，ずいぶん時間がかかった。

3　大切なテストなので，とても静かだ。

4　週末は忙しくて，ゆっくり過ごせない。

(4)　下線部④十六世紀の日本の出来事として正しいものを，次の1～4から1つ選びなさい。

1　徳川綱吉が将軍となる。

2　松平定信が寛政の改革を行う。

3　足利義満が明と勘合貿易を始める。

4　豊臣秀吉が全国を統一する。

(5)　下線部⑤アメリカの通貨が1ドル＝120円から1ドル＝150円になったときに，日本の輸出入に与える影響について正しいものを，次の1～4から1つ選びなさい。

1　輸入品の国内価格が下がるので，日本の輸入にとって有利になる。

2　輸出品の対外価格が下がるので，日本の輸出にとって有利になる。

3　輸入品の国内価格が上がるので，日本の輸入にとって有利になる。

4　輸出品の対外価格が上がるので，日本の輸出にとって不利になる。

(6)　下線部⑥ロンドンは，経度0度である。日本の標準時子午線を東経135度とすると，ロンドンが2023年1月1日午前0時の時，日本は何年何月何日何時か，次の1～4から1つ選びなさい。

1　2023年1月1日午前9時　　2　2022年12月31日午後3時

3　2022年12月31日午前9時　　4　2023年1月1日午後3時

(7)　下線部⑦日本の銭湯のようにに使用されている表現技法として正しいものを，次の1～4から1つ選びなさい。

1　擬人法　　2　反復法　　3　倒置　　4　比喩

(8)　本文の内容と合うものを，次の1～4から1つ選びなさい。

1　田舎では，トラックが走り旅行者の自動車が来ると子供たちが手を振って見送ったり，走って追って来たりするなど，日本でもヨーロッパでも，同じような風景が見られる。

2　フランスやイギリスの田舎をドライブすると，昔の建物などが変わらない風景としてそのまま見られ，人を見ることも少ないため，不思議なぐらい静かな村や町が多い。

3　古い有名な寺院があり，外国からの旅行者がよく訪れる町では，電気洗濯機の店がたくさんあり，地元の人たちは，話したり歌ったりしながら洗濯が終わるのを待っている。

4　ロンドンの町では，電気洗濯機を使わせる店の中など，日本の銭湯のようなパブリックな場所でありながら，プライバシーや秩序を大切にした場所が多く見られる。

2024年度　名古屋市　難易度

【5】次の問いに答えなさい。

1　次の文章は，価格に関する説明である。文章中の空欄(　①　)～(　③　)にあてはまる語句の組み合わせとして最も適切なものを，以下のア～エの中から一つ選び，記号で答えなさい。

商品には必ず価格がつけられている。消費者が価格を見て，買おうとする量を(　①　)という。他方，生産者が商品を生産し，販売しようとする量を(　②　)という。商品の価格は(　①　)と(　②　)の関係で変化し，これらが一致したときの価格を(　③　)価格という。

ア　①　需要量　②　供給量　③　均衡
イ　①　需要量　②　供給量　③　統制
ウ　①　供給量　②　需要量　③　均衡
エ　①　供給量　②　需要量　③　統制

2　次の表は，4つの国におけるエネルギー消費量と人口1人あたりのエネルギー消費量(2021年)を示したものである。表中のア～エの国は，日本，アメリカ，ブラジル，中国のいずれかである。日本に該当するものを，表中のア～エの中から一つ選び，記号で答えなさい。

表

国名	エネルギー消費量(エクサジュール)	人口1人当たりのエネルギー消費量(ギガジュール)
ア	157.65	109.1
イ	92.97	279.9
ウ	12.57	58.7
エ	17.74	140.8

(「Statistical Review of World Energy 2022」による)

3　次の問いに答えなさい。

(1)　1869年に，藩主が領地・領民を天皇に返し，新政府が全国の支配権を形式上その手におさめたことを何というか。最も適切な語句を，次のア～エの中から一つ選び，記号で答えなさい。

ア　廃藩置県　　イ　地租改正　　ウ　版籍奉還
エ　殖産興業

(2)　次の資料は，日本に渡来し戒律を伝えた唐の僧侶で，唐招提寺をつくった人物の像である。この像の人物名を，以下のア～エの中から一つ選び，記号で答えなさい。

資料

（山川出版社「詳説日本史」による）

ア　最澄　　イ　鑑真　　ウ　栄西　　エ　行基

(3)　紀元前8世紀頃の古代ギリシアでは，山が多く土地がせまかったため，王による広い領域の支配は成り立たず，多くの都市国家が生まれた。この都市国家を何というか，カタカナで答えなさい。

▌2024年度 ▌山形県 ▌難易度 ■■■□□

【6】次の各教科の問いに答えなさい。

(1)　「タンテキに話してください。」のカタカナ部分を漢字に直すとどれか。

①　短的　　②　単的　　③　端適　　④　単適　　⑤　端的

(2)　次のうち，敬語として間違った使い方をしているものはどれか。

①　メニューをお持ちいたしますので，お待ちください。
②　先生は同窓会に参加されますか。
③　母が「よろしく」と申しておりました。
④　お食事をいただいてください。
⑤　佐藤先生がお見えになりました。

(3) 「頼みにしてすがるところがなく，どうしようもないこと」を表す「とりつく□もない」という言葉の空欄に入るのはどれか。

① 暇　② 島　③ 隙　④ 尻　⑤ 腕

(4) 次のうち，作品と著者の組み合わせが誤っているものはどれか。

① 源氏物語／紫式部　② 徒然草／兼好法師
③ 方丈記／世阿弥　④ 世間胸算用／井原西鶴
⑤ 南総里見八犬伝／滝沢馬琴

(5) 次のうち，村上春樹の作品でないものはどれか。

① 風の歌を聴け　② ノルウェイの森
③ ねじまき鳥クロニクル　④ 号泣する準備はできていた
⑤ 1Q84

(6) 次の日本の文化に関する組み合わせのうち，適当でないものはどれか。

① 法隆寺玉虫厨子／飛鳥文化
② 興福寺阿修羅像／天平文化
③ 東大寺南大門金剛力士像／鎌倉文化
④ 慈照寺銀閣／桃山文化
⑤ 見返り美人図／元禄文化

(7) 次の歴史事項のうち，日本の江戸時代に起こった出来事として適当でないものはどれか。

① マルコ＝ポーロの旅行の見聞をまとめた『世界の記述』が著わされた。
② フランス革命がおき，ルイ16世が処刑された。
③ フルトンにより蒸気船が実用化された。
④ ロシアでは，アレクサンドル2世により農奴解放令が出された。
⑤ アメリカでは，先住民をミシシッピ川以西に追放する強制移住法が制定された。

(8) ブラジルの公用語はどれか。

① 英語　② スペイン語　③ フランス語
④ ポルトガル語　⑤ ドイツ語

(9) イスラームが守るべき五行として，適当でないものはどれか。

① 信仰告白　② 沐浴　③ 礼拝　④ 断食　⑤ 巡礼

(10)　現在の会社法に基づいて新設が認められる企業として，適当でないものはどれか。

①　株式会社　②　合同会社　③　有限会社

④　合名会社　⑤　合資会社

2024年度　長野県　難易度

【7】次の(1)～(9)の各問いに答えなさい。

(1)　次の①，②の下線部のカタカナにあてはまる漢字を以下の(ア)～(エ)から1つ選び，その記号で答えよ。

①　シコウ錯誤を重ねる

(ア)　思行　(イ)　施行　(ウ)　試行　(エ)　試考

②　社会ホショウ制度を整備する

(ア)　保証　(イ)　保障　(ウ)　補償　(エ)　補証

(2)　次の(ア)～(エ)から夏の季語を1つ選び，その記号で答えよ。

(ア)　椿　(イ)　牡丹　(ウ)　朝顔　(エ)　大根

(3)　次の(ア)～(エ)の中でもっともはやく起きた出来事を1つ選び，その記号で答えよ。

(ア)　島原の乱　(イ)　承久の乱　(ウ)　保元の乱

(エ)　応仁の乱

(4)　2024年2月29日は木曜日である。2025年2月28日は何曜日か。次の(ア)～(エ)から1つ選び，その記号で答えよ。

(ア)　木曜日　(イ)　金曜日　(ウ)　土曜日　(エ)　日曜日

(5)　元素記号「Sn」で表される元素名は何か。次の(ア)～(エ)から1つ選び，その記号で答えよ。

(ア)　スズ　(イ)　鉛　(ウ)　亜鉛　(エ)　鉄

(6)　次の(ア)～(エ)から管楽器でないものを1つ選び，その記号で答えよ。

(ア)　オーボエ　(イ)　クラリネット　(ウ)　コントラバス

(エ)　トロンボーン

(7)　「WTO」で表される国際連合の専門機関の名称は何か。次の(ア)～(エ)から1つ選び，その記号で答えよ。

(ア)　世界保健機関　(イ)　世界気象機関　(ウ)　世界観光機関

(エ) 世界貿易機関

(8) 感染症法で新型コロナウイルス感染症(COVID-19)と同じ5類感染症に位置付けられている感染症は何か。次の(ア)~(エ)から1つ選び，その記号で答えよ。

(ア) 狂犬病　(イ) 麻しん　(ウ) コレラ　(エ) 結核

(9) 全てのこどもが将来にわたって幸福な生活を送ることができる社会の実現を目指し，こども政策を総合的に推進することを目的として2023年4月に発足した政府機関を何というか。次の(ア)~(エ)から1つ選び，その記号で答えよ。

(ア) 家庭こども庁　(イ) 家庭こども省　(ウ) こども家庭庁
(エ) こども家庭省

2024年度 | 佐賀県 | 難易度

解答・解説

【1】① イ　② オ　③ エ　④ ウ　⑤ ウ　⑥ ウ
⑦ イ　⑧ オ　⑨ エ　⑩ ア

○解説○ (1) A「舌鋒鋭く」は遠慮せずものを言うこと，B「眉唾」は真偽が不確かなこと，C「食指が動く」は欲望や興味をおぼえること，D「断腸の思い」はつらく悲しいこと。 (2) 擬人法とは人間でないものを人間であるかのようにたとえること。オは人間でない「北風」が人間のように「戸をたたく」とあるので擬人法である。 (3) 尼将軍と呼ばれた北条政子は，鎌倉幕府初代将軍である源頼朝の正室で，頼朝の死後，父の北条時政とともに幕府の実権を握った。アの足利尊氏は室町幕府の初代将軍，イの日野富子は室町幕府8代将軍足利義政の正室，オの井伊直虎は女領主として戦国時代から安土桃山時代にかけて遠江国(現在の静岡県西部)を治めた。 (4) インフレーションとは，好況が行き過ぎ，財やサービスの需要が増えすぎて供給が追い付かなくなり，物価が上がり続ける状態である。アは円高，イとオは恐慌のときに起こる状況，エはマイナス成長という。 (5) トランペット，ホルン，トロンボーン，チューバなど唇を振動させマウスピースを通して音を出す楽器は金管楽器である。クラリネットやオーボエ，サックスなどリードを振動させて音を出す楽器は木管楽器である。フルートは歌口に息を吹きかけて音を出す木管楽器である。フルートは，見た目の色やリードを用いないことから迷いやすいので気を付けておきたい。　(6)　いつも混んでいる通勤電車に始発で乗ったら空いていた，というエピソードなので，「早起きは三文の徳」にあたるウが適切。　(7)　表と会話を読んでthat dayにあたる曜日を推測する問題。「暑くて」，「前日より気温が高く」，「後に雨が降った」と言っているので，表から火曜日だとわかる。　(8)　スマートハウスとは，IT技術を駆使して住宅のエネルギー消費をコントロールする住宅のこと。(9)　病原体には，細菌，ウイルス，寄生虫，真菌，原虫などがあり，結核の病原体は，細菌である結核菌である。ほかの選択肢はウイルスを病原体とする。なお，ウイルスと細菌は全くの別物で，細菌は生物であるが，ウイルスは生物とは言い切ることができず，生物と非生物の中間的な存在である。　(10)　サッカー競技規則「第1条　競技のフィールド」の「2. フィールドのマーキング」において「エリアの境界線を示すラインは，そのエリアの一部である」とされている。また，同規則「第9条　ボールインプレーおよびボールアウトオブプレー」の「1．ボールアウトオブプレー」で，「グラウンド上または空中で，ボールの全体がゴールラインまたはタッチラインを越えた」ときにアウトオブプレーになると示されている。つまり，ボールの一部がタッチライン上にあれば，アウトオブプレーにはならない。

【2】問1　エ　　問2　イ　　問3　ウ　　問4　ウ　　問5　エ

○解説○　問1　知事は，日本国憲法下で「地方公共団体の長」とされる。地方自治法第19条により，都道府県知事は「日本国民で年齢満30年以上のもの」，市町村長は同「満25年以上のもの」が被選挙権を有すると規定されている。なお，任期はともに4年である。　問2　アは1964年，ウは1991年，エは1992年の出来事である。　問3　ラムサール条約は，1971年にイランのラムサールで開催された国際会議で採択されたもの。湿地やそこに生息・生育する動植物の保全の促進を目的にしている。　問4　滋賀県には日本最大の湖である琵琶湖があるので，図中のウと判断できる。アは兵庫県，イは和歌山県，エは三重県である。　問5　①　地方交付税は，地方公共団体の間での経済条件の格差を減らすため，国から支給される。　②　国庫支出金は，補助金の側面があるため，使途が決められている。

【3】(1)　3　(2)　2　(3)　5　(4)　3　(5)　4　(6)　5
(7)　3　(8)　1

○解説○ (1)　肝臓には，胃や腸で消化・吸収された糖質，脂質，タンパク質を，体内で利用しやすい物質に変えるなどの代謝という働きをはじめ，解毒作用，胆汁の生成など，多くの働きがある。なお，1は胆のう，2はすい臓，4は胃やすい臓など，5は小腸の働きである。

(2)　work with ～で，「～を扱う仕事をする」という意味を表す。

(3)　1　放射線が人体に与える影響を表す単位は，シーベルト(Sv)である。ベクレル(Bq)は，放射性物質の量がどれくらいあるかを表す単位である。　2　放射性物質は放射線を放出し続けるが，時間の経過とともに放射線を放出する量が減少していく。　3　放射性物質は，人から人にうつることはない。　4　放射線は原子からイオンをはじき出し，はじき出されたイオンやもとの放射線は，細胞を構成する様々な分子に傷をつける。さらに，染色体のDNAにも傷をつけることがある。　(4)　下線部の「伝説」の出来事を表す内容は，that以下に書かれており，その内容に対応する選択肢は3が適切。1と4は，「伝説」の出来事があった20世紀初頭以前の出来事である。2は，第二次世界大戦後の出来事である。　(5)　カリウム原子は19個電子をもっており，電子を1個失うことで18個の電子をもつアルゴン原子と同じ電子配置となる。アルゴン原子は，最外殻の軌道が完全に電子で満たされた希ガス(不活性ガス)である。電子を17個もつ塩素は電子を1個受け取り，電子を16個もつ硫黄は電子を2個受け取り，いずれも希ガスのアルゴン原子と同じ電子配置となる。　(6)　ある部屋の1m²あたりの水蒸気量は，$31.0 \div 2 = 15.5$〔g/m²〕。このときの湿度が67％だったことから，飽和水蒸気量を求めると，$15.5 \div \frac{67}{100} = 23.1\cdots \fallingdotseq 23.1$〔g/m²〕。表から，このときの部屋の温度は25度であると分かる。　(7)　加工食品の売り上げが上がったのは，下線部直後の文にあるように，合成できるフレーバーの数が増えたためである。　(8)　正しくないものを選ぶ点に注意。1は，加工業者自らでなく，香料会社に目をつけたと書かれており，自分たちで創りだそうとしたわけではないことから，不適切。

【4】(1)　3　(2)　3　(3)　1　(4)　4　(5)　2　(6)　1
(7)　4　(8)　2

○解説○ (1)　国際連合安全保障理事会の常任理事国は，アメリカ，イギリス，フランス，ロシア，中国の5か国である。　(2)　下線部からは，車や人もほとんど通っていない様子がうかがえる。本文で伝えたいことは，「人が管理していない自然」「老朽化が進み」「人が住みにくい環境」といった内容ではないことを読み取ることができるはずである。(3)「めったに」は，「〜ない」などの否定表現と呼応する副詞である。1の「どうか」は，「〜ください」「〜ほしい」などと呼応する副詞。一方，2「ずいぶん」，3「とても」は程度を表す副詞，4「ゆっくり」は状態を表す副詞である。　(4)　1　徳川綱吉が江戸幕府5代将軍となったのは1680年で，17世紀のことである。　2　松平定信が寛政の改革を始めたのは1787年で，18世紀のことである。　3　足利義満が勘合貿易を始めたのは室町時代の1404年で，15世紀のことである。
4　豊臣秀吉が全国を統一したのは1590年で，16世紀のことである。
(5)　1ドル＝120円から1ドル＝150円になるということは，ドルに対する円の価値が下がることを意味する。つまり円安の状態である。円安になると，輸入品の国内価格は上がり，輸入にとっては不利となる。一方，輸出品の対外価格は下がり，輸出にとっては有利となる。
(6)　地球は24時間で360度回転するので，経度差15度で1時間の時差が生じる。ロンドンと日本の標準時子午線の経度差は135度であり，135÷15＝9となり，9時間の時差がある。日本の方がロンドンより東にあるので，9時間早いことになる。ロンドンが2023年1月1日午前0時の時，日本は9時間先の2023年1月1日午前9時である。　(7)　ここでの「〜ように」は比喩表現。　(8)　1　「日本でもヨーロッパでも，同じような風景が見られる」は，第2段落の前半に書かれた内容と合致しない。　3「古い有名な寺院があり〜電気洗濯機の店がたくさんあり」

は，第3・4段落の内容と合致しない。　4「プライバシーや秩序を大切にした場所」は，第4段落の内容と合致しない。

【5】1　ア　　2　エ　　3 (1)　ウ　　(2)　イ　　(3)　ポリス

○**解説**○ 1　需要量は価格が上昇すると減少し，供給量は価格が上昇すると増加する。需要量と供給量が一致するときの価格が，均衡価格である。　2　表の総量と1人当たりの量を対比して見れば，アは総量は多いが1人当たりの量が少ないことから中国，イは1人当たりの量が最も多いことからアメリカ，ウは1人当たりの量が総量と対比してより少ないことから，人口の多いブラジル，エは1人当たりの量が比較的多いことから日本と分かる。2022年度の世界のエネルギー(総)消費量は，中国，アメリカ，インド，ロシア，日本，カナダ，ブラジルの順となっている(世界国勢図会2023/2024より)。世界のエネルギー消費量は年々増加し続けているが，それを牽引しているのが，中国，インド，ブラジルなどの新興国である。中国はエネルギー生産量も世界一で，最もエネルギーを消費する国である。アメリカは長い間世界一のエネルギー消費国だったが，エネルギー消費の効率化を図るなどによって横ばいを推移し，2000年代後半に中国に抜かれている。日本の消費量は，エネルギーの効率化が進むなどによって，毎年少しずつ減少している。　3 (1)　藩主が「領地(版図)・領民(戸籍)を天皇に返す(奉還)」で，版籍奉還である。廃藩置県は，明治政府が中央集権化を図るため，全国の藩を廃して府県を置いたこと。地租改正は，明治政府が財政基盤を確立するために実施した土地制度・租税制度の改革。殖産興業は明治政府の近代産業振興の政策である。　(2)　鑑真は奈良時代の唐の帰化僧で，日本の律宗の祖である。東大寺に初めて戒壇を設け，唐招提寺を創建した。最澄は平安初期の僧で，天台宗の開祖。栄西は鎌倉初期の僧で，臨済宗の開祖。行基は奈良時代の僧で，聖武天皇の帰依を受け，東大寺・国分寺建立に協力した。　(3)　紀元前8世紀ごろの古代ギリシアの都市国家を，ポリスという。1000以上のそれぞれに独立したポリスが存在していたが，ヘレニズム時代に消滅した。

【6】(1) ⑤　(2) ④　(3) ②　(4) ③　(5) ④　(6) ④
(7) ①　(8) ④　(9) ②　(10) ③

○**解説**○ (1) 「端的」ははっきりとしているさま，即座に起こるさま，手っ取り早く要点をとらえるさまの意。 (2) ④「いただく」は謙譲語であり，尊敬語の表現は「お食事を召し上がってください」などが適切。 (3) 「とりつく島もない」は，漂流する人が頼りとする島がない，という意味がもととなっている慣用句である。 (4) ③『方丈記』は，鴨長明が著した鎌倉時代前期の随筆。世阿弥は室町時代の能役者，能作者で，著書には『風姿花伝』などがある。 (5) ④『号泣する準備はできていた』は，江國香織の作品である。 (6) ④ 慈照寺銀閣は，室町幕府8代将軍，足利義政によって造られたもので，室町時代後期の東山文化を代表する建築物である。 (7) ① マルコ＝ポーロは，元の皇帝フビライ・ハンに仕えていた時代がある。フビライは元寇を起こした皇帝でもあり，日本の時代区分では鎌倉時代である。『世界の叙述』は，通称『東方見聞録』と呼ばれている。 (8) 大航海時代のとき，南米に進出したのはスペイン(イスパニア)とポルトガルで，ブラジルはポルトガルの植民地であったことによるものである。
(9) 五行とは，信仰の告白，礼拝，喜捨，断食，巡礼である。沐浴は水で体を洗い清めることだが，宗教的意味で用いられることが多い。
(10) 有限会社は，平成18(2006)年の会社法制定によって，株式会社の制度が柔軟化されたことに伴い，廃止された。

【7】(1) ① (ウ)　② (イ)　(2) (イ)　(3) (ウ)　(4) (イ)
(5) (ア)　(6) (ウ)　(7) (エ)　(8) (イ)　(9) (ウ)

○**解説**○ (1) ①「試行錯誤」は，新しい物事に対して試みと失敗を繰り返して解決策を見出していくこと。 ②「保証」は大丈夫だとして責任を持つこと，「保障」はある状態を保護し守ること，「補償」は損失を補い償うこと。「補証」という単語は存在しない。 (2) 椿は春，朝顔は秋，大根は冬の季語。朝顔が夏の季語でないことに注意。
(3) (ア)の島原の乱は1637年，(イ)の承久の乱は1221年，(ウ)の保元の乱は1156年，(エ)の応仁の乱は1467年に起こった。保元の乱は，崇徳上皇と後白河天皇との皇位継承をめぐる争いで，朝廷・公家・武士を巻き込む戦乱となり，のちに平氏政権が成立するきっかけとなった。

(4)　2025年2月28日は，2024年2月29日から365日目。よって，2025年2月28日は，365÷7＝52余り1より，木曜日の1日後で金曜日。

(5)　スズの元素記号はSn，鉛はPb，亜鉛はZn，鉄はFeである。

(6)　クラリネット，オーボエ，フルートなどの木管楽器とトロンボーン，トランペット，チューバなどの金管楽器のことを「管楽器」という。コントラバス，バイオリン，ビオラ，チェロなどは弦楽器という。

(7)　WTOは，世界貿易機関(World Trade Organization)のこと。加盟国の貿易紛争を解決するための紛争解決制度を持ち，近年では，2019年以来日本が実施していた韓国向け輸出管理を2023年3月に緩和したことに伴い，韓国がWTOの紛争解決手続きを取り下げた，という形で報道に登場している。さらに，9月現在，日本による福島第一原発の処理水海洋放出に反発し，中国が日本産水産物の輸入停止措置をWTOに通知したことから，今後の動向が注目されている。　(8)「5類感染症」とは，感染症法(正式名称は，感染症の予防及び感染症の患者に対する医療に関する法律)によって定められている感染症の分類の一つである。1類から5類に分けられ，数字が小さいほど危険性が高い傾向にある。狂犬病は4類(動物や虫などを介して人に感染する感染症)，麻しんは5類(危険度はさほど高くないが感染拡大を防止すべき感染症)，コレラは3類(集団食中毒など主に飲食物を介して集団発生する可能性のある感染症)，結核は2類(1類ほどではないがパンデミックを起こすリスクがあり予防の観点から重要な感染症)に分類される。なお，1類は，感染力が極めて強く致死的な感染症である。エボラ出血熱や天然痘，ラッサ熱などがある。　(9)　例えば文化庁が文部科学省に置かれているように，多くの庁には対応する省が存在する。一方でこども家庭庁の場合は内閣府に置かれている。省庁横断的にこども政策を推進する，というこども家庭庁の意図を理解していれば，新たに「こども家庭省」を設けるのではなく，内閣府のもとに庁として設置する，という構図が理解できるだろう。また，こども政策のための機関であることを理解していれば，名称としても「こども」が「家庭」の先にくることも理解できるだろう。

自然科学

自然科学　数　学

要点整理

数と式

□分母の有理化(分母が無理数のとき)

$(\sqrt{A})^2=A$，$(\sqrt{A}+\sqrt{B})(\sqrt{A}-\sqrt{B})=A-B$ を利用して，分母から$\sqrt{\ }$をなくすこと。

(例)　$\dfrac{\sqrt{5}}{\sqrt{3}}=\dfrac{\sqrt{5}\times\sqrt{3}}{\sqrt{3}\times\sqrt{3}}=\dfrac{\sqrt{15}}{3}$

$$\frac{\sqrt{2}-\sqrt{3}}{\sqrt{2}+\sqrt{3}}=\frac{(\sqrt{2}-\sqrt{3})^2}{(\sqrt{2}+\sqrt{3})(\sqrt{2}-\sqrt{3})}$$
$$=-(\sqrt{2}-\sqrt{3})^2=2\sqrt{6}-5$$

□因数分解

①公式Ⅰ　$a^2-b^2=(a+b)(a-b)$

$a^2+2ab+b^2=(a+b)^2$

$a^2-2ab+b^2=(a-b)^2$

$x^2+(a+b)x+ab=(x+a)(x+b)$

$acx^2+(ad+bc)x+bd=(ax+b)(cx+d)$

②公式Ⅱ　$a^3\pm b^3=(a\pm b)(a^2\mp ab+b^2)$　［複号同順］

$a^3\pm3a^2b+3ab^2\pm b^3=(a\pm b)^3$　［複号同順］

$a^3+b^3+c^3-3abc=(a+b+c)(a^2+b^2+c^2-ab-bc-ca)$

方程式と不等式

□2次方程式

係数が実数である x に関しての2次方程式

$ax^2+bx+c=0(a\neq0)$の解

$$x=\frac{-b\pm\sqrt{b^2-4ac}}{2a}$$

判別式をDとすると

$D=b^2-4ac<0$ならば実数解をもたない

$D=b^2-4ac=0$ならば重解をもつ

$D=b^2-4ac>0$ならば異なる2つの実数解をもつ

□2次不等式

$f(x)=ax^2+bx+c=0\ (a\neq 0)$の2解を$\alpha$，$\beta$とする($\alpha>\beta$)

不等式$ax^2+bx+c=a(x-\alpha)(x-\beta)\leqq 0$ は，方程式$f(x)=0$の判別式をDとすると

$a>0$ かつ $D>0$ ならば $\beta\leqq x\leqq\alpha$

$a>0$ かつ $D=0$ ならば $x=\alpha\ (=\beta)$

$a>0$ かつ $D<0$ ならば 解なし

$a>0$ かつ $D\leqq 0$ ならば xはすべての実数

□2次方程式の解と係数の関係

$ax^2+bx+c=0(a\neq 0)$の2解をα，βとすると

$$\alpha+\beta=-\frac{b}{a}\quad \alpha\beta=\frac{c}{a}$$

①α，βともに正の実数解であれば

$D\geqq 0\quad ab<0\quad ac>0$

②α，βとも負の実数解であれば

$D\geqq 0\quad ab>0\quad ac>0$

③α，βの一方が正，他方が負の実数解であれば　$D>0\quad ac<0$

場合の数

①和の法則

A，Bは同時には起こらないとき，AおよびBの起こりうる場合の数が各々p，qであるとすると，

(AまたはBの起こりうる場合の数)$=p+q$

②積の法則

2つの事柄A，Bがあって，Aの起こりうる場合の数がp，Aのどれか1つが起こったときのBの起こりうる場合の数がすべてqであるとすると，

(Aが起こり，かつBが起こりうる場合の数)$=p\cdot q$

順列・組合せ

相異なる n 個から順序を無視して r 個取る組合せの総数を${}_nC_r$で表す。

$${}_nC_r=\frac{n(n-1)(n-2)\cdots(n-r+1)}{1\cdot2\cdot3\cdots r}=\frac{n\,!}{r\,!\,(n-r)\,!}=\frac{{}_nP_r}{r\,!}$$ (n ! の意味は①を参照)

相異なる n 個のものから r 個取り出し，一列に並べたものを順列といい，その総数を ${}_nP_r$ で表す。

(公式) ${}_nP_r=n\cdot{}_{n-1}P_{r-1}$

①相異なる n 個のものから，n 個を取り出す順列の総数は，

$n\,!=n(n-1)\cdots\cdots1$(nは自然数)，$0\,!=1$

②相異なる n 個のものから，r 個を取り出す順列の総数は

$${}_nP_r=\underbrace{n(n-1)(n-2)\cdots(n-r+1)}_{r\text{個}}=\frac{n!}{(n-r)\,!}$$

③n個のもののうち，p個は同じもの，q個は別の同じもの，r個はまた別の同じもの，……であるとき，これらn個のものを全部使ってできる同じものを含む順列の総数は

$\frac{n!}{p!q!r!\cdots}$　ただし$p+q+r+\cdots=n$

④どの2つも異なる n 個のものから重複を許して r 個を取り出す順列の数は n^r　(重複順列)

⑤(公式) ${}_nC_r={}_nC_{n-r}$　${}_nC_r={}_{n-1}C_r+{}_{n-1}C_{r-1}$

⑥相異なる n 個から重複を許して r 個を取り出す組合せの総数は，

${}_{n+r-1}C_r$(重複組合せ)

⑦ $(a+b)^n=\sum_{k=0}^{n}{}_nC_k a^{n-k}\cdot b^k$(二項定理)

${}_nC_0+{}_nC_1+\cdots+{}_nC_n=2^n$(上の二項定理の式で$a=b=1$とする)

確率

N個の排反する事象のどれかが起こることが同じ程度に期待されるとき，このうちAの起こる場合が n 個あるならば，$\frac{n}{N}$ を事象Aの起こ

る確率といい，$P(A)$で表す。

$$P(A)=\frac{n}{N}\ [0\leqq P(A)\leqq 1]$$

1回の試行で，事象Aの起こる確率がpならばその試行を独立に n 回くり返すとき，Aが r 回起こる確率は ${}_nC_r p^r q^{n-r}$ となる(反復試行の確率，$q=1-p$)。

数列

①数列の定義

ある規則で並べられた数の列を数列という。例えば，

2，5，8，11，14，………

1，2，4，8，16，………

3，4，6，9，13，………

4，9，16，25，36，………

数列をつくる各数を項といい，第1番目の項を**初項**，第n番目の項を第n項という。一般に，数列$\{a_n\}$の第n項a_nを一般項という。項が有限個からなる数列を有限数列といい，そのとき，項の個数を**項数**，最後の項を**末項**という。有限数列でない数列を無限数列という。

②等差数列

隣り合う項の差が一定の数列を等差数列といい，その差を公差という。

初項がa，公差がdの等差数列の一般項は，$a_n=a+(n-1)d$と表される。末項が$a_n=l$のとき，初項から末項までの和S_nは$S_n=\frac{n(a+l)}{2}$。したがって，初項aから第n項a_nまでの和S_nをa，d，nを用いて表すと，$S_n=\frac{n\{2a+(n-1)d\}}{2}$である。

③等比数列

初項に一定の数を次々にかけて得られる数列を等比数列といい，その一定のかける数を公比という。

初項a，公比rの等比数列の一般項は，$a_n=ar^{n-1}$と表される。初項

から第n項までの和S_nは，$r \neq 1$のとき

$$S_n = \frac{a(1-r^n)}{1-r},\ r=1\text{のとき}\quad S_n = an$$

1次関数

(1) 線分の長さ：2点P(x_1, y_1)，Q(x_2, y_2)を結ぶ線分の長さ

$$PQ = \sqrt{(x_1 - x_2)^2 + (y_1 - y_2)^2}$$

(2) 線分の分点：2点P(x_1, y_1)，Q(x_2, y_2)を $m:n$ の比に内分する点をR，外分する点をTとすると

$$R\left(\frac{nx_1 + mx_2}{m+n},\ \frac{ny_1 + my_2}{m+n}\right) \qquad T\left(\frac{-nx_1 + mx_2}{m-n},\ \frac{-ny_1 + my_2}{m-n}\right)$$

(3) 直線の方程式

① 傾きm，y切片bの 直線：$y = mx + b$

② 2点A(x_1, y_1)，B(x_2, y_2) を通る直線

$$y - y_1 = \frac{y_2 - y_1}{x_2 - x_1}(x - x_1) \quad (x_1 \neq x_2)$$

$$x = x_1 \qquad (x_1 = x_2)$$

③ (a, 0)，(0, b)を通る直線

$$\frac{x}{a} + \frac{y}{b} = 1\ (ab \neq 0)$$

2次関数

$$y = ax^2 + bx + c \quad (a \neq 0)$$

$$y = a\left(x^2 + \frac{b}{a}x\right) + c = a\left(x + \frac{b}{2a}\right)^2 - \frac{b^2 - 4ac}{4a}$$

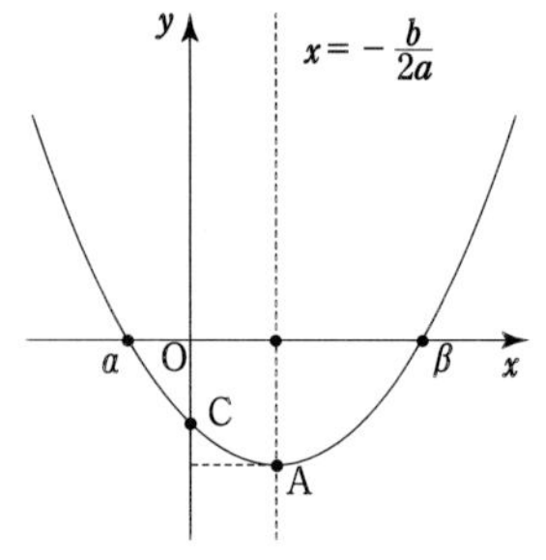

頂点A$\left(-\frac{b}{2a},\ -\frac{b^2 - 4ac}{4a}\right)$

軸$x = -\frac{b}{2a}$

$a>0$のとき　下に凸
$a<0$のとき　上に凸

$\alpha < \beta$より

$$\alpha=\frac{-b-\sqrt{b^2-4ac}}{2a},\quad \beta=\frac{-b+\sqrt{b^2-4ac}}{2a}$$

三角比・三角関数

□辺の比が決まる特別な直角三角形

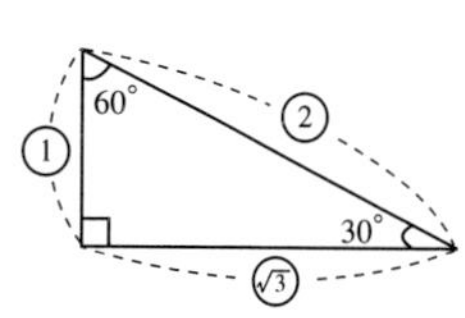

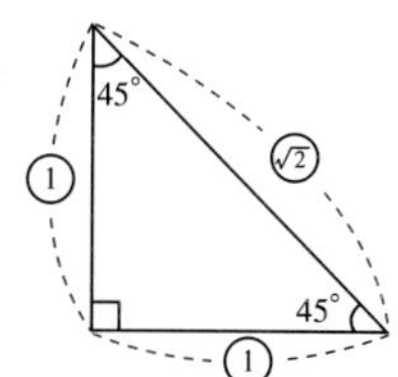

□三角比

定義：$\sin\theta=\dfrac{b}{c}$，$\cos\theta=\dfrac{a}{c}$，$\tan\theta=\dfrac{b}{a}$

性質：$\tan\theta=\dfrac{\sin\theta}{\cos\theta}$

$\sin^2\theta+\cos^2\theta=1$

$1+\tan^2\theta=\dfrac{1}{\cos^2\theta}$

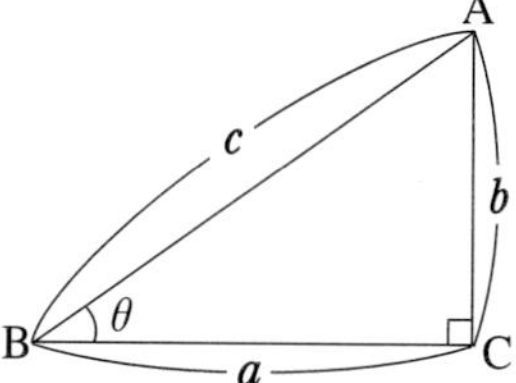

正弦定理：$\dfrac{a}{\sin A}=\dfrac{b}{\sin B}=\dfrac{c}{\sin C}=2R$（$R$：外接円の半径）

余弦定理：$a^2=b^2+c^2-2bc\cos A$

$b^2=c^2+a^2-2ca\cos B$

$c^2=a^2+b^2-2ab\cos C$

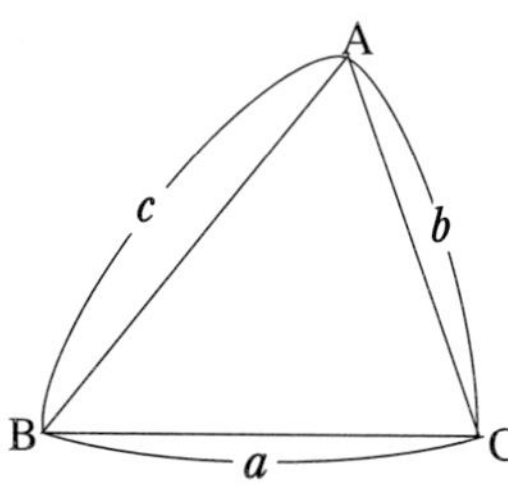

三角形

□合同条件

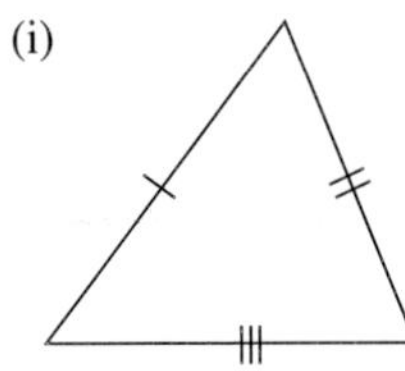

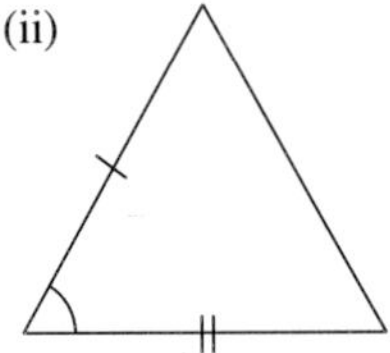

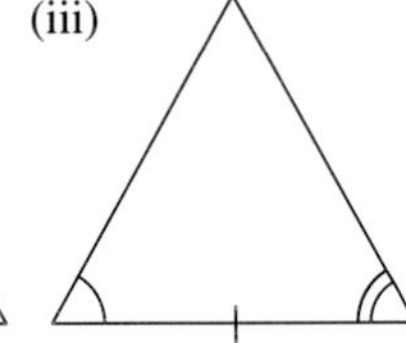

(i) 3辺がそれぞれ等しい。

(ii) 2辺とその間の角がそれぞれ等しい。

(iii) 1辺とその両端の角がそれぞれ等しい。

□直角三角形の合同条件

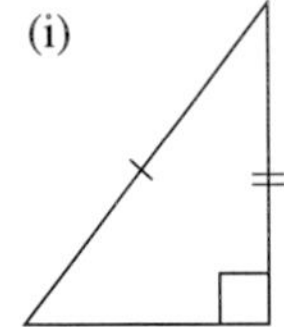

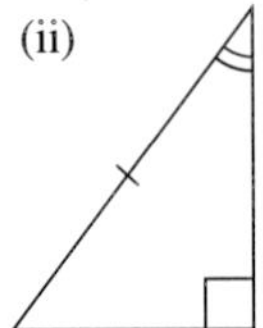

(i) 斜辺と他の一辺がそれぞれ等しい。

(ii) 斜辺と1つの鋭角がそれぞれ等しい。

□相似条件

(i) 3辺の比がそれぞれ等しい。

(ii) 2辺の比とその間の角がそれぞれ等しい。

(iii) 2角がそれぞれ等しい。

□中点連結定理とその逆

右図において

(1) AM＝BM，AN＝CNならば

MN//BCでMN＝$\frac{1}{2}$BC

(2) AM＝BM，MN//BCならば

AN＝CN，MN＝$\frac{1}{2}$BC

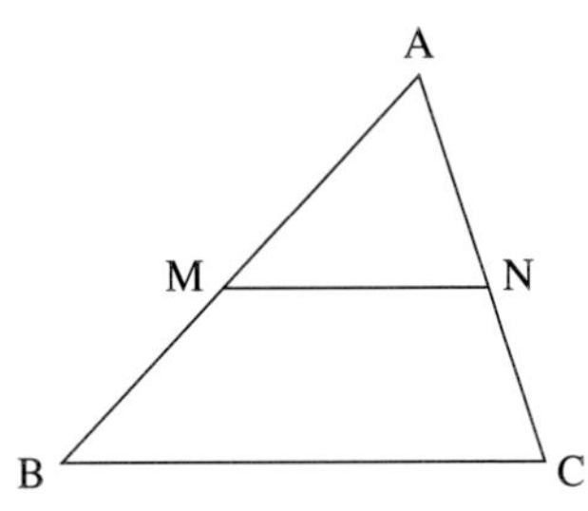

□重心

中線の交点　$\frac{GF}{AG}=\frac{GD}{BG}=\frac{GE}{CG}=\frac{1}{2}$

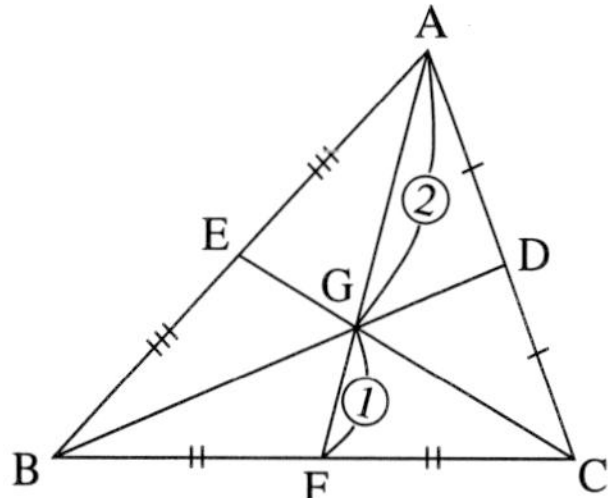

□内心　三内角の二等分線の交点で，内接円の中心。

□外心　三辺の垂直二等分線の交点で，外接円の中心。

□三平方の定理(ピタゴラスの定理)

$a^2=b^2+c^2$

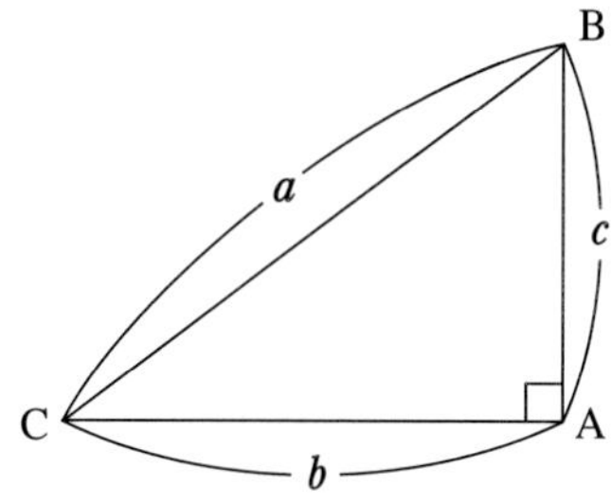

(証明)

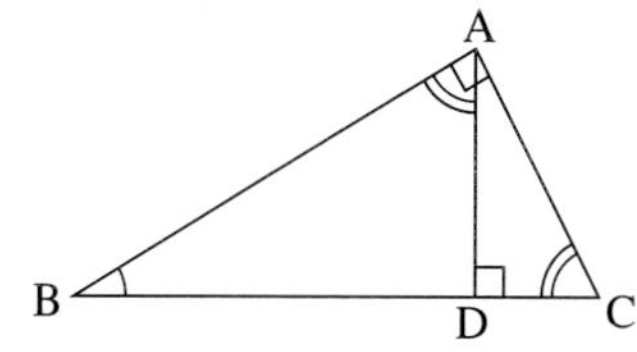

$$\begin{cases} AB:BD=BC:AB & \text{——①} \\ AC:CD=CB:AC & \text{——②} \end{cases}$$

①より　$AB^2=BD\cdot BC$……①′

②より　$AC^2=CD\cdot CB$……②′

①′＋②′より

$AB^2+AC^2=BC(BD+CD)$

∴　$AB^2+AC^2=BC^2$

注：余弦定理の∠A＝90°の場合が三平方の定理になる。

$a^2=b^2+c^2-2bc\cos 90°$　$(\cos 90°=0)$

□**種類**　鋭角三角形，直角三角形，鈍角三角形，二等辺三角形，正三角形，etc.

四角形

□平行四辺形

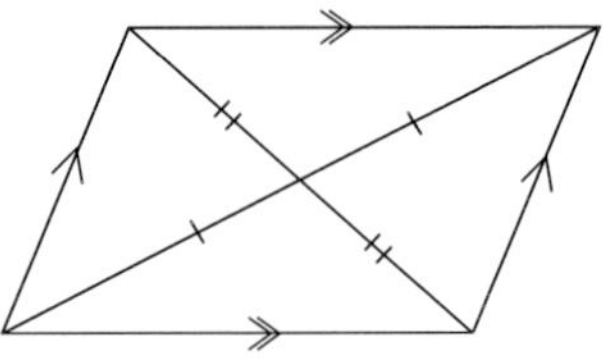

・二組の対辺がそれぞれ等しい。
・二組の対角がそれぞれ等しい。
・対辺は平行で長さが等しい。
・対角線は互いに他を二等分する。

円の性質

□中心角・円周角〈図1・図2〉

中心角：∠AOD＝2∠ACD
円周角：∠ABD＝∠ACD
直径に対する円周角は90°

〈図1〉

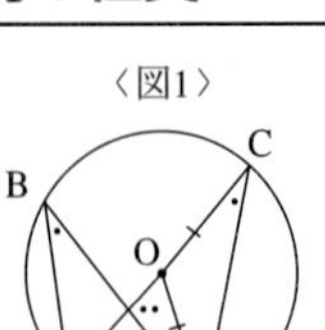

〈図2〉

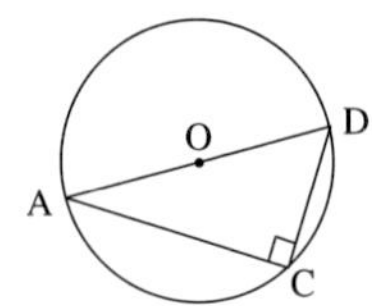

□円に内接する四角形〈図3〉

$\angle a+\angle c=180°$
$\angle b+\angle d=180°$
$\angle b=\angle e$

〈図3〉

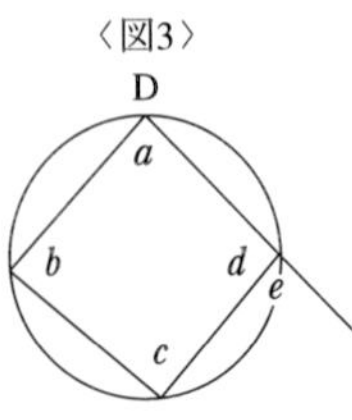

〈図4〉

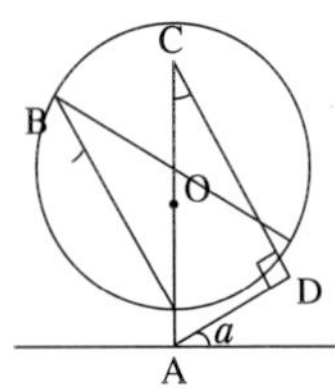

□接弦定理

$\angle a=\angle B=\angle C$〈図4〉

□共円点　次の条件を満たすとき4点A，B，C，Dは同一円周上にある。

(i)　点C，DがABの同じ側にあるとき，$\angle D=\angle C$

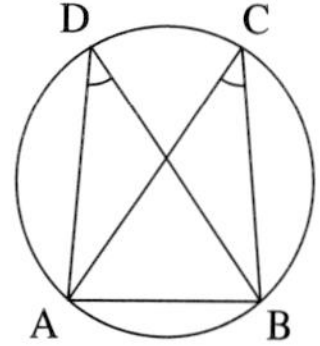

(ii)　点C，DがABの反対側にあるとき，
$\angle C+\angle D=180^\circ$

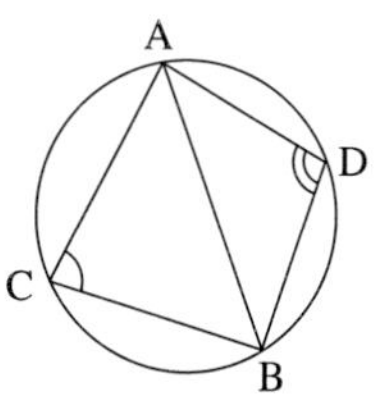

□面積

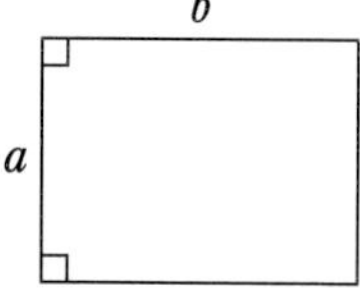

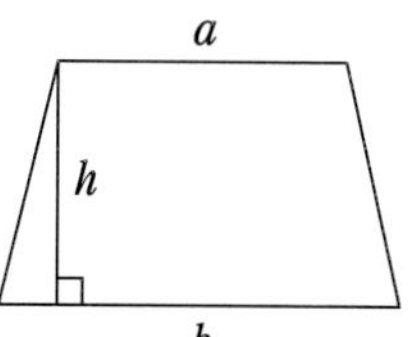

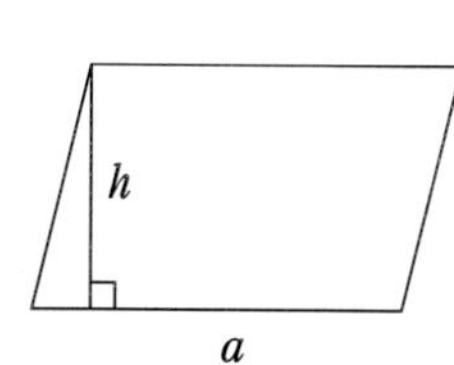

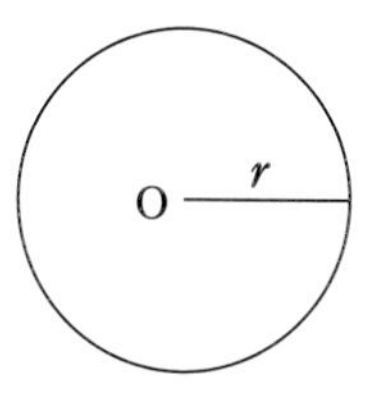

□長方形　$S=ab$　　□台形　$S=\frac{1}{2}(a+b)h$

□平行四辺形　$S=ah$　　□円　$S=\pi r^2$

自然科学　数　学

実施問題

数と式・中央値・文章題

【1】$-6^2-12\div2$を計算したときの答として正しいものを，次のア～エから一つ選び，記号で答えよ。

ア　-42　　イ　-24　　ウ　12　　エ　30

2024年度｜鹿児島県｜難易度

【2】自然数全体の集合をU，3の倍数である数の集合をA，12の倍数である数の集合をBとするとき，これらの集合の関係として正しいものを，次のア～エから一つ選び，記号で答えよ。

ア　$A\cap B=U$　　イ　$A\cap B=A$　　ウ　$A\cup B=U$　　エ　$A\cup B=A$

2024年度｜鹿児島県｜難易度

【3】次の①～⑤の中から，24の倍数を選びなさい。

①　$2^3\times7^2$　　②　$2^2\times3\times5$　　③　$2^3\times3\times5^2$

④　$2^2\times3^2\times5^2$　　⑤　$2\times3^4\times7$

2024年度｜長野県｜難易度

【4】$(2\sqrt{3}-3)(3+2\sqrt{3})$を計算した結果として正しいものを，次の1～4の中から1つ選びなさい。

1　-9　　2　-3　　3　3　　4　9

2024年度｜埼玉県・さいたま市｜難易度

【5】$x=\dfrac{2}{\sqrt{7}-\sqrt{5}}$，$y=\dfrac{2}{\sqrt{7}+\sqrt{5}}$のとき，$x^2+y^2$の値は[　1　][　2　]である。

[　1　][　2　]に入る数字を答えなさい。

2024年度｜三重県｜難易度

【6】次の記述ア～エについて，正しく述べているものの組合せとして最も適切なものを，以下の①～⑥のうちから選びなさい。

ア　$\{(-2)^3-4\times6\}\div\left(\frac{1}{3}-1\right)^2$を計算すると，72である。

イ　$4x^2-(x-2y)^2$を因数分解すると，$(x+2y)(3x-2y)$である。

ウ　方程式$3x^2+2x-8=0$を解くと，解は$x=\frac{4}{3}$と$x=2$である。

エ　$\sqrt{30-n}$が整数となるような自然数nの個数は，6個である。

①　ア　と　イ　　②　ア　と　ウ　　③　ア　と　エ

④　イ　と　ウ　　⑤　イ　と　エ　　⑥　ウ　と　エ

2024年度　神奈川県・横浜市・川崎市・相模原市　難易度

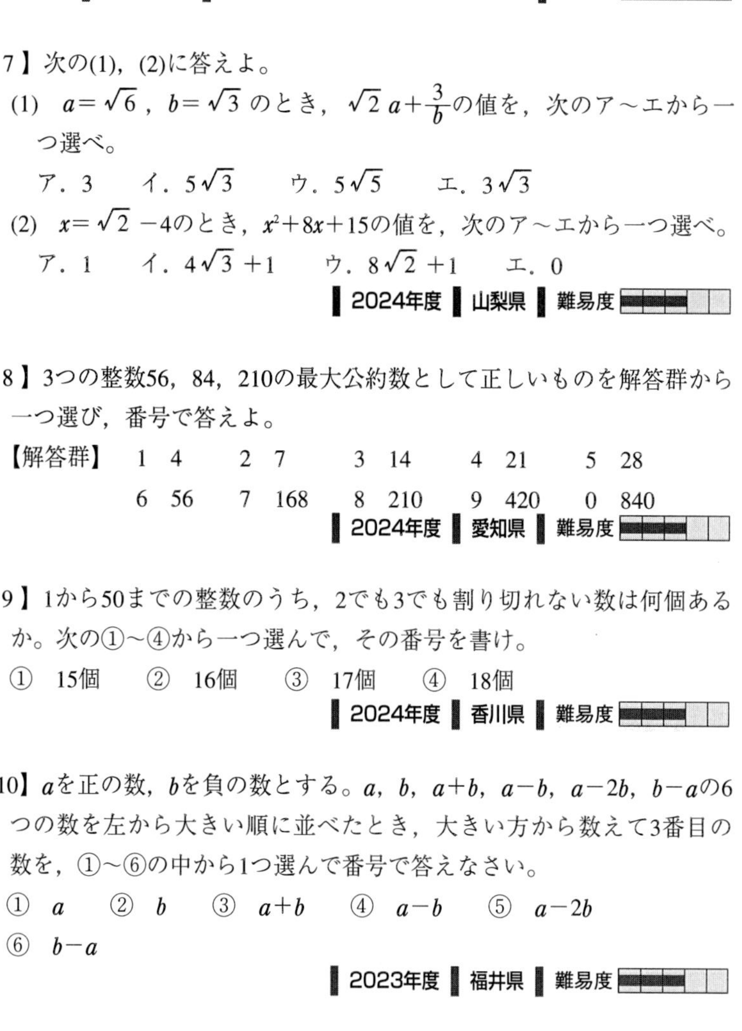

【7】次の(1)，(2)に答えよ。

(1)　$a=\sqrt{6}$，$b=\sqrt{3}$のとき，$\sqrt{2}\,a+\frac{3}{b}$の値を，次のア～エから一つ選べ。

ア．3　　イ．$5\sqrt{3}$　　ウ．$5\sqrt{5}$　　エ．$3\sqrt{3}$

(2)　$x=\sqrt{2}-4$のとき，$x^2+8x+15$の値を，次のア～エから一つ選べ。

ア．1　　イ．$4\sqrt{3}+1$　　ウ．$8\sqrt{2}+1$　　エ．0

2024年度　山梨県　難易度

【8】3つの整数56，84，210の最大公約数として正しいものを解答群から一つ選び，番号で答えよ。

【解答群】　1　4　　2　7　　3　14　　4　21　　5　28

6　56　　7　168　　8　210　　9　420　　0　840

2024年度　愛知県　難易度

【9】1から50までの整数のうち，2でも3でも割り切れない数は何個あるか。次の①～④から一つ選んで，その番号を書け。

①　15個　　②　16個　　③　17個　　④　18個

2024年度　香川県　難易度

【10】aを正の数，bを負の数とする。a，b，$a+b$，$a-b$，$a-2b$，$b-a$の6つの数を左から大きい順に並べたとき，大きい方から数えて3番目の数を，①～⑥の中から1つ選んで番号で答えなさい。

①　a　　②　b　　③　$a+b$　　④　$a-b$　　⑤　$a-2b$

⑥　$b-a$

2023年度　福井県　難易度

【11】次の表は，ある中学校の1年生20人の握力を調べ，その結果をまとめたものである。握力が30kg以上35kg未満の生徒数が4人のとき，握力が20kg以上25kg未満の生徒数は，[　　]人である。

[　　]に入る数字を答えなさい。

握力（kg）	相対度数
１５以上　～２０未満	0.10
２０　　～２５	
２５　　～３０	0.30
３０　　～３５	
３５　　～４０	0.05
計	1.00

▌2024年度 ▌三重県 ▌難易度

【12】次の図は，ある中学校の握力の測定結果を累積相対度数分布グラフに表したものである。このグラフより，中央値の属する階級と最頻値の適切な組合せを①～④から選び，番号で答えよ。

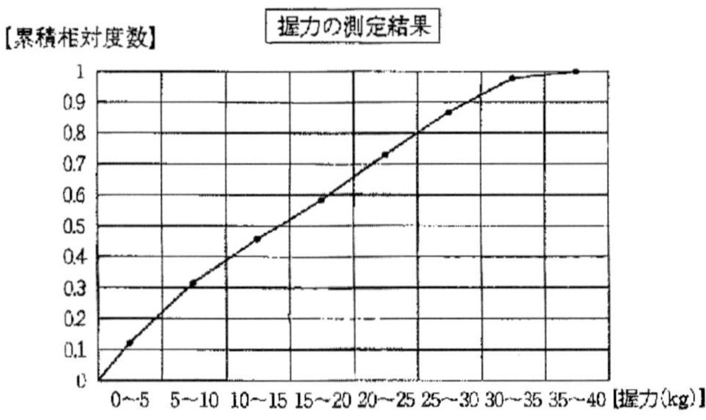

	中央値	最頻値
①	10~15	5.5
②	10~15	7.5
③	15~20	5.5
④	15~20	7.5

▌2024年度 ▌神戸市 ▌難易度

【13】Aさんは，自分の家からBさんの家に行くためにバスを使う。バスは，昼の時間帯では，時速30kmで移動するが，Bさんの家の周辺は信号も多いので，Aさんの家からBさんの家までの距離の4分の1は時速15kmで移動する。朝の時間帯では，時速30kmで移動するが，昼の時間帯より交通量が多くなるので，Aさんの家からBさんの家までの距離の2分の1は時速15kmで移動する。そのため，昼の時間帯よりも6分到着が遅れる。

Aさんの家からBさんの家までの距離を求めるために，裕太さんと恵子さんは，次のような会話をしている。(　①　)(　②　)に入る式の組合せとして正しいものはどれか。ただし，Aさんの家とBさんの家はバス停の前にあるものとする。

裕太さん：Aさんの家からBさんの家までの距離を$x$kmとして考えてみよう。

恵子さん：昼の時間帯は，$x$kmの4分の3が時速30km，4分の1が時速15kmだから，Aさんの家からBさんの家までかかる時間は(　①　)時間になるね。

裕太さん：朝の時間帯は，昼の時間帯よりも6分到着が遅れるよね。

恵子さん：昼の時間帯と，朝の時間帯で方程式をたてると(　②　)になるね。

裕太さん：(　②　)を解けば，Aさんの家からBさんの家までの距離が出るね。

①　ア　$\frac{1}{24}x$　　イ　$\frac{1}{20}x$　　ウ　$\frac{1}{20}x+\frac{1}{10}$

②　ア　$35x=30x+6$　　イ　$\frac{1}{20}x=\frac{1}{24}x+\frac{1}{10}$　　ウ　$\frac{1}{20}x=\frac{1}{24}x+6$

	①	②
1.	ア	ア
2.	ア	イ
3.	イ	ア
4.	ウ	イ
5.	ウ	ウ

2024年度　岡山市　難易度

【14】10％の食塩水xgと6％の食塩水ygを混ぜて，7.2％の食塩水を100gつくった。このときxとyの値として正しいものを，次の1～4のうちから1つ選びなさい。

1　$x=40$，$y=60$

2　$x=30$，$y=70$

3　$x=70$，$y=30$

4　$x=60$，$y=40$

▌2024年度 ▌宮城県・仙台市 ▌難易度

【15】機械A一台では45時間，機械B一台では30時間で終わる仕事がある。この仕事を，機械A一台と機械B一台を使って始めたところ，途中で機械Bが故障したので，機械Bは使わずに，機械Aを三台使って5時間仕事をし，その後，機械A一台と機械B一台を使って仕事を続けた。仕事を始めてから終わるまでにかかった時間として適切なものを①～④から選び，番号で答えよ。

①　15時間　　②　17時間　　③　19時間　　④　21時間

▌2024年度 ▌神戸市 ▌難易度

【16】縦の長さが180cm，横の長さが168cmの長方形の形のシートをできるだけ大きな同じ正方形のタイルで隙間なく埋め尽くすのに必要なタイルの枚数として適切なものを①～④から選び，番号で答えよ。

①　21枚　　②　35枚　　③　105枚　　④　210枚

▌2024年度 ▌神戸市 ▌難易度

【17】ある博物館では，大人1人の入館料は子ども1人の入館料より400円高い。大人1人の入館料と子ども1人の入館料の比が5：3であるとき，大人1人の入館料はいくらか。次の①～④から一つ選んで，その番号を書け。

①　800円　　②　1000円　　③　1200円　　④　1400円

▌2024年度 ▌香川県 ▌難易度

解答・解説

【1】ア

○解説○ $-6^2-12\div2=-36-12\div2=-36-6=-42$

【2】エ

○解説○ 集合U，A，Bの関係をベン図に表すと次の図のようになる。

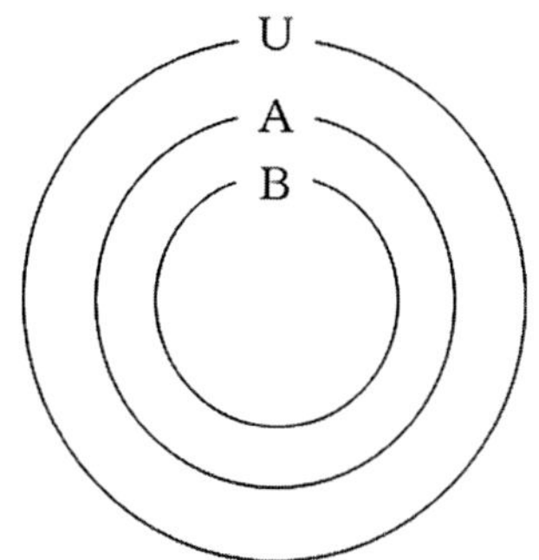

これより，$A\cap B=B$，$A\cup B=A$となるので，正しいものはエとなる。

【3】③

○解説○ $24=2^3\times3$だから，$2^3\times3$を含む式を選ぶ。　③　$2^3\times3\times5^2=(2^3\times3)\times5^2$より，$2^3\times3\times5^2$は24の倍数である。

【4】3

○解説○ $(2\sqrt{3}-3)(3+2\sqrt{3})=(2\sqrt{3}-3)(2\sqrt{3}+3)=(2\sqrt{3})^2-3^2=12-9=3$

【5】1　2　　2　4

○解説○ $x=\dfrac{2}{\sqrt{7}-\sqrt{5}}=\dfrac{2(\sqrt{7}+\sqrt{5})}{(\sqrt{7}-\sqrt{5})(\sqrt{7}+\sqrt{5})}=\sqrt{7}+\sqrt{5}$，

$y=\dfrac{2}{\sqrt{7}+\sqrt{5}}=\dfrac{2(\sqrt{7}-\sqrt{5})}{(\sqrt{7}-\sqrt{5})(\sqrt{7}+\sqrt{5})}=\sqrt{7}-\sqrt{5}$

$x^2+y^2=(\sqrt{7}+\sqrt{5})^2+(\sqrt{7}-\sqrt{5})^2=7+2\sqrt{35}+5+7-2\sqrt{35}+5=24$

【6】⑤

○解説○ ア　$\{(-2)^3-4\times6\}\div\left(\frac{1}{3}-1\right)^2=(-8-24)\div\left(-\frac{2}{3}\right)^2=(-32)\div\frac{4}{9}$ $=(-32)\times\frac{9}{4}=-72$　よって，正しくない。　イ　$4x^2-(x-2y)^2=(2x)^2-(x-2y)^2=\{2x-(x-2y)\}\{2x+(x-2y)\}=(x+2y)(3x-2y)$　よって，正しい。　ウ　方程式 $3x^2+2x-8=0$を解くと，$3x^2+2x-8=(3x-4)(x+2)=0$　より，解は$x=\frac{4}{3}$と$x=-2$　よって，正しくない。

エ　$\sqrt{30-n}$が整数となるような自然数nは，$30-n$ が0以上30以下の整数の中の平方数になればいいから，$30-n=25$，16，9，4，1，0より，$n=5$，14，21，26，29，30の6個である。よって，正しい。

【7】(1)　エ　　(2)　ア

○解説○ (1)　$a=\sqrt{6}$，$b=\sqrt{3}$ のとき，$\sqrt{2}\,a+\frac{3}{b}=\sqrt{2}\times\sqrt{6}+\frac{3}{\sqrt{3}}=\sqrt{12}+\frac{3\times\sqrt{3}}{\sqrt{3}\times\sqrt{3}}=2\sqrt{3}+\sqrt{3}=3\sqrt{3}$　　(2)　$x=\sqrt{2}-4$のとき，$x^2+8x+15=(x+3)(x+5)=\{(\sqrt{2}-4)+3\}\{(\sqrt{2}-4)+5\}=(\sqrt{2}-1)(\sqrt{2}+1)=(\sqrt{2})^2-1^2=1$

【8】3

○解説○ 3つの整数56，84，210をそれぞれ素因数分解すると，$56=2^3\times7$，$84=2^2\times3\times7$，$210=2\times3\times5\times7$より，56，84，210の最大公約数は$2\times7=14$である。

【9】③

○解説○ 1から50までの50個の整数のうち，2で割り切れる数，つまり2の倍数は2×1，2×2，…，2×25の25個。3で割り切れる数，つまり3の倍数は3×1，3×2，…，3×16の16個。2でも3でも割り切れる数，つまり2と3の公倍数の6の倍数は6×1，6×2，…，6×8の8個。以上より，1から50までの整数のうち，2でも3でも割り切れない数は，50－{(2の倍数)＋(3の倍数)－(6の倍数)}＝50－(25＋16－8)＝17〔個〕とわかる。

【10】①

○解説○ 例えば，$a=1$，$b=-1$のとき，$a+b=1+(-1)=0$，$a-b=1-(-1)=2$，$a-2b=1-2\times(-1)=3$，$b-a=-1-1=-2$だから，$a-2b>a-b>a>a+b>b>b-a$…㋐ と予想できる。ここで，$(a-2b)-(a-b)=a-2b-a+b=-b>0$より，$a-2b>a-b$ $(a-b)-a=a-b-a=-b>0$より，$a-b>a$ $a-(a+b)=a-a-b=-b>0$より，$a>a+b$ $(a+b)-b=a+b-b=a>0$より，$a+b>b$ $b-(b-a)=b-b+a=a>0$より，$b>b-a$ 以上より，㋐の予想は正しいことが示されたから，大きい方から数えて3番目の数はaである。

【11】7

○解説○ $(\text{相対度数})=\dfrac{\text{各階級の度数}}{\text{度数の合計}}$ ⇔ (各階級の度数)=(度数の合計)×(相対度数) より，(握力が20kg以上25kg未満の生徒数)$=20-(20\times0.10+20\times0.30+4+20\times0.05)=20-(2+6+4+1)=7$ で，7人である。

【12】②

○解説○ 公開解答は②となっているが，正答は④と考えられる。問題の累積相対度数分布グラフから次表のことが読み取れる。これより，中央値の属する階級は，累積相対度数が0.50となる15～20〔kg〕未満の階級であり，最頻値は相対度数が0.20で最も大きい5～10〔kg〕未満の階級の階級値$\dfrac{5+10}{2}=7.5$〔kg〕である。よって，④が正答と考えられる。

階級〔kg〕	累積相対度数	相対度数
0～5	0.12	0.12
5～10	0.32	0.20
10～15	0.46	0.14
15～20	0.58	0.12
20～25	0.73	0.15
25～30	0.87	0.14
30～35	0.98	0.11
35～40	1.00	0.02

【13】2

○解説○ ①　昼の時間帯は，$x$kmの4分の3の$\frac{3}{4}x$kmが時速30km，4分の1の$\frac{1}{4}x$kmが時速15km　よって，Aさんの家からBさんの家までかかる時間は，$\frac{3x}{4}\div30+\frac{x}{4}\div15=\frac{3x}{4}\times\frac{1}{30}+\frac{x}{4}\times\frac{1}{5}=\frac{1}{40}x+\frac{1}{60}x=\frac{1}{24}x$〔時間〕になる。　②　同様に考えると，朝の時間帯は，$x$kmの2分の1の$\frac{1}{2}x$kmが時速30km，2分の1の$\frac{1}{2}x$kmが時速15km　よって，Aさんの家からBさんの家までかかる時間は，$\frac{x}{2}\div30+\frac{x}{2}\div15=\frac{x}{2}\times\frac{1}{30}+\frac{x}{2}\times\frac{1}{15}=\frac{1}{60}x+\frac{1}{30}x=\frac{1}{20}x$〔時間〕になる。朝の時間帯は，昼の時間帯よりも6分$=\frac{6}{60}$時間$=\frac{1}{10}$時間　到着が遅れる，つまり，$\frac{1}{10}$時間多くかかるから，昼の時間帯と，朝の時間帯で方程式を立てると$\frac{1}{20}x=\frac{1}{24}x+\frac{1}{10}$になる。

【14】2

○解説○ 食塩水の量の関係から，$x+y=100$･･･①　食塩の量の関係から，$x\times\frac{10}{100}+y\times\frac{6}{100}=100\times\frac{7.2}{100}$　整理して，$10x+6y=720$･･･②
①と②の連立方程式を解いて，$x=30$，$y=70$

【15】②

○解説○ 全体の仕事量を1とすると，機械Aを3台使って5時間仕事をしたときの仕事量は$\frac{1}{45}\times3\times5=\frac{1}{3}$，残りの仕事量の$1-\frac{1}{3}=\frac{2}{3}$を機械A 1台と機械B 1台を使ってしたときにかかった時間は$\frac{2}{3}\div\left(\frac{1}{45}+\frac{1}{30}\right)=\frac{2}{3}\div\frac{1}{18}=12$〔時間〕とわかる。以上より，仕事を始めてから終わるまでにかかった時間は$5+12=17$〔時間〕である。

【16】④

○**解説**○ $180=2^2\times3^2\times5$，$168=2^3\times3\times7$より，問題に合うタイルの一辺の長さは180と168の最大公約数の$2^2\times3=12$〔cm〕とわかる。よって，隙間なく埋め尽くすのに必要な正方形のタイルの枚数は$(180\div12)\times(168\div12)=15\times14=210$〔枚〕である。

【17】②

○**解説**○ 大人1人の入館料をx円とすると，子ども1人の入館料は$(x-400)$円と表される。大人1人の入館料と子ども1人の入館料の比が5：3であるから，$x:(x-400)=5:3$ ⇔ $3x=5(x-400)$ これを解いて，$x=1000$〔円〕である。

確率・場合の数・関数

【1】1から10までの整数を1つずつ書いた10枚のカードの中から1枚引くとき，そのカードの数が2の倍数または3の倍数である確率として正しいものを，次の1～4の中から1つ選びなさい。ただし，どのカードを取り出すことも同様に確からしいものとします。

1 $\frac{3}{10}$　2 $\frac{1}{2}$　3 $\frac{7}{10}$　4 $\frac{4}{5}$

2024年度 ｜ 埼玉県・さいたま市 ｜ 難易度

【2】1つの袋の中に，赤玉1個，白玉2個，青玉3個が入っている。袋から玉を同時に2個取り出すとき，2個の玉が同じ色である確率として最も適切なものを，次の①～⑤のうちから選びなさい。ただし，袋の中からは，どの玉が取り出されることも同様に確からしいものとする。

① $\frac{1}{15}$　② $\frac{1}{5}$　③ $\frac{4}{15}$　④ $\frac{1}{3}$　⑤ $\frac{11}{15}$

2024年度 ｜ 神奈川県・横浜市・川崎市・相模原市 ｜ 難易度

【3】大小2個のさいころを同時に投げるとき，次の(1)，(2)に答えよ。

ただし，さいころの1から6までのどの目が出ることも同様に確からしいものとする。

(1) 異なる目が出る確率を，次のア～エから一つ選べ。

ア．$\frac{5}{12}$　イ．$\frac{1}{2}$　ウ．$\frac{5}{6}$　エ．$\frac{2}{3}$

(2) 目の和が12の約数になる確率を，次のア～エから一つ選べ。

ア．$\frac{5}{36}$　イ．$\frac{1}{3}$　ウ．$\frac{11}{36}$　エ．$\frac{1}{6}$

2024年度 ｜ 山梨県 ｜ 難易度

【4】Aさん，Bさんの2人は，それぞれカードを4枚ずつ所持している。所持しているカードにはそれぞれ○，●，△，▲の4種類の記号が書かれている。お互い丸の記号(○，●)から1枚と，三角の記号(△，▲)から1枚の計2枚を場に出す。この時，それぞれが2枚ずつ出すので，

場には計4枚(2枚は丸の記号，2枚は三角の記号)のカードが出ている。場にある4枚のカードのうち，○と△の両方が場にある確率として最も近い数値はどれか。1～5から一つ選べ。なお，カードを場に出すときの確率は，どのカードも同様に確からしいものとする。

1　6%　　2　24%　　3　36%　　4　56%　　5　72%

2024年度｜大阪府・大阪市・堺市・豊能地区｜難易度

【5】次の図を，点Aを出発点として一筆で書く方法は何通りあるか。以下の①～④から一つ選んで，その番号を書け。

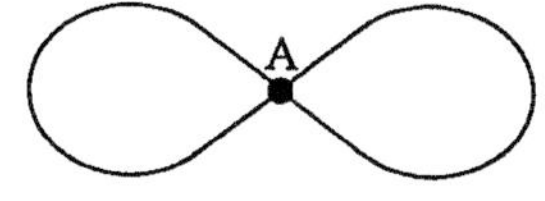

①　2通り　　②　4通り　　③　6通り　　④　8通り

2024年度｜香川県｜難易度

【6】1つのさいころを2回投げるとき，2回とも5以上の目が出る確率として正しいものを，次の1～4の中から1つ選びなさい。ただし，さいころは，1から6までのどの目が出ることも同様に確からしいものとします。

1　$\frac{1}{18}$　　2　$\frac{1}{12}$　　3　$\frac{1}{9}$　　4　$\frac{5}{36}$

2023年度｜埼玉県・さいたま市｜難易度

【7】2つのさいころA，Bを同時に1回投げ，さいころAの出た目の数をa，さいころBの出た目の数をbとするとき，aとbの和が，aとbの積の約数となる確率として最も適切なものを，次の①～⑤のうちから選びなさい。ただし，2つのさいころA，Bはともに，1から6までのどの目が出ることも同様に確からしいものとする。

①　$\frac{1}{12}$　　②　$\frac{1}{9}$　　③　$\frac{5}{36}$　　④　$\frac{1}{6}$　　⑤　$\frac{7}{36}$

2023年度｜神奈川県・横浜市・川崎市・相模原市｜難易度

【8】図のように，関数$y=x^2$のグラフ上に2点A，Bがあり，そのx座標は，それぞれ，-1，2である。△OABの面積として最も適当なものを，以下の1～5のうちから一つ選べ。

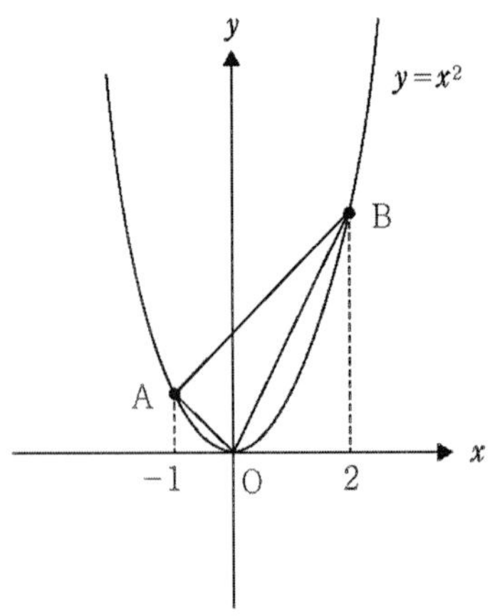

1　2　　2　3　　3　4　　4　5　　5　6

▌2024年度 ▌大分県 ▌難易度

【9】関数$y=\dfrac{3}{x}$のグラフ上に，x座標がそれぞれ1，3である2点A，Bがある。2点A，Bを通る直線とx軸との交点をC，原点をOとするとき面積比△AOB：△BOCを，以下の①から⑤までの中から一つ選び，記号で答えよ。

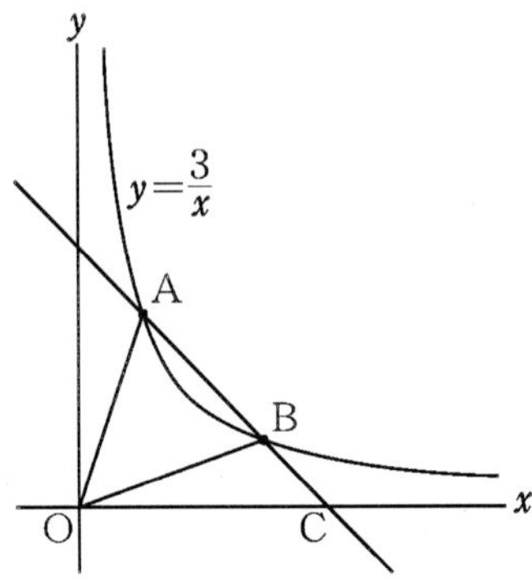

①　1：1　　②　2：1　　③　3：2　　④　4：3　　⑤　5：4

▌2024年度 ▌沖縄県 ▌難易度

【10】軸が直線$x=3$で，2点$(-1,\ 10)$，$(6,\ 3)$を通る放物線をグラフとする2次関数は，$y=x^2-[\ 1\ ]x+[\ 2\ ]$である。

[1][2]に入る数字を答えなさい。

▌2024年度 ▌三重県 ▌難易度

【11】次の文の(　　)に入る数の組み合わせとして正しいものを選びなさい。

2次関数$y=x^2-6x+11$のグラフは，$y=x^2$のグラフをx軸方向に(　ア　)，y軸方向に(　イ　)だけ，平行移動したものである。

① ア 2　イ 3　② ア −2　イ −3

③ ア 3　イ −2　④ ア 3　イ 2

⑤ ア −3　イ −2

▌2024年度 ▌長野県 ▌難易度

【12】次のグラフのように，放物線$y=\frac{1}{2}x^2$と直線$y=-\frac{1}{2}x+3$との交点をA，Bとし，直線とy軸との交点をCとします。原点をOとするとき，△AOCと△BOCの面積の比として正しいものを，以下の1〜4の中から1つ選びなさい。

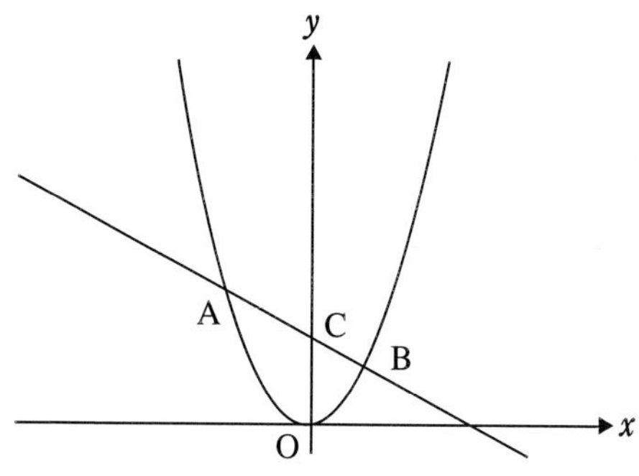

1 2：1　2 3：2　3 4：3　4 5：4

▌2024年度 ▌埼玉県・さいたま市 ▌難易度

【13】次の図において，曲線アは関数$y=-x^2$のグラフである。直線イは関数$y=x-12$のグラフであり，曲線アと点A，Bで交わっている。直線イとx軸との交点をC，点Aを通りy軸と平行な直線とx軸との交点をDと

する。

このとき，点Aを通り，△ADCの面積を二等分する直線の式として最も適切なものを，以下の①～⑤のうちから選びなさい。

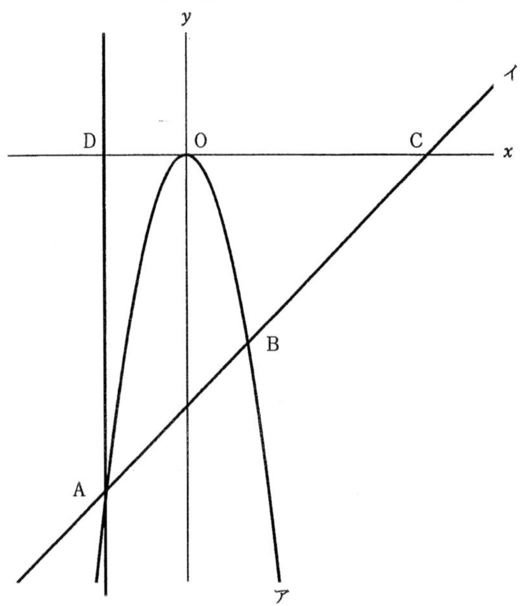

① $y=3x-12$　② $y=\frac{7}{2}x-2$　③ $y=3x-4$

④ $y=\frac{5}{2}x-6$　⑤ $y=2x-8$

▌2024年度 ▌神奈川県・横浜市・川崎市・相模原市 ▌難易度

解答・解説

【1】3

○解説○ 1から10までの整数の中に，2の倍数は10÷2＝5より5個，3の倍数は10÷3＝3あまり1より3個，2と3の最小公倍数の6の倍数は10÷6＝1あまり4より1個あるから，2の倍数または3の倍数は5＋3－1＝7〔個〕

ある。よって，引いたカードに書いてある数が2の倍数または3の倍数である確率は$\frac{7}{10}$である。

【2】③

○解説○ 袋から玉を同時に2個取り出すとき，全ての取り出し方は${}_6C_2=\frac{6\cdot5}{2\cdot1}=15$〔通り〕。このうち，取り出した2個の玉が同じ色であるのは，2個とも白玉の${}_2C_2=1$〔通り〕か，2個とも青玉の${}_3C_2={}_3C_1=3$〔通り〕である。よって，求める確率は$\frac{1+3}{15}=\frac{4}{15}$

【3】(1) ウ　(2) イ

○解説○ (1) 大小2個のさいころを同時に投げるとき，全ての目の出方は$6\times6=36$〔通り〕。このうち，同じ目が出るのは，大きいさいころの出た目の数をa，小さいさいころの出た目の数をbとしたとき，$(a,\ b)=(1,\ 1),\ (2,\ 2),\ (3,\ 3),\ (4,\ 4),\ (5,\ 5),\ (6,\ 6)$の6通り。よって，異なる目が出る確率は$\frac{36-6}{36}=\frac{30}{36}=\frac{5}{6}$　(2) 目の和が12の約数，即ち，2，3，4，6，12のいずれかになるのは，$(a,\ b)=(1,\ 1),\ (1,\ 2),\ (1,\ 3),\ (1,\ 5),\ (2,\ 1),\ (2,\ 2),\ (2,\ 4),\ (3,\ 1),\ (3,\ 3),\ (4,\ 2),\ (5,\ 1),\ (6,\ 6)$の12通り。よって，その確率は$\frac{12}{36}=\frac{1}{3}$

【4】4

○解説○ AさんとBさんが出すカードの全ての組合せは，以下の樹形図のようになる。

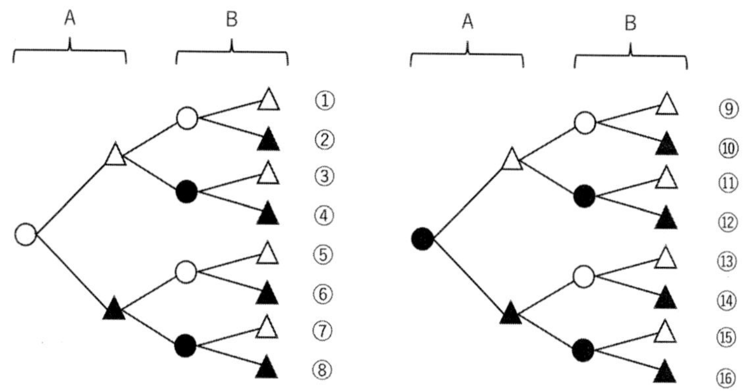

ここで，「場にある4枚のカードのうち，○と△の両方が場にある」のは，全16通りの組合せのうち①②③④⑤⑦⑨⑩⑬の9通りである。よって，求める確率は$\frac{9}{16}\times100=56.25\fallingdotseq56$〔%〕である。

【5】④

○**解説**○ 点Aから書きはじめる方向が4通りあり，半周して初めて出発点Aに戻り，あと残り半周を書きはじめる方向が2通りあるから，一筆で書く方法は全部で4×2＝8〔通り〕ある。

【6】3

○**解説**○ 1つのさいころを1回投げるとき，5以上の目が出る確率は$\frac{1}{3}$だから，1つのさいころを2回投げるとき，2回とも5以上の目が出る確率は$\frac{1}{3}\times\frac{1}{3}=\frac{1}{9}$である。

【7】③

○**解説**○ 2つのさいころA，Bを同時に1回投げるとき，すべての目の出方は6×6＝36〔通り〕。このうち，さいころAの出た目の数をa，さいころBの出た目の数をbとするとき，aとbの和が，aとbの積の約数となるのは，$a+b=4$のとき$(a,\ b)=(2,\ 1)$の1通り，$a+b=8$のとき$(a,\ b)=(4,\ 4)$の1通り，$a+b=9$のとき$(a,\ b)=(3,\ 6)$，$(6,\ 3)$の2通り，$a+b=12$のとき$(a,\ b)=(6,\ 6)$の1通り，全部で1＋1＋2＋1＝5〔通り〕。よって，求める確率は$\frac{5}{36}$

【8】2

○**解説**○ 2点A，Bの座標はA(−1，1)，B(2，4)より，直線ABの式は$y-1=\frac{4-1}{2-(-1)}\{x-(-1)\}$　整理して，$y=x+2$だから，直線ABとy軸との交点をCとすると，C(0，2)　これより，△OAB＝△OAC＋△OBC＝$\frac{1}{2}$×OC×｜点Aのx座標｜＋$\frac{1}{2}$×OC×｜点Bのx座標｜＝$\frac{1}{2}\times2\times|-1|+\frac{1}{2}\times2\times|2|=3$

【9】②

○解説○ 2点A，Bは$y=\dfrac{3}{x}$上の点だから，A(1，3)，B(3，1)　2点A，Bからy軸へそれぞれ垂線AP，BQを引く。△AOBと△BOCで，高さが等しい三角形の面積比は，底辺の長さの比に等しいから，△AOB：△BOC＝AB：BC＝PQ：QC＝(3－1)：(1－0)＝2：1

【10】1　6　　2　3

○解説○ 軸が直線$x=3$より，求める2次関数の式を$y=a(x-3)^2+b$とおく。これが，2点(－1，10)，(6，3)を通るから，$10=a(-1-3)^2+b$より，$16a+b=10$…①　$3=a(6-3)^2+b$より，$9a+b=3$…②　①，②の連立方程式を解いて，$a=1$，$b=-6$　よって，求める2次関数の式は，$y=1\times(x-3)^2+(-6)=x^2-6x+3$である。

【11】④

○解説○ $y=x^2-6x+11=(x-3)^2+2$より，2次関数$y=x^2-6x+11$のグラフは，$y=x^2$のグラフを，x軸方向に3，y軸方向に2だけ，平行移動したものである。

【12】2

○解説○ 交点A，Bのx座標は，$y=\dfrac{1}{2}x^2$と$y=-\dfrac{1}{2}x+3$を連立させた2次方程式$\dfrac{1}{2}x^2=-\dfrac{1}{2}x+3$の解。整理して，$x^2+x-6=0$

$(x+3)(x-2)=0$　よって，$x=-3$，2　これより，点Aのx座標は－3，点Bのx座標は2である。△AOC＝$\dfrac{1}{2}$×OC×｜点Aのx座標｜，△BOC＝$\dfrac{1}{2}$×OC×｜点Bのx座標｜だから，△AOC：△BOC＝$\dfrac{1}{2}$×OC×｜点Aのx座標｜：$\dfrac{1}{2}$×OC×｜点Bのx座標｜＝｜点Aのx座標｜：｜点Bのx座標｜＝｜－3｜：｜2｜＝3：2

【13】⑤

○**解説**○ 交点Aの座標は，連立方程式$\begin{cases} y=-x^2\cdots① \\ y=x-12\cdots② \end{cases}$の解　②を①に代入して，$x-12=-x^2 \Leftrightarrow x^2+x-12=0 \Leftrightarrow (x+4)(x-3)=0$　点Aのx座標は負の値だから$x=-4$　よって，A$(-4,\ -16)$，D$(-4,\ 0)$　また，点Cのx座標は②に$y=0$を代入して，$0=x-12$　$x=12$　よって，C$(12,\ 0)$　点Aを通り，△ADCの面積を二等分する直線は，線分CDの中点を通る直線であり，線分CDの中点をMとすると，M$\left(\frac{12+(-4)}{2},\ \frac{0+0}{2}\right)=(4,\ 0)$　以上より，点Aを通り，△ADCの面積を二等分する直線，つまり，直線AMの式は$y-0=\frac{0-(-16)}{4-(-4)}(x-4)$　整理して，$y=2x-8$

図形

【1】図のように，AB＝5，BC＝12，AD＝12，∠ABC＝90°の三角柱ABC－DEFがある。辺BE上に点K，辺CF上に点Lを，それぞれ，

BK：KE＝2：1，CL：LF＝1：2

となるようにとる。

3点A，K，Lを含む平面でこの三角柱を切断し2つの立体に分けるとき，立体AKL－DEFの体積として最も適当なものを，以下の1～5のうちから一つ選べ。

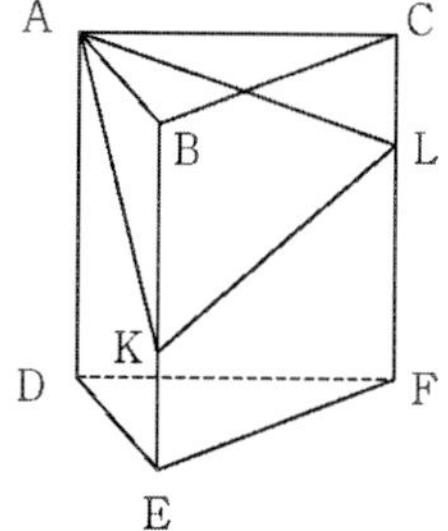

1　150　　2　180　　3　210　　4　240　　5　270

2024年度　大分県　難易度

【2】正八角形の対角線の本数として正しいものを，次のア～エから一つ選び，記号で答えよ。

ア　8本　　イ　20本　　ウ　28本　　エ　40本

2024年度　鹿児島県　難易度

【3】同じ長さの2本の針金がある。そのうちの1本の針金を4つに折って正方形Aを作る。もう1本の針金は，16cm切り取り4つに折って正方形Bを作り，残った針金を4つに折って正方形Cを作る。できた3つの正方形の面積を比べたところ，正方形Aの面積は，正方形Bと正方形Cの面積の合計より40cm^{2}だけ大きかった。もとの針金1本の長さを，次の①から⑤までの中から一つ選び，記号で答えよ。

①　21cm　　②　24cm　　③　30cm　　④　36cm　　⑤　45cm

2024年度　沖縄県　難易度

【4】底面の半径がr，高さがhの円柱㋐があります。円柱㋐の底面の半径を2倍にし，高さを半分にした円柱㋑をつくります。次の①～⑤のうち正しいものを選びなさい。

① 円柱㋑の底面積は，円柱㋐の底面積の2倍である。

② 円柱㋐と円柱㋑で，どちらの側面積が大きいかは，rとhの値によって変わる。

③ 円柱㋐の表面積は，円柱㋑の表面積の4倍である。

④ 円柱㋐と円柱㋑の体積は同じである。

⑤ 円柱㋑の体積は，円柱㋐の体積の2倍である。

▌2024年度 ▌長野県 ▌難易度 ■■■□□

【5】図のようにOを中心とする円と直線AOとの交点をB，Cとし，Aから引いた接線との接点をDとする。AB＝4，AD＝8のとき，円Oの直径はいくらか。

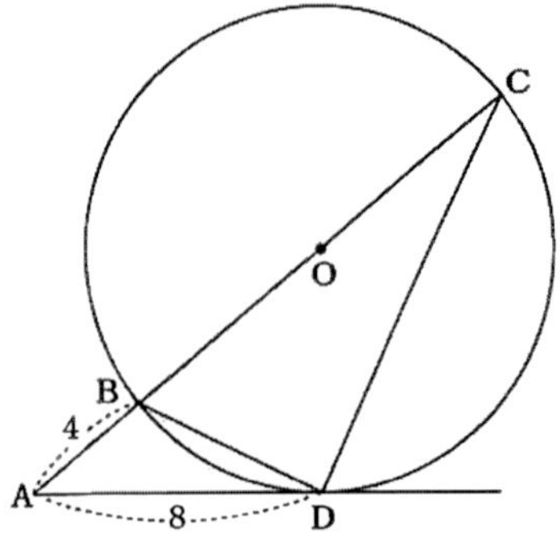

① 12　② $12\sqrt{3}$　③ 16　④ $16\sqrt{3}$

▌2024年度 ▌長崎県 ▌難易度 ■■■□□

【6】30°の角をもつ直角三角形と直角二等辺三角形の斜辺を合わせて図1のように四角形をつくりました。この四角形の一番短い辺が5cmのとき，四角形の周りの長さを求め，最も適切なものを選びなさい。

① $5\sqrt{3}+10\sqrt{2}+5$〔cm〕　② $5\sqrt{2}+10\sqrt{3}+5$〔cm〕

③ $5\sqrt{3}+10\sqrt{6}+5$〔cm〕　④ $5\sqrt{6}+10\sqrt{3}+5$〔cm〕

⑤ $10\sqrt{2}+10\sqrt{3}+5$〔cm〕

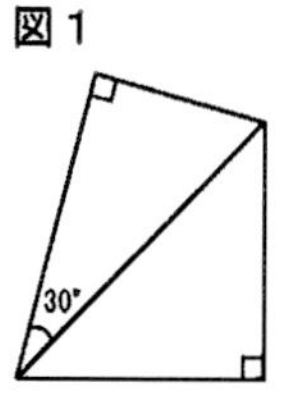

2024年度 長野県 難易度

【7】正十五角形の1つの内角の大きさとして正しいものを，次の1～4の中から1つ選びなさい。

1 150° 2 156° 3 160° 4 162°

2024年度 埼玉県・さいたま市 難易度

【8】長方形ABCDで，辺DCの中点をEとする。△DFEの面積をSとするとき，長方形ABCDの面積は[1][2]Sとあらわすことができる。

[1][2]に入る数字を答えなさい。

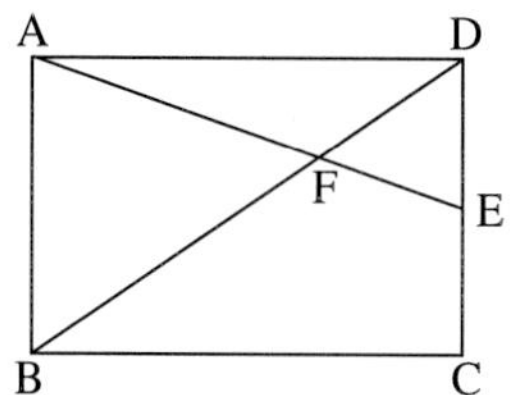

2024年度 三重県 難易度

【9】麻の葉文様(あさのはもんよう)は，日本の伝統的な文様であり，正六角形を基礎として構成された幾何学図形の文様である。

次図は，麻の葉文様の基礎となる正六角形を示している。平面に描かれた一辺が3cmである正六角形内の，色付きの葉の部分全体の面積はいくらか。1～5から一つ選べ。

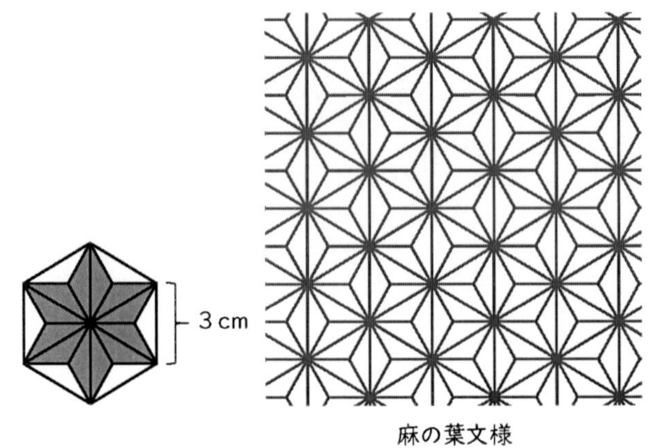

1 $3\sqrt{3}$ cm²　2 $4\sqrt{3}$ cm²　3 $6\sqrt{3}$ cm²　4 $9\sqrt{3}$ cm²　5 $12\sqrt{3}$ cm²

▌2024年度 ▌大阪府・大阪市・堺市・豊能地区 ▌難易度

【10】次の図のように，線分OA，OBを半径，線分BFを直径とする円Oがある。点Bを含まない弧AF上に点Cをとり，線分OAと線分BCとの交点をDとする。ただし，点Cは点A，F上にはないものとする。また，∠AOBの二等分線と線分BCとの交点をEとする。このとき，△ACD∽△EODであることを以下のように証明した。

空欄[　ア　]～[　エ　]に当てはまるものの組合せとして最も適切なものを，後の①～⑤のうちから選びなさい。

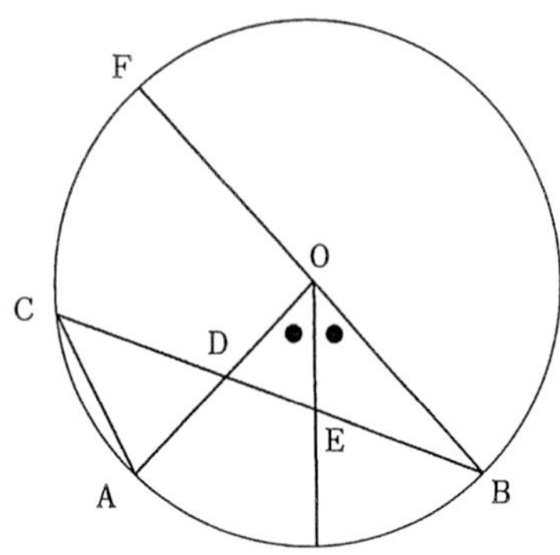

〈証明〉

△ACDと△EODにおいて，

仮定より，[　ア　] $=\frac{1}{2}$∠AOB ……………………………(1)

弧ABにおいて，[　イ　]，∠ACD $=\frac{1}{2}$∠AOB …………………(2)

(1)，(2)より，[　ウ　] =∠EOD ……………………………(3)

また，[　エ　]は等しいので，∠CDA=∠ODE ………………(4)

(3)，(4)より，2組の角がそれぞれ等しいので，△ACD∽△EOD

① ア　∠EOD　イ　円周角の定理より　ウ　∠ACD
　エ　対頂角
② ア　∠DAC　イ　平行線の性質より　ウ　∠CAD
　エ　中心角
③ ア　∠EOD　イ　円周角の定理より　ウ　∠ACD
　エ　中心角
④ ア　∠DAC　イ　円周角の定理より　ウ　∠CAD
　エ　対頂角
⑤ ア　∠EOD　イ　平行線の性質より　ウ　∠ACD
　エ　中心角

▌2024年度 ▌神奈川県・横浜市・川崎市・相模原市 ▌難易度

【11】次の図のように，底面の半径と高さがともに6cmの円柱があり，その中を底面の半径と高さがともに6cmの円錐の形にくり抜かれた容器がある。このとき，以下の(1)，(2)に答えよ。

ただし，円周率は π を用いることとし，容器の厚さは考えないものとする。

図

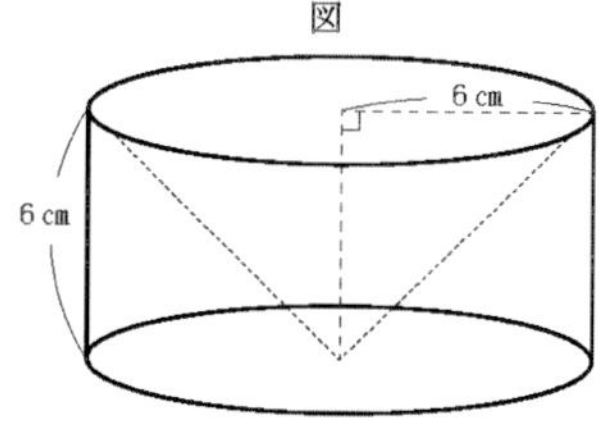

(1) もとの円柱の側面積を，次のア～エから一つ選べ。

ア．12π　　イ．36π　　ウ．48π　　エ．72π

(2) 深さが3cmとなるように容器へ水を入れた。水の体積と円錐の体積の比を，次のア～エから一つ選べ。

ア．1：2　　イ．1：4　　ウ．1：8　　エ．2：3

▌2024年度 ▌山梨県 ▌難易度 ■■■■□□

【12】次の図は，円錐（えんすい）の展開図である。この展開図を組み立てたとき，側面になる扇形は半径が12，中心角が120°である。このとき，底面となる円の半径として正しいものを解答群から一つ選び，番号で答えよ。

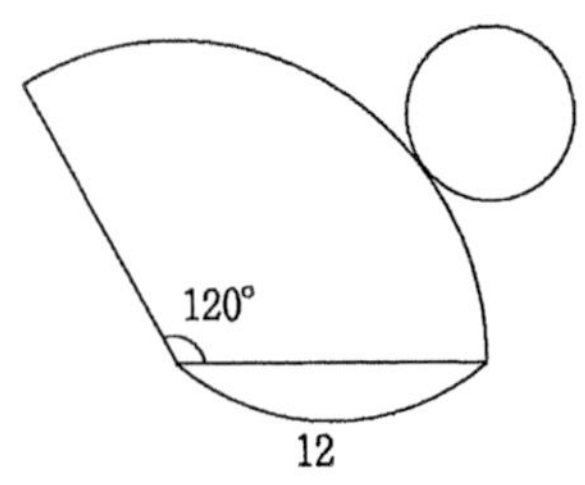

【解答群】　1　1　　2　2　　3　3　　4　4

5　$2\sqrt{3}$　　6　$3\sqrt{3}$　　7　$4\sqrt{3}$　　8　$2\sqrt{6}$

9　$3\sqrt{6}$　　0　$4\sqrt{6}$

▌2024年度 ▌愛知県 ▌難易度 ■■■■□□

【13】1辺の長さが8である正四面体の各辺の中点を頂点とする立体の体積はいくらか。1～5から一つ選べ。

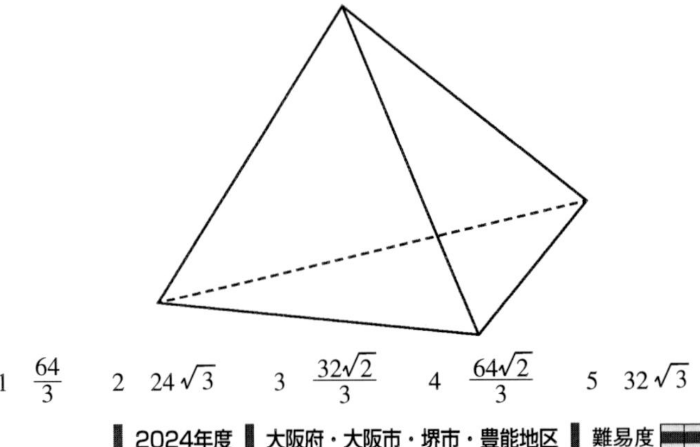

1　$\frac{64}{3}$　　2　$24\sqrt{3}$　　3　$\frac{32\sqrt{2}}{3}$　　4　$\frac{64\sqrt{2}}{3}$　　5　$32\sqrt{3}$

▌2024年度 ▌大阪府・大阪市・堺市・豊能地区 ▌難易度 ■■■■□□

【14】同じ大きさの正三角形の板が400枚ある。この正三角形の板を図のように1段目には1枚，2段目には3枚，3段目には5枚となるように，すき間なく重ならないようにしきつめて大きな正三角形を作っていく。

このとき，以下の(1)，(2)に答えよ。

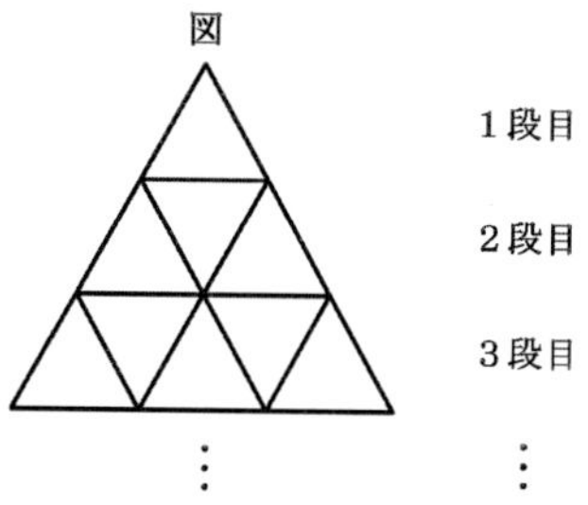

(1)　5段目までしきつめるときに必要な正三角形の板の枚数を求めよ。

(2)　正三角形の板をすべてしきつめたとき，一番下の段に並ぶ正三角形の板の枚数を求めよ。

2023年度　山梨県　難易度

【15】次の図は，全ての辺の長さが12の正四角錐（すい）である。この正四角錐（すい）の体積として正しいものを解答群から一つ選び，番号で答えよ。

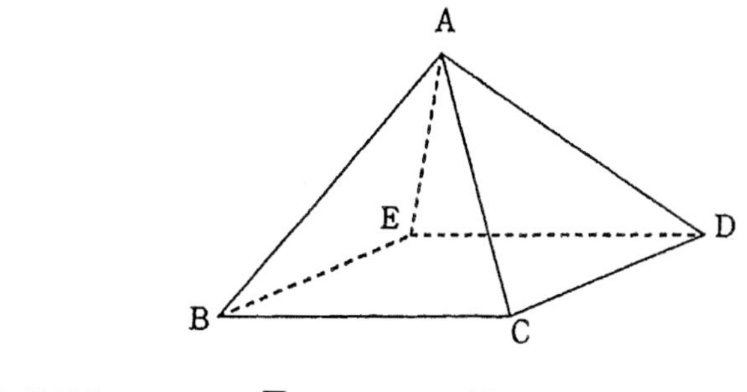

【解答群】

1　$144\sqrt{2}$　　2　$144\sqrt{3}$　　3　$288\sqrt{2}$　　4　$288\sqrt{3}$

5　$432\sqrt{2}$　　6　$432\sqrt{3}$　　7　$864\sqrt{2}$　　8　$864\sqrt{3}$

2023年度　愛知県　難易度

解答・解説

【1】4

○解説○ (立体AKL－DEFの体積)＝(三角柱ABC－DEFの体積)－(四角錐A－BKLCの体積)＝$\left(\frac{1}{2}\times AB\times BC\right)\times AD-\frac{1}{3}\times\left\{\frac{1}{2}\times(BK+CL)\times BC\right\}\times AB=\left(\frac{1}{2}\times AB\times BC\right)\times AD-\frac{1}{3}\times\left\{\frac{1}{2}\times\left(\frac{2}{3}BE+\frac{1}{3}CF\right)\times BC\right\}\times AB=\left(\frac{1}{2}\times 5\times 12\right)\times 12-\frac{1}{3}\times\left\{\frac{1}{2}\times\left(\frac{2}{3}\times 12+\frac{1}{3}\times 12\right)\times 12\right\}\times 5=240$

【2】イ

○解説○ ${}_8C_2-8=\frac{8\cdot 7}{2\cdot 1}-8=28-8=20$〔本〕

【3】④

○解説○ もとの針金1本の長さを$x$cmとすると，正方形A，B，Cの面積はそれぞれ$\left(\frac{x}{4}\right)^2$，$\left(\frac{16}{4}\right)^2$，$\left(\frac{x-16}{4}\right)^2$　正方形Aの面積は，正方形Bと正方形Cの面積の合計より40cm^{2}だけ大きかったから，$\left(\frac{x}{4}\right)^2=\left(\frac{16}{4}\right)^2+\left(\frac{x-16}{4}\right)^2+40$　整理して，$x^2=16^2+(x-16)^2+40\times 16$　これを解いて $x=36$　もとの針金1本の長さは36cmである。

【4】⑤

○解説○ ①　底面積は，円柱㋐がπr^2，円柱㋑が$\pi(2r)^2=4\pi r^2$だから，$\frac{4\pi r^2}{\pi r^2}=4$で，円柱㋑は円柱㋐の4倍。　②　側面積は，円柱㋐が$2\pi r\times h=2\pi rh$，円柱㋑が$2\pi(2r)\times\frac{h}{2}=2\pi rh$だから，円柱㋐と円柱㋑は等しい。　③　表面積は，円柱㋐が$\pi r^2\times 2+2\pi rh=2\pi r^2+2\pi rh$，円柱㋑が$4\pi r^2\times 2+2\pi rh=8\pi r^2+2\pi rh$だから，円柱㋐の表面積は，円柱㋑の表面積の$\frac{2\pi r^2+2\pi rh}{8\pi r^2+2\pi rh}=\frac{2\pi r(r+h)}{2\pi r(4r+h)}=\frac{r+h}{4r+h}$〔倍〕である。　④・⑤　体積は，円柱㋐が$\pi r^2\times h=\pi r^2h$，円柱㋑が$4\pi$

$r^2\times\frac{h}{2}=2\pi r^2h$だから，円柱①は円柱⑦の$\frac{2\pi r^2h}{\pi r^2h}=2$〔倍〕である。

【5】①

○**解説**○ 円Oの直径をBC＝xとすると，方べきの定理より，AB×AC＝AD^2 ⇔ $4\times(4+x)=8^2$ これを解いて，$x=12$

【6】①

○**解説**○ 下図のようにA～Dを定める。30˚，60˚，90˚の直角三角形の3辺の比が2：1：$\sqrt{3}$であることと，直角二等辺三角形の3辺の比が1：1：$\sqrt{2}$であることより，BD＝2としたとき，AD＝1，AB＝$\sqrt{3}$，BC＝CD＝2である。これより，ADは5cmであり，四角形の周りの長さはAD＋AB＋BC＋CD＝$5\times(1+\sqrt{3}+\sqrt{2}+\sqrt{2})=5\sqrt{3}+10\sqrt{2}+5$〔cm〕である。

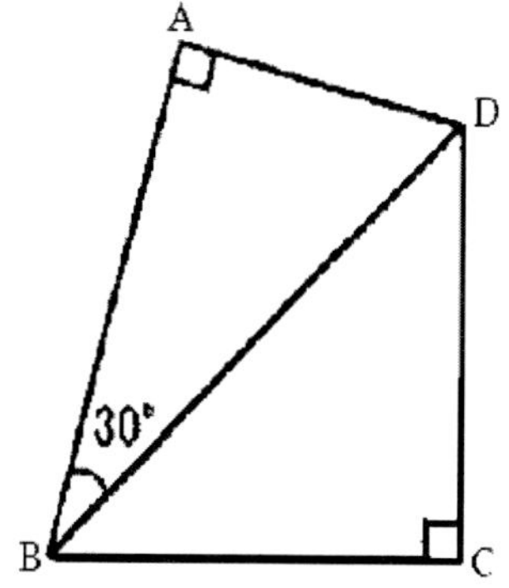

【7】2

○**解説**○ n角形の内角の和は$180\times(n-2)$ の式で求められるから，1つの内角の大きさは$180\times(n-2)\div n$ の式で求められる。$180\times(15-2)\div15=156$で，1つの内角の大きさは156°である。

【8】1 1 2 2

○**解説**○ AB//DEより，平行線と線分の比についての定理を用いると，AF：FE＝BF：FD＝AB：DE＝2：1 よって，(長方形ABCDの面積$)=2\triangle ABD=2\times\frac{BD}{FD}\triangle ADF=2\times\frac{BD}{FD}\times\frac{AF}{FE}\triangle DFE=2\times\frac{2+1}{1}\times\frac{2}{1}S=12S$である。

【9】4

○解説○ 1つの正六角形は，6つの合同な正三角形からできている。下図のように色付きの葉を4枚移動させると，求める面積は一辺が3cmの正三角形が4つ分なので，
$3\times\frac{3\sqrt{3}}{2}\times\frac{1}{2}\times4=9\sqrt{3}$〔$cm^2$〕

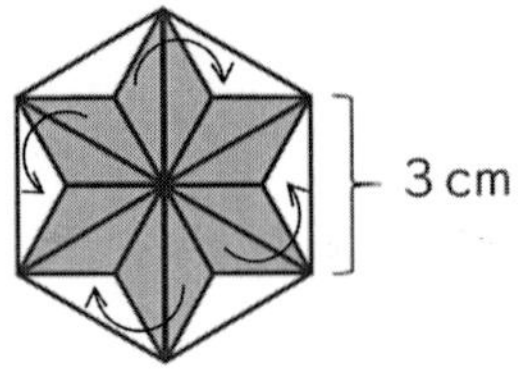

【10】①

○解説○ 2つの三角形の相似は，「3組の辺の比がそれぞれ等しい」か，「2組の辺の比とその間の角がそれぞれ等しい」か，「2組の角がそれぞれ等しい」ときにいえる。本証明は，「2組の角がそれぞれ等しい」という条件が用いられている。1組目の等しい角は，仮定(直線OEが∠AOBの二等分線である)より，$\angle EOD=\frac{1}{2}\angle AOB$…(1)　また，弧ABにおいて，円周角の定理(1つの弧に対する円周角の大きさは，その弧に対する中心角の大きさの半分である。)より，$\angle ACD=\frac{1}{2}\angle AOB$…(2)　(1)，(2)より，∠ACD＝∠EOD…(3)　また，対頂角は等しいので，∠CDA＝∠ODE…(4)　(3)，(4)より，2組の角がそれぞれ等しいので，△ACD∽△EODであるといえる。

【11】(1)　エ　　(2)　ウ

○解説○ (1)　もとの円柱の側面積は(円柱の高さ)×(円柱の底面の円周の長さ)$=6\times(2\pi\times6)=72\pi$〔$cm^2$〕　(2)　水の部分の円錐と容器の円錐は相似であり，相似比は3：6＝1：2である。相似な立体では，体積比は相似比の3乗に等しいから，水の体積と円錐の体積の比は$1^3:2^3=$

1：8である。

【12】4

○**解説**○ 底面となる円の半径をrとすると，底面となる円の円周と，側面になる扇形の弧の長さは等しいから，$2\pi r=2\pi\times12\times\frac{120}{360}$より，$r=4$

【13】4

○**解説**○ 下図のように，正四面体の各辺の中点を頂点とする立体は，正八面体である。正八面体は8つの正三角形からなるが，その1辺の長さは中点連結定理より，元の正四面体を構成する正三角形の1辺の長さの半分となるので，$8\div2=4$である。また，正八面体は2つの正四角すいからなり，下図のように底面は1辺の長さが4の正方形，高さは$2\sqrt{2}$である。したがって，この正四角すい1つの体積は，$4\times4\times2\sqrt{2}\times\frac{1}{3}=\frac{32\sqrt{2}}{3}$である。よって，求める体積は，$\frac{32\sqrt{2}}{3}\times2=\frac{64\sqrt{2}}{3}$である。

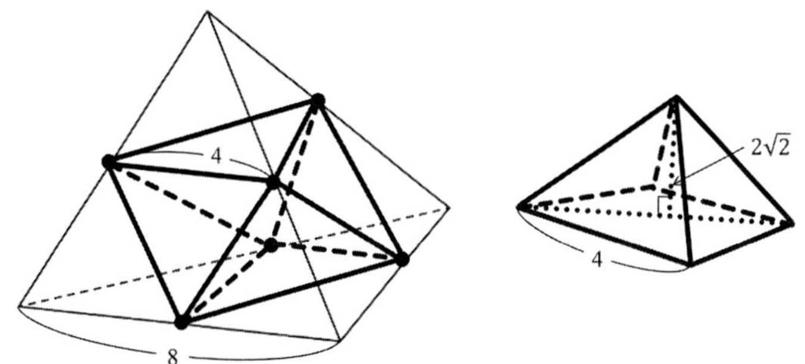

【14】(1)　25(枚)　　(2)　39(枚)

○**解説**○ (1)　$1+3+5+7+9=\frac{1}{2}\cdot5\cdot(1+9)=25$〔枚〕　(2)　n段目までしきつめるときに必要な正三角形の板の枚数は，$1+3+\cdots+(2n-1)=\frac{1}{2}\cdot n\cdot\{1+(2n-1)\}=n^2$〔枚〕　$400=20^2$より，正三角形の板400枚をすべてしきつめたとき，ちょうど20段までしきつめられるから，一番下の段，つまり，20段目に並ぶ正三角形の板の枚数は$2\cdot20-1=39$〔枚〕

【15】3

○**解説**○ 底面の正方形BCDEの対角線の交点をHとすると，線分AHは正四角錐A-BCDEの高さに相当する。△BCDは直角二等辺三角形で，3辺の比は1：1：$\sqrt{2}$ だから，BD＝BC×$\sqrt{2}$＝12$\sqrt{2}$　△BAD≡△BCDより，AH＝CH＝BH＝$\frac{BD}{2}$＝$\frac{12\sqrt{2}}{2}$＝6$\sqrt{2}$　以上より，(正四角錐A-BCDEの体積)＝$\frac{1}{3}$×BC^2×AH＝$\frac{1}{3}$×12^2×6$\sqrt{2}$＝288$\sqrt{2}$

数的推理

【1】ある高等学校の生徒100人に東京都，福岡県，北海道の3か所について，行ったことがあるかどうかのアンケートをとったところ，次のア～エが分かった。

ア　東京都に行ったことがあると回答した生徒は68人，福岡県に行ったことがあると回答した生徒は42人，北海道に行ったことがあると回答した生徒は37人である。

イ　3か所すべてに行ったことがあると回答した生徒は6人である。

ウ　3か所のうち2か所だけに行ったことがあると回答した生徒は41人であり，そのうち，福岡県に行ったことがあると回答した生徒は25人である。

エ　3か所のうち1か所だけに行ったことがあると回答した生徒は47人であり，そのうち，東京都に行ったことがあると回答した生徒は28人である。

このとき，福岡県と北海道の両方に行ったことがあると回答した生徒の人数はどれか。1～5から一つ選べ。

1　12人　　2　13人　　3　14人　　4　15人　　5　16人

2024年度　大阪府・大阪市・堺市・豊能地区　難易度

【2】次の表は，2011(平成23)年から2021(令和3)年までにおけるわが国の15歳以上人口および労働力人口(15歳以上人口のうち，就業者と完全失業者を合わせた人口)を示している。この表から，15歳以上人口の対前年増減および労働力人口の比率(15歳以上人口に占める労働力人口の割合)の対前年増減を示すグラフを作成した場合，そのグラフとして最も適切なものはどれか。1～5から一つ選べ。

（万人）

年	15歳以上人口	労働力人口
2011	11117	6596
2012	11110	6565
2013	11107	6593
2014	11109	6609
2015	11110	6625
2016	11111	6673
2017	11108	6720
2018	11101	6830
2019	11092	6886
2020	11080	6868
2021	11044	6860

（総務省統計局「労働力調査」により作成）

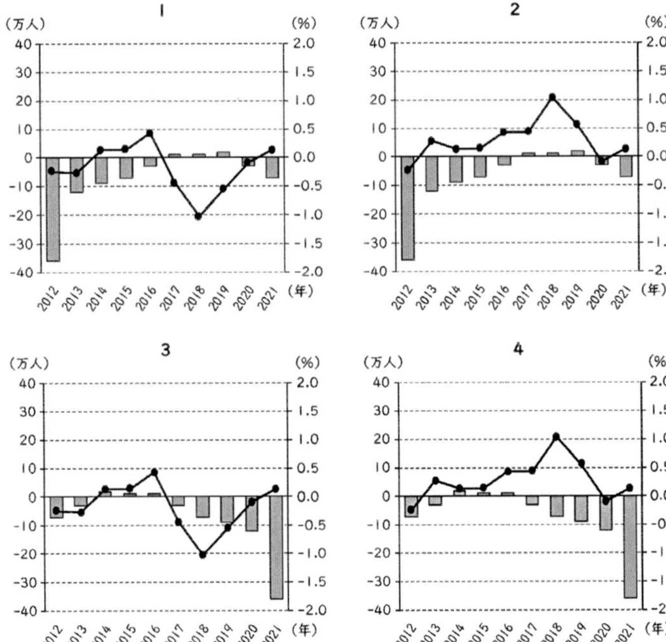

5

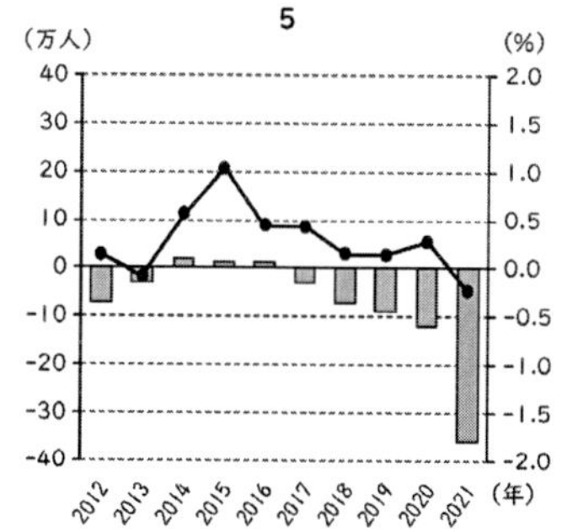

▌2024年度 ▌大阪府・大阪市・堺市・豊能地区 ▌難易度

【3】A～Dの4人は，同じスポーツジムを利用している。この4人に10月7日から11日までの5日間のスポーツジムの利用状況を尋ねたところ，次のア～エのことが分かった。

ア　4人は，全員5日間のうち3日だけ利用しており，利用した日がすべて一致している人はいない。

イ　Aのみ利用している日が，5日間のうち1日だけある。

ウ　BとDは，5日間のうち3日連続して利用している。

エ　10月9日と10月11日に利用しているのは，それぞれ2人である。

このとき，確実にいえるものはどれか。1～5から一つ選べ。

1　Aは10月11日にスポーツジムを利用している。

2　Bは10月8日にスポーツジムを利用している。

3　Cは10月9日にスポーツジムを利用している。

4　10月10日にスポーツジムを利用したのは4人全員である。

5　10月11日にスポーツジムを利用したのはBとCである。

▌2024年度 ▌大阪府・大阪市・堺市・豊能地区 ▌難易度

【4】次の図1は，1990(平成2)年と2020(令和2)年における全国の医療施設数(病院・一般診療所・歯科診療所)とその種類別割合を示している。また，図2は，北海道・東京都・愛知県・大阪府・福岡県の5都道府県について，1990年と2020年における病院数および人口10万対の病院数の推移を示している。あとのア～ウで述べられている図1・図2からい

えることについて，正しいもののみをすべて挙げているものはどれか。1～5から一つ選べ。

図１　全国の医療施設数と種類別割合

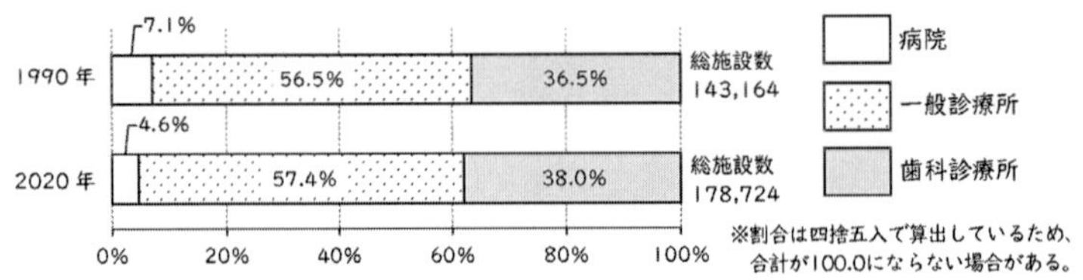

図２　５都道府県の病院数と人口10万対の病院数

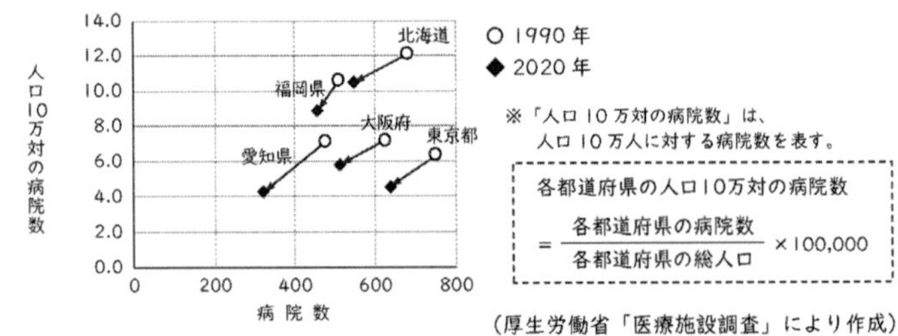

（厚生労働省「医療施設調査」により作成）

ア　2020年における全国の一般診療所と歯科診療所との施設数の合計は，1990年と比べると，30,000以上増加している。

イ　2020年における全国の病院数は1990年と比べて減少しており，また，2020年における5都道府県それぞれの病院数はいずれも1990年と比べて減少している。

ウ　5都道府県どうしで比べると，2020年において，病院数が最も多いのは東京都，人口10万対の病院数が最も多いのは北海道であり，大阪府は病院数と人口10万対の病院数ともに3番目に多い。

1　ア
2　ウ
3　ア　イ
4　イ　ウ
5　ア　イ　ウ

▍2024年度 ▍大阪府・大阪市・堺市・豊能地区 ▍難易度

【5】2021(令和3)年度における三重県・滋賀県・京都府・大阪府・兵庫県・奈良県・和歌山県(以下,「2府5県」という)で発電された電力量について,次の図は,2府5県それぞれの電力量の合計に占める発電所別電力量の構成比を示しており,以下の表は,水力発電所,火力発電所及び風力発電所について,2府5県全体の発電所別電力量に占める各府県の電力量の割合を示している。図中のA～Gのそれぞれには2府5県のいずれかが当てはまる。A・C・Eに当てはまる府県の組合せとして正しいものはどれか。1～5から一つ選べ。

図　2府5県それぞれの電力量の合計に占める発電所別電力量の構成比（単位：%）

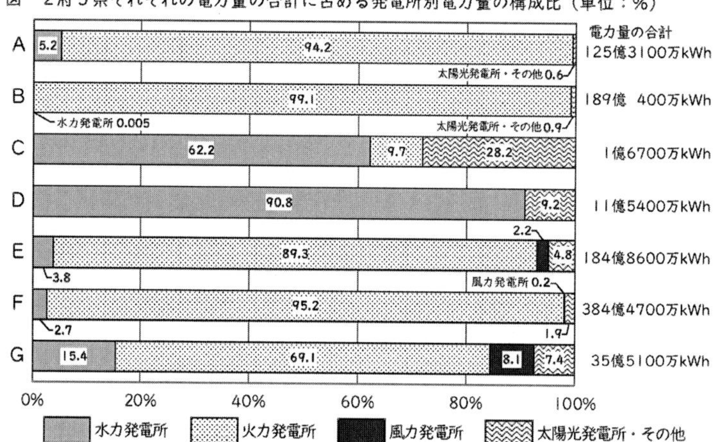

表　2府5県全体の発電所別電力量に占める各府県の電力量の割合（単位：%）

	水力発電所	火力発電所	風力発電所
三重県	17.0	19.2	53.4
滋賀県	2.5	0.0	—
京都府	15.8	13.7	—
大阪府	0.0	21.8	—
兵庫県	25.5	42.5	9.2
奈良県	25.7	—	—
和歌山県	13.4	2.9	37.4
2府5県全体	100.0	100.0	100.0

※数値は四捨五入によって算出しているため,合計が100.0にならない場合がある。

※表中の「0.0」は算出した電力量が0.1に満たないもの,「—」は電力量が無いものを示している。

(図，表ともに経済産業省・資源エネルギー庁「電力調査統計表」により作成)

	A	C	E
1	大阪府	滋賀県	兵庫県
2	大阪府	奈良県	三重県
3	京都府	滋賀県	和歌山県
4	京都府	奈良県	兵庫県
5	京都府	滋賀県	三重県

2024年度　大阪府・大阪市・堺市・豊能地区　難易度

【6】ルービックキューブは，各面が異なる6色で構成された立方体で，各面ごとに3×3の9マスに分割され，各列を回転させることで分割されたキューブが動くパズルである。

最初に全面の9マスともに白色であるルービックキューブを用意し，異なる6色の代わりに1から6の数字をサイコロのように表面と裏面を足して7になるように割り当て，図のように各マスに記入した。

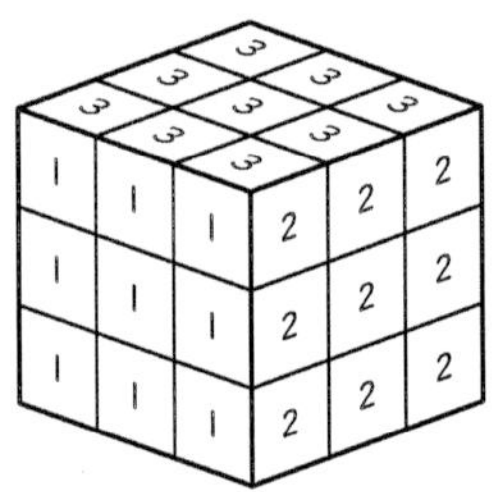

次図は，数字を記入したルービックキューブの任意の各列を回転させた後の展開図である。色付きの面の空欄のマスに当てはまる数字を正しく表しているものはどれか。1～5から一つ選べ。なお，回転後の展開図の数字の向きは考えないものとする。

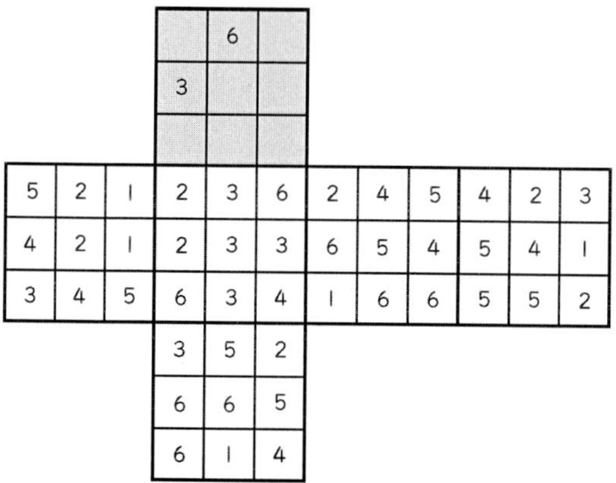

回転後の展開図

1

1	6	1
3	1	1
3	2	4

2

1	6	3
3	2	2
1	1	4

3

1	6	1
3	1	2
3	1	4

4

1	6	4
3	1	2
1	1	3

5

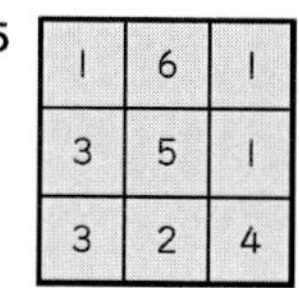

1	6	1
3	5	1
3	2	4

2024年度 ▌大阪府・大阪市・堺市・豊能地区 ▌難易度

【7】A～Fの6人が，旅行の行き先と目的について相談した。行先は北海道か九州のどちらかで，目的は温泉，グルメ，ショッピングである。次のア～カのことがわかっているとき，確実にいえることを①～④から選び，番号で答えよ。ただし，1人で北海道と九州の両方を希望した者はいなかった。

ア　BはEと異なった行先を希望した。

イ　Bはグルメだけを希望した。

ウ　CとEは異なった行先を希望した。

エ　EとFは温泉を希望しなかった。

オ　温泉を希望した者は，全員がショッピングも希望した。

カ　九州を希望した者のうち，温泉とグルメの両方を希望した者は3人であった。

① Eはグルメを希望した。
② 北海道を希望した者は温泉を希望しなかった。
③ Fは九州を希望した。
④ 九州を希望した者は全員グルメとショッピングの両方を希望した。

▌2024年度 ▌神戸市 ▌難易度

【8】A～Eの5人で徒競走をした。その結果について，A，B，C，Eの4人が次のように話していたが，この4人のうち1人だけが嘘をついていることがわかった。5人のうちだれが1位であったか。適切なものを①～④から選び，番号で答えよ。ただし，同着はいなかったものとする。

A：「私は2位だった」
B：「Dが1位だった」
C：「Dは1位ではなかった」
E：「CはAより速かった」

① B　② C　③ D　④ E

▌2024年度 ▌神戸市 ▌難易度

解答・解説

【1】2

○**解説**○ 「東京都」，「福岡県」，「北海道」という3つの集合について，「属する人数」を求めるので，以下のベン図を作成して考える。また，これらの集合は①～⑧に分類できる。

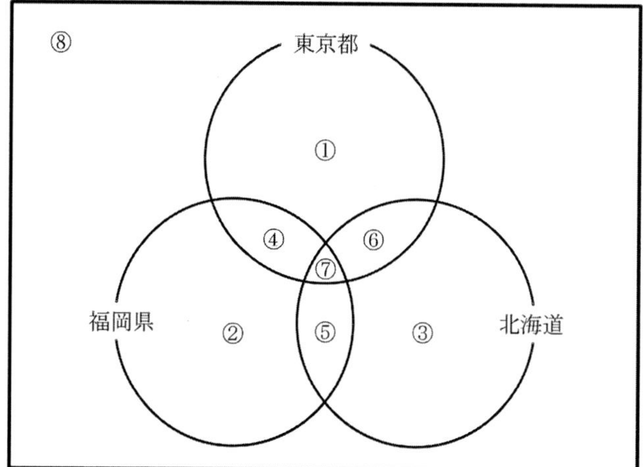

① 東京都だけに行ったことがある

② 福岡県だけに行ったことがある

③ 北海道だけに行ったことがある

④ 東京都と福岡県だけに行ったことがある

⑤ 福岡県と北海道だけに行ったことがある

⑥ 北海道と東京都だけに行ったことがある

⑦ 3か所すべてに行ったことがある

⑧ 3か所すべてに行ったことがない

アより，①＋④＋⑥＋⑦＝68 …(i)

②＋④＋⑤＋⑦＝42 …(ii)

③＋⑤＋⑥＋⑦＝37 …(iii)

イより，⑦＝6 …(iv)

ウより，④＋⑤＋⑥＝41 …(v)

④＋⑤＝25 …(vi)

2式より，⑥＝16 …(vii)

エより，①＋②＋③＝47 …(viii)

①＝28 …(ix)

2式より，②＋③＝19 …(x)

(i)(iv)(vii)(ix)より，28＋④＋16＋6＝68 ⇔ ④＝18

(vi)より，18＋⑤＝25　⇔　⑤＝7
よって(iii)より，③＋7＋16＋6＝37　⇔　③＝8
(x)より，②＋8＝19　⇔　②＝11
ここで，「福岡県と北海道の両方に行ったことがあると回答した生徒の人数」は，
⑤＋⑦＝7＋6＝13より，正解は13人となる。

【2】4

○**解説**○ 問題の表をもとに，それぞれの年の15歳以上人口の対前年増減数を求める。また，労働力人口の比率は$\frac{労働力人口}{15歳以上人口}\times 100$で求められる。それぞれの年について小数第二位まで示すと，下表のようになる。よって，これらの値の傾向を示す最も適切なグラフは，選択肢4となる。

年	15歳以上人口の増減(万人)	労働力人口比率(%)	労働力人口比率の対前年増減(%)
2011		59.33	
2012	−7	59.09	−0.24
2013	−3	59.36	0.27
2014	2	59.49	0.13
2015	1	59.63	0.14
2016	1	60.06	0.43
2017	−3	60.50	0.44
2018	−7	61.53	1.03
2019	−9	62.08	0.55
2020	−12	61.99	−0.09
2021	−36	62.12	0.13

【3】4

○**解説**○ A～Dの4人のスケジュールについて，以下の表を作成して考える。利用したことが確実な場合は○，利用しなかったことが確実な場合は×を示す。

・条件アより，利用日数は4人とも3となるので，合計の利用日数は12となる。
・条件ウより，BとDは5日間のうち3日連続して利用しているので，少なくとも10月9日はどちらも利用していることが確実である。
・条件エより，10月9日と10月11日に利用している人数は，それぞれ2人である。すると条件ウより，10月9日はAとCは利用していないことが分かる。
・条件イより，Aのみが利用している日が1日だけあるが，10月11日は2人利用しているので当てはまらず，条件ウを満たすためには10月8日から10月10日まではB，Dのどちらかが利用しており，当てはまらない。よって，Aのみが利用している日は10月7日となる。これにより，Cが利用した日が確定する。
ここまでをまとめると，下表のようになる。

	10月7日	10月8日	10月9日	10月10日	10月11日	利用日数
A	○		×			3
B	×		○			3
C	×	○	×	○	○	3
D	×		○			3
人数	1		2		2	12

ここで，BとDは3日連続で利用し，10月7日は利用していないことから，B，Dともに10月10日に利用したことが分かる。また，10月11日はB，Dのどちらかが利用するためAは利用しないことから，Aは残りの10月8日と10月10日に利用したことになる。これらによって，10月10日は4人とも利用したことが分かる。なお，合計の利用日数は12なので，10月8日の人数は3となる。ここまでをまとめると，下表のようになる。

	10月7日	10月8日	10月9日	10月10日	10月11日	利用日数
A	○	○	×	○	×	3
B	×		○	○		3
C	×	○	×	○	○	3
D	×		○	○		3
人数	1	3	2	4	2	12

1　Aは10月11日にスポーツジムを利用していない。

2　Bの利用日は確定していない日があるため，10月8日にスポーツジムを利用したことは確実にはいえない。

3　Cは10月9日にスポーツジムを利用していない。

4　10月10日には4人全員がスポーツジムを利用している。

5　Bの利用日は確定していない日があるため，10月11日にBとCの2人が同時に利用したとはいえない。

【4】5

○**解説**○ ア　図1より，2020年における全国の一般診療所と歯科診療所との施設数の合計は178724×(0.574＋0.380)≒170503であり，1990年では143164×(0.565＋0.365)≒133143なので，2020年は1990年と比べて170503－133143＝37360で，約37400増加している。　イ　図1より，2020年における全国の病院数は178724×0.046≒8221であり，1990年では143164×0.071≒10165と比べて減少している。また，図2より，2020年における5都道府県それぞれの病院数がいずれも1990年と比べて減少していることが，グラフの横軸の値が小さくなっていることから読み取れる。　ウ　図2より，2020年においてグラフの横軸の値が最も大きい東京都が病院数が最も多く，縦軸の値が最も大きい北海道が人口10万対の病院数が最も多く，縦軸の値も横軸の値も3番目に大きいのは大阪府である。

【5】5

○**解説**○ まず，表で風力発電所に注目すると，割合をもつのが三重県，兵庫県，和歌山県の3県である。図で風力発電の割合があるのはE，F，Gで，それぞれの電力量を計算すると，Eが約4.07億kWh，Fが約0.77億kWh，Gが約2.88億kWhである。これを表に当てはめると，Eが三重県，Fが兵庫県，Gが和歌山県であると判断できる。次に，表で奈良県は，火力発電所と風力発電所の割合がないことが表されている。図を見ると，火力発電所，風力発電所のどちらもないグラフはDだけであることから，Dは奈良県である。また，表で電力量の割合の合計が2.5％しかない滋賀県は，図で電力量の合計が圧倒的に少ないCであると判断できる。残るAとBが，大阪府，京都府のどちらかとなる。表で水力発電に注目すると，大阪府は0.0%であり，Bが大阪府と予想できる。計算すると，Aが約6.52億kWh，Bが約0.0095億kWhで，Aが京都府，Bが大阪府と分かる。

【6】3

○解説○ 元のルービックキューブの図より，1から6のそれぞれの数字は合計9つある。回転後の展開図より，数字の1は5つしかないので，色付きの面には残りの4つがあるはずである。したがって，数字の1が3つしかない選択肢2と5は不適。また，元のルービックキューブの頂点に相当する立方体に注目すると，例えば下図のように丸で囲んだ立方体は1，2，3という数字が割り当てられており，回転させてもこの立方体の3つの面の並びは変わらない。回転後の展開図にはこのような並びの立方体がないので，色付きの面を踏まえて考えると，下図のように選択肢4は不適。

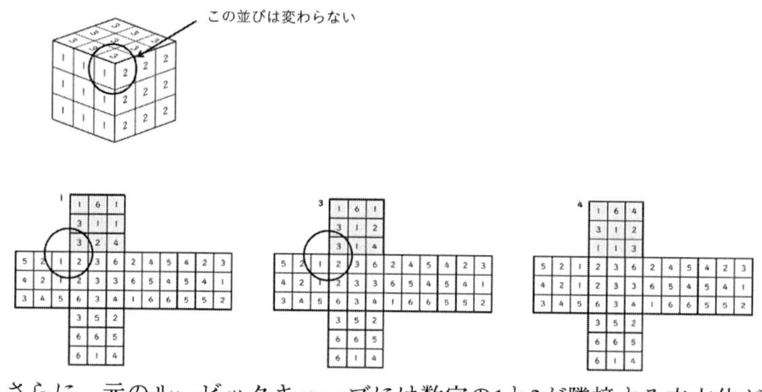

さらに，元のルービックキューブには数字の1と3が隣接する立方体が3つある。回転後の展開図を組み立てた場合，選択肢1にはこのような位置関係の立方体は2つしないため不適。よって，正解は選択肢3である。

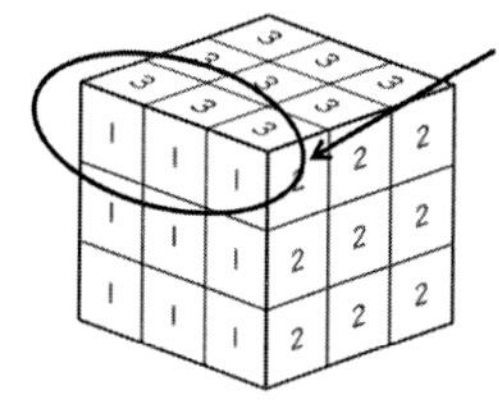

この並びは変わらない

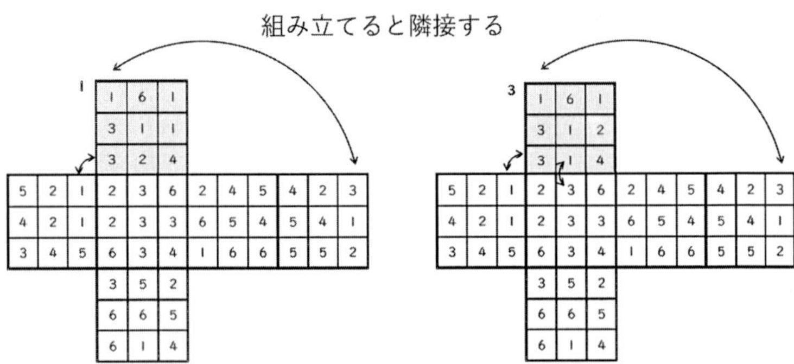

【7】②

○**解説**○ Bの旅行の行き先を北海道と仮定したとき，わかっていることア～エより表1のことがわかる。しかし，これでは，わかっていることカが成り立たないから，Bの旅行の行き先は九州と決まる。Bの旅行の行き先を九州としたとき，わかっていることア～カより表2のことがわかる。これより，①…Eはグルメを希望したかどうかわからない。②…北海道を希望した者はEと可能性としてFが考えられるが，2人とも温泉を希望していないから，確実にいえる。③…Fは九州を希望したかどうかわからない。④…Bは九州を希望したがショッピングは希望していない。

表1

	行き先		目的		
	北海道	九州	温泉	グルメ	ショッピング
A					
B	○	×	×	○	×
C	○	×			
D					
E	×	○	×		
F			×		

表2

	行き先		目的		
	北海道	九州	温泉	グルメ	ショッピング
A	×	○	○	○	○
B	×	○	×	○	×
C	×	○	○	○	○
D	×	○	○	○	○
E	○	×	×		
F			×		

【8】②

○解説○ BとCの発言が矛盾するので，どちらかが嘘をついていることがわかる。仮に，Bが嘘をついているとすると，嘘をついていないA，C，Eの発言からA＝2位，C＝1位，D≠1位であることがわかる。また，仮に，Cが嘘をついているとすると，嘘をついていないA，B，Eの発言からA＝2位，C＝1位，D＝1位であることがわかる。これでは1位が2人いるため適切ではない。以上より，嘘をついているのはBであり，5人のうちでCが1位であったことがわかる。

総合問題

【1】次の(1)～(5)の問いに答えなさい。答えは①～⑤のうちから1つ選びなさい。

(1) 1つのサイコロを3回振ったとき，偶数の目がちょうど2回出る確率は次のうちどれか。

① $\frac{2}{3}$　② $\frac{1}{4}$　③ $\frac{3}{4}$　④ $\frac{1}{8}$　⑤ $\frac{3}{8}$

(2) 次の図のように，点Oを中心とする円の円周を12等分したうちの2点をA，Bとしたとき，∠OABの大きさは以下のうちどれか。

図

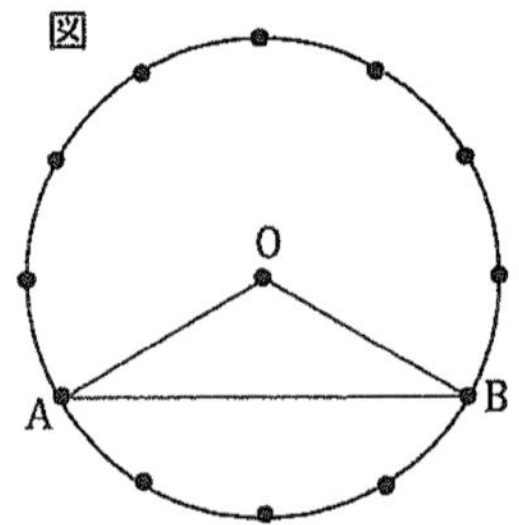

① 15°　② 20°　③ 30°　④ 35°　⑤ 45°

(3) $\sqrt{3} < n < \sqrt{19}$ を満たす整数nをすべて示したものは次のうちどれか。

① 3　② 2，3　③ 2，3，4　④ 3，4　⑤ 3，4，5

(4) 次の図のような，底面の半径が3cm，母線の長さが7cmである直円すいの側面積は以下のうちどれか。ただし，円周率はπとする。

図

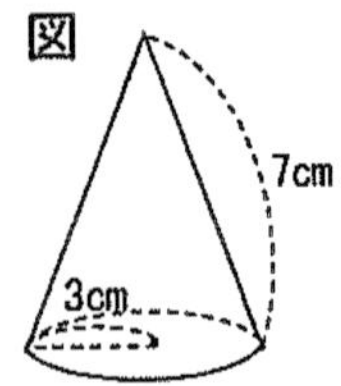

① 6π cm²　② 9π cm²　③ 14π cm²　④ 21π cm²　⑤ 49π cm²

(5) $y=\frac{a}{x}$(aは0でない定数)のグラフは，なめらかな2つの曲線になる。

このグラフに関する説明のうち，正しいものは次のうちどれか。

① グラフは，原点を通る。

② グラフは，y軸と交わる。

③ 2つの曲線のうち，一方の曲線を平行移動させると他方の曲線と重なる。

④ 2つの曲線のうち，一方の曲線を原点を中心として180°だけ回転移動させると他方の曲線と重なる。

⑤ 2つの曲線のうち，一方の曲線をy軸に関して対称移動させると他方の曲線と重なる。

2024年度　群馬県　難易度

【2】次の問いに答えなさい。

1 次の計算をしなさい。

(1) $\frac{3}{4}-\left(\frac{1}{3}-\frac{1}{2}\right)$　　(2) $(2+\sqrt{3})^2-(2-\sqrt{3})^2$

(3) $8ab^2\times7a^2\div(-4b)$

2 関数$y=x^2-4x+7$においてxの変域が$0\leqq x\leqq3$のとき，yの最小値を求めなさい。

3 図1のように，正方形ABCDの頂点A上に，以下のような≪きまり≫で移動する点Pと点Qがある。

1～6の目がかいてある正六面体のさいころを2回投げて，1回目に出た目の数だけ点Pが移動し，2回目に出た目の数だけ点Qが移動する。点Pと点Qがそれぞれ移動したあと，同じ頂点に止まる確率を求めなさい。ただし，さいころはどの目が出ることも同様に確からしいものとする。

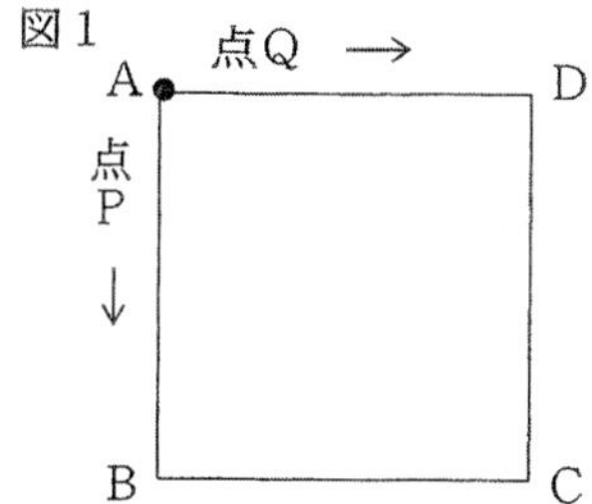

≪きまり≫
・点Pは，Aを出発してB→C→D→A→B→…と反時計回りの順に，さいころの出た目の数だけ次の頂点へ移動して止まる。
・点Qは，Aを出発してD→C→B→A→D→…と時計回りの順に，さいころの出た目の数だけ次の頂点へ移動して止まる。

4　連続する3つの自然数がある。それぞれの2乗の和が50であるとき，連続する3つの自然数のうち，最も小さい自然数を求めなさい。

5　図2の四角形ABCDは長方形であり，点Eは辺BC上の点で，BE：EC＝1：6である。また，点F，点Gはそれぞれ，DBとAE，DBとACとの交点である。

このとき，BF：FG：GDを最も簡単な整数の比で表しなさい。

図２
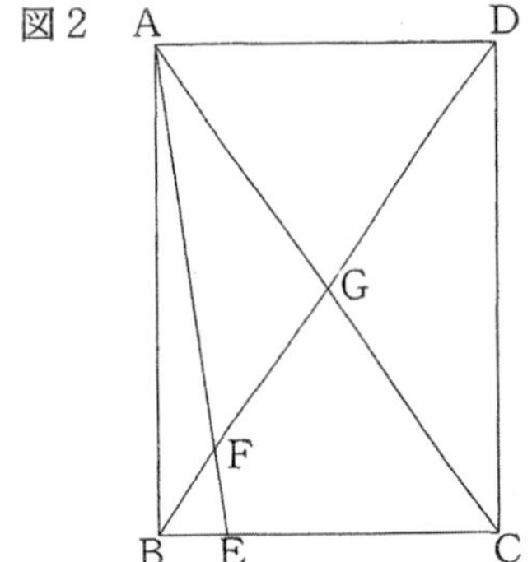

2024年度　山形県　難易度

【3】次のデータは，5店舗で調査して得られた，ある商品の価格である。問1，問2に答えなさい。ただし，xは自然数とする。

980，　1000，　1050，　990，　x　(円)

問1　このデータの平均値が1008円であるとき，xの値として，正しいものを選びなさい。

ア　970　　イ　980　　ウ　1000　　エ　1010　　オ　1020

問2　このデータの中央値は，xの値によって何通り考えられるか，正しいものを選びなさい。

ア　3通り　　イ　6通り　　ウ　9通り　　エ　11通り
オ　13通り

2024年度　北海道・札幌市　難易度

【4】次の〔問1〕～〔問4〕に答えよ。

〔問1〕$\dfrac{2x-y}{2}-\dfrac{3x-2y}{4}$を計算した結果を，次の1～5の中から1つ選べ。

1. $\dfrac{x}{4}$　2. $\dfrac{x-4y}{4}$　3. x　4. $x-4y$　5. $x-y$

〔問2〕$a=1-2\sqrt{2}$，$b=2-\sqrt{2}$のとき，$4a^2-4ab+b^2$の値を，次の1～5の中から1つ選べ。

1. 6　2. 10　3. 18　4. 36　5. 50

〔問3〕内角の大きさの和が，外角の大きさの和の8倍である多角形を，次の1～5の中から1つ選べ。

1. 16角形　2. 18角形　3. 20角形　4. 22角形
5. 24角形

〔問4〕$y-2$は$x+3$に反比例し，$x=-5$のとき，$y=4$である。このとき，比例定数の値を，次の1～5の中から1つ選べ。

1. -4　2. -2　3. -1　4. 2　5. 4

2024年度　和歌山県　難易度

【5】次の(1)～(3)の各問いに対する答えの組合せとして正しいものはどれか。

(1) $\dfrac{4}{3}a^2\div\dfrac{8}{3}a^2b^2\times\dfrac{4}{5}ab^2$を計算せよ。

ア　$\dfrac{2}{5}a^5b^4$　イ　$\dfrac{2}{5}a$　ウ　$\dfrac{5}{8ab^4}$

(2) 次の表は，yがxに反比例する関係を表したものである。xの値が3から6まで増加するとき，変化の割合を求めよ。

x	…	-1	0	1	…
y	…	3	×	-3	…

ア　$\dfrac{1}{6}$　イ　-3　ウ　6

(3)　次の図は長方形状の紙テープを線分PQで折り曲げてできる図形を表している。このとき，$\angle x$の大きさを求めよ。

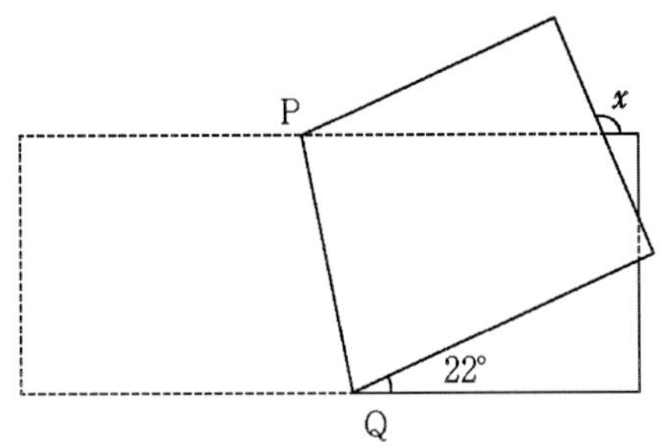

ア　118°　　イ　158°　　ウ　112°

	(1)	(2)	(3)
1.	ア	ア	イ
2.	ア	ウ	ア
3.	イ	ア	ウ
4.	イ	ウ	ア
5.	ウ	イ	イ

2024年度　岡山市　難易度

【6】次の1から7の問いに答えよ。答えは，それぞれの問いのアからオのうちから一つ選べ。

1　不等式$-2.97 < x < \sqrt{5}$を満たす整数xの個数を求めよ。

ア　3　　イ　4　　ウ　5　　エ　6　　オ　7

2　A，B，C，D，E，Fの6人の中から2人を選ぶときの選び方は何通りか。

ア　12通り　　イ　15通り　　ウ　18通り　　エ　30通り
オ　36通り

3　次の図は，画用紙に1辺が10cmの立方体の展開図をかき，切り抜いたものである。点線部分を折り，縦1cm，横10cmのテープをすき間のないように辺と平行に貼り，立方体をつくる。このとき，使うテープは少なくとも何枚必要になるか。ただし，テープは切らずに使うものとする。

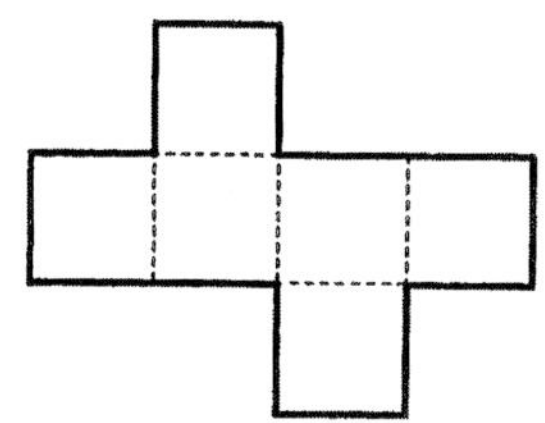

ア　4枚　　イ　5枚　　ウ　6枚　　エ　7枚　　オ　8枚

4　方程式$3x-2y=-6$のグラフは直線である。この直線とy軸との交点のy座標を求めよ。

ア　−3　　イ　−2　　ウ　0　　エ　2　　オ　3

5　重さの異なる5個のおもりA，B，C，D，Eがあり，これらはA，B，C，D，Eの順に20gずつ重くなっている。この5個のおもりの重さの合計が600gであるとき，Aの重さを求めよ。

ア　50g　　イ　60g　　ウ　70g　　エ　80g　　オ　90g

6　次の図は，線分AB上に点Cがあり，AB，AC，CBをそれぞれ直径として半円をかいたものである。AC＝2cm，CB＝4cmのとき，黒く塗られた部分の周りの長さを求めよ。

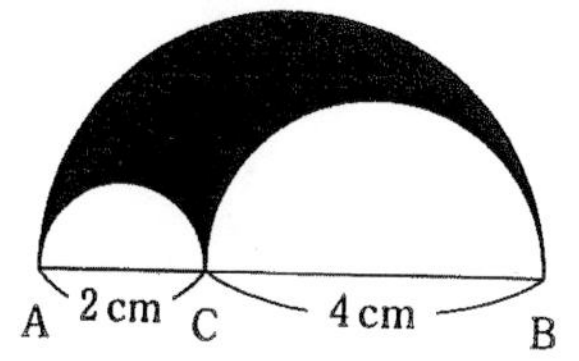

ア　2π cm　　イ　4π cm　　ウ　6π cm　　エ　8π cm
オ　12π cm

7　次の図のように黒色と白色のタイルを「黒→白→白」の順に繰り返し左から右に並べ，1行に5枚のタイルを並べたら，次の行に前の行の5枚目に続く色のタイルを左から並べる。1行目から100行目までタイルを並べ終えたとき，使用した黒色のタイルの枚数は何枚か。

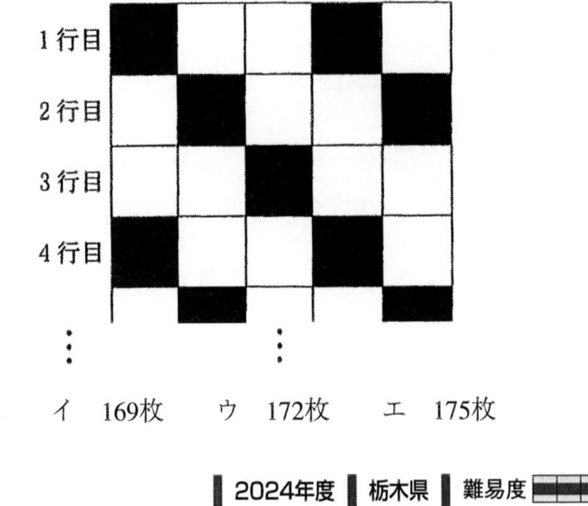

ア　167枚　　イ　169枚　　ウ　172枚　　エ　175枚
オ　180枚

2024年度 | 栃木県 | 難易度

【7】次の(1)～(4)に答えなさい。

(1)　次の図で，2点(−1，0)，(0，2)を通る直線ℓと，2点(0，5)，(5，0)を通る直線mの交点をAとし，それぞれの直線とy軸との交点をB，Cとする。座標軸の1目盛りを1cmとしたとき，△ABCの面積を以下の①～⑧から1つ選びなさい。

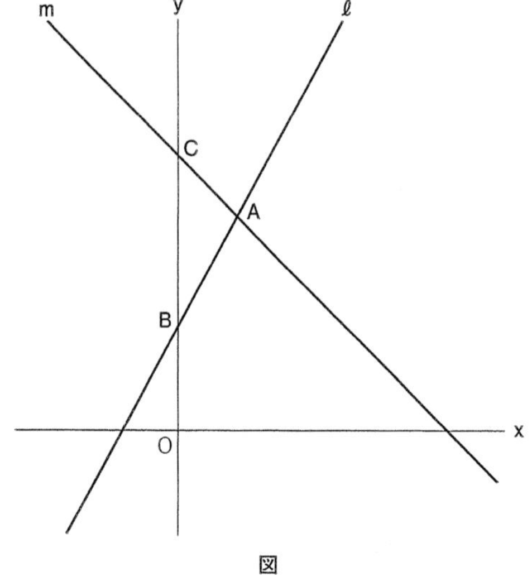

図

① $\frac{1}{2}$cm^2　② $\frac{3}{2}$cm^2　③ 2cm^2　④ $\frac{5}{2}$cm^2

⑤ $\frac{7}{2}$cm^2　⑥ 6cm^2　⑦ 8cm^2　⑧ 12cm^2

(2) 1から5までの数字が1つずつ書かれた5枚のカードがある。この5枚のカードをよく混ぜて，1枚ずつ続けて2枚取り出し，取り出した順に左から並べて2桁の整数をつくるとき，それが奇数になる確率を次の①～⑧から1つ選びなさい。

① $\frac{1}{2}$　② $\frac{1}{3}$　③ $\frac{2}{3}$　④ $\frac{1}{4}$　⑤ $\frac{2}{5}$　⑥ $\frac{3}{5}$

⑦ $\frac{8}{25}$　⑧ $\frac{12}{25}$

(3) 次の図のように，横が縦より2cm長い長方形の紙がある。この紙の四すみから1辺が3cmの正方形を切り取り，ふたのない直方体の容器をつくると，その容積が51cm^{3}になった。はじめの紙の縦の長さを以下の①～⑧から1つ選びなさい。

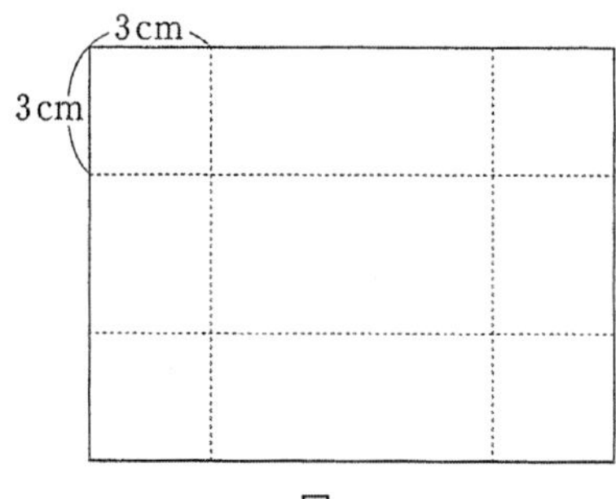

図

① $5-6\sqrt{2}$ cm　② $3-3\sqrt{2}$ cm　③ $5-3\sqrt{2}$ cm

④ $10-3\sqrt{2}$ cm　⑤ $3+3\sqrt{2}$ cm　⑥ $5+3\sqrt{2}$ cm

⑦ $5+6\sqrt{2}$ cm　⑧ $10+3\sqrt{2}$ cm

(4) 次の図は，ある円錐の展開図である。この展開図を組み立ててできる円錐の体積を以下の①～⑧から1つ選びなさい。

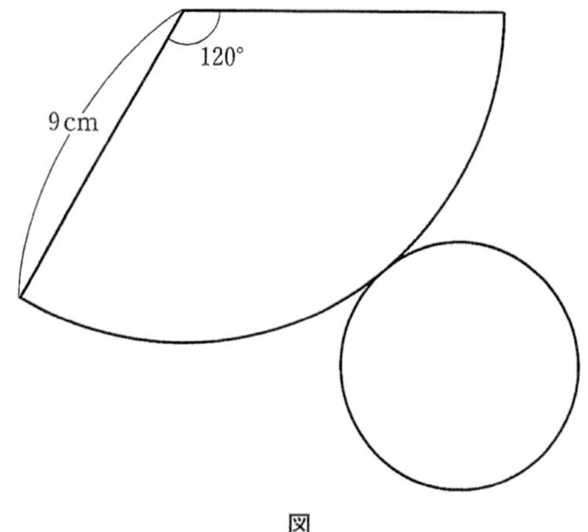

図

① $6\sqrt{2}\ \pi\ \text{cm}^3$　② $6\sqrt{3}\ \pi\ \text{cm}^3$　③ $18\sqrt{2}\ \pi\ \text{cm}^3$
④ $18\sqrt{3}\ \pi\ \text{cm}^3$　⑤ $27\sqrt{2}\ \pi\ \text{cm}^3$　⑥ $27\sqrt{3}\ \pi\ \text{cm}^3$
⑦ $54\sqrt{2}\ \pi\ \text{cm}^3$　⑧ $54\sqrt{3}\ \pi\ \text{cm}^3$

▌2024年度 ▌青森県 ▌難易度

解答・解説

【1】(1) ⑤　(2) ③　(3) ③　(4) ④　(5) ④

○解説○ (1) 1つのサイコロを1回振ったとき，偶数の目が出る確率は$\frac{1}{2}$だから，1つのサイコロを3回振ったとき，偶数の目がちょうど2回出る確率は，${}_3C_2\left(\frac{1}{2}\right)^2\left(1-\frac{1}{2}\right)^{3-2}={}_3C_1\left(\frac{1}{2}\right)^2\cdot\frac{1}{2}=\frac{3}{8}$ (2) △OABはOA＝OBの二等辺三角形，$\angle\text{AOB}=360\times\frac{4}{12}=120$〔°〕より，$\angle\text{OAB}=(180-\angle\text{AOB})\div2=(180-120)\div2=30$〔°〕となる。 (3) $\sqrt{3}<n<\sqrt{19}$ ⇔ $1<\sqrt{3}<2\leqq n\leqq4<\sqrt{19}<5$より，$n=2,\ 3,\ 4$とわかる。

(4)　問題の直円すいを展開すると，側面は半径7cm，弧の長さ＝底面の円周の長さ$=2\pi\times3=6\pi$〔cm〕のおうぎ形であり，半径r，弧の長さℓのおうぎ形の面積は$\frac{1}{2}\ell r$で求められるから，求める側面積は$\frac{1}{2}\times6\pi\times7=21\pi$〔$cm^2$〕　(5)　$y=\frac{a}{x}$のグラフは双曲線で，座標軸とは交わらない2つの曲線であるから，①，②は正しくない。また，$y=\frac{a}{x}$のグラフは，原点を対称の中心として点対称であるから，③，⑤は正しくない。

【2】1　(1)　$\frac{11}{12}$　(2)　$8\sqrt{3}$　(3)　$-14a^3b$　2　3　3　$\frac{1}{4}$
4　3　5　BF：FG：GD＝1：3：4

○解説○ 1　(1)　$\frac{3}{4}-\left(\frac{1}{3}-\frac{1}{2}\right)=\frac{3}{4}-\frac{1}{3}+\frac{1}{2}=\frac{9}{12}-\frac{4}{12}+\frac{6}{12}=\frac{11}{12}$
(2)　$(2+\sqrt{3})^2-(2-\sqrt{3})^2=\{(2+\sqrt{3})+(2-\sqrt{3})\}\{(2+\sqrt{3})-(2-\sqrt{3})\}=4\times2\sqrt{3}=8\sqrt{3}$　(3)　$8ab^2\times7a^2\div(-4b)=-\frac{8ab^2\times7a^2}{4b}=-14a^3b$
2　$y=x^2-4x+7=(x-2)^2+3$より，$x=2$のとき，最小値$y=3$をとる。
3　さいころを2回投げるとき，全ての目の出方は$6\times6=36$〔通り〕。このうち，点Pと点Qがそれぞれ移動したあと，同じ頂点に止まるのは，1回目に出た目の数をa，2回目に出た目の数をbとしたとき，$(a, b)=(1, 3), (2, 2), (2, 6), (3, 1), (3, 5), (4, 4), (5, 3), (6, 2), (6, 6)$の9通り。よって，求める確率は$\frac{9}{36}=\frac{1}{4}$　4　nを自然数として，連続する3つの自然数を$n-1$，n，$n+1$と表す。そのそれぞれの2乗の和が50であるとき，$(n-1)^2+n^2+(n+1)^2=50$　が成り立つ。整理して，$3n^2+2=50$　⇔　$3n^2=48$　⇔　$n^2=16$　より，$n=\pm4$　nは自然数だから，$n=4$　よって，3つの自然数は3，4，5。最も小さい自然数は3である。　5　点Gは長方形の対角線の交点だから，BG：GD＝1：1＝4：4…①　AD//BCより，平行線と線分の比についての定理を用いて，BF：FD＝BE：AD＝BE：BC＝BE：(BE＋EC)＝1：(1＋6)＝1：7…②
①，②より，BF：FG：GD＝BF：(BG－BF)：GD＝1：(4－1)：4＝1：3：4

【3】問1　オ　問2　エ

○解説○ 問1　$\frac{980+1000+1050+990+x}{5}=1008$より，$x=1008\times5-$

$(980+1000+1050+990)=1020$　問2　$x \leqq 990$のとき，中央値は990円の1通りであり，$990<x<1000$のとき，中央値は991円，992円，993円，994円，995円，996円，997円，998円，999円の9通りが考えられ，$1000 \leqq x$のとき，中央値は1000円の1通りだから，中央値はxの値によって，$1+9+1=11$〔通り〕考えられる。

【4】問1　1　　問2　3　　問3　2　　問4　1

○解説○　問1　$\frac{2x-y}{2}-\frac{3x-2y}{4}=\frac{2(2x-y)-(3x-2y)}{4}=\frac{4x-2y-3x+2y}{4}=\frac{x}{4}$　問2　$a=1-2\sqrt{2}$，$b=2-\sqrt{2}$のとき，$4a^2-4ab+b^2=(2a-b)^2=\{2(1-2\sqrt{2})-(2-\sqrt{2})\}^2=(2-4\sqrt{2}-2+\sqrt{2})^2=(-3\sqrt{2})^2=18$　問3　n角形の内角の大きさの和は$180°\times(n-2)$，外角の大きさの和は360°だから，内角の大きさの和が，外角の大きさの和の8倍であるようなn角形は，$180°\times(n-2)=360°\times8$より，$n=18$　問4　$y-2$が$x+3$に反比例するとき，比例定数aを用いて，$y-2=\frac{a}{x+3}$…①　と表される。①より，$a=(x+3)(y-2)$であり，$x=-5$のとき，$y=4$であるから，比例定数aの値は，$a=(-5+3)\times(4-2)=-4$である。

【5】3

○解説○ (1)　$\frac{4}{3}a^2\div\frac{8}{3}a^2b^2\times\frac{4}{5}ab^2=\frac{4a^2}{3}\times\frac{3}{8a^2b^2}\times\frac{4ab^2}{5}=\frac{2}{5}a$　(2)　yはxに反比例するから，xとyの関係は$y=\frac{a}{x}$と表せる。$x=1$のとき$y=-3$だから，$-3=\frac{a}{1}$　$a=-3$　xとyの関係は$y=-\frac{3}{x}$である。よって，$x=3$のときのyの値は$y=-\frac{3}{3}=-1$，$x=6$のときのyの値は$y=-\frac{3}{6}=-\frac{1}{2}$だから，$x$の値が3から6まで増加するときの変化の割合は$\frac{-\frac{1}{2}-(-1)}{6-3}=\frac{1}{6}$　(3)　次の図のように点A～Eを定める。平行線の同位角だから，∠APC＝∠PQE，∠APB＝∠PQD　これより，∠BPC＝∠APC－∠APB＝∠PQE－∠PQD＝∠DQE＝22°　三角形の内角と外角の関係から，$\angle x$＝∠PBC＋∠BPC＝90°＋22°＝112°

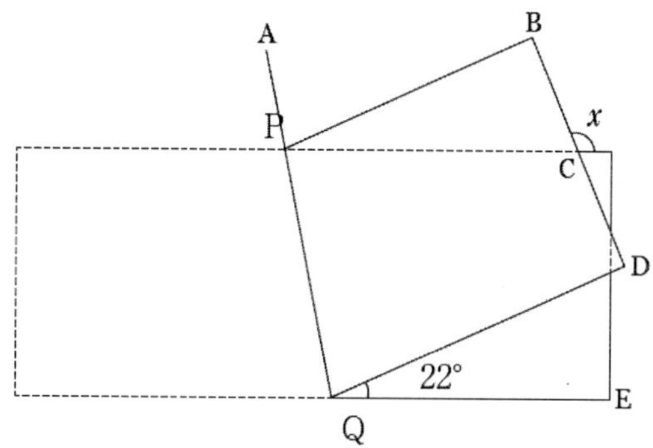

【6】1　ウ　2　イ　3　エ　4　オ　5　エ　6　ウ　7　ア

○解説○ 1　$-2.97<x<\sqrt{5}$ …① より，$-2.97<-2\leqq x\leqq 2<\sqrt{5}<3$ だから，不等式①を満たす整数xは-2，-1，0，1，2の5個である。
2　${}_6C_2=\frac{{}_6P_2}{2!}=\frac{6\cdot 5}{2\cdot 1}=15$〔通り〕ある。　3　次図の展開図において，(辺ABと辺CB)，(辺NMと辺LM)，(辺ANと辺KL)，(辺CDと辺KJ)，(辺HIと辺JI)，(辺GFと辺EF)，(辺HGと辺DE)を貼り合わせるのにそれぞれテープを1枚使うから，使うテープは少なくとも7枚必要になる。

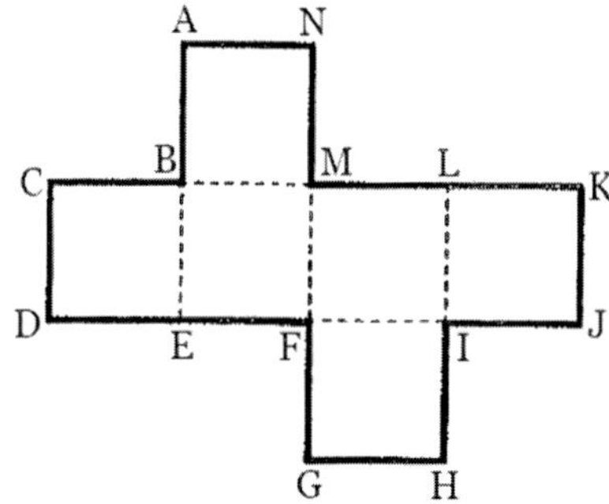

4　$3x-2y=-6$…①　⇔　$y=\frac{3}{2}x+3$より，直線①とy軸との交点のy座標は3である。　5　Aをxgとすると，$A+B+C+D+E=x+(x+20)+(x+40)+(x+60)+(x+80)=5x+200=600$　より$x=80$　で，Aは80g。
6　$2\times\pi\times\frac{1}{2}+4\times\pi\times\frac{1}{2}+(2+4)\times\pi\times\frac{1}{2}=\pi+2\pi+3\pi=6\pi$〔cm〕
7　1行に5枚のタイルを並べ，それが100行だから，$5\times 100=500$で，タイルは全部で500枚となる。タイルは，「黒→白→白」の3枚の繰り返しだから，500÷3＝166余り2で，498枚目までに黒のタイルが166枚ある。残りの2枚は黒，白だから，使用する黒色のタイルは166＋1＝167で，全部で167枚である。

【7】(1) ② (2) ⑥ (3) ⑥ (4) ③

○**解説**○ (1) 直線ℓの式は，$y=\frac{(2-0)}{0-(-1)}x+2$ ⇔ $y=2x+2$…① 直線mの式は，$y=\frac{0-5}{5-0}x+5$ ⇔ $y=-x+5$…② 点Aのx座標は，①と②の連立方程式の解。①を②に代入して，$2x+2=-x+5$ $x=1$
点Aのx座標は1となる。以上より，△ABC＝$\frac{1}{2}$×BC×|点Aのx座標|＝$\frac{1}{2}\times(5-2)\times|1|=\frac{3}{2}$〔$cm^2$〕である。 (2) つくられる2桁の整数は全部で5×4〔個〕 このうち奇数は，一の位が1か3か5のときだから4×3〔個〕 よって，求める確率は$\frac{4\times3}{5\times4}=\frac{3}{5}$ (3) はじめの紙の縦の長さをx cmとすると，横の長さは$x+2$〔cm〕と表される。ただし，$x>6$ これより，つくられる容器は，縦が$x-3\times2=x-6$〔cm〕，横が$(x+2)-3\times2=x-4$〔cm〕，高さ3cmの直方体で，容積が51cm^3になったから，$(x-6)\times(x-4)\times3=51$ ⇔ $x^2-10x+7=0$ 解の公式を用いて，$x=-(-5)\pm\sqrt{(-5)^2-1\times7}=5\pm3\sqrt{2}$ $x>6$より，はじめの紙の縦の長さは$5+3\sqrt{2}$〔cm〕である。 (4) 底面の円の半径をr cmとすると，底面の円の周の長さと，側面のおうぎ形の弧の長さが等しいことから，$2\pi r=2\pi\times9\times\frac{120}{360}$ $r=3$ これより，問題の展開図を組み立ててできる円錐の高さは，三平方の定理を用いて，(円錐の高さ)＝$\sqrt{(\text{母線の長さ})^2-(\text{底面の円の半径})^2}=\sqrt{9^2-3^2}=6\sqrt{2}$〔cm〕
以上より，求める円錐の体積は，$\frac{1}{3}\times(\pi\times3^2)\times6\sqrt{2}=18\sqrt{2}\pi$〔$cm^3$〕である。

自然科学　物　理

要点整理

一直線上の運動

○等速直線運動

一直線上を一定速度vで進む運動をいい，時間t〔s〕だけ経過した後の位置x〔m〕は$x=vt$である。

○等加速度直線運動

一直線上を一定の加速度aで進む物体の初速度をv_0とし時間tだけ経過した後の速度vになった時，$v=v_0+at$で，この間に進んだ距離xは$x=v_0t+\frac{1}{2}at^2$である。

落下運動

○自由落下運動

地球上の物体は空気抵抗を無視できれば形や重さに関係なく同一の落下運動をする。この場合加速度は重力の加速度9.8m/s^{2}で示され，t秒後の速度v，加速度a，t秒間に進んだ距離h，重力の加速度gとすれば次の式が成立する。

$v=gt$，$h=\frac{1}{2}gt^2$，$v^2=2gh$

○放物運動

水平方向に対しθの角度で，初速度v_0で投げ上げた物体は，水平方向には$v_0\cos\theta$の速度で等速運動を行い，鉛直方向には，初速度$v_0\sin\theta$で投げ上げられた等加速度運動を行う。

最高点の高さ$H=\frac{(v_0\sin\theta)^2}{2g}$，水平到達距離$R=\frac{v_0^2\sin2\theta}{g}$

ニュートンの運動の法則

○第1法則……物体に外部より力が働かなければ，静止している物体は静止状態を続け，運動している物体はその速度を保って等速

直線運動をする。(慣性の法則)

○第2法則……物体に生じる加速度は，方向は力の方向と同じで，大きさは力の大きさに比例し物体の質量に反比例する。(運動の法則)　$F=ma$

○第3法則……作用と反作用は同一直線上にあって，向きは反対で，その大きさは相等しい。(作用・反作用の法則) 作用と反作用は2つの物体の間でお互いを押しあう力である。

万有引力の法則

○2物体の質量をm，m'とし，物体間の距離をrとすれば，そこに働く万有引力の大きさFは質量m，m' の積に比例し，距離の二乗に反比例する。

$F=G\frac{mm'}{r^2}$ (但し，G：引力係数)

物体のつりあい

○2力のつりあい

1つの物体にはたらく2力が同一直線上にあり，力の大きさが同じく，方向が逆の時，2力はつりあっているという。

○2力の合成

① 2力が同じ方向なら合力はその和になり，逆方向なら合力は差になる。

② 2力の方向が異なるときの合力は，aとbを2辺とする平行四辺形の対角線cとなる。

ばねののび (フックの法則)

○ばねののびx〔m〕は，ばねに加えた力の大きさF〔N〕に比例する。

$F=kx$

比例定数kをばね定数という。

オームの法則

○回路を流れる電流の強さI〔A〕は，回路にかかる電圧V〔V〕に比例し，回路の抵抗R〔Ω〕に反比例する。

$I=\frac{V}{R}$ ⇒ $V=R\cdot I$

○直列または並列につないだいくつかの抵抗（r_1，r_2，r_3………）を一つの抵抗Rとみなすとき，Rをもとの抵抗の合成抵抗という。

直列つなぎの合成抵抗：$R=r_1+r_2+r_3+\cdots\cdots\cdots$

並列つなぎの合成抵抗：$\frac{1}{R}=\frac{1}{r_1}+\frac{1}{r_2}+\frac{1}{r_3}+\cdots\cdots\cdots$

仕事とエネルギー

○仕事

力F〔N〕が作用して物体の力の向きにs〔m〕動かしたとき，力のした仕事W〔N・m〕は　$W=F\cdot s$

○仕事率

力が1秒間にする仕事を仕事率という。時間t〔秒〕の間にW〔N・m〕の仕事をするときの仕事率　P〔N・m／秒〕は　$P=\frac{W}{t}$

○エネルギー

物体が他の物体に対して仕事することができる状態にあるとき，その物体はエネルギーを持っているという。エネルギーの単位は仕事の単位と同じである。

○位置エネルギー

質量m〔kg〕の物体が基準点からh〔m〕の高さにあるとき，物体の持つ位置エネルギーE_pは

$E_p=mgh$

○運動エネルギー

質量m〔kg〕の物体がv〔m/s〕で運動しているとき，物体のもつ運動エネルギーE_kは　$E_k=\frac{1}{2}mv^2$

自然科学　物理

実施問題

【1】図のように，質量2kgの物体を斜面に沿って1.3m引き上げたときの仕事〔J〕の値を，以下の1～5のうちから一つ選べ。物体と斜面との摩擦は考えないものとする。ただし，100gの物体にはたらく重力の大きさを1Nとする。

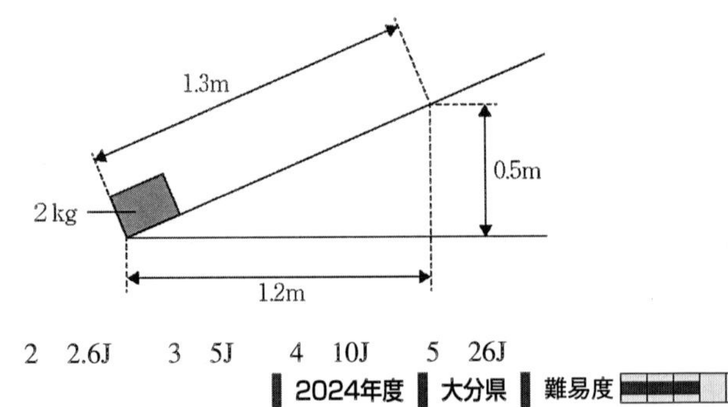

1　1.0J　　2　2.6J　　3　5J　　4　10J　　5　26J

▌2024年度 ▌大分県 ▌難易度

【2】次の図のア～エの4つの点にペンを立て，図のように鏡を置いた。図に×で示したA点から鏡を見たとき，ア～エに置いたペンの中で，鏡に映って見えるものの組合せとして，正しいものはどれか。

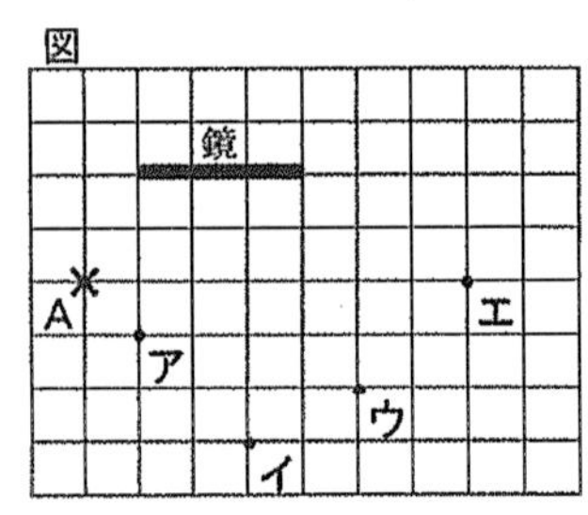

①　ア　イ　　②　ウ　エ　　③　ア　ウ　　④　イ　ウ
⑤　イ　エ

▌2024年度 ▌群馬県 ▌難易度

【3】ある変圧器において，一次コイルの巻き数は20巻，二次コイルの巻き数は100巻である。一次コイル側に12Vの電圧を加えたとき，二次コイルに生じる起電力V_2はいくらか。最も適当なものを，以下の①から⑤までの中から一つ選び，記号で答えよ。なお，変圧器および，コイルを含む導線でのエネルギーの損失はないとする。

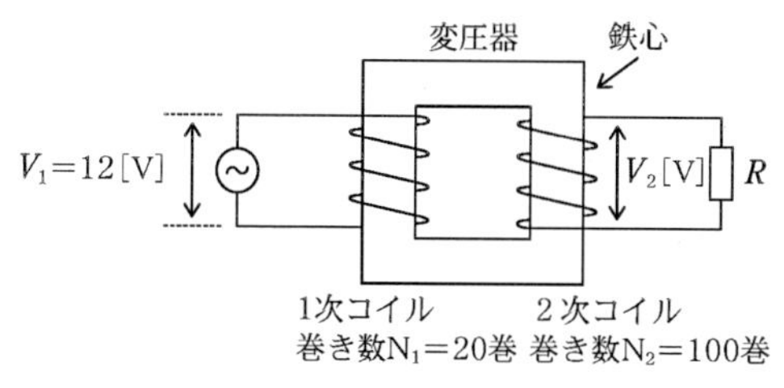

① 6V　② 12V　③ 36V　④ 48V　⑤ 60V

2024年度 沖縄県 難易度

【4】深さ15mの水中における圧力はいくらか。最も適当なものを，次の①から⑤までの中から一つ選び，記号で答えよ。ただし，大気圧の大きさを1.0×10^5Paとし，水による圧力は，水深10mで大気圧と等しいものとする。

① 1.2×10^5Pa　② 1.5×10^5Pa　③ 2.5×10^5Pa
④ 1.5×10^6Pa　⑤ 1.6×10^5Pa

2024年度 沖縄県 難易度

【5】電熱器に100Vの電圧を加えたとき，その消費電力は400Wであった。この電熱器に50Vの電圧を加えたときの消費電力はおよそ何Wになるか。次の1～5の中から1つ選べ。ただし，熱による抵抗値の変化はないものとする。

1. 400W　2. 200W　3. 100W　4. 50W　5. 25W

2024年度 和歌山県 難易度

【6】次の文を読んで，問1，問2に答えなさい。

水中に入っている物体には，水面からの深さが深いほど大きな圧力がはたらいている。この水による圧力を水圧といい，あらゆる向きの面に対して[　1　]にはたらく。

また，この物体をつるしたばねばかりが示す値は，空気中にあるときよりも[　2　]。これは，水中でも重力の大きさは変わらないが，重力と反対向きに浮力という力がはたらいているためである。

問1　空欄1，空欄2に当てはまる適切な語句の組合せを選びなさい。

ア　1－上向き　　2－小さい

イ　1－垂直　　　2－小さい

ウ　1－下向き　　2－小さい

エ　1－垂直　　　2－大きい

オ　1－上向き　　2－大きい

問2　下線部に関する記述として，適切なものの組合せを選びなさい。

「水中に入っている」とは，物体の一部または全体が水中にある状態をいう。

①　物体が浮くかどうかは，その物体と水の密度を比べることで確かめることができる。

②　水中に入っている物体の質量が大きいほど，浮力は大きい。

③　物体の全体が水中に入っているとき，浮力の大きさは深さによって変わる。

④　物体が水面に浮いて静止しているとき，重力と浮力の大きさはつり合っている。

⑤　水中に入っている物体の体積が大きいほど，浮力は大きい。

ア　①②③　　イ　①③⑤　　ウ　①④⑤　　エ　②③④

オ　②④⑤

2024年度｜北海道・札幌市｜難易度

【7】次の表の調理器具のうち，ホームベーカリーと電気ポットを，流せる電流の上限が15Aである6個口のテーブルタップに同時につないで使用している。さらに他の器具を同時につなぐとき，流せる電流の上限を超えずに安全に使用できるものとして最も適当なものを，以下のア～ウから一つ選び，記号で答えよ。ただし，使用電圧は100Vで，表のとおりの電力を消費するものとする。

表

調理器具	コーヒーメーカー	ミキサー	ホームベーカリー	電気ポット
消費電力（W）	650	300	430	700

ア　コーヒーメーカーのみ使用できる。

イ　ミキサーのみ使用できる。

ウ　コーヒーメーカーとミキサーのどちらも使用できる。

▌2024年度 ▌鹿児島県 ▌難易度

【8】限界暗期よりも短い暗期で花芽を形成する長日植物はどれか。

①　キク　　②　アサガオ　　③　サツマイモ　　④　アブラナ

▌2024年度 ▌長崎県 ▌難易度

【9】次の図は，水平面上を右向きに運動する球を0.2秒毎に記録した結果を模式的に表したものである。図中のとなり合う球の間隔を1区間とし，各区間の長さを測定すると表のようになった。以下の文のア～ウにあてはまる正しい答えの組み合わせとして最も適するものを，①～⑧から1つ選びなさい。

図

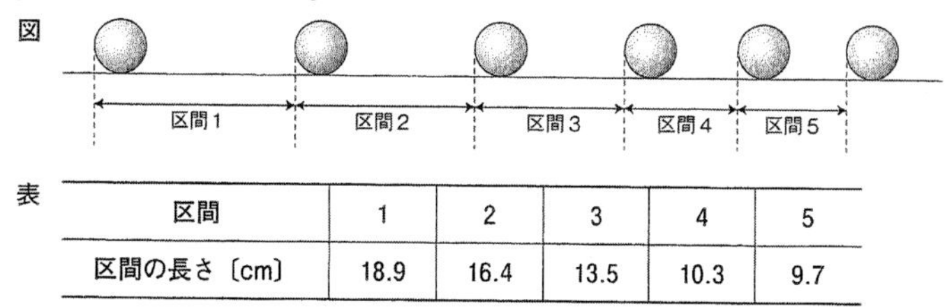

表

区間	1	2	3	4	5
区間の長さ〔cm〕	18.9	16.4	13.5	10.3	9.7

> 球には水平方向で(　ア　)向きの力がはたらいているため，速さはしだいに(　イ　)なった。また，区間1での球の平均の速さは(　ウ　)cm/sである。

	ア	イ	ウ
①	左	小さく	18.9
②	右	大きく	18.9
③	左	大きく	68.8
④	右	小さく	68.8
⑤	左	小さく	94.5
⑥	右	大きく	94.5
⑦	左	大きく	189.0
⑧	右	小さく	189.0

▌2024年度 ▌青森県 ▌難易度

【10】次の文中の[　　]に入る数字として最も適切なものを，①～⑥の中から一つ選びなさい。

海上に静止している船が，前方の崖に向かって汽笛を鳴らすと，5秒後に反射音が聞こえた。音速を340m/sとすると，船から崖までの距離は[　　]mになる。

①　34　　②　68　　③　170　　①　340　　⑤　850　　⑥　1700

▌2024年度 ▌三重県 ▌難易度

【11】電気抵抗20Ωの電熱線に2.0Aの電流を10秒間流すときに発生する熱量として正しいものを，次の1～4の中から1つ選びなさい。

1　40J　　2　80J　　3　400J　　4　800J

▌2024年度 ▌埼玉県・さいたま市 ▌難易度

【12】次の図のように，なめらかな斜面をつくり，大きさが同じで質量の異なる小球A，Bをいろいろな高さから静かに転がして木片に当て，木片が動く距離を調べた。小球の初めの高さと木片の動いた距離はグラフのようになった。この実験から分かる小球の質量，小球の高さと小球のもつエネルギーについての記述として最も適切なものを，以下の①～④のうちから選びなさい。

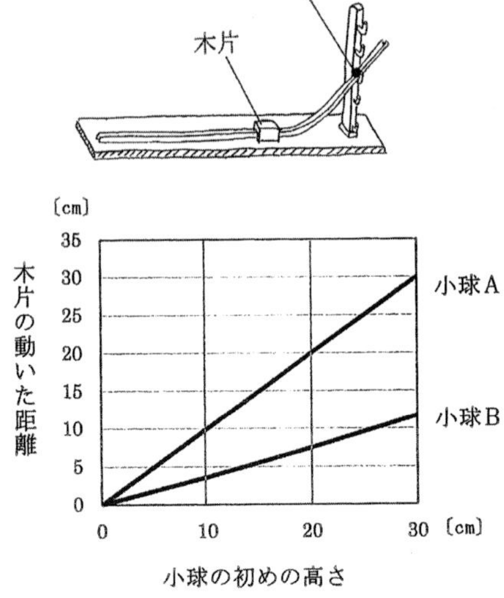

① 小球はAの方の質量が大きく，小球の初めの高さが高いほどエネルギーは大きくなる。

② 小球はAの方の質量が小さく，小球の初めの高さが低いほどエネルギーは大きくなる。

③ 小球はAの方の質量が大きく，小球の初めの高さが低いほどエネルギーは大きくなる。

④ 小球はAの方の質量が小さく，小球の初めの高さが高いほどエネルギーは大きくなる。

2024年度 神奈川県・横浜市・川崎市・相模原市 難易度

【13】次の文は，水力発電所におけるエネルギーの変換についてまとめたものである。空欄[1]，[2]にあてはまることばを，以下のア～カからそれぞれ一つ選べ。

水力発電所では，ダムにたまった水の[1]エネルギーが，水路を流れる水の[2]エネルギーとなり，発電機を回して電気エネルギーに変換される。

ア．光　イ．熱　ウ．化学　エ．運動　オ．音　カ．位置

2024年度 山梨県 難易度

【14】次の図のように，10Ωの抵抗2つを並列につなぎ，2.0Vの電池を接続した回路がある。電池の内部抵抗や導線の抵抗は無視できるものとする。以下の□内の文は，この回路について説明しようとしたものである。文中のア，イの(　)内にあてはまる値の組合せとして正しいものは，あとの①～④のうちのどれか。一つ選んで，その番号を書け。

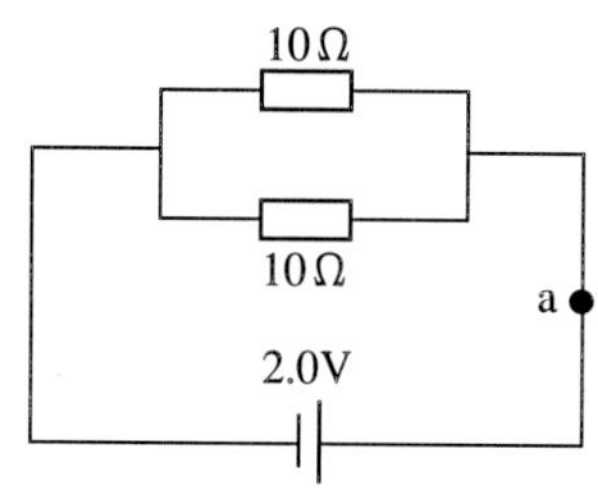

回路全体の抵抗の値は，(　ア　)Ωである。点aを流れる電流の値は(　イ　)Aになる。

① ア 20 イ 0.10　② ア 20 イ 0.40
③ ア 5.0 イ 0.10　④ ア 5.0 イ 0.40

2024年度 香川県 難易度

解答・解説

【1】4

○解説○ 斜面を使って引き上げても，垂直に引き上げても，同じ物体を同じ高さまで引き上げるときの仕事量は同じである。よって20〔N〕×0.5〔m〕＝10〔J〕となる。

【2】②

○解説○ 点ア～エの鏡に対して点対称の位置にある点がAと鏡の端を通る二本の直線の中に入っているものがAから見えるものである。

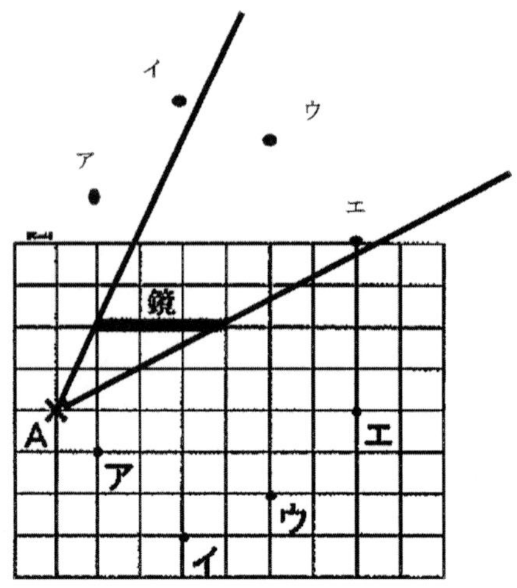

【3】⑤

○**解説**○ 電圧の比とコイルの巻き数の比は等しいので，$V_2=\frac{100}{20}\times 12=$ 60〔V〕となる。

【4】③

○**解説**○ 水中での圧力は，水の重さによる圧力と大気圧を合わせた値となる。深さ15mでの水の重さによる圧力は，$1.0\times 10^5\times\frac{15}{10}=1.5\times 10^5$〔Pa〕なので，これに大気圧を加えて，$1.5\times 10^5+1.0\times 10^5=2.5\times 10^5$〔Pa〕が，深さ15mの水中における圧力となる。

【5】3

○**解説**○ 電圧が半分になると流れる電流も半分になり，消費電力は50〔V〕×2〔A〕＝100〔W〕となる。

【6】問1　イ　　問2　ウ

○**解説**○ 問1　水圧は，水と接するすべての面に対して，垂直にはたらく。水中に入っている物体をつるしたばねばかりは，物体にはたらく浮力の分だけ小さい値となる。　問2　①　水の密度より小さい物体は水に浮くので正しい。　②　浮力は物体の質量ではなく体積に比例するので誤り。　③　物体全体が水中に入っているときは，どの深さであっても物体が押しのける水の重さは同じなので誤り。　④　水に浮いて静止している物体には，下向きに重力，上向きに浮力が働いている。両者がつりあうときに物体は静止するので正しい。　⑤　浮力の大きさは，物体が押しのけた水の重さに等しいので，体積が大きいほど浮力は大きくなる。

【7】イ

○**解説**○ 流せる電流の上限が，15Aで，使用電圧が100Vであるから，消費電力の上限は，15〔A〕×100〔V〕＝1500〔W〕である。表より，ホームベーカリーの消費電力は430〔W〕，電気ポットの消費電力は700〔W〕である。同じテーブルタップに同時につないで使用できる機器は，1500－430－700＝370〔W〕以下のものであるため，表より，消費電力が300〔W〕のミキサーのみである。

【8】④

○解説○ 限界暗期よりも短い暗期で花芽を形成する長日植物は，春から初夏にかけて花が咲くものが該当する。

【9】⑤

○解説○ ア・イ　1区間に進む長さが次第に短くなっていることから，物体の速さがだんだん遅くなっていることがわかる。物体の速さが遅くなっていくのは，物体の運動する向きと反対の向きに力がはたらいているためである。球は右向きに運動しているので，左向きに力がはたらいているということである。　ウ　平均の速さは，(区間の長さ〔cm〕)÷(かかった時間〔s〕)だから，区間1の平均の速さは，18.9÷0.2＝94.5〔cm/s〕である。

【10】⑤

○解説○ 汽笛を鳴らしてから反射音が聞こえるまでに，音波は船から崖を一往復したことになる。よって船から崖までの距離は，340×5÷2＝850で，850m。

【11】4

○解説○ 電気抵抗20Ωの電熱線に2.0Aの電流を流したときの電圧は，オームの法則の電圧〔V〕＝電流〔I〕×抵抗〔R〕より，2.0×20＝40〔V〕である。このときの電力は，電力〔W〕＝電圧〔V〕×電流〔I〕＝40×2.0＝80〔W〕である。よって，この電熱線に10分間電流を流した際の熱量は，熱量〔J〕＝電力〔W〕×時間〔s〕＝80×10＝800〔J〕

【12】①

○解説○ 高いところにある物体は，位置エネルギーというエネルギーをもっている。位置エネルギーの大きさは，物体の質量が大きいほど大きく，物体のある位置の高さが高いほど大きい。グラフより，同じ高さのとき，小球Bよりも小球Aのほうが，木片の動いた距離が大きいため，小球Aのほうが質量が大きく，位置エネルギーが大きいことがわかる。また，小球Aも小球Bもはじめの高さが高いほうが，位置エネルギーが大きいことがわかる。

【13】1　カ　　2　エ

○**解説**○ 水力発電は，水が高い所から低い所へ流れ落ちるときの高低差の位置エネルギーを，運動エネルギーに変換して電気を作る発電方法で，再生可能エネルギーの1つでもある。

【14】④

○**解説**○ 並列回路の全体の抵抗は，$\frac{1}{R}=\frac{1}{R_1}+\frac{1}{R_2}$で求められる。図より，求める抵抗を$R$とすると，$\frac{1}{R}=\frac{1}{10}+\frac{1}{10}=\frac{1}{5}$　よって$R=5.0$〔Ω〕とわかる。また，オームの法則より，点aを流れる電流の値は$I=\frac{V}{R}=\frac{2.0}{5.0}=0.4$〔A〕である。

自然科学　化 学

要点整理

原子の構造

原子は原子核と電子よりなる。原子核は陽子と中性子からなり，両者の質量はほぼ等しい。

①原子内の陽子・中性子・電子数を知るには次の関係を使う。

陽子数＝原子番号＝電子数　　陽子数＋中性子数＝質量数

②同位体：原子番号が同じで質量数の異なる原子。

③同素体：O_2とO_3のように同元素よりなる別種の単体。

④同族体：互いにCH_2の鎖をもち同じ一般式で示される化合物群。

モルと化学式量

原子量，分子量にグラムをつけた量をモルという。1モル中の原子数・分子数はすべて等しく，この数をアボガドロ数という。^{12}Cを12とする現在の原子量基準では，総和は6.02×10^{23}である。

①原子1個の質量：$\dfrac{原子量〔g〕}{6\times10^{23}}$，元素1g中の原子数：$\dfrac{6\times10^{23}}{原子量〔g〕}$

②化学式量を求めるには，化学式内の各原子の原子量の和を求める。

主要な化学反応

①中和…酸のH^+とアルカリのOH^-が結びついて，水H_2O（中性）を生じる反応で，塩を生成する。　$NaOH+HCl\rightarrow H_2O+NaCl$

②酸化…酸素と結びつく反応。

$C+O_2\rightarrow CO_2$

③還元…酸化物が酸素を失う反応。

$2HgO\rightarrow 2Hg+O_2$

④電気分解…電流を流すと，1つの化合物が2つ以上の物質に分かれる変化。

$2H_2O\rightarrow 2H_2+O_2$

物質の状態

□気体の性質

酸素　O_2	無　色	無　臭	水に溶けにくい	助燃性がある
水素　H_2	無　色	無　臭	水に溶けにくい	燃えて水になる
二酸化炭素　CO_2	無　色	無　臭	水に少し溶ける	水溶液は酸性
アンモニア　NH_3	無　色	刺激臭	水によく溶ける	水溶液はアルカリ性

□固体

・分子が集合したもの…分子結晶（氷，ドライアイス，ナフタレン）

・原子が集合したもの…共有結合結晶（ダイヤモンド，石英）

金属結晶（亜鉛，銅，鉄）

イオン結晶（塩化ナトリウムなど）

化学の基本法則

①質量保存の法則：物質の質量の総和は，反応の前後において不変である。

②定比例の法則　：すべての化合物においてその成分元素の質量比は一定。

③気体反応の法則：気体のみの反応において同一条件のもとでは各気体の体積は簡単な整数比となる。

④倍数比例の法則：A，Bの2種の元素が2種以上の化合物を作るとき，Aの一定量に対するBの化学量は簡単な整数比となる。

ボイル・シャルルの法則

気体の体積は圧力に反比例し，絶対温度に比例する。いま圧力P_1，体積V_1，絶対温度T_1の気体がその圧力をP_2，体積V_2，絶対温度T_2に変化したとき

$$\frac{P_1V_1}{T_1}=\frac{P_2V_2}{T_2}$$

気体の状態方程式：$PV=nRT$（$R=8.31\times10^3$ Pa・L/(mol・K)：気体定数，n＝気体のモル数〔mol〕，T＝絶対温度〔K〕，P＝圧力〔Pa〕，V＝体積〔L〕）

アボガドロの法則

同温・同圧の気体はすべて同体積中に同数の分子を含む。
①気体1モルの体積：0℃，1気圧で22.4L，その分子数は6.02×10^{23}個。
②気体の分子量：22.4L（0℃，1気圧）のg数。

溶液

①溶液の質量〔g〕：溶液の密度〔g/mL〕×溶液の体積〔mL〕
②質量パーセント濃度：溶質の溶液に対する質量比を百分率で表す。

$$\% = \frac{\text{溶質の質量}}{\text{溶液の質量}} \times 100$$

③モル濃度：溶液1L中の溶質のモル数。〔mol/L〕
④質量モル濃度：溶媒1kg中の溶質のモル数。〔mol/kg〕

炭素化合物

①有機化合物：炭素化合物のうちCO_2，CO，炭酸塩，シアン化物(−CN)，CS_2を除くものを有機化合物という。
②炭素の結合の仕方による分類：

a．鎖状化合物
- 飽和化合物…炭素間が単結合。
- 不飽和化合物…炭素間に二重結合・三重結合を含む

b．環状化合物
- 炭素環式化合物
  - 脂環式化合物…ベンゼン環をもたない
  - 芳香族化合物…ベンゼン環を含む
- 複素環式化合物…環の中に炭素以外の原子を含む

③炭素化合物の化学式：酢酸を例にとれば
a）実験式（組成式）…CH_2O（化合物の組成を表す式）
b）分子式…$C_2H_4O_2$（分子を構成する原子の種類と数を表す）

c）構造式… $\begin{array}{ccccccc} & & H & & & & \\ & & | & & & & \\ H & - & C & - & C & - & O-H \\ & & | & & \| & & \\ & & H & & O & & \end{array}$ （原子の結合の様子を表す）

d）示性式…CH_3COOH（分子中の官能基を明らかにしたもの）

自然科学　化学

実施問題

【1】水を電気分解したとき，電気分解装置の陽極側と陰極側に発生した気体の体積の関係を表す式として，正しいものはどれか。

① 陽極：陰極＝2：1
② 陽極：陰極＝3：1
③ 陽極：陰極＝1：1
④ 陽極：陰極＝1：2
⑤ 陽極：陰極＝1：3

2024年度　群馬県　難易度■■■□□

【2】化学の基本法則の一つに，「化合物を構成する元素の質量の比は常に一定である」という法則がある。この法則名，発見者，発見年の組み合わせとして最も適当なものを，次の①から⑤までの中から一つ選び，記号で答えよ。

	法則名	発見者	発見年
①	質量保存の法則	ラボアジェ	1774年
②	定比例の法則	プルースト	1799年
③	定比例の法則	ドルトン	1799年
④	倍数比例の法則	プルースト	1803年
⑤	倍数比例の法則	ドルトン	1803年

2024年度　沖縄県　難易度■■■□□

【3】ベンゼンの性質として誤っているものを，次の①から⑤までの中から一つ選び，記号で答えよ。

① 特有のにおいをもつ無色の液体である。
② 揮発性が高く，有害である。
③ 水よりも重く，水にはほとんど溶けない。
④ 引火しやすく，空気中では多量のすすを出して燃える。
⑤ 有機化合物をよく溶かす。

2024年度　沖縄県　難易度■■■□□

【4】気体の性質について述べた文として誤っているものを，次の1～5の中から1つ選べ。

1. メタンは，無色・無臭で，都市ガスに使用される気体である。
2. 一酸化炭素は，無色・無臭で，人に中毒症状を起こす気体である。
3. ヘリウムは，無色・無臭で，他の気体と反応しにくい気体である。
4. 塩素は，黄緑色で刺激臭があり，漂白剤などに使用される気体である。
5. 硫化水素は，赤褐色で腐卵臭があり，火山地帯でも発生する気体である。

2024年度 和歌山県 難易度

【5】塩化ナトリウム，ミョウバン(結晶)，硝酸カリウムの0℃～100℃までの溶解度を表したグラフからわかることとして，正しいものはどれか。

① 40℃の水100gには，塩化ナトリウム，硝酸カリウム，ミョウバンの順に多く溶ける。

② 60℃の水100gに，3種類の物質をそれぞれ別々にできるだけ溶かし，その後，20℃まで水の温度を下げた時に出てくる結晶の質量が最も多いのは，ミョウバンである。

③ 20℃の水100gに，3種類の物質をそれぞれ別々にできるだけ溶かしたとき，質量パーセント濃度が最も大きいのは，塩化ナトリウムである。

④ 40℃の水100gにできるだけミョウバンを溶かし，その水溶液から20gの結晶を取り出すためには，20℃以上冷やすと取り出すことができる。

⑤ 水の温度を下げる方法で結晶を取り出すことに適さないのは，塩化ナトリウムである。

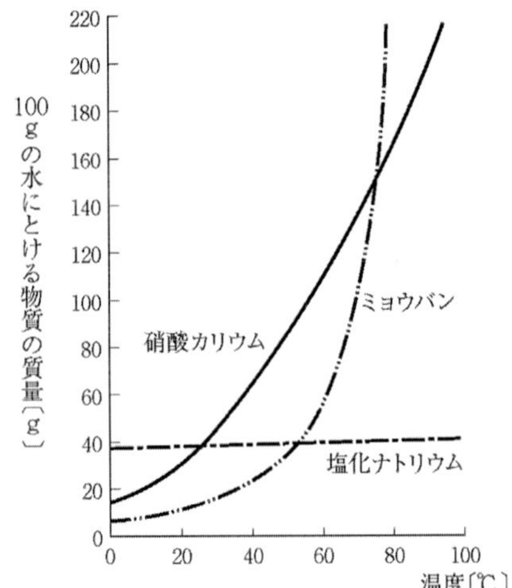

1. ①と②
2. ③と⑤
3. ①と⑤
4. ②と③
5. ④と⑤

2024年度 岡山市 難易度

【6】塩化アンモニウムと水酸化カルシウムを混合し，アンモニアの気体を集める実験を行った。アンモニアの気体を集める方法として最も適当なものを，次のア～ウから一つ選び，記号で答えよ。

ア　上方置換法　　イ　下方置換法　　ウ　水上置換法

2024年度 鹿児島県 難易度

【7】周期表の14族元素のうち，レアメタル(希少金属)に指定されているものはどれか。

①　Si(ケイ素)　　②　Ge(ゲルマニウム)　　③　Sn(スズ)
④　Pb(鉛)

2024年度 長崎県 難易度

【8】次の表は，硝酸カリウムと塩化ナトリウムの溶解度を表している。以下のア～ウの問いに対する正しい答えの組み合わせとして最も適するものを，あとの①～⑧から1つ選びなさい。

水の温度〔℃〕	硝酸カリウム	塩化ナトリウム
0	13.3	37.6
10	22.0	37.7
20	31.6	37.8
40	63.9	38.3
60	109.2	39.0
80	168.8	40.0

表

ア　硝酸カリウムや塩化ナトリウムを溶かす水のような液体を何というか。

イ　10℃の水50gに，より多く溶けるのはどちらか。

ウ　60℃の水200gに硝酸カリウム100gを溶かした後，この水溶液を10℃まで冷やすと何gの硝酸カリウムが結晶として出てくるか。

	ア	イ	ウ
①	溶質	塩化ナトリウム	56.0g
②	溶媒	塩化ナトリウム	56.0g
③	溶質	塩化ナトリウム	78.0g
④	溶媒	塩化ナトリウム	78.0g
⑤	溶質	硝酸カリウム	56.0g
⑥	溶媒	硝酸カリウム	56.0g
⑦	溶質	硝酸カリウム	78.0g
⑧	溶媒	硝酸カリウム	78.0g

2024年度　青森県　難易度

【9】次の文の(　　)に入る化学式，語，[　　]に入る係数の組み合わせとして最も適切なものを選びなさい。

化学式を使って，化学反応における原子の組みかえのようすを表した式を化学反応式という。このとき，反応する物質を反応物，反応してできた物質を(　ア　)という。例えば，エタンが完全燃焼すると，二酸化炭素と(　イ　)が生じる。これを化学反応式で表すと，次のようになる。

2(ウ) ＋ $7O_2$ → [エ]CO_2 ＋ [オ]H_2O

① ア 化合物 イ 水 ウ CH_4 エ 4 オ 6
② ア 化合物 イ 水素 ウ CH_4 エ 2 オ 6
③ ア 生成物 イ 水素 ウ C_2H_6 エ 4 オ 5
④ ア 生成物 イ 水 ウ C_2H_6 エ 4 オ 6
⑤ ア 生成物 イ 水 ウ CH_4 エ 2 オ 5

2024年度 長野県 難易度

【10】塩酸にBTB溶液を加えると何色に変化しますか。変化した後の水溶液の色として最も適切なものを，次の1～4の中から1つ選びなさい。

1 黄色 2 緑色 3 青色 4 赤色

2024年度 埼玉県・さいたま市 難易度

【11】次の表は，硝酸カリウムと塩化ナトリウムの溶解度を示したものである。また，(1)～(3)は，水溶液について述べたものである。(a)～(c)内に当てはまるものを語群から選ぶとき，正しい組合せとなるものを解答群から一つ選び，番号で答えよ。

【硝酸カリウムと塩化ナトリウムの溶解度（g／水100g）】

水の温度(℃)	硝酸カリウム	塩化ナトリウム
0	13.3	37.6
10	22.0	37.7
20	31.6	37.8
40	63.9	38.3
60	109.2	39.0
80	168.8	40.0
100	244.8	41.1

(1) 一定量の水に物質を溶かしていき，物質がそれ以上溶けることのできなくなった状態の水溶液を，その物質の(a)という。

(2) 40℃の水100gで，表にある2種類の物質の(a)を作り，温度を20℃に下げたとき，析出する結晶は(b)の方が少ない。

(3) 60℃の水200gに硝酸カリウム250gを溶かそうとするときに，溶けないで残る硝酸カリウムの結晶は(　c　)gである。

【語　群】　ア　溶解水溶液　　　イ　飽和水溶液
　　　　　　ウ　硝酸カリウム　　エ　塩化ナトリウム
　　　　　　オ　31.6　　　　　　カ　140.8

【解答群】　1　a－ア　b－ウ　c－オ
　　　　　　2　a－ア　b－ウ　c－カ
　　　　　　3　a－ア　b－エ　c－オ
　　　　　　4　a－ア　b－エ　c－カ
　　　　　　5　a－イ　b－ウ　c－オ
　　　　　　6　a－イ　b－ウ　c－カ
　　　　　　7　a－イ　b－エ　c－オ
　　　　　　8　a－イ　b－エ　c－カ

2024年度 | 愛知県 | 難易度

【12】次の①，②に答えよ。

① うすい塩酸に緑色のBTB溶液を入れると何色に変化するか，次のア～エから一つ選べ。

ア．赤色　　イ．黄色　　ウ．青色　　エ．白色

② 酸性の水溶液とアルカリ性の水溶液を反応させると，たがいの性質を打ち消し合う反応が起こる。この化学反応を何というか，次のア～エから一つ選べ。

ア．酸化　　イ．還元　　ウ．中和　　エ．燃焼

2024年度 | 山梨県 | 難易度

【13】次の図のように，スライドガラスに硝酸カリウム水溶液で湿らせたろ紙を置き，クリップではさみ，電源装置につないだ。ろ紙の中央にpH試験紙を置き，pH試験紙の中央に塩酸をしみこませた糸を置き電圧を加えたところ，pH試験紙の色に変化が見られた。

pH試験紙の色の変化についての記述として最も適切なものを，以下の①～④のうちから選びなさい。

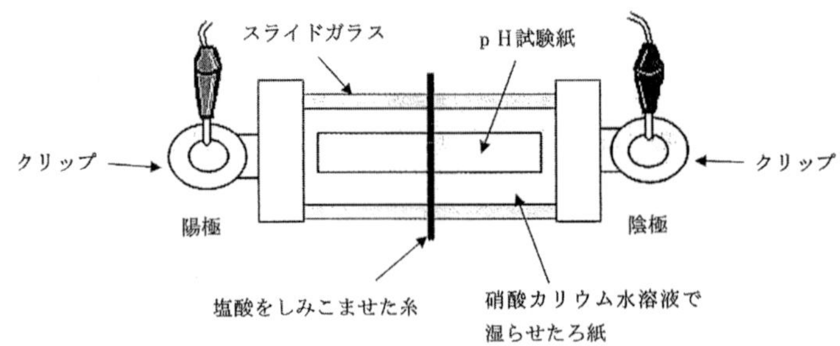

① 陽極側が赤くなる。　② 陰極側が赤くなる。
③ 陽極側が青くなる。　④ 陰極側が青くなる。

2024年度 | 神奈川県・横浜市・川崎市・相模原市 | 難易度

【14】空気は，いろいろな種類の気体が混じった混合物である。空気中の水蒸気を除いたとき，空気の組成で体積の割合が最も大きい気体は窒素であるが，3番目に大きい気体は何か。次の①～④から一つ選んで，その番号を書け。

① アルゴン　② 水素　③ 二酸化炭素　④ 酸素

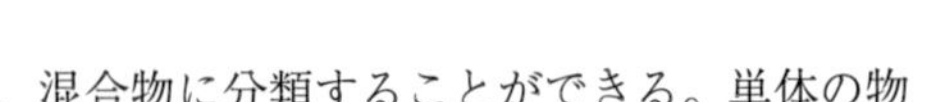
2024年度 | 香川県 | 難易度

【15】物質は，単体，化合物，混合物に分類することができる。単体の物質として適切なものを①～④から選び，番号で答えよ。

① 塩化ナトリウム　② ダイヤモンド　③ 二酸化炭素
④ 炭酸水

2024年度 | 神戸市 | 難易度

解答・解説

【1】④

○**解説**○ 水を電気分解すると，陽極に酸素，陰極に水素が発生する。電気分解全体の反応は$2H_2O \rightarrow 2H_2 + O_2$なので，発生する酸素と水素の体積比は1：2である。

【2】②

○**解説**○ ある化合物を構成する成分元素の質量比は，その製法の如何を問わず，常に一定であるという定比例の法則は，1799年にプルーストによって発見された。なお，質量保存の法則は，化学反応前後での物質の総質量は一定であるというもので，1774年にラボアジェによって発見された。倍数比例の法則は，2種類の元素が化合して2種以上の化合物をつくる場合，これらの化合物の間では一方の元素の同一質量と結合する他の元素の質量は，常に簡単な整数比を示すというもので，1803年にドルトンによって発見された。

【3】③

○**解説**○ ベンゼンは水より軽く(密度0.88g/cm^3)，水にわずかに溶ける。

【4】5

○**解説**○ 硫化水素は無色で腐卵臭のある気体である。

【5】2

○**解説**○ ① 40℃で100gの水に最も多く溶けるのは硝酸カリウム，次いで塩化ナトリウム，ミョウバンの順である。 ② 60℃と20℃で，100gの水に溶ける質量の差が最も大きいものを調べる。それぞれの差をグラフで読み取ると，硝酸カリウムは70g以上(詳細は109－32＝77〔g〕)，ミョウバンは45gほど(詳細は57－11＝46〔g〕)，塩化ナトリウムはほぼ横ばい(詳細は37－36＝1〔g〕)で，結晶の質量が最も多いのは硝酸カリウムである。 ④ 40℃の水に溶けるミョウバンの量は，20gと少し(詳細は24g)であり，温度を0℃まで下げても6gほど溶けるため，20℃以上冷やしても20gの結晶を取り出すことはできない。

【6】ア

○**解説**○ アンモニアは水に非常によく溶け，空気よりも密度が小さい(軽い)気体であるため，上方置換法で集める。なお，水に溶けやすく，空気より密度が大きい(重い)気体は下方置換法で集め，水に溶けにくい気体はすべて水上置換法で集める。

【7】②

○解説○ ①のケイ素は非金属である。③のスズや④の鉛はベースメタル(比較的多く産出され，社会の中で大量に利用される金属)に該当する。

【8】②

○解説○ ア　硝酸カリウムや塩化ナトリウムなどの溶液に溶けている物質を溶質，水などの溶質を溶かしている物質を溶媒という。　イ　水100gに物質を溶かして飽和水溶液にしたときの，溶質の質量を溶解度という。表より，10℃のときの溶解度は，硝酸カリウム22.0g，塩化ナトリウム37.7gであるから，50gのときは，それぞれの2分の1になり，硝酸カリウム11.0g，塩化ナトリウム18.85gとなる。よって，塩化ナトリウムの方が多く溶ける。　ウ　10℃のときの硝酸カリウムの溶解度は22.0gだから，水200gに対して，44.0g溶ける。硝酸カリウムを100g溶かしているから，析出する量は　100－44.0＝56.0〔g〕。

【9】④

○解説○ 反応物は，化学反応を起こす前の物質で，生成物は反応後の物質である。反応物が化学反応を起こして，生成物ができる。エタンC_2H_6が完全燃焼して二酸化炭素と水ができる化学反応式は，$2C_2H_6+7O_2 \rightarrow 4CO_2+6H_2O$。$CH_4$はメタンである。

【10】1

○解説○ BTB溶液は，酸性では黄色，中性では緑色，アルカリ性では青色に色が変化する。塩酸は塩化水素の水溶液であり強酸であるため，塩酸にBTB溶液を加えると，黄色を示す。

【11】7

○解説○ (1)　溶解度とは，飽和溶液中の溶質の濃度のことである。

(2)　表中の40℃と20℃の溶解度の差が，析出する結晶の質量である。

硝酸カリウムは　63.9－31.6＝32.3〔g〕，塩化ナトリウムは　38.3－37.8＝0.5〔g〕，それぞれ析出する。　(3)　60℃の水200gに硝酸カリウムは，60℃での溶解度の2倍である218.4gが溶ける。よって250g溶かそうとすると250－218.4＝31.6〔g〕が溶けずに残る。

【12】①　イ　　②　ウ

○**解説**○　①　BTB溶液は酸性で黄色，中性で緑，アルカリ性で青に変化する。　②　酸とアルカリが反応して互いの性質を打ち消しあう反応を中和反応という。中和反応は，酸の水素イオンとアルカリの水酸化物イオンから水が生じる化学反応であり，その反応過程で，塩が生成される。

【13】②

○**解説**○　塩酸の液中では，電離によって水素イオン(H^+)と塩化物イオン(Cl^-)が生じている。陰極のほうへ移動するイオンは，＋の電気を帯びた陽イオン(水素イオンH^+)であり，水素イオンH^+は酸性であるため，pH試験紙を赤色に変える。なお，pH試験紙は，酸性で赤色，中性で緑色，アルカリ性で青色を示す。

【14】①

○**解説**○　空気の組成で体積の割合が大きい順に，窒素(約78％)，酸素(約21％)，アルゴン(約0.93％)，二酸化炭素(約0.04％)である。

【15】②

○**解説**○　ダイヤモンドは炭素のみからなる単体である。なお，塩化ナトリウムと二酸化炭素は化合物，炭酸水は混合物に分類される。

自然科学　生物

要点整理

細胞の構造とはたらき

□細胞の生命活動をいとなんでいる部分で，核と細胞質からなっている。……**原形質**

□核の中にあり，DNAとタンパク質からなり，塩基性色素でよく染色される。次代に形質を伝えるのに重要な役割をしている。……**染色体**

□二層の脂質分子の中に，タンパク質分子が介在している膜で，細胞と外界との境をなしている。……**細胞膜**

□あらゆる細胞にみられる棒状や球形の粒子で，酸素呼吸にはたらく酵素をもち，生命活動に必要なエネルギー源となるATPを作る。……**ミトコンドリア**

□光合成を行う植物細胞に多くみられ，葉緑体，有色体，白色体の3種がある。……**色素体**

□偏平な袋をつみ重ねたような形で，分泌顆粒の合成，および貯蔵に関与している。……**ゴルジ体**

□3本ずつの細い管の束が9組並んでいる構造で，細胞分裂の際に，2つに分かれて核分裂をたすけるほか，べん毛の形成にも関与する。……**中心体**

□核の中の遺伝子(DNA)から写し取った遺伝情報(*m*-RNA)にしたがって，タンパク質をアミノ酸から合成する。……**リボゾーム**

炭酸同化作用

①光合成：葉の気孔から取り入れた CO_2 と根から吸収した H_2O から葉緑体内で光エネルギーにより炭水化物を合成する。

$$6CO_2 + 12H_2O \rightarrow C_6H_{12}O_6 + 6O_2 + 6H_2O$$

②化学合成：硝化細菌，イオウ細菌等が無機物を酸化して有機物を合成し，そのとき生じるエネルギーで炭酸同化をする。

硝酸菌　$2HNO_2 + O_2 \rightarrow 2HNO_3 + 151kJ$

血液

血液の成分
- 血しょう…血液凝固，抗体生産，老廃物運搬
- 血球
  - 赤血球（450～500万）無核円盤状　酸素運搬
  - 白血球（6,000～8,000）アメーバ運動，食作用
  - 血小板（25～80万）血液擬固

※(　　)内は血液1mm^{3}内の数を示す

①血球の凝集：血球には凝集原（抗原）A，Bの2種が，血清には凝集着素（抗体）α，βの2種が存在する。(A＋α)または(B＋β)のとき血球凝集反応が生じる。

②各血液型の凝集反応

血清＼血球	A型（A）	B型（B）	AB型（A・B）	O型（なし）
A型（β）	－	＋	＋	－
B型（α）	＋	－	＋	－
AB型（なし）	－	－	－	－
O型（α・β）	＋	＋	＋	－

③循環のみちすじ

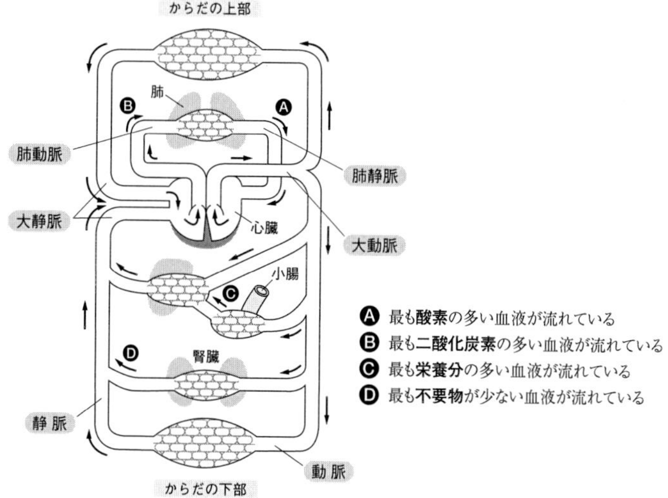

ヒトの内臓

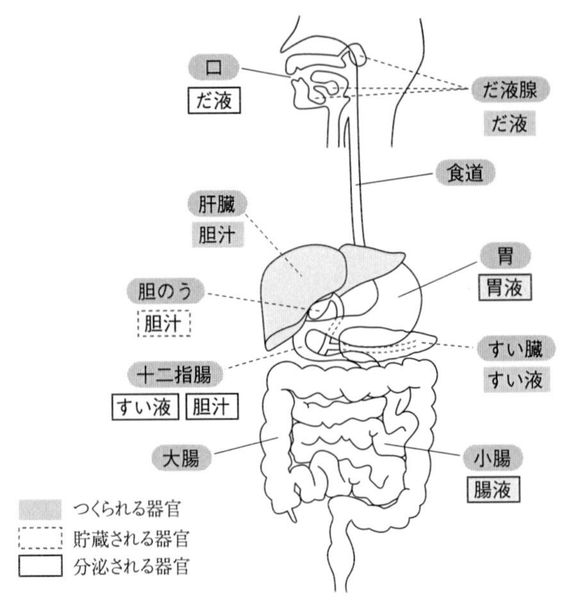

消化

消化器官	口	食道	胃	十二指腸	小腸	最終生成物
消化液	唾液		胃液	胆汁 すい液	腸液	
デンプン	○			○	○	→ ブドウ糖
タンパク質			○	○	○	→ アミノ酸
脂　肪				○		→ 脂肪酸 モノグリセリド

ホルモン

内分泌腺	ホ　ル　モ　ン	作　　用
脳下垂体	成長ホルモン，刺激ホルモン	成長促進，内分泌促進
甲 状 腺	チロキシン	物質交代促進，両生類の変態
副甲状腺	パラトルモン	Ca，P の代謝調節
副 じ ん	アドレナリン	物質交代促進　グリコーゲン糖化
す い 臓	インシュリン	糖の酸化，グリコーゲン合成
卵　巣	雌性ホルモン，黄体ホルモン	第2次性徴の発現，妊娠維持
精　巣	雄性ホルモン	第2次性徴の発現

神経系

①脳の働き

イ）大脳：感覚，運動，高尚な精神作用

ロ）間脳：自律神経（内臓支配）の中枢，体温調節中枢

ハ）中脳：眼球運動，姿勢保持・虹彩の中枢

ニ）小脳：体の平衡保持の中枢

ホ）延髄：反射中枢，呼吸運動，心臓の中枢

②自律神経

イ）交感神経：循環系働き・呼吸促進，消化系抑制

ロ）副交感神経：交感神経の働きと反対

遺伝の法則

①メンデルの法則

優性の法則・分離の法則・独立の法則

②単性雑種

F_2 の分離比…遺伝子型$(A+a)^2$ →表現型3：1

③両性雑種

F_2の分離比…遺伝子型$(AB+Ab+aB+ab)^2$

→表現型9：3：3：1

遺伝子と染色体

①連鎖：同一染色体上の遺伝子は，減数分裂のときもいっしょであり，同じ配偶子の中に分配される。

②くみかえ：二価染色体が分裂するとき連鎖している2組の遺伝子の中の一部が相手を交換し新しい組合せを生ずること。

③くみかえ率：連鎖している遺伝子間でのくみかえの起こる割合のこと。特定の遺伝子の間では常にほぼ一定。交叉が一回だけ起こるとすれば，くみかえ率が大きいほど，二遺伝子間の距離が離れていることを示す。

$$※くみかえ率=\frac{くみかえの起こった配偶子数}{全配偶子数}\times 100〔\%〕$$

④染色体地図：多数の遺伝子について三点分析の実験をし，くみかえ率によって染色体上の遺伝子の配列を決めたもの。

⑤だ液腺染色体地図：だ液腺染色体上の縞模様の変化と遺伝形質の変化を対応させると，その遺伝子の染色体上の位置を推定することができる。

自然科学　生物

実施問題

【1】次の文中の下線部の語句に該当するものとして誤っているものを，以下の1～5のうちから一つ選べ。

> バイオマスとは，生物資源(bio)の量(mass)を表す概念で，「再生可能な，生物由来の有機性資源で化石資源を除いたもの」です。太陽エネルギーを使って水と二酸化炭素から生物が光合成によって生成した有機物であり，私たちのライフサイクルの中で生命と太陽エネルギーがある限り持続的に再生可能な資源です。

1　食品廃棄物　　2　稲わら　　3　さとうきび　　4　なたね
5　天然ガス

2024年度　大分県　難易度

【2】動物の細胞と植物の細胞のつくりを比較したとき，植物の細胞の特徴的なつくりの組合せとして，正しいものはどれか。

①　細胞壁・細胞膜
②　細胞膜・核
③　葉緑体・核
④　細胞壁・葉緑体
⑤　細胞膜・葉緑体

2024年度　群馬県　難易度

【3】一般的な哺乳類・鳥類・は虫類・両生類・魚類の共通性について述べた文として最も適当なものを，次の①から⑤までの中から一つ選び，記号で答えよ。

①　哺乳類・鳥類・は虫類は恒温動物であるが，両生類・魚類は変温動物である。
②　哺乳類・鳥類・両生類は肺呼吸を行うが，水中にすむ魚類・は虫類はえら呼吸を行う。
③　哺乳類・鳥類・は虫類は体内受精であるが，両生類・魚類は体外

受精である。

④　哺乳類・両生類は胎生であるが，鳥類・は虫類・魚類は卵生である。

⑤　哺乳類は体表に毛があり，鳥類は羽毛があり，は虫類・両生類・魚類はうろこでおおわれている。

▌2024年度 ▌沖縄県 ▌難易度 ■■■□□

【4】次の生物アからオのうち，単細胞生物の組み合わせとして最も適当なものを，以下の①から⑤までの中から一つ選び，記号で答えよ。

ア　アオサ　　イ　乳酸菌　　ウ　ゾウリムシ　　エ　ユードリナ　
オ　ボルボックス

①　ア・イ　　②　イ・ウ　　③　ウ・エ　　④　エ・オ
⑤　ア・オ

▌2024年度 ▌沖縄県 ▌難易度 ■■■□□

【5】光学顕微鏡を用いて池の水を観察したところ，次の生物が観察された。この生物の名称を，以下の1～5の中から1つ選べ。

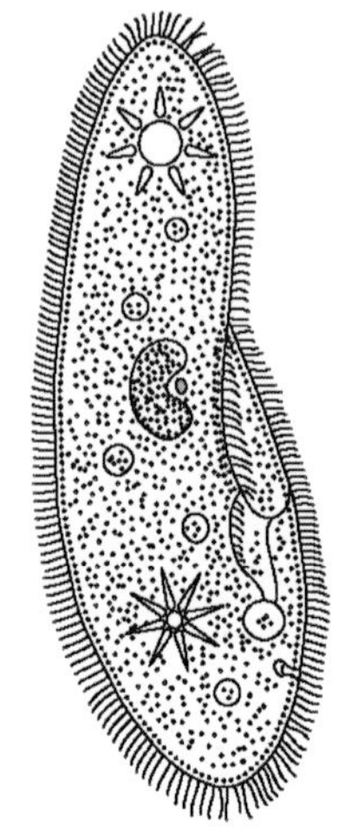

1. アメーバ　　2. ミドリムシ　　3. クラミドモナス
4. ボルボックス　　5. ゾウリムシ

▌2024年度 ▌和歌山県 ▌難易度 ■■■□□

【6】アジサイの葉の一部をカミソリの刃で薄く切って，プレパラートをつくり，顕微鏡で観察した。次の図はその様子をスケッチしたものである。図中のA～Dは，気孔，道管，師管，葉肉細胞のいずれかである。図中のA～Dについて正しく説明しているものを，以下のア～エから一つ選び，記号で答えよ。

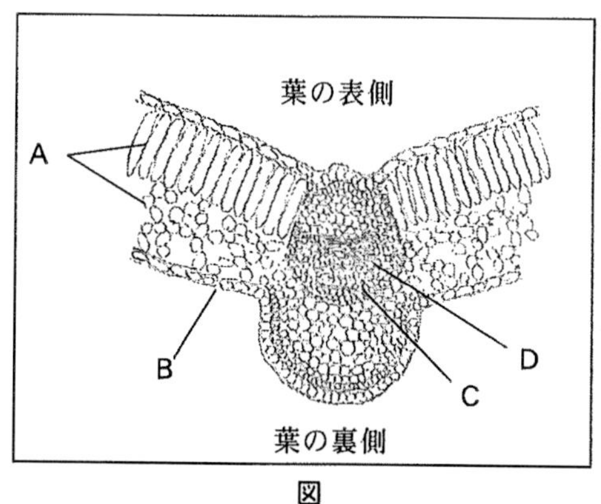

図

ア　Aでは光が当たるかどうかに関係なく，呼吸が行われている。
イ　Bではつねに水蒸気や酸素を出し，二酸化炭素を取り込んでいる。
ウ　Cは根で吸い上げた水を運ぶ通路である。
エ　Dは光合成でつくられた糖を運ぶ通路である。

2024年度　鹿児島県　難易度

【7】次の図は，ヒトの血液の循環を模式的に表したものである。以下の文のア～ウにあてはまる正しい答えの組み合わせとして最も適するものを，あとの①～⑧から1つ選びなさい。

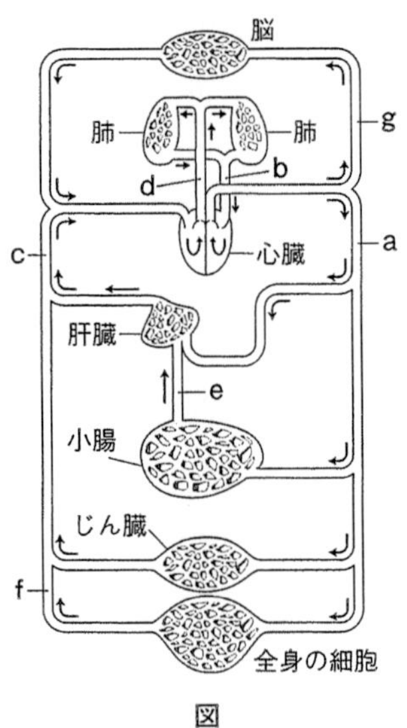

図

> 養分を最も多く含む血液が流れている血管は(　ア　)であり，動脈血が流れている血管は(　イ　)である。また，細胞の生命活動によって出される二酸化炭素やアンモニアなどの不要な物質は，血液中の(　ウ　)という成分に溶けて運ばれる。

	ア	イ	ウ
①	c	c，d，f	ヘモグロビン
②	c	a，b，g	ヘモグロビン
③	c	c，d，f	血しょう
④	c	a，b，g	血しょう
⑤	e	c，d，f	ヘモグロビン
⑥	e	a，b，g	ヘモグロビン
⑦	e	c，d，f	血しょう
⑧	e	a，b，g	血しょう

▍2024年度 ▍青森県 ▍難易度 ■■■□□

【8】次の図は，タマネギの根の先端に近い部分を顕微鏡で観察したスケッチである。

A～Fのスケッチを体細胞分裂の順に並べたとき，(ア)～(エ)に入る組み合わせとして最も適切なものを，①～⑧の中から一つ選びなさい。

A 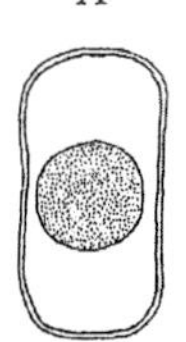
B 
C 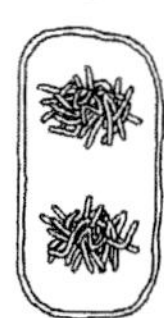
D 
E 
F 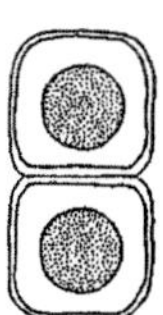

体細胞分裂の順　A→(ア)→(イ)→(ウ)→(エ)→F

	(ア)	(イ)	(ウ)	(エ)
①	E	D	C	B
②	C	B	E	D
③	B	C	D	E
④	D	E	B	C
⑤	E	C	B	D
⑥	C	E	D	B
⑦	B	D	C	E
⑧	D	B	E	C

2024年度　三重県　難易度

【9】次は，ヒトの血液とその循環について述べた文です。文中の[　①　]～[　④　]にあてはまる語句の組み合わせとして最も適切なものを，以下の1～4の中から1つ選びなさい。

> 二酸化炭素を多く含む[　①　]は心臓から[　②　]，肺，[　③　]を順に通って心臓に戻る。心臓に戻った血液は，酸素を多く含む[　④　]となっている。

1　①　静脈血　②　肺静脈　③　肺動脈　④　動脈血
2　①　静脈血　②　肺動脈　③　肺静脈　④　動脈血
3　①　動脈血　②　肺動脈　③　肺静脈　④　静脈血
4　①　動脈血　②　肺静脈　③　肺動脈　④　静脈血

2024年度　埼玉県・さいたま市　難易度

【10】次の①，②に答えよ。

① 次の文は，光合成についてまとめたものである。空欄[ ]にあてはまることばを，以下のア～エから一つ選べ。

光合成は，植物の細胞の中の[ ]で行われている。

ア．染色体　イ．葉緑体　ウ．核　エ．細胞膜

② 植物に光が当たっているときの植物のはたらきについて述べた文として最も適当なものを，次のア～エから一つ選べ。

ア．光合成と呼吸のどちらも行っている。

イ．光合成は行っているが，呼吸は行っていない。

ウ．呼吸は行っているが，光合成は行っていない。

エ．光合成と呼吸のどちらも行っていない。

▌2024年度 ▌山梨県 ▌難易度 ■■■□□

【11】デンプン溶液の入った2本の試験管を用意し，1本には水を，もう1本にはうすめただ液を入れ，それぞれ約40℃の温水で10分ほど温めた。その後，それぞれの試験管内の液体を2つに分け，一方にはヨウ素液を入れた。また，もう一方はベネジクト液と沸騰石を入れて加熱したところ，それぞれの試験管内の液体について，次の表のような結果になった。この実験結果からわかる記述として最も適切なものを，以下の①～④のうちから選びなさい。

	ヨウ素液	ベネジクト液
デンプン溶液＋水	青紫色	変化なし
デンプン溶液＋だ液	変化なし	赤褐色の沈殿

① 水はデンプンを糖に変え，だ液もデンプンを糖に変える。

② 水はデンプンを糖に変え，だ液はデンプンを糖に変えない。

③ 水はデンプンを糖に変えず，だ液はデンプンを糖に変える。

④ 水はデンプンを糖に変えず，だ液もデンプンを糖に変えない。

▌2024年度 ▌神奈川県・横浜市・川崎市・相模原市 ▌難易度 ■■■□□

【12】人体に入ると害をおよぼす病原体には様々な大きさのものがある。次の①～④のうち，大きさが最も小さいものはどれか。一つ選んで，その番号を書け。

① コレラ菌　② アニサキス　③ サルモネラ菌
④ インフルエンザウイルス

2024年度 香川県 難易度

【13】植物の種子の発芽の条件として，適切でないものを①～④から選び，番号で答えよ。
① 水　② 空気　③ 日光　④ 発芽に適した温度

2024年度 神戸市 難易度

解答・解説

【1】5
○**解説**○ バイオマスの定義の一部に「化石資源を除いたもの」とある。化石資源とは，石炭・石油・天然ガスを指す。

【2】④
○**解説**○ 細胞壁や葉緑体は植物細胞だけみられる。

【3】③
○**解説**○ ① 哺乳類と鳥類は恒温動物で，他は変温動物である。② 魚類はえら呼吸，両生類は幼生期はえら呼吸，成体は肺呼吸をする。他は一生を通して肺呼吸をする。④ 哺乳類は胎生で，他は卵生である。⑤ 両生類の体表は湿った皮膚でおおわれている。

【4】②
○**解説**○ ユードリナやボルボックスは細胞群体である。細胞群体は，多細胞型細胞へと進化する過程の途中の形態と考えられている。

【5】5
○**解説**○ ゾウリムシは草履のような形で体の周りに繊毛があるのが特徴

である。

【6】ア

○解説○ ア　Aは葉肉細胞である。葉肉細胞内には多数の葉緑体があるため光合成器官として働く。また，細胞間には空気間隙があり，外界の空気は気孔を介して空気間隙と連絡している。　イ　Bは気孔で，一般に葉の裏側に多く，植物に出入りする気体(水蒸気，二酸化炭素，酸素)の出入り口になっている。夜間の日光が当たらない時間帯は，呼吸のみを行うため，酸素を取り込み，二酸化炭素を多く出していることもある。　ウ　Cは師管で，光合成により，葉でつくられた糖などの養分を植物の各部へ運ぶ。　エ　Dは道管で，根で吸収した水や水に溶けた養分を葉まで運ぶ。

【7】⑧

○解説○ ア　消化された養分の多くは，小腸の壁から吸収される。吸収された養分は，全身に送られ，細胞の活動や成長に使われる。よって，小腸から出てきた血管が通っている，eが正解。　イ　動脈血は，酸素を多く含む血液のことである。全身から心臓に集められ肺に送られた血液(静脈血)は，肺で二酸化炭素から酸素に交換され，酸素を多く含んだ動脈血が肺静脈(b)を通って心臓に送られ，大動脈(a，g)を通って全身に送り出される。　ウ　血しょうは，血液の液体成分であり，小腸で吸収された養分や，細胞でできた二酸化炭素などの老廃物を運ぶはたらきがある。

【8】⑧

○解説○ 細胞分裂が起こると，核の中の染色体がはっきり見えるようになる。その染色体が細胞の中心に並び，その後両極に引かれるようにして分かれていく。その後それぞれに核膜ができ始め，細胞の真ん中に仕切りができ，細胞が2つに分かれる。

【9】2

○解説○ 血液の循環回路には，体循環と肺循環がある。肺循環は，心臓の右心室から肺動脈(②)で静脈血(①)を肺に送り，肺で二酸化炭素を排出し，酸素を受け取って動脈血(④)になり，肺静脈(③)を通って心臓の左心房に送られる。二酸化炭素を多く含む血液を静脈血，酸素を多く含む血液を動脈血という。また，心臓から出ていく血管を動脈，心臓に戻ってくる血管を静脈という。

【10】① イ　② ア

○**解説**○ ①　光合成は細胞内の葉緑体で行われる。二酸化炭素と水を光エネルギーで合成して，デンプンと酸素を合成している。　②　呼吸は，光が当たっていなくても常に行われている。

【11】③

○**解説**○ デンプン溶液に水を入れた試験管にヨウ素液を加えると青紫色に変化したことから，水はデンプンをほかの物質に変えていないことが確認できる。一方，デンプン溶液にだ液を入れた試験管では，ヨウ素液による反応がないことから，デンプンがないことがわかる。またデンプン溶液に，だ液を加えた試験管にベネジクト液を加えると，赤褐色の沈殿ができたことから，麦芽糖などの糖があるといえる。よって，実験結果から，だ液によりデンプンが麦芽糖などの糖に分解されたことがわかる。

【12】④

○**解説**○ コレラ菌，サルモネラ菌は細菌(直径1μm程)，インフルエンザウイルスはウイルス(直径0.1μm程)，アニサキス(体長2～3cm)は，胃や腸の壁に刺さって成長する寄生虫である。大きさの順は，ウイルス<細菌<寄生虫となる。

【13】③

○**解説**○ 種子の発芽に必要なのは，水，空気(酸素)，適切な温度である。

自然科学　地　学

要点整理

地球と月

□地球の4圏：①岩石圏　②水圏　③気圏　④生物圏

□地球の形：球に近い回転楕円体。極半径＝6,357km弱。赤道半径＝6,378km強。

□地球の表面：①大陸＝約29％　②海洋＝約71％　③最高＝8,848m（エベレスト）　④最深＝海面下11,034m（ビチアス海淵）
表面積＝5.106396×10^8km^2　体積＝1.083219×10^{12}km^3

□地球の運動：①自転＝地軸を中心に1日1回，西から東へ回転。　②公転＝太陽を中心に1年1回転。周期は365.2422日。

□月の大きさ：半径＝1738km＝地球の約4分の1，質量＝地球の81分の1
地球からの平均距離＝384400km

□月の運動：①公転＝地球の周りを27.32日で回る　②自転＝公転周期と同じ

□月の満ち欠け：①新月（月が太陽と同じ側。見えない）　②上弦（夕方南方の空に右半分が光る）　③満月（日没と共に東から出，明け方西に沈む）　④下弦（夜中に東から上り，左半分が光る）

太陽と惑星

□太陽の大きさ：半径＝70万km。地球の約109倍。質量＝地球の約33万倍。地球と太陽の距離＝約1.5億km

□太陽の運動：自転しながら銀河系の中心の周りを公転。

□太陽系：水星・金星・地球・火星・木星・土星・天王星・海王星

□惑星の動き：順行－天球上を西から東へ動く動き，逆行－天球上を東から西へ動く動き，留－順行から逆行へ，逆行から順行へ転じるとき，いったん動きが停止するように見えること。

□ケプラーの法則　①公転軌道は太陽を一つの焦点とするだ円。②だ円軌道上の惑星と太陽とを結ぶ半径が一定時間にかく面積は惑星ごとに一定。③惑星の軌道長半径 aの3乗と公転周期Pの2乗との比はどの惑星でも同じ。

□恒星の性質：自ら光を出して輝き，天球上の見かけの位置を変えない星。

□恒星の明るさ：等(等級)という単位で表す。明るい星ほど値が小さくなる。等級が1つ上がるごとに明るさは2.5倍。

地表の変化

□風化作用：①物理的風化＝気温変化，風や流水，動植物の力などによる　②化学的風化＝雨水中の二酸化炭素による石灰分の溶解，酸素による岩石中の鉄分の酸化。

□川の作用でできる地形：①V字谷：川底を浸食してできる　②扇状地＝川が山地から平地に出た所に土砂がたい積してできる　③三角州＝川が海に注ぐ所に土砂がたい積してできる。

□岩石：①火成岩（火山岩／深成岩－流紋岩／花崗岩，安山岩／閃緑岩，玄武岩／はんれい岩）　②堆積岩　③変成岩

□示準化石：①古生代（三葉虫，甲冑魚，フズリナ，鱗木・封印木）　②中生代（アンモナイト，恐竜，始祖鳥）　③新生代（哺乳類，人類）

地震

□地震波の種類：

P波……たて波とも呼ばれ，伝達速度が速い。初期微動を起こす小きざみなゆれ。

S波……よこ波とも呼ばれ，伝達速度が遅く，主要動を起こす大きなゆれ。

□揺れの大きさ

震度0，1，2，3，4，5弱，5強，6弱，6強，7の10階級(気象庁震度階級)

気象

□大気の組成：窒素（78.09％），酸素（20.95％），アルゴン（0.93％），二酸化炭素（0.04％），ネオン（0.0018％），ヘリウム（0.0005％）

□大気の層構造：気温の変化の違いにより，①対流圏　②成層圏　③中間圏　④熱圏　⑤外圏に分かれる。

□雲：①上層雲（高度6000～12000m）＝巻雲，巻積雲（いわし雲），巻層雲　②中層雲（高度2000～6000m）＝高積雲（ひつじ雲），高層雲　③下層雲（地上付近～2000m）＝層積雲（くもり雲），乱層雲（あま雲），層雲（きり雲）　④垂直に発達する雲（下層雲から上層雲の高さまで）＝積雲，積乱雲

□風の測定：風向（16方位），風速：風力（13階級）…(例)　0（煙がまっすぐに上がる），2（木の葉が動く。1.6～3.3m/s），4（小枝が動く。5.5～7.9m/s），6（電線が鳴る。10.8～13.8m/s），10（人家に被害。24.5～28.4m/s）。

高気圧と低気圧

□温暖高気圧：「背の高い高気圧」上空の空気の集積が主因となって形成される高気圧。（例：北太平洋高気圧）

□寒冷高気圧：「背の低い高気圧」下層の寒気が主因となって形成される高気圧。（例：シベリア高気圧）

□気団：水平方向に広い範囲にわたって，気温・湿度などの性質が一様な空気のかたまり。性質による気団の分類－寒気団・暖気団・乾燥気団・湿潤気団，形成された地域による気団の分類－北極気団・寒帯気団・熱帯気団・赤道気団・海洋性気団・大陸性気団。日本付近の主な気団－シベリア気団・オホーツク海気団・小笠原気団

□前線：性質の違う二つの気団が接触したときに生ずる。前線の種類－寒冷前線（寒気団が暖気団を押し上げながら進む），温暖前線（暖気団が寒気団の上に乗り上がりながら進む），停滞前線（寒・温両気団の勢力がほぼ等しくほとんど移動しない），閉塞前線（寒冷前線が温暖前線におい つく）。

自然科学　地　学

実施問題

【1】次の会話文は，瀬奈さんと裕也さんの2人の生徒が会話している様子である。[　A　]，[　B　]，[　C　]に当てはまる語句の組合せとして，正しいものはどれか。①～⑤のうちから1つ選びなさい。

会話文

瀬奈：冬休みはどんなことをして過ごしたの？
裕也：新潟県の上越市にある祖父母の家に泊まりに行ったんだ。ちょうど寒波が来て，一晩で1メートル近く雪が積もって驚いたよ。
瀬奈：こっち（群馬県高崎市）はずっと晴天だったけど，上越市ではそんなに雪が降ったんだね。よく天気予報で聞く，西高東低の冬型の気圧配置だったということかな。
裕也：そうなんだ。天気予報でも「強い冬型の気圧配置」と言っていたよ。教科書に「シベリア上空の冷たく[　A　]空気が，[　B　]として[　C　]の対馬海流が流れる日本海上空を通過することで，日本海側の地域に多くの雪を降らす。」と書いてあったね。
瀬奈：日本海側の地域に雪を降らせた[　B　]は，水蒸気が少なくなるから，太平洋側では晴天になりやすいということだったね。

① A：湿った　B：季節風　C：寒流
② A：湿った　B：季節風　C：暖流
③ A：乾いた　B：偏西風　C：暖流
④ A：乾いた　B：季節風　C：暖流
⑤ A：乾いた　B：偏西風　C：寒流

2024年度　群馬県　難易度■■■□□

【2】次の表は，ある地点で発生した地震について，A～Cの3つの地点で観測した情報をまとめたものである。C地点の震源からの距離として，正しいものはどれか。

表

地点	震源からの距離	初期微動が始まった時刻	主要動が始まった時刻
A	16km	9時35分56秒	9時35分58秒
B	40km	9時35分59秒	9時36分04秒
C	(　　)	9時36分02秒	9時36分10秒

①　8km　②　56km　③　64km　④　72km　⑤　80km

2024年度 群馬県 難易度

【3】地球の大気に関連して説明したものとして正しいものを，次の①から⑤までの中から一つ選び，記号で答えよ。

① 表面が冷えたころの原始地球の大気の二酸化炭素の割合は現在より少なかった。
② 火山活動によっても水蒸気は増えるが，二酸化炭素は増えない。
③ 水蒸気は温室効果ガスであるが，メタンは温室効果ガスではない。
④ 大部分の縞状鉄鉱層は陸上に進出した植物の活動によって形成された。
⑤ 海水中に溶けた二酸化炭素は，海水中のカルシウムイオンと結合して炭酸カルシウムになる。

2024年度 沖縄県 難易度

【4】地球型惑星と木星型惑星について説明したものとして正しいものを，次の①から⑥までの中から一つ選び，記号で答えよ。

① 地球型惑星には，多くの衛星がある。
② 木星型惑星には，リングがある。
③ 地球型惑星は，半径が小さいため密度は小さい。
④ 木星型惑星は，主にガスでできているため質量は小さい。
⑤ 水星，金星，地球，火星，小惑星は，地球型惑星とよばれている。
⑥ 木星，土星，天王星，海王星，冥王星は，木星型惑星とよばれている。

2024年度 沖縄県 難易度

【5】太陽系の天体について述べた文として，最も適切なものを，次の1～5の中から1つ選べ。

1. 太陽系の惑星は地球型惑星と木星型惑星の2種類に分けられる。
2. 太陽系で最大の惑星は美しい環をもつ土星である。
3. 金星と火星以外の惑星は，そのまわりを回る衛星をもっている。
4. 全ての地球型惑星には大気組成に酸素が含まれている。
5. 太陽系では木星と土星の間に最も多く存在する小惑星も公転している。

▌2024年度 ▌和歌山県 ▌難易度

【6】太陽の光と地球と月の位置関係(A～H)を模式的に表した図の説明として，間違っているものはどれか。

① 月が太陽と重なり，太陽がかくされる現象を日食といい，それが起こることがあるのは，Gの位置のときである。

② 月がEの位置にあるときに，地球から見える月のことを，上弦の月という。

③ 満月が南中するのは，真夜中ごろである。

④ 月食が起こった日から約14日後に，月はAの位置にある。

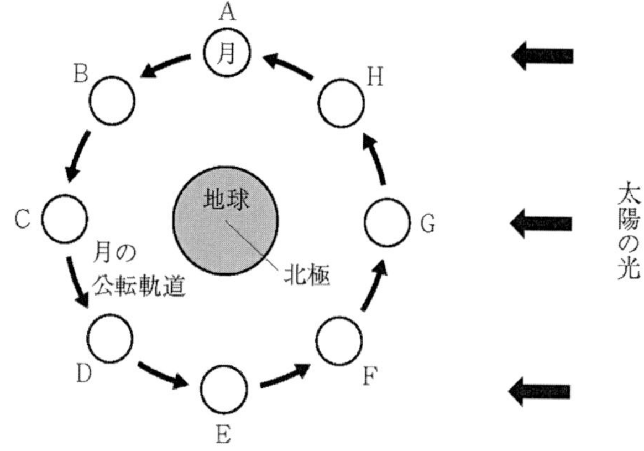

1. ①と② 2. ③と④ 3. ①と③ 4. ②と④
5. ①と④

▌2024年度 ▌岡山市 ▌難易度

【7】地震についての説明として正しいものを，次の1～4のうちから1つ選びなさい。

1　地震が発生すると，地震波(P波，S波)が伝わっていく。S波を検知した段階で，緊急地震速報が発表される。

2　気象庁が独自でつくった震度階級を用いて地震の揺れの強さを震度で表している。震度は1～7の7階級で表す。

3　マグニチュードの値が1大きくなると地震がもつエネルギーは約32倍になるので，マグニチュードの値が2大きくなると地震がもつエネルギーは約64倍になる。

4　日本では地震の揺れの強さを震度で表し，地震そのものの大きさ(規模)をマグニチュードで表す。

▌2024年度 ▌宮城県・仙台市 ▌難易度 ■■■□□

【8】次の文を読んで，問1，問2に答えなさい。

太陽系は，太陽とそのまわりを公転し太陽からの光を反射して光る惑星や小惑星，太陽系外縁天体などからなる。太陽から最も離れた惑星である[　1　]と太陽との距離は，地球と太陽の距離の約30倍である。

また，<u>太陽系の惑星</u>は，主に岩石からできている地球型惑星と主に気体からできている木星型惑星の二つに分けられる。惑星のまわりに伴う[　2　]は，地球型惑星には，地球に一つと火星に二つしかないが，木星型惑星には多数ある。

問1　空欄1，空欄2に当てはまる適切な語句の組合せを選びなさい。

ア　1－天王星　　2－衛星
イ　1－海王星　　2－衛星
ウ　1－冥王星　　2－衛星
エ　1－海王星　　2－彗星
オ　1－冥王星　　2－彗星

問2　下線部に関する記述として，適切なものの組合せを選びなさい。

①　水星は，厚い硫酸の雲と二酸化炭素の大気に覆われており，常に表面温度が高温である。

②　火星は地球のすぐ外側を公転している惑星で，直径は地球の約2倍である。

③　木星は太陽系最大の惑星で，主成分は水素とヘリウムであり，縞模様やうずが見られる。

④　土星は氷や岩石の粒でできた巨大な環をもつ惑星である。

⑤　地球は，太陽系で唯一表面に液体の水がある惑星で，多様な生物が存在している。

ア　①②③　　イ　①②④　　ウ　①③⑤　　エ　②④⑤

オ　③④⑤

2024年度　北海道・札幌市　難易度

【9】新生代，中生代，古生代それぞれの地質年代に堆積した地層群について，次の問に答えよ。

問1　次のア～ウを，地層が形成された順に並べかえ，記号で答えよ。

ア　新生代　　イ　中生代　　ウ　古生代

問2　次のア～エの生物のうち，中生代の地層のみから化石として発見される可能性があるものをすべて選び，記号で答えよ。

ア　アンモナイト　　　　イ　サンヨウチュウ

ウ　ティラノサウルス　　エ　メタセコイア

2024年度　鹿児島県　難易度

【10】次の図は，地球が太陽の周りを公転している様子と，主な星座の位置関係を模式的に表したものである。青森県における太陽や星座の見え方について，以下のア～ウの問いに対する正しい答えの組み合わせとして最も適するものを，あとの①～⑧から1つ選びなさい。

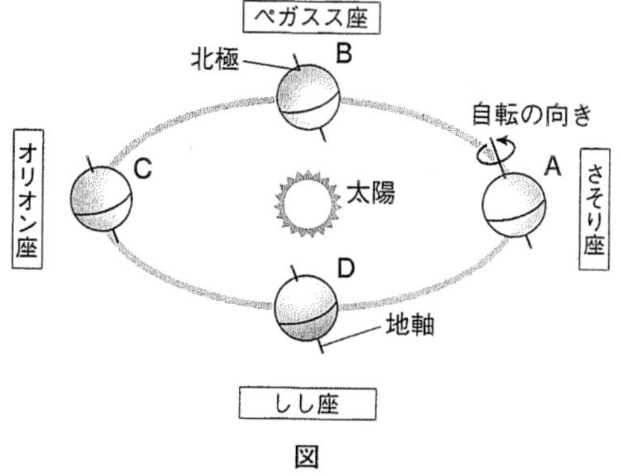

図

ア　太陽の南中高度が最も低い時の地球の位置は，A～Dのどれか。

イ　日没直後，南の空にオリオン座が見える地球の位置は，A～Dのどれか。

ウ　夏至の日の真夜中に，西の空に見える星座は何座か。

	ア	イ	ウ
①	A	B	さそり座
②	B	A	ペガスス座
③	C	D	オリオン座
④	D	C	しし座
⑤	A	B	ペガスス座
⑥	B	A	オリオン座
⑦	C	D	しし座
⑧	D	C	さそり座

▌2024年度 ▌青森県 ▌難易度

【11】火成岩に関する説明として最も適切なものを，次の1～4の中から1つ選びなさい。

1　火成岩は，カンラン石や輝石といった無色鉱物を多く含むと白っぽい色となる。

2　火山岩の種類には，玄武岩や流紋岩がある。深成岩の種類には，安山岩や閃緑岩がある。

3　火山岩と深成岩は，マグマが冷え固まるまでの時間がほぼ同じである。

4　同じくらいの大きさの鉱物がきっちりと組み合わさっていて，石基がないつくりを等粒状組織という。

▌2024年度 ▌埼玉県・さいたま市 ▌難易度

【12】次の①，②に答えよ。

①　図は，泥，砂，れきが混ざった土砂が川の流れによって海まで運ばれ，A～Cの3つの層に分かれて海底に堆積したようすを模式的に表したものである。A～Cのそれぞれの層には，おもに泥，砂，れきのどれが堆積しているか。以下のア～カから一つ選べ。

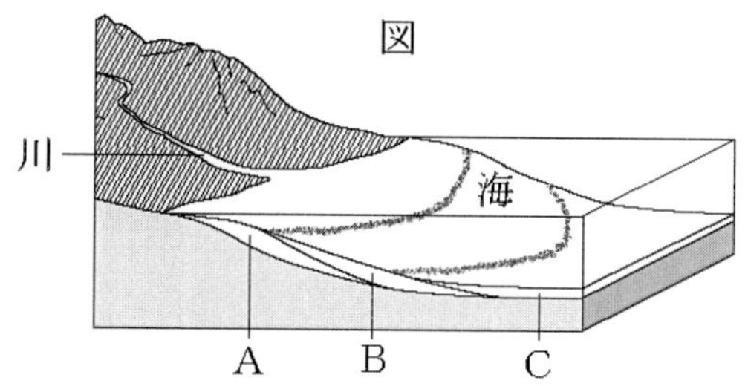

ア．A…泥　　B…砂　　C…れき
イ．A…泥　　B…れき　C…砂
ウ．A…砂　　B…れき　C…泥
エ．A…砂　　B…泥　　C…れき
オ．A…れき　B…泥　　C…砂
カ．A…れき　B…砂　　C…泥

② 堆積岩に分類される岩石を，次のア～エから一つ選べ。

ア．石灰岩　　イ．花こう岩　　ウ．安山岩　　エ．せん緑岩

2024年度　山梨県　難易度 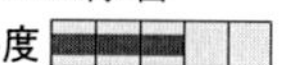

【13】次は，地震について述べたものである。(a)～(c)内に当てはまるものを語群から選ぶとき，正しい組合せとなるものを解答群から一つ選び，番号で答えよ。

地震が起こると，震源から地震波が地球内部を伝わっていく。地震波には，(a)波とS波があり，これらは同時に発生するが，(a)波はS波よりも速く，最初に観測される小さな揺れは(a)波によるもので，初期微動という。少し遅れて始まる大きな揺れは，S波によるもので，(b)という。地表で観測された地震動の強さを表す指標を(c)といい，日本では10段階で示される。

【語　群】　ア　T　　イ　P　　ウ　主要動
　　　　　　エ　単振動　　オ　マグニチュード　　カ　震度

【解答群】　1　a－ア　b－ウ　c－オ
　　　　　　2　a－ア　b－ウ　c－カ
　　　　　　3　a－ア　b－エ　c－オ
　　　　　　4　a－ア　b－エ　c－カ

5　a－イ　b－ウ　c－オ
6　a－イ　b－ウ　c－カ
7　a－イ　b－エ　c－オ
8　a－イ　b－エ　c－カ

2024年度 愛知県 難易度 ■■■■□□

【14】次の表は火山の特徴と火山の例をまとめたものである。火山の例ア～ウに当てはまるものの組合せとして最も適切なものを，以下の①～⑤のうちから選びなさい。

火山の特徴	形	傾斜がゆるやかな形	円すいの形	ドーム状の形
	マグマのねばりけ	小さい	中程度	大きい
火山の例		ア	イ	ウ

①　ア　マウナロア　イ　桜島　ウ　雲仙普賢岳
②　ア　桜島　イ　マウナロア　ウ　雲仙普賢岳
③　ア　雲仙普賢岳　イ　桜島　ウ　マウナロア
④　ア　マウナロア　イ　雲仙普賢岳　ウ　桜島
⑤　ア　雲仙普賢岳　イ　マウナロア　ウ　桜島

2024年度 神奈川県・横浜市・川崎市・相模原市 難易度 ■■■■□□

【15】次の文中の(　①　)～(　③　)に該当する語句の組み合わせとして正しいものを，以下の1～5から一つ選びなさい。

2022(令和4)年11月8日夕方から宵にかけて，(　①　)月食が起こった。この(　①　)月食では，日本全国で，部分食の始まり(月の欠け始め)から部分食の終わり(月の欠け終わり)までを見ることができた。月食は，月が地球の影に入ることによって起こるが，この月食は，地球の影(本影)によって(　②　)が隠される「(　①　)月食」であった。

また，今回の月食では，月食の最中に，小笠原諸島を除く日本のほとんどの場所で，月が(　③　)を隠す「(　③　)食」が起こった。

1　①　皆既　②　月全体　③　天王星
2　①　部分　②　月の一部　③　海王星

3 ① 皆既 ② 月全体 ③ 海王星
4 ① 部分 ② 月全体 ③ 海王星
5 ① 皆既 ② 月の一部 ③ 天王星

2024年度 高知県 難易度

【16】木星について述べた次の①～④の文のうち，誤っているものはどれか。一つ選んで，その番号を書け。

① 木星は太陽系で最も大きい惑星である。
② 木星は自ら光を発している。
③ 木星の自転周期は地球より短い。
④ 木星には固体の表面がない。

2024年度 香川県 難易度

【17】2022年11月8日，月が天王星を隠す天王星食と同時に起きた，満月が地球の影に完全に隠れる現象を何というか。適切なものを①～④から選び，番号で答えよ。

① 皆既月食 ② 金環日食 ③ 部分日食 ④ 星食

2024年度 神戸市 難易度

解答・解説

【1】④

○解説○ 偏西風は緯度がおおよそ35～65度の地域で西から吹く恒常風のことである。

【2】③

○解説○ 初期微動が始まってから主要動が始まるまでの時間(初期微動継続時間)は震源からの距離に比例する。各地点の初期微動継続時間はAが2秒，Bが5秒，Cが8秒である。初期微動継続時間が1秒長くなるごとに震源からの距離が8km長くなっているので，C地点の震源からの距離は8×8＝64〔km〕である。

【３】⑤

○**解説**○ ① 原始地球の大気は，メタン，アンモニア，二酸化炭素などでできていた。二酸化炭素は，その後海に溶け込み，植物が誕生すると，二酸化炭素と水から有機物と酸素が生成されるなどによって，大気中の二酸化炭素の量は減少し続けてきた。 ② 火山ガスには二酸化炭素が含まれており，火山活動によって大量の二酸化炭素が放出されている。 ③ 温室効果ガスとは，太陽から放出される熱を地球に閉じ込めて，地表を温める働きをするガスのことで，水蒸気のほかに，二酸化炭素，メタン，一酸化二窒素などがある。 ④ 縞状鉄鉱層は，ラン藻類(シアノバクテリア)の光合成によって放出された酸素と，水中の鉄分が結びつき，海底に沈殿し堆積して形成されたものである。

【４】②

○**解説**○ ① 木星型惑星は衛星を多くもつが，地球型惑星の衛星はもたないかもっても少ない。 ③ 地球型惑星は岩石が主成分なので，密度は大きい。 ④ 木星型惑星はガスでできているため密度は小さいが，体積が大きいので全体の質量は大きい。 ⑤・⑥ 太陽系の惑星として，水星，金星，地球，火星，木星，土星，天王星，海王星の8つの惑星を，木星型と地球型に分類している。したがって，小惑星や太陽系外縁天体の冥王星は，どちらの型にも分類されない。

【５】1

○**解説**○ 地球型惑星(地球・水星・金星・火星)は岩石等固体の大地を持ち，密度が高く半径は比較的小さい。一方，木星型惑星(木星・土星・天王星・海王星)はガス体で，密度は低いが半径は比較的大きい。

2 太陽系最大の惑星は木星で，直径は約14万km。土星は約11万6,000 kmである。 3 火星にはフォボスとダイモスという2つの衛星がある。衛星を持たない惑星は水星と金星である。 4 地球型惑星は，地球・水星・金星・火星であるが，このうち水星には大気がほとんどない。また，金星と火星の大気の大部分は二酸化炭素で，酸素はほとんど含まれていない。 5 小惑星のほとんどは火星と木星の間に集中しており，小惑星帯と呼ばれる。

【6】4

○**解説**○ ② Eは下弦の月，Aが上弦の月となる。 ④ 月食は満月(C)のときに起こる。よって，その約14日後にはG(新月)の位置にある。

【7】4

○**解説**○ 1 緊急地震速報は，P波を検知した段階で発表されるので誤り。 2 震度は，0，1，2，3，4，5弱，5強，6弱，6強，7の10段階で表されるので誤り。 3 マグニチュードの値は，2大きくなると約1000倍になるので誤り。

【8】問1 イ 問2 オ

○**解説**○ 問1 1 惑星は太陽に近い順に，水星，金星，地球，火星，木星，土星，天王星，海王星の順に並んでいる。なお，冥王星は，2006年に惑星から除外され，準惑星に分類されている。 2 惑星の周りを公転している天体を衛星という。 問2 ① 金星に関する説明なので誤り。水星には大気がほとんどなく，昼は地表が高温になるが，夜は－170℃まで低下する。 ② 火星の直径は地球の約半分なので誤り。

【9】問1 ウ→イ→ア 問2 ア，ウ

○**解説**○ 問1 約5億4100(6400，7500等諸説あり)万年前から約2億5200(4200等諸説あり)万年前を古生代，約2億5200(4200等諸説あり)万年前から約6600万年前を中生代，約6600万年前から現代を新生代という。 問2 地層が堆積した年代を知る手がかりとなる化石を示準化石といい，中生代の代表的な化石にはアンモナイトやティラノサウルスなどがある。なお，古生代の代表的な化石にはサンヨウチュウ，フズリナ，ウミユリなど，新生代の代表的な化石にはメタセコイア，ナウマンゾウ，マンモスなどがある。

【10】⑦

○**解説**○ ア　地軸の北極側が，太陽と逆の方向に傾いているときが冬至であり，北半球での太陽の南中高度は，Cのとき最も低くなる。夏至は，地軸の北極側が太陽の方向に傾いているときであり，北半球での太陽の南中高度は，Aのとき最も高くなる。　イ　日没直後に，南の方角にオリオン座があるのは，Dの位置のときである。Dの位置では，日没直後，西の空にペガスス座，東の空にしし座が見える。さそり座は，真夜中に東の空に見えてくる。　ウ　夏至の日はAの位置であり，真夜中には，西の空にはしし座，南の空にはさそり座，東の空にはペガスス座が見える。

【11】4

○**解説**○ 1　カンラン石や輝石は，色が黒や緑などであり有色鉱物である。無色鉱物は，セキエイ，アルカリ長石，斜長石である。　2　火山岩には，流紋岩，安山岩，玄武岩がある。深成岩には，花こう岩，閃緑岩，はんれい岩がある。　3　マグマが地表や地表付近で急激に冷えて固まってできた岩石を火山岩といい，マグマが地下深くでゆっくりと冷えて固まってできた岩石を深成岩という。火山岩と深成岩は，マグマが冷え固まる時間の違いによって分けられているため，誤りである。　4　石基がなく，同じような大きさの鉱物の結晶が組み合わさっている等粒状組織は，深成岩の特徴である。一方，火山岩は，石基と斑晶から成る斑状組織であることが特徴である。

【12】①　カ　　②　ア

○**解説**○ ①　粒径が大きく重いものから堆積するので，れき，砂，泥の順に堆積する。　②　石灰岩は，生物の遺骸を主とする生物起源と，化学的沈殿によって形成された堆積岩である。花こう岩，安山岩，せん緑岩は，マグマが冷えて固まってできた火成岩である。

【13】6

○**解説**○ 地震の際に最初に観測される小さな揺れは初期微動で，P波による。初期微動ののちに観測される大きな揺れは主要動で，S波による。地震の揺れの強さは震度で表される。なお，マグニチュードは地震の規模を表す。

【14】①

○**解説**○ 火山の形は主に，溶岩のねばりけ(粘性)によって決まる。ねばりけが弱いマグマは，地表を流れ出るように噴出し，傾斜のゆるやかな盾状火山をつくる。噴火は，ガスが抜けやすいため穏やかである。代表的な火山は，アメリカ・ハワイ州のマウナロア火山や，キラウェア火山である。一方，ねばりけが強いマグマは，流れにくいため盛り上がったドーム状の形の火山をつくる。ねばりけが強いことからガスが抜けにくいため，爆発的な噴火をしたり，火砕流を生じたりしやすい。代表的な火山は，雲仙普賢岳，昭和新山，有珠山などである。中間のねばりけのマグマによる円すいの形の火山としては，富士山，浅間山，桜島などがある。

【15】1

○**解説**○ 太陽によってできる地球の影の中に，月が入って月面の一部または全部が欠けて見える現象を月食というが，地球の本影に月の全面が入る月食を「皆既月食(皆既食)」，一部のみが本影に入る月食を「部分月食(部分食)」という。令和4(2022)年は皆既月食と惑星食が同時に見ることができたが，これは1580年以来442年ぶりということで注目された。

【16】②

○**解説**○ 木星は太陽系内の惑星で，太陽から5番目に遠い惑星である。木星は自ら光を放たず，太陽の光を反射して光っている。

【17】①

○**解説**○ 地球と月は，太陽の光を反射して輝く天体である。地球にも太陽の光による影があり，太陽とは反対の方向に伸び，この地球の影の中を月が通過することによって，月が暗くなったり，欠けたように見えたりする現象が「月食」である。よって，月食は太陽－地球－月が一直線に並ぶとき，つまり，満月の頃だけに起こる。なお，②の金環日食は太陽のほうが大きいため月が太陽を隠しきれず，周りからはみ出して見える現象，③の部分日食は太陽が月に一部分だけ隠されてしまう現象のことである。

自然科学　情報

要点整理

重要用語

□ **OS(オペレーティングシステム)**　Operating System。コンピュータシステムを管理し，効率的に使えるよう，基本的な操作環境を作り出す，もっとも基本となるソフトウェア。アプリケーションソフトウェアは，OSがないと利用できない。WindowsやMAC OSなどがある。

□ **CPU(中央処理装置)**　Central Processing Unit。コンピュータの中核をなす装置で，計算などのデータ処理を行うほか，入力や出力などを制御する。

□ **メモリ**　半導体による部品で，実行するプログラムやデータを記憶する装置。電源を切ると，記憶内容が消えるRAMと，内容の変更ができないが，記憶内容の消えないROMがあり，用途に応じて使い分けられている。

□ **フラッシュメモリ**　電気的に内容を書き直すことができ，その内容を保持できるタイプのメモリ。ハードディスクより小型で衝撃に強く，電源を切っても内容が消えないといった特徴がある。デジタルカメラや携帯電話機に装着するメモリカードのほか，USBメモリや携帯音楽プレーヤーの内蔵メモリなどに使われる。

□ **ハードディスク**　ハードディスクとは，パソコンの中に入っている部品の1つで，データを記憶しておくための装置。パソコンを動かすために必要なデータや，ユーザーが作成した文書や画像などのデータがすべて保存されている。ハードディスクの容量はMB(メガバイト)やGB(ギガバイト。1GBはおよそ1000MB)といった単位で表され，一般的にこの数字が大きいほど大量のデータを記憶させることができる。

□ **SSD**　フラッシュメモリを利用した外部記憶装置。フラッシュメモリドライブともいう。フラッシュメモリの低価格化を受けて，主に携帯用のノートパソコンなどが，ハードディスクの代替として採用している。ハードディスクと比べて消費電力が低く衝撃耐久性に優れ，起動時間，重さなどでもメリットがあるが，ハードディスクに比べて価格がかなり高くなる。

□ CD-ROM　Compact Disk Read Only Memory。音楽用CDをパソコンのデータ記録用として利用するもの。読み出し専用。

□ DVD　Digital Versatile Disk。動画や音声，文字などのデジタルデータを記録・再生できる大容量の光ディスク。

□ Blu-ray Disc　ソニー，松下電器産業（現：パナソニック）など9社が共同策定した，書き換え可能な大容量相変化光ディスク。CDやDVDと同じ直径12cmの光ディスクで，記録容量は最大50GBとなっており，デジタル放送の長時間録画が可能である。

□ IT　Information Technology。直訳すると「情報技術」だが，最近では「情報通信技術」とされることが多い。特に明確な定義があるわけではないが，感覚的には「コンピュータとネットワーク(特にインターネット)に関連する技術」程度に考えておいてよい。近年の教育現場でも，学校内にパソコンを設置し授業の一環として取り入れている，いわゆる「IT教育」の推進が図られている。

□ ブロードバンド　高速な回線と常時接続を実現する回線のこと。かつては，ブロードバンドと呼べるような接続手段はCATVインターネットとADSLなどであったが，これら以外にも，近年は数百Mbps～数Gbpsの転送速度を持つ，光ファイバーを利用した回線などもある。

□ CATVインターネット　アナログ回線やISDN回線の2線式ケーブルではなく，CATVのケーブルを使ったインターネットのこと。

□ JPEG　Joint Photographic Experts Group。フルカラーの扱える画像形式の1つ。JPEGの圧縮は，不可逆圧縮で，保存のときに圧縮の程度を変えることができる。

□ GIF　Graphics Interchange Format。静止画像を圧縮して保存する画像ファイル形式の1つ。256色までしか扱えないが，一部を透明にしたり，簡単なアニメーションを表示できたりするなど，いろいろな機能がある。

□ IPアドレス　Internet Protocol address。送信側のコンピュータから，受信側のコンピュータまで，パケットを送り届けるための，アドレスに関する固有の番号。

□ HTML　Hyper Text Markup Language。Webページを作成するための，

情報の表し方の規則。他のファイルへの参照を指定して，参照したファイルの内容を表示できるようになっている。

□ HTTP/3　2015年5月に規格化されたHTTP/2よりウェブサイトの表示速度をさらに高速化するための通信プロトコルのバージョンで，新たにQUICという技術を導入している。QUICは，HTTP通信にTCPではなくUDPを利用する。また，各通信の識別子としてIPアドレスやポート番号ではなく，コネクションIDを識別子としており，スマートフォンを持って移動している中でWi-Fi接続とモバイルデータ通信が切り替わるといったケースでも接続を維持することができる。ネット通信の高速化とセキュリティ強化への期待から，今後ブラウザ実装が進み普及していくことが予想される。

□ WWW　World Wide Web。インターネット上に文書を登録し，公開されている情報を閲覧するためのシステムで，1989年にヨーロッパ粒子物理学研究所のバーナーズが提案し，1991年から使われるようになった。1993年には，画像を扱えるブラウザが開発され，利用者が増加した。現在では，誰でも簡単に情報(文字・音声・画像・動画など)が利用できる，マルチメディアデータベースとなっている。

□ 5G　5Gの「G」は「Generation」の頭文字を取ったもので，「第5世代移動通信システム」のことである。スマートフォンなどのモバイル端末に限らず，家電，自動車，スマート工場など，あらゆる端末に用いられる次世代通信規格である。日本では2020年から商用サービスがスタートした。これまでの4Gの通信速度は50Mbpsから1Gbps程であったが，5Gは10～20Gbpsと通信速度が大きく向上することとなる。それにより高速・大容量，高信頼・低遅延，多数同時接続の3つが軸となり，社会に大きな技術革新をもたらすといわれている。

□ Wi-Fi6　現在，標準化が進められている次世代高速無線LAN通信の規格のことで，正式名称は「IEEE 802.11ax」である。これまでWi-Fi規格の名称には，IEEE(米国電子学会)が付与した「IEEE 802.11○○」という文字列が使われており，「IEEE 802.11ax」がWi-Fi規格として6代目ということから「Wi-Fi6」と名付けられ，第6世代のWi-Fiとも呼ばれる。

□ Flash　音声や動画，ベクターグラフィックスのアニメーションを組み合わせてWebコンテンツを作成するソフト。また，それによって作成されたコンテンツ。Flashで作成されたアニメーションはただ再生するだけでなくマウスやキーボードによる操作や入力フォームによる文字入力も可能で，Flashが一種のアプリケーション実行環境となっている。

□ Webブラウザ　Webページを閲覧するためのアプリケーションソフト。インターネットからHTMLファイルや画像ファイル，音楽ファイルなどをダウンロードし，レイアウトを解析して表示・再生する。入力フォームを使用してデータをWebサーバに送信したり，JavaScriptやFlash，Javaなどで記述されたソフトウェアやアニメーションなどを再生・動作させる機能を持ったものもある。

□ LAN　Local Area Network。複数のパーソナルコンピュータや周辺機器を，工場・オフィス・学校など比較的限られた空間内で，私設の回線により接続し，データやファイルの共有などを可能にするネットワークシステム。

□ MP3　MPEG Audio Layer 3。動画圧縮規格の音声部分。

□ PDF　Portable Document Format。見る側のコンピュータの環境に依存せずに文書を表示するためのファイル形式。

□ USB　Universal Serial Bus。キーボードやマウス，モデム，ジョイスティックなどの周辺機器とパソコンを結ぶデータ伝送路の規格の1つ。本体との間であまり大容量のデータをやりとりしない機器を接続するための規格として，USB1.1という規格名で投入された。しかし，当初高速シリアルインターフェースとして予定されていたIEEE1394の立ち上げが遅れ，その間にUSB1.1の普及が爆発的に進んだ結果，CD-RやHDDなどもぶら下がるインターフェースに変貌した。しかし，USB1.1は最高で12Mbps(＝1.5MB/s)というかなり低速でしか転送ができない規格だったため，その後，高速転送の需要を満たすことを目的としてUSB2.0(HI-SPEED USB)が策定された。

□ USB3.0　パソコンの周辺機器の接続などに用いられるインターフェース規格の1つで，USB2.0の後継となるUSBの規格である。コネクタやケーブルの仕様が大きく変更され，全二重通信が可能となり，大きく転送速度を向上させており，最大転送速度は5.0Gbpsとなった。その後，より高速転送を可能にした後継規格であるUSB3.1，USB3.2が開発された。

□ **USB Type-C**　現在主流のUSBポートおよびUSBコネクターであり，裏表どちらでも挿せるリバーシブルを特徴とする。コネクタもポートも共にきわめて省サイズとなっており，最新のパソコンやスマートフォンで導入され始めている。

□ **MDM**　Mobile Device Managementの略。ビジネスで使用するスマートフォンなどのモバイルデバイスの，システム設定などを統合的・効率的に管理する手法のこと。また，それを実現するソフトウェアや情報システムなどをいう。MDMの背景には，企業が小型で持ち運びやすいモバイルデバイスを大量に導入するようになり，ビジネスとしての利用範囲が拡大し続けていることがあげられる。

□ **EDI**　Electronic Data Interchangeの略で「電子データ交換」の意味である。専用回線や通信回線を通じ，ネットワーク経由で標準的な書式に統一された発注書，納品書，請求書などのビジネス文書を電子的に交換することを指す。EDIを導入することで，企業間取引を効率化し，受発注の省力化，在庫照会や納期照会などの決済業務が加速することとなる。

□ **ブルートゥース**　Bluetooth。パソコンと携帯電話や，音響機器とヘッドセットなどの間の接続を無線化して使いやすさを向上させることが可能である。無線通信に2.4GHz帯の電波を使う。バージョンにより異なるが，通信距離は1～400m，最大データ転送速度は125kbps～2Mbpsである。

□ **ファイアウォール**　インターネットに接続したコンピュータやネットワークを，外部からの侵入から守り，内部の情報がもれるのを防ぐシステム。

□ **コンピュータウイルス**　他人のコンピュータに勝手に入り込んで悪さをするプログラムの一種。画面表示をでたらめにしたり，無意味な単語を表示したり，ディスクに保存されているファイルを破壊したりする。ウイルスはインターネットからダウンロードしたファイルや，他人から借りたリムーバブルメディア，電子メールなどを通じて感染する。大抵は使用者の知らないうちに感染する。またウイルスに感染したことに気づかずにコンピュータを使用し続けると，他のコンピュータにウイルスを移す危険性もある。

□ **iPad** Apple社が2010年1月に発表した，家庭向けのタブレット型コンピュータ。板状の筐体の前面がほぼすべて液晶画面となっており，ほとんどの操作をタッチパネルによって行うのが大きな特徴である。以前からある同社のタッチパネル式携帯電話「iPhone」を大きくしたようなコンピュータで，iPhoneでは画面が小さすぎて難しかった動画コンテンツの視聴や電子書籍の閲覧などにも活用できるようになっている。

□ **Instagram** 2010年に始まった写真・動画投稿中心のソーシャルネットワーキングサービス(SNS)。若年層の利用率が高く，企業も積極的にマーケティングなどに利用している。

□ **IoT技術** パソコン類以外のものにインターネットを接続すること。Internet of Thingsの略で，日本語では「モノのインターネット」。パソコンなどのIT関連機器以外のものにセンサーを付けて情報を収集しインターネットを通じて情報を取得する。活用されているシーンは，室内や自然環境，動物や物の動き，位置情報，ドアや窓などの開閉や施錠状況，また，人間が感知することが難しい事象についてもセンサーで情報を収集し，集めた情報を人が理解できる数値にすることで，今まで解決が難しかった問題の解決にも使われている。

□ **電子書籍** 書籍をデジタルデータにし，パソコンや携帯情報端末(PDA)，携帯電話などで読める形にしたもの。パソコンや携帯電話にダウンロードして読むことができるほか，ダウンロードせずにWeb上で書籍のデータにアクセスして読むことが可能なものもある。ダウンロードして読む場合には専用の閲覧ソフトウェアが必要であり，ファイル形式に応じたソフトウェアを使わなければならない。閲覧ソフトウェア自体は無料で提供されていることが多い。

□ **著作権問題** ホームページには，言語，美術，音楽，写真などのコンテンツが掲載されているが，これらは大抵が著作権法上の著作物なので，こうしたコンテンツをコピーして，自己のホームページに取り込むなどの行為は，著作権者の複製権を侵害するということになる。ブロードバンドの普及により，インターネットの利用が以前よりも増えたが，同時に音楽CDに収録されている曲やパソコンソフトを，簡単に不特定多数の人に配信したりできるようになったことで，著作権の問題も併発している。

□ **クラウドコンピューティング**　ネットワークを活用したコンピュータの利用形態。手元にあるパソコンなどの端末に入っているアプリケーションやデータを利用するのではなく，ネットワークなどを通じて，必要に応じてアプリケーションやデータのサービスを受けて活用する。

□ **バイオメトリクス**　指紋や手の平などの身体の特徴から，その人自身かどうかを識別するシステム。マンションや企業の工場・研究所などへの入室で，すでに実用化されている。指紋のほかに，指の長さ，関節の幅や厚さなど，100か所近い部位を瞬時にチェックし，顧客管理など多方面に応用できる。パソコンでも実用化されており，指紋を照合することで持ち主かどうかを判別する。

□ **IT通学**　私立小学校の生徒たちが身につけたICカードから，駅の改札や校門を通るたびに親の携帯電話などに報告メールが自動送信されるシステムをいう。児童が自宅最寄り駅，学校最寄り駅，校舎入口を通過する計3回，保護者の携帯電話やパソコンのメールアドレスに確認メールが自動送信される。すでに東京・池袋の立教小学校は，05年春から同システムの運用を開始。校門に設置したセンサーがランドセルにつけたICタグの信号を検知し，親に確認メールを送る。災害や事件の際，これまでは家庭から家庭へとリレー方式で電話連絡を行う学校が多かったが，メールや音声で伝言を一斉配信する電子版緊急連絡網を活用する学校も増えている。

□ **ワンタイムパスワード**　インターネットバンキングの安全対策として，三井住友銀行が2006年2月から採用した，60秒ごとに表示される新しいパスワードを使って取引を行うシステム。パスワード生成機で，60秒ごとに自動生成した6桁のパスワードを取引に使う。利用者はネット取引用の契約者番号と暗証番号を入力する以外に，取引時に画面表示されるこのパスワードを入力しなくてはならない。一度使ったパスワードは二度と使えないので，取引の安全性が高まると考えられている。

● 自然科学

□ **マイナポータル**　2017年7月から利用が開始された個人がパソコンなどでマイナンバーをもとに個人情報を確認できるサービス。マイナポータルを利用する際は，マイナンバーの数字を利用するわけではなく，個人番号カードのICチップの電子情報とパスワードを組み合わせて確認する。

□ **AIスピーカー**　対話型の音声操作に対応したAIアシスタントを利用可能なスピーカーで，スマートスピーカーとも呼ばれる。現在，インターネットを介して音楽鑑賞や調べ物，買い物といったサービスを利用できるが，スマートスピーカーでは，そうしたサービスを，パソコンやスマートフォンなどを介することなく，「音声」のみで操作できるようになる。今後は「リビング」や「寝室」といった日常生活の場において，AIアシスタントの活用が広がっていくと期待されている。

□ **クラウドファンディング**　群衆や大衆を意味する「crowd」と，資金調達を意味する「funding」を組み合わせた造語。インターネットなどにより不特定多数の人々に資金提供を呼び掛け，賛同してくれた人から広く資金を集める仕組みのことである。インターネット上で新規ビジネスなどのプロジェクトを公開し，賛同を得られれば資金提供を受けられるため，自己資金がなくてもプロジェクトの遂行が可能となる。出資は比較的少額から始められるため，出資者を集めやすく，資金調達の手法として活用されている。

自然科学　情報

実施問題

【1】次の各問いに答えなさい。

問1　5G(第5世代移動通信システム)の説明として適切なものを，次のア～エから1つ選びなさい。

ア　電話線を用いるインターネット接続を数Mbpsに高速化し，常時接続を可能にした非対称デジタル加入者線である。

イ　データ伝送用の64KbpsのBチャネルと制御用のDチャネルから構成され，電話，データ通信，ファクシミリなどのさまざまなサービスを一本の回線で行う。

ウ　10～20Gbpsの通信速度を可能とし，高速・低遅延・多数同時接続が特徴である。

エ　無線通信技術の一つで，とくに高速なデータ転送に主軸をおいて開発され，IEEE(電気・情報工学分野学会)により標準化が定められている。

問2　従業員が会社以外の場所で業務を行う「テレワーク」について述べた文として適切でないものを，次のア～エから1つ選びなさい。

ア　日本では新型コロナウイルス感染症の流行で本格的にテレワークが普及したが，定着させるには従来のように労働時間で評価する雇用形態をさらに進める必要がある。

イ　通勤の負担が減り，時間を有効に使えるため，子育てや介護と仕事の両立が実現しやすくなるなどの利点がある。

ウ　自宅で仕事をする人が増えたため，インターネットを介して多人数での会議を可能にするウェブ会議システムが急速に普及した。

エ　日本の旧来の商習慣である「押印」もテレワークの普及を阻む要因であり，確認が必要な書類には電子署名を利用するといった改革が求められる。

問3　SNS(ソーシャル・ネットワーキング・サービス)に関する説明として適切でないものを，次のア～エから1つ選びなさい。

ア　フェイクニュースとは，何らかの理由で故意に流される虚構，歪曲，あるいはねつ造された情報や報道のことである。

イ　リツイートは，ほかのユーザーのツイートをワンタップで転載できる機能で，主に自分のフォロワーにほかのユーザーのツイートを紹介するために利用される。

ウ　ハッシュタグとは，特定のキーワードを強調し，フォロワーの関連情報へのアクセスを助けるために使われる記号「#」のことである。

エ　炎上とは，SNSやブログなどで，情報が良いイメージで急拡散してしまう状況をさし，注目度や認知度を上げる目的で意図的に試みられる場合もある。

問4　2進数「11001」を4倍した結果として適切なものを，次のア～エから1つ選びなさい。

ア　1100010　　イ　1100011　　ウ　1100100　　エ　1100101

問5　文部科学省が示した「遠隔教育の推進に向けた施策方針」(遠隔教育の推進に向けたタスクフォース　平成30年)において，遠隔教育の推進にあたり，遠隔システムの積極的な活用が有効な教育活動に繋がることを説明した文として適切でないものを，次のア～エから1つ選びなさい。

ア　小規模校の場合，社会性やコミュニケーション能力を身に付ける機会を得にくいなどの課題が生じることから，より質の高い教育活動を行うためには，遠隔システムの活用は有効である。

イ　不登校児童生徒や病気療養児など，様々な事情により通学して教育を受けることが困難な児童生徒にとって，自宅や病院等において行う遠隔教育は，学習機会の確保を図る観点から，重要な役割を果たす。

ウ　外部人材の活用や幅広い科目の開設などにより，学習活動の幅を広げることができるなど，遠隔システムの活用は重要な意義を持つ。

エ　遠隔教育を推進すれば，配信側の者は，学習上や生活指導上の困難を有する児童生徒への対応を含め，日常的な児童生徒理解に基づいた指導を，対面で行う場合よりも効果的に行うことができる。

問6　ChatGPTについて説明した文として適切なものを，次のア～エから1つ選びなさい。

ア　ChatGPTは，大規模な自然言語処理AIモデルである。

イ　ChatGPTは，人間のように感情を持ったAIモデルである。

ウ　ChatGPTは，高度な計算処理に特化したAIモデルである。

エ　ChatGPTは，音声認識に特化したAIモデルである。

問7　次の流れ図で示す処理を実行するとき，変数tの値として適切なものを，以下のア～エから1つ選びなさい。(注　ループ端の繰り返し指定は，変数名：初期値，増分，終値を示す。)

流れ図

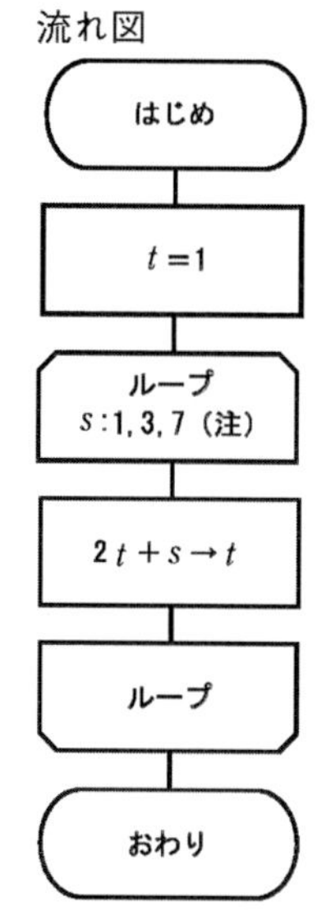

ア　23　　イ　25　　ウ　27　　エ　30

問8　次の図のような論理回路で，以下のようにA，Bにそれぞれ0と1を入力した場合に出力される結果として適切なものを，あとのア～エから1つ選びなさい。

図

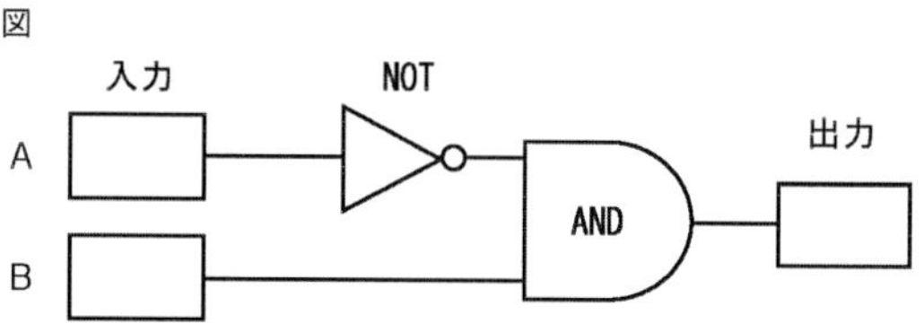

入力			出力
A	B		
0	0	→	
1	0	→	
0	1	→	
1	1	→	

ア

出力
0
0
0
1

イ

出力
0
0
1
1

ウ

出力
0
1
1
1

エ

出力
0
0
1
0

2024年度 兵庫県 難易度

【2】単位につける接頭語のうち，ナノ(nano)の意味として適切なものを①～④から選び，番号で答えよ。

① 10^{6}　② 10^{-3}　③ 10^{-6}　④ 10^{-9}

2024年度 神戸市 難易度

【3】次は，情報技術における遠隔教育について述べたものである。(a)～(c)内に当てはまるものを語群から選ぶとき，正しい組合せとなるものを解答群から一つ選び，番号で答えよ。

遠隔教育とは，教授者と学習者が離れていても教育を受けられる仕組みをいう。特に，インターネットなどのネットワーク技術を活用した教育を(a)といい，大学などの高等教育機関や，語学学校などで用いられている。(a)の例として，学習者側もカメラとマイクを用意することで，遠隔地にいる教授者と双方向で(b)に授業を受けることができるシステムや，あらかじめサーバに(c)された講義の映像や資料を，学習者が好きな時間にダウンロードして学習するシステムなどがある。

【語　群】
ア　インタフェース　　イ　eラーニング
ウ　リアルタイム　　エ　インシデント
オ　アドオン　　カ　アップロード

【解答群】
1 a－ア b－ウ c－オ
2 a－ア b－ウ c－カ
3 a－ア b－エ c－オ
4 a－ア b－エ c－カ
5 a－イ b－ウ c－オ
6 a－イ b－ウ c－カ
7 a－イ b－エ c－オ
8 a－イ b－エ c－カ

2024年度 神戸市 難易度

【4】次の文が定義する語句として適切なものを①～④から選び，番号で答えよ。

企業がビジネス環境の激しい変化に対応し，データとデジタル技術を活用して，顧客や社会のニーズを基に，製品やサービス，ビジネスモデルを変革するとともに，業務そのものや，組織，プロセス，企業文化・風土を変革し，競争上の優位性を確立すること。

① EC ② IT ③ DX ④ ICT

2024年度 神戸市 難易度

【5】人に優しい情報システムとは，人が機械に合わせるのではなく，機械が人に合わせるシステムであると考えられる。次の［　　］内の文は，人に優しく工夫されたWebページの例を説明しようとしたものである。文中の(　　)内にあてはまる語句は何か。以下の①～④から一つ選んで，その番号を書け。

Webページでは，画像などのテキスト以外の要素には，同等の役割を果たす代替テキストを付けることで，目の不自由な人に対しても音声読み上げソフトウェアで情報を伝えるなどの工夫が行われている。このように，どんな人でも使えるように意識して作られたWebページを(　　)の高いWebページという。

① アクセシビリティ ② ユーザビリティ
③ サスティナビリティ ④ レスポンシビリティ

2024年度 香川県 難易度

解答・解説

【1】問1　ウ　　問2　ア　　問3　エ　　問4　ウ　　問5　エ
問6　ア　　問7　ウ　　問8　エ

○解説○ 問1　アはADSL，イはISDN。エはWi-Fiの通信規格であるIEEE 802.11についての記述。後ろにつくアルファベットにより周波数帯や最大通信速度が異なる。なお5G(第5世代移動通信システム)のGはgenerationの略である。　問2　厚生労働省による「テレワークの適切な導入及び実施の推進のためのガイドライン」では，「上司は，部下に求める内容や水準等をあらかじめ具体的に示しておくとともに，評価対象期間中には，必要に応じてその達成状況について労使共通の認識を持つための機会を柔軟に設けることが望ましい」，「人事評価の評価者に対しても，非対面の働き方において適正な評価を実施できるよう，評価者に対する訓練等の機会を設ける等の工夫が考えられる」としている。　問3　炎上とは，情報が悪いイメージで拡散することである。　問4　2進数は4倍すると2桁大きくなる。　問5　文部科学省は，学校教育において遠隔システムを効果的に活用した教育活動を一層取り入れていくことにより，児童生徒が多様な意見に触れ，様々な体験を積む機会を増やすなど，教育の質の更なる向上につなげることが可能となるとの認識のもとに「遠隔教育の推進に向けた施策方針」を示している。本資料では，エについて「遠隔教育の場合には，配信側の者が学習上や生活指導上の困難を有する児童生徒への対応を含め，日常的な児童生徒理解に基づいた指導を十分に行うことができない可能性がある」と述べているので誤り。　問6　自然言語処理とは，人が日常で使用している言語をコンピュータで処理する技術で，人工知能(AI)が大量のテキストデータから言語を学習し，自然に近い文章を作成するのがChatGPTである。　問7　流れ図において最初$t=1$，初期値$s=1$であり，1回目は$2t+s=3$である。1回目の繰り返しにおいて$t=3$，sの増分は3であるので$s=4$となり，$2t+s=10$となる。2回目の繰り返しでは$t=10$，s増分は3であるので$s=7$となり，$2t+s=27$となる。sの終値は7であるので，ここでこの処理は終わりとなり，変数tの値は

27である。　問8　論理回路においてAND回路は入力値が2つある場合，2つの入力値がともに1のときに1を出力し，それ以外は0を出力する。NOT回路はAND回路の逆で入力値が2つの場合，2つの入力値がともに1のときに0を出力し，それ以外は1を出力し，入力値が1つしかない場合は入力値とは反対の値を出力する。

【2】④

○**解説**○ ナノは10^{-9}を指す。そのためナノテクノロジーとは10億分の1メートルの寸法単位で加工・製作するための技術である。なお，①の10^{6}はメガ，②の10^{-3}はミリ，③の10^{-6}はマイクロである。

【3】6

○**解説**○ a　インターネットを利用した学習形態は，eラーニングである。インタフェースは，コンピュータと周辺機器などが接する部分の規格や仕様を表す。　b　同時双方向型の遠隔授業では，リアルタイムで授業配信を行い，質疑応答等の双方向のやり取りを行うことが可能である。インシデントは，重大な結果につながりかねない出来事や状況，異変などの意味で用いられる。　c　サーバにあらかじめアップロードされた授業を，学習者がダウンロードして学習するシステムは，オンデマンド学習である。学習者が希望するタイミングで，学習することができる。アドオンは，ソフトウェアへ新たな機能を追加するためのプログラムのことである。

【4】③

○**解説**○ なお，①のECはElectronic Commerceの略で，インターネットなどのネットワークを介して契約や決済などを行う取引形態のことで，インターネットでものを売買することの総称。②のITはInformation Technologyの略で，コンピュータとネットワークを利用した技術の総称。④のICTはInformation and Communication Technologyの略で，通信技術を活用したコミュニケーションの総称である。

● 自然科学

【5】①

○**解説**○ ②の「ユーザビリティ」はUseとAbilityを掛け合わせた言葉で，日本語では「使いやすさ」「有用さ」などと訳される。一方，①の「アクセシビリティ」は「アクセスのしやすさ」という意味から「便利さ」「使いやすさ」などと訳される。なお，③の「サステナビリティ」は「持続可能性」と訳され，現在国連中心に取り入れられているSDGsの基本的な考え方，自然環境や社会，健康，経済などが将来にわたって，現在の価値を失うことなく続くことを目指す考え方である。

自然科学 | 自然科学総合

実施問題

【1】次の(1)～(5)の各文について，(①)～(⑤)に入る語句等をそれぞれア～オから一つずつ選び，記号で答えなさい。

(1) 計算した値が無理数となるものは(①)である。

ア $\sqrt{2}+\sqrt{2}$　イ $\sqrt{2}-\sqrt{2}$　ウ $\sqrt{2}\times\sqrt{2}$

エ $\sqrt{2}\div\sqrt{2}$　オ $(\sqrt{2})^2$

(2) 平行四辺形ABCDの辺AB，CDの中点をそれぞれE，Fとし，ED，BFと対角線ACの交点をそれぞれG，Hとする。AB＝4，AC＝5，BC＝5のとき，△AEGと相似な三角形の1つは(②)である。

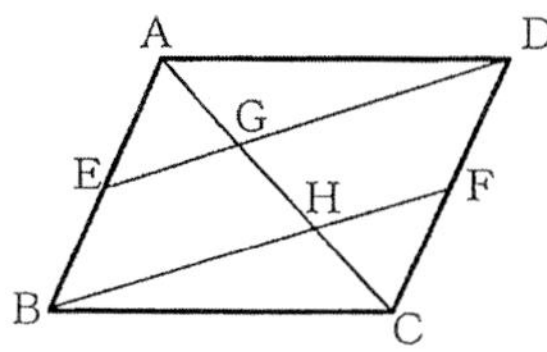

ア △AED　イ △AGD　ウ △ABC　エ △CDG

オ △BCF

(3) 次の表は，銅粉を加熱して空気中の酸素と反応させ，酸化銅を生成させたときの実験結果である。次の結果より，反応する銅と酸素の質量比はおよそ「銅：酸素＝(③)」である。ただし，銅粉はすべて酸化銅に変化したものとする。

生成した酸化銅の質量(g)	0.15	0.25	0.34	0.50	0.62
反応した酸素の質量(g)	0.03	0.05	0.07	0.10	0.12

ア 4：1　イ 4：5　ウ 5：1　エ 6：1　オ 6：5

(4) 大きさが10Ωと30Ωの抵抗を並列につないだ回路に，3.0Vの電圧を加えると，10Ωの抵抗に電流が0.30A流れた。回路全体の抵抗の大きさは(④)Ωである。

ア 7.5　イ 15　ウ 20　エ 30　オ 37.5

(5) 情報に関する略語と正式名称の組合せとして，誤っているものは(⑤)である。

ア　DX　－　Digital Transformation　　イ　IP　－　Internet Protocol
ウ　LAN　－　Local Area Network　　エ　ID　－　Identification
オ　IT　－　Internet Technology

▌2024年度 ▌静岡県・静岡市・浜松市 ▌難易度

【2】次の各問いに答えなさい。

問1　自然数3と4の間にある数として適切なものを，次のア～エから1つ選びなさい。

ア　$\sqrt{5}$　　イ　$\sqrt{7}$　　ウ　$\sqrt{13}$　　エ　$\sqrt{17}$

問2　$(x^2+ax+1)(x^2-3x+4)$を展開したとき，x^2の係数が11となった。このとき，aの値として適切なものを，次のア～エから1つ選びなさい。

ア　-3　　イ　-2　　ウ　2　　エ　3

問3　次の図で，はじめに正六角形ABCDEFの頂点Aにコマを置き，2つのさいころを同時に投げて，出た目の和の数だけA→B→C→…と左まわりにコマを進める。このとき，コマがA以外の位置にある確率として適切なものを，以下のア～エから1つ選びなさい。

図

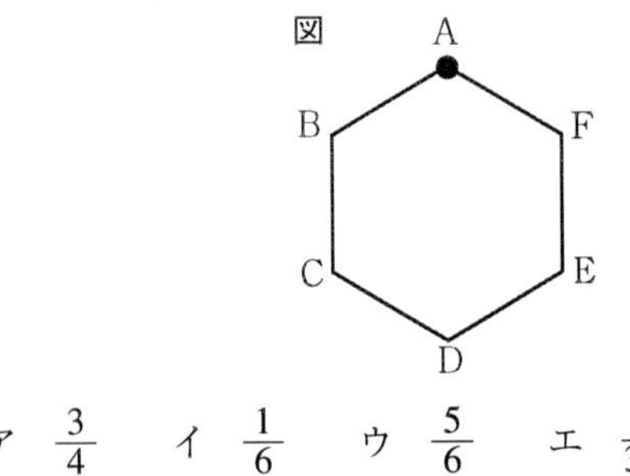

ア　$\frac{3}{4}$　　イ　$\frac{1}{6}$　　ウ　$\frac{5}{6}$　　エ　$\frac{7}{36}$

問4　次の図で，同じ印をつけた角の大きさが等しいとき，$\angle x$の大きさとして適切なものを，以下のア～エから1つ選びなさい。

図

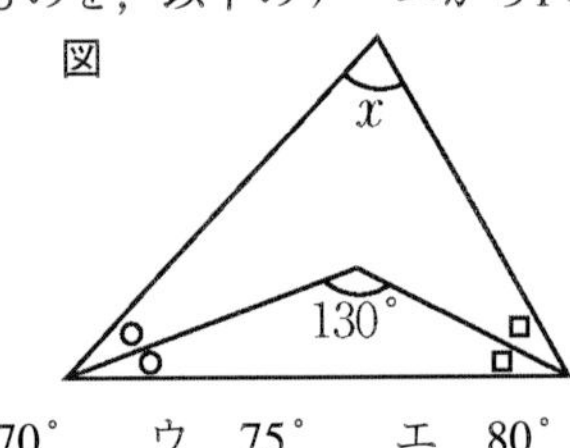

ア　65°　　イ　70°　　ウ　75°　　エ　80°

問5　次の物質について，共通の性質として適切でないものを，以下のア～エから1つ選びなさい。

アルミニウム	鉄	銅	金	鉛

ア　磨くと光沢がでる。　イ　磁石につく。
ウ　電気を通す。　エ　展性，延性がある。

問6　雲のでき方について述べた次の文の(　①　)，(　②　)に入る語句の組合せとして適切なものを，以下のア～エから1つ選びなさい。

空気が上昇して膨張すると，気温が(　①　)がり，(　②　)より低い温度になると雲ができる。

ア　①　上　②　融点　イ　①　下　②　融点
ウ　①　上　②　露点　エ　①　下　②　露点

問7　チューリップの特徴について述べた文として適切なものを，次のア～エから1つ選びなさい。

ア　被子植物の仲間で，葉脈は平行に通り，根は主根と側根からなる。

イ　裸子植物の仲間で，葉脈は網目状に通り，根は主根と側根からなる。

ウ　被子植物の仲間で，子葉は1枚，根はひげ根である。

エ　裸子植物の仲間で，子葉は2枚，葉脈は網目状に通る。

問8　洋ばさみと和ばさみは，てこを利用した道具である。洋ばさみと和ばさみについて述べた文として適切なものを，次のア～エから1つ選びなさい。

ア　洋ばさみは，作用点が間にあり，加えた力よりも大きな力で対象物を切ることができる。

イ　洋ばさみは，力点が間にあり，加えた力よりも小さな力で対象物を切ることができる。

ウ　和ばさみは，作用点が間にあり，加えた力よりも大きな力で対象物を切ることができる。

エ　和ばさみは，力点が間にあり，加えた力よりも小さな力で対象物を切ることができる。

2024年度 | 兵庫県 | 難易度

【3】次の問いに答えなさい。

1　図1のように，水平面からの傾角が30°のなめらかな斜面上に，質量300gの物体が置かれている。以下の問いに答えなさい。

図1

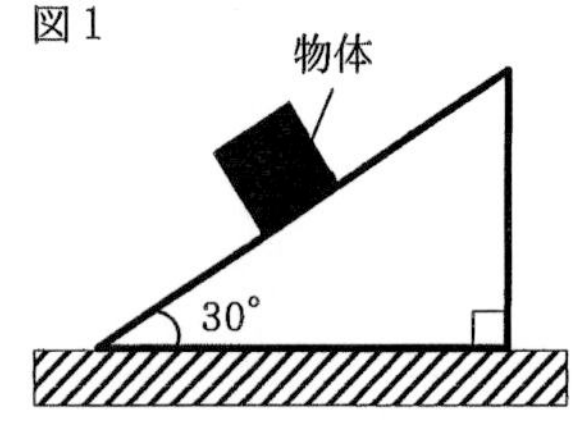

(1)　物体にはたらく斜面に平行な力の大きさは何Nか，求めなさい。ただし，100gの物体にはたらく重力の大きさを1Nとする。

(2)　斜面の傾きを大きくすると，物体に加わる垂直抗力の大きさはどうなるか。正しいものを次のア～ウの中から一つ選び，記号で答えなさい。

ア　小さくなる　　イ　変わらない　　ウ　大きくなる

2　図2のように，食塩水をしめらせたろ紙をスライドガラスの上に置き，両端を金属のクリップでとめ，青色リトマス紙をのせた。この青色リトマス紙の中央に塩酸をつけたところ赤色に変化した。電圧を加えると，その赤色に変化した部分がしだいに片方の電極の方へ広がった。この現象を説明した文として最も適切なものを，以下のア～エの中から一つ選び，記号で答えなさい。

図2

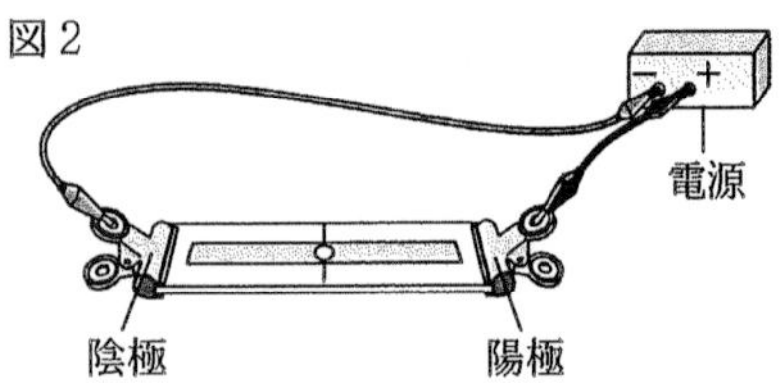

（大日本図書「理科の世界3」による）

ア　酸性の性質を示すイオンはOH^-であり，赤色に変化した部分は陽極側に広がった。

イ　酸性の性質を示すイオンはOH^-であり，赤色に変化した部分は陰極側に広がった。

ウ　酸性の性質を示すイオンはH^+であり，赤色に変化した部分は陽極側に広がった。

エ　酸性の性質を示すイオンはH^+であり，赤色に変化した部分は陰極側に広がった。

3　図3は，光学顕微鏡を模式的に示したものである。図中の(A)～(C)の名称の組み合わせとして最も適切なものを，以下のア～カの中から一つ選び，記号で答えなさい。

図3

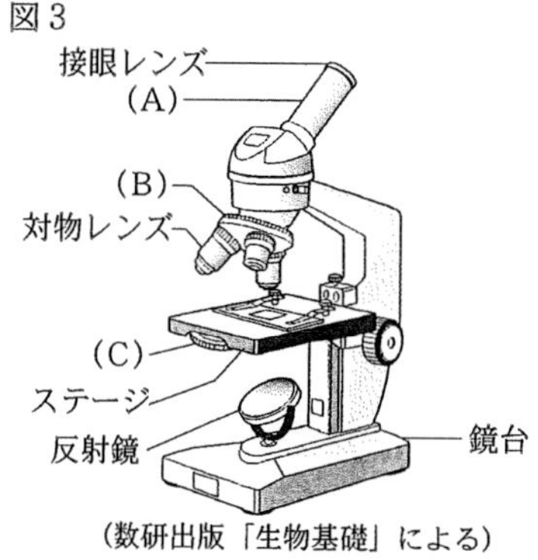

(数研出版「生物基礎」による)

	(A)	(B)	(C)
ア	アーム	レボルバー	調節ねじ
イ	アーム	調節ねじ	しぼり
ウ	アーム	しぼり	レボルバー
エ	鏡筒	しぼり	調節ねじ
オ	鏡筒	レボルバー	しぼり
カ	鏡筒	調節ねじ	レボルバー

4　図4は，断層について模式的に示したものである。断層はずれの向きによって，横ずれ断層，正断層，逆断層に分けられる。

図4は，これらのうちのいずれに該当するか，以下のア～エの中から最も適切なものを一つ選び，記号で答えなさい。

図4

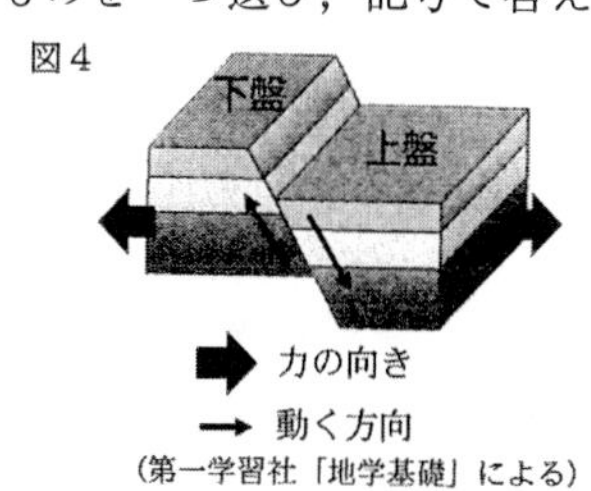

(第一学習社「地学基礎」による)

ア　右横ずれ断層　　イ　左横ずれ断層　　ウ　正断層
エ　逆断層

▌2023年度 ▌山形県 ▌難易度 ■■■■□□

【4】次の1から7の問いに答えよ。答えは，それぞれの問いのアからエのうちから一つ選べ。

1　細胞内で呼吸を行う細胞小器官は，次のうちどれか。
ア　葉緑体　　イ　ミトコンドリア　　ウ　リボソーム
エ　ゴルジ体

2　質量パーセント濃度が20%の食塩水200gに含まれている水の量は，次のうちどれか。
ア　10g　　イ　40g　　ウ　160g　　エ　180g

3　音の振動数の単位は，次のうちどれか。
ア　ニュートン　　イ　アンペア　　ウ　デシベル　　エ　ヘルツ

4　化合物は，次のうちどれか。
ア　水素　　イ　酸素　　ウ　二酸化炭素　　エ　窒素

5　昆虫の成長において，さなぎになる時期がなく，卵→幼虫→成虫の順に育つものは，次のうちどれか。
ア　テントウムシ　　イ　カマキリ　　ウ　アゲハチョウ
エ　カブトムシ

6　月が次の図のように見えるとき，月の形の呼び方は，以下のうちどれか。

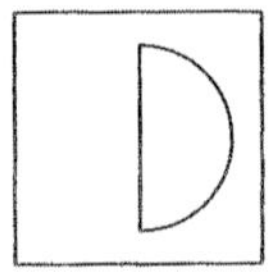

ア　上弦の月　　イ　下弦の月　　ウ　三日月　　エ　新月

7　直線上を一定の速さ10m/sで運動する物体が，5秒間に進む距離は，次のうちどれか。
ア　0.5m　　イ　5m　　ウ　50m　　エ　500m

▌2024年度 ▌栃木県 ▌難易度 ■■■■□□

【5】次の説明文のうち，誤っているものはどれか。

① ふつうのプラスチックは，電気を通さない絶縁体であるが，加工の過程で金属や黒鉛の粉末を加えると，電気を導くようになるものがあり，導電性樹脂と呼ばれる。

② 対流が起こるのは，気体や液体の中に温度差を生じると，高温の部分は膨張して密度が大きくなって押し上げられ，低温の部分がその後ろへ流れてくるためである。

③ GPS(Global Positioning System)によって，地上のどこにいても現在の位置を知ることができるようになった。GPSでは，4つ以上のGPS衛星からの電波が到着するまでの時間差から，受信点の位置(緯度，経度，高度)を割り出すことができる。

④ 弱毒化した病原体をワクチンとして接種すると，白血球の一種は，ワクチンを取り込み，複合体を形成する。この複合体の働きによって，ワクチンに対する抗体をつくる細胞と，ワクチンの情報を記憶する細胞とが生じる。このときのワクチンのように，抗体をつくる原因となった物質を抗原という。

2024年度 長崎県 難易度

【6】正しいものはいくつありますか。

ア 物質が，固体から直接気体になる変化を昇華，その逆を凝縮という。

イ 物体に力がはたらくとき，物体には力と同じ向きに加速度が生じる。その加速度の大きさは，物体にはたらく力の大きさに比例し，物体の質量に反比例する。この関係を運動の法則という。

ウ 地球の緯度30°～60°付近の地域において，地表付近から上空まで，自転の影響を受け，西から東へ向かう風は貿易風と呼ばれ，地球を周回している。

エ 加熱したCuOを熱いうちにH_2を満たした試験管内に入れるとCuが得られる。このときCuOは酸化されたという。

オ 細胞内では，酸素を用いて有機物を分解し，有機物中に蓄えられている化学エネルギーでATPを合成する。この反応を呼吸という。

① 1つ　② 2つ　③ 3つ　④ 4つ　⑤ 5つ

2024年度 長野県 難易度

【7】正しいものの組み合わせを選びなさい。

ア　ファンデルワールス力とは，分子間にはたらく引力のことである。

イ　山中伸弥は，黄熱ワクチンの開発によりノーベル賞を受賞した。

ウ　アルキメデスは，滑らかな斜面を用いて，落下距離は時間の2乗に比例するという落下の法則を発見した。

エ　雄雌の性に関係なく，からだが分裂したり，からだの一部が新たに独立したりして増殖する生殖を，有性生殖という。

オ　地理的隔離によって分かれた集団に生殖的隔離が起こって種分化が生じることを，異所的種分化と呼ぶ。

①　アとイ　②　イとウ　③　ウとエ　④　エとオ
⑤　アとオ

▌2024年度 ▌長野県 ▌難易度 ■■■□□

【8】正しいものはいくつありますか。

ア　東西に通じる道路上を，自転車Aは東向きに3.0m/sの速さ，自転車Bは西向きに4.0m/sの速さで進むとき，自転車Aに対する自転車Bの相対速度は東向きに7.0m/sである。ただし，自転車の速さは一定，道路は一直線とする。

イ　絶対温度T〔K〕とセルシウス温度t〔℃〕の関係は，絶対零度を−273℃とすると，$T=t+273$で表される。よって，300Kは27℃である。

ウ　電気回路において，導体の両端に10Vの電圧を加え，0.4Aの電流が流れたとき，この導体の抵抗は4Ωである。

エ　黒鉛とダイヤモンドの燃焼熱を，それぞれ394kJ/mol，396kJ/molとすると，黒鉛からダイヤモンドをつくるときの変化を熱化学方程式で表すと，C(黒鉛)＝C(ダイヤモンド)−2kJとなる。

オ　ばね定数が20N/mつる巻きばねを手で引いて0.15m伸ばした。このとき，手がばねから受ける力の大きさは，2.0Nである。

①　1つ　②　2つ　③　3つ　④　4つ　⑤　5つ

▌2024年度 ▌長野県 ▌難易度 ■■■□□

【9】次の各教科の問いに答えなさい。

(1)　2次関数$y=2x^2-4x+5$のグラフの頂点の座標を求めなさい。

①　$(-1,\ -4)$　②　$(-1,\ 3)$　③　$(-1,\ 11)$　④　(,　3)
⑤　(,　4)

(2)　$\triangle$ABCにおいて，BC$=2\sqrt{3}$，$\angle$A$=60^\circ$のとき，$\triangle$ABCの外接円の半径を求めなさい。

①　1　②　$\sqrt{3}$　③　2　④　3　⑤　4

(3)　aを負の定数とするとき，不等式$|ax|<-2a$を解きなさい。

①　$x<2$　②　$x<-2$　③　$-2<x<2$
④　$x<-2,\ 2<x$　⑤　$0<x<2$

(4)　変量xについてのデータが100個ある。この100個のデータの各値に3を加えて新たな変量yを作る。このとき，次のa～dの値のうち，xのデータとyのデータで値が変わらない組み合わせを選びなさい。

a　平均値　b　最頻値　c　四分位偏差　d　分散

①　aとb　②　aとd　③　bとc　④　bとd　⑤　cとd

(5)　図のように円周を12等分する点を取り，その1つをAとする。A以外の点から無作為に異なる2点P，Qを選び，$\triangle$APQを作るとき，$\triangle$APQが$\angle$A$=90^\circ$の直角三角形となる確率を求めなさい。

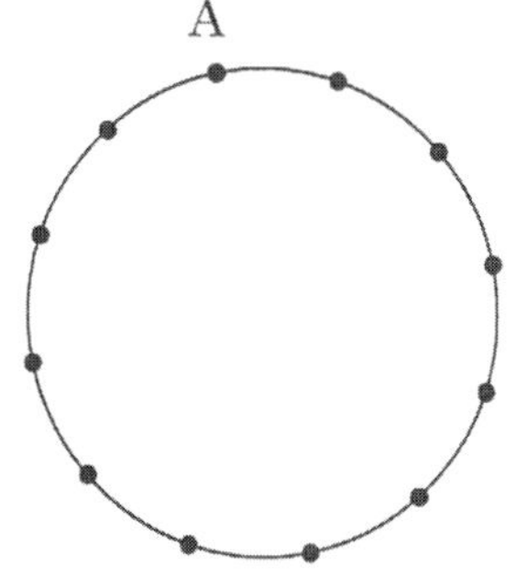

①　$\frac{1}{11}$　②　$\frac{2}{11}$　③　$\frac{3}{11}$　④　$\frac{4}{11}$　⑤　$\frac{5}{11}$

(6)　2.0Ωと4.0Ωの抵抗を直列につなぎ，その両端に6.0Vの電圧を加えた。2.0Ωの抵抗の消費電力は何Wか。

①　1.0　②　2.0　③　3.0　④　4.0　⑤　6.0

(7)　水溶液が酸性を示す塩はどれか。

① NH_4Cl　② CH_3COONa　③ $NaHCO_3$　④ NaCl
⑤ Na_2SO_4

(8) 原核細胞からなる独立栄養生物はどれか。
① 酵母菌　② 大腸菌　③ オオカナダモ
④ ミカヅキモ　⑤ ネンジュモ

(9) オゾン層が存在しているのはどこか。
① 外気圏　② 熱圏　③ 中間圏　④ 成層圏
⑤ 対流圏

(10) 窒素固定細菌はどれか。
① 硝酸菌　② 亜硝酸菌　③ 根粒菌　④ 乳酸菌
⑤ 脱窒素細菌

解答・解説

【1】① ア　② エ　③ ア　④ ア　⑤ オ

○解説○ (1) ア $\sqrt{2}+\sqrt{2}=2\sqrt{2}$ 無理数となる。 イ $\sqrt{2}-\sqrt{2}=0$ 有理数となる。 ウ $\sqrt{2}\times\sqrt{2}=(\sqrt{2})^2=2$ 有理数となる。 エ $\sqrt{2}\div\sqrt{2}=\frac{\sqrt{2}}{\sqrt{2}}=1$ 有理数となる。 オ $(\sqrt{2})^2=2$ 有理数となる。 (2) △AEGと△CDGで AB//DCより，平行線の錯角は等しいから，∠GAE＝∠GCD …① ∠GEA＝∠GDC …② ①，②より，2組の角がそれぞれ等しいので，△AEG∽△CDGである。 (3) 表より，生成した酸化銅の質量が0.15〔g〕のとき，反応した酸素の質量が0.03〔g〕である。反応後の酸化銅から反応した酸素の質量を引くと，反応前の銅の質量が求められる。よって，0.15－0.03＝0.12〔g〕 これより，銅：酸素＝0.12：0.03＝4：1 (4) 並列回路の全体の抵抗は，$\frac{1}{R}=\frac{1}{R_1}+\frac{1}{R_2}$ で求められる。求める抵抗をRとして，$\frac{1}{R}=\frac{1}{10}+\frac{1}{30}=\frac{1}{7.5}$ よって，全抵抗は7.5〔Ω〕。 (5) ITはInformation Technologyの略で，情報技術と訳される。なお，最近ではインターネットなどの普及により，デジタルデータをやりとりする通信量が膨大になったため，ITに通信(Communication)を加えた「ICT：Information Communication Technology(情報通信技術)」を用いることが多い。

【2】問1　ウ　　問2　イ　　問3　ウ　　問4　エ　　問5　イ
問6　エ　　問7　ウ　　問8　エ

○解説○ 問1　自然数3，4はそれぞれ$\sqrt{9}$，$\sqrt{16}$ で表せる。したがって，$\sqrt{5}<\sqrt{7}<\sqrt{9}<\sqrt{13}<\sqrt{16}<\sqrt{17}$ より，$\sqrt{5}<\sqrt{7}<3<\sqrt{13}<4<\sqrt{17}$ である。間にある数は$\sqrt{13}$ である。　問2　$(x^2+ax+1)(x^2-3x+4)$を展開したときのx^2の項は，$x^2\times4+ax\times(-3x)+1\times x^2=4x^2-3ax^2+x^2=(5-3a)x^2$だから，$5-3a=11$より，$a=-2$である。問3　コマがAの位置にあるのは，出た目の和が6か12のときで，(1つ目のさいころの出た目，2つ目のさいころの出た目)＝(1，5)，(2，4)，(3，3)，(4，2)，(5，1)，(6，6)の6通り。よって，コマがA以外の位置にある確率は$\frac{36-6}{36}=\frac{30}{36}=\frac{5}{6}$である。　問4　小さい三角形の内角の和より，130〔°〕＋○＋□＝180〔°〕　○＋□＝180〔°〕−130〔°〕＝50〔°〕　よって，大きい三角形の内角の和より，x＝180〔°〕−○×2＋□×2＝180〔°〕−(○＋□)×2＝180〔°〕−50〔°〕×2＝80〔°〕問5　イ　金属のうち，磁石につくのは，鉄・ニッケル・コバルトなどのほか，一部の金属であり，金属すべてに共通する性質ではない。問6　空気が上昇していくと，上空ほど気圧が低いため，膨張して気温が下がる。さらに気温が下がり露点より低い温度になると，水蒸気が凝結して，雲ができる。　問7　チューリップは，胚珠が子房の中にある，被子植物の仲間で，子葉は1枚，根はひげ根の単子葉類に分類される。　問8　U字型をした和ばさみは，手前に支点，間に力点，先に作用点がある。力点が間にあることで，加えた力よりも小さな力で対象物を切ることができる。一方，X字型をした洋ばさみは，手前に力点，間に支点，先に作用点がある。

【3】1　(1)　1.5N　　(2)　ア　　2　エ　　3　オ　　4　ウ

○解説○ 1　(1)　斜面上の物体にはたらく重力はつねに，斜面に平行な力と斜面に垂直な力に分解されて，はたらいている。斜面の傾角が30°

だから，斜面に平行な力の大きさは，$3\times\sin30^\circ=3\times\frac{1}{2}=\frac{3}{2}(1.5)$〔N〕 (2) 物体に加わる垂直抗力とは，斜面に垂直にはたらく力である。斜面の傾きを大きくしていくと，斜面に水平な力が大きくなり，斜面に垂直な力(垂直抗力)は小さくなる。 2 酸は，水溶液中で水素イオン(H^+)を出す物質である。水素イオン(H^+)は陽イオンだから陰極にひかれ，水酸化物イオン(OH^-)は陰イオンだから陽極にひかれる。
3 (A)は鏡筒であり，図3はステージが上下するタイプの顕微鏡なので，鏡筒は上下しない。(B)はレボルバーであり，ここを回して対物レンズの倍率を変える。(C)はしぼりで，しぼりと反射鏡で視野の明るさを調節する。なお，しぼりがないタイプの顕微鏡もある。 4 断層面を境として，両側の地層や断層が上下方向に動くときを縦ずれ断層と呼び，上盤側がずり下がる場合を正断層，のし上がる場合を逆断層という。一方，両側の地面や地層が水平方向に動くときを横ずれ断層と呼び，動く向きによって右横ずれ断層と左横ずれ断層に分けられる。

【4】1 イ　2 ウ　3 エ　4 ウ　5 イ　6 ア　7 ウ
○解説○ 1 ミトコンドリアは，球状や円筒形などさまざまな形をしており，呼吸によってエネルギーを取り出す働きがある。葉緑体は，光合成をおこなう。リボソームはDNAからRNAに転写された遺伝情報を蛋白質へ翻訳する。ゴルジ体は，細胞内蛋白質輸送の役割をもつ。 2 質量パーセント濃度は，$\frac{\text{溶質の質量}}{\text{溶質の質量}+\text{溶媒の質量}}\times100$で求められる。質量パーセント濃度が20％の食塩水が200gであることから，その中に含まれる溶媒の量は，$200\times(1-0.2)=160$〔g〕 3 ニュートンは，国際単位系(SI)における力の単位，アンペアは，電流の単位である。デシベルはSI単位ではなく，ある物理量を基準となる量との比の常用対数によって表した計量単位であり，音の大きさをはじめ，電力，電流，電波などいろいろな分野で使われる単位である。 4 物質を構成する元素に注目したときに，物質が1種類の元素でできているものを単体，2種類以上の元素でできているものを化合物と分類している。水素はH_2，酸素はO_2，二酸化炭素はCO_2，窒素はN_2である。水素，酸素，窒素は単体で，二酸化炭素は，炭素と酸素の化合物である。

5　カマキリは，さなぎになる時期がなく，卵→幼虫→成虫の順に育つ。このような変態を「不完全変態」という。なお，テントウムシ，アゲハチョウ，カブトムシは，完全変態をする昆虫である。　6　月は約30日をかけて地球を1周し，1周する中で，新月→上弦→満月→下弦→新月と，見かけの形が変化する。月の右側が光っている形は，新月と満月の間の上弦の月である。　7　距離＝速さ×時間であり，直線上を一定の速さ10m/sで運動する物体が，5秒間で進む距離は，10×5＝50〔m〕である。

【5】②

○**解説**○ 高温になると膨張して密度が小さくなるので②は誤り。

【6】②

○**解説**○ 正しいのは，イとオの2つである。　ア　固体が直接気体となることを昇華と呼び，気体が直接固体となることも昇華と呼ぶ。
ウ　中緯度高圧帯の高緯度側(30°～60°付近)では，西寄りの風が吹いており，この風を偏西風という。貿易風は，地球の周りを東から西へ向かって吹く風のことで，自転の効果が大きい赤道付近でよく見られる。
エ　CuOとH_2の反応は，$CuO + H_2 \rightarrow Cu + H_2O$で，CuOから酸素が失われているので，還元である。

【7】⑤

○**解説**○ イ　黄熱ワクチンの開発で1951年ノーベル生理学・医学賞を受賞したのは，マックス・タイラーである。山中伸弥は，人工多能性幹細胞(iPS細胞)を開発し，細胞の初期化と多能性獲得の発見で2012年ノーベル生理学・医学賞を受賞した。　ウ　落下の法則は，重い物体も軽い物体も同時に落下するという法則で，ガリレオ・ガリレイが発見した。　エ　無性生殖の説明である。有性生殖は，2種類の細胞が合体することにより，新しい個体が生まれることである。有性生殖では，生殖のための特別な細胞である生殖細胞がつくられる。

【8】②

○解説○ 正しいのは，イとエの2つである。　ア　東向きを正とすると，自転車Aの速度は，＋3.0〔m/s〕，自転車Bの速度は，－4.0〔m/s〕である。自転車Bの自転車Aに対する相対速度は，－4.0－3.0＝－7.0〔m/s〕となる。自転車Bは西向きに走っており，自転車Aに対する相対速度は，西向きに7.0〔m/s〕という表現が正しい。　ウ　オームの法則より，抵抗は，$R=\dfrac{V}{I}=\dfrac{10}{0.4}=25$〔Ω〕となる。　オ　ばねが手から受ける力は，ばね定数をk〔N/m〕，ばねを手で引いた長さをx〔m〕とすると，フックの法則「$F=kx$」より，$F=20\times0.15=3$〔N〕。

【9】(1)　④　(2)　③　(3)　③　(4)　⑤　(5)　①　(6)　②　(7)　①　(8)　⑤　(9)　④　(10)　③

〈解説〉(1)　$y=2x^2-4x+5=2(x-1)^2+3$　より，2次関数$y=2x^2-4x+5$のグラフの頂点の座標は(1，3)である。　(2)　△ABCの外接円の半径をRとすると，正弦定理より，$\dfrac{\mathrm{BC}}{\sin\angle \mathrm{A}}=2R$　$R=\dfrac{\mathrm{BC}}{2\sin\angle \mathrm{A}}=\dfrac{2\sqrt{3}}{2\sin60^\circ}$ $=\dfrac{2\sqrt{3}}{2\times\dfrac{\sqrt{3}}{2}}=2$　(3)　$|ax|<-2a$　⇔　$-(-2a)<ax<-2a$ ⇔ $2a<ax<-2a$　⇔　$\dfrac{2a}{a}>\dfrac{ax}{a}>\dfrac{-2a}{a}$　⇔　$-2<x<2$　(4)　一般に，2つの変量xとyの間に，a，bを定数として$y=ax+b$の関係があるとき，x，yの平均値をそれぞれ$\overline{x}$，$\overline{y}$とすると，$\overline{y}=a\overline{x}+b$の関係があり，$x$，$y$の分散をそれぞれ$s_x^2$，$s_y^2$とすると，$s_y^2=a^2\cdot s_x^2$の関係がある。本問では，2つの変量$x$と$y$の間に，$y=x+3$の関係があるから，$x$，$y$の平均値をそれぞれ$\overline{x}$，$\overline{y}$とすると，$\overline{y}=\overline{x}+3$であり，$x$，$y$の分散をそれぞれ$s_x^2$，$s_y^2$とすると，$s_y^2=1^2\cdot s_x^2=s_x^2$である。また，変量$x$の最頻値を$b$とすると，明らかに，変量$y$の最頻値は$b+3$である。また，変量$x$の第1四分位数と第3四分位数をそれぞれ$Q_1$，$Q_3$とすると，明らかに，変量$y$の第1四分位数と第3四分位数はそれぞれ$Q_1+3$，$Q_3+3$であり，変量$x$の四分位範囲は$Q_3-Q_1$，変量$y$の四分位範囲は$(Q_3+3)-(Q_1+3)=Q_3-Q_1$である。

(5)　辺PQの作り方は，A以外の11点から異なる2点を選ぶ選び方に等しく，${}_{11}\mathrm{C}_2=\dfrac{11\cdot10}{2\cdot1}=55$〔通り〕。このうち，△APQが∠A＝90°の直角

三角形となるのは，辺PQが直径となるときの5通り。よって，求める確率は$\frac{5}{55}=\frac{1}{11}$である。 (6) 電源電圧6.0Vのとき，2.0Ωと4.0Ωの直列回路には，それぞれ，2.0Vと4.0Vの電圧がかかる。直列回路全体の抵抗は，2.0＋4.0＝6.0〔Ω〕，電流は，$I=\frac{V}{R}=\frac{6.0}{6.0}=1.0$〔A〕。直列回路全体で同じ電流が流れるため，2.0Ωにも，1.0Aの電流が流れる。消費電力は，消費電力(W)＝電圧(V)×電流(A)＝2.0×1.0＝2.0〔W〕となる。 (7) ① NH_4Cl(塩化アンモニウム)は，強酸の塩酸(HCl)と弱塩基のアンモニア(NH_3)からできる塩のため，その水溶液は酸性である。CH_3COONa(酢酸ナトリウム)と$NaHCO_3$(炭酸水素ナトリウム)は，どちらも弱酸と強塩基からできる塩のため，その水溶液は弱塩基性を示す。また，NaCl(塩化ナトリウム)とNa_2SO_4(硫酸ナトリウム)は，強酸と強塩基からできる塩のため，その水溶液は中性である。 (8) 独立栄養生物とは，光合成などの炭酸同化を行うことで，無機物から有機物を自身で合成できる生物のことである。葉緑素をもつ大多数の植物や藻類が該当する。原核細胞は核を持たない細胞で，ネンジュモなどのシアノバクテリアや大腸菌の細胞は原核細胞である。ただし，大腸菌は有機炭素源に依存する従属栄養生物である。オオカナダモとミカヅキモはどちらも真核生物で独立栄養生物，酵母菌は菌類で従属栄養生物であり，真核生物である。 (9) 大気中のオゾンは成層圏(約10～50km上空)に約90％存在しており，このオゾンの多い層をオゾン層という。オゾン層は，太陽からの有害な紫外線を吸収し，地上の生態系を保護する役割がある。 (10) 窒素固定細菌は，大気中に存在する遊離窒素をアンモニアに還元する能力を持つ細菌のことで，マメ科植物の根粒菌や，ヤマノイモ科植物の葉粒菌などがある。

●書籍内容の訂正等について

弊社では教員採用試験対策シリーズ（参考書，過去問，全国まるごと過去問題集），公務員試験対策シリーズ，公立幼稚園・保育士試験対策シリーズ，会社別就職試験対策シリーズについて，正誤表をホームページ（https://www.kyodo-s.jp）に掲載いたします。内容に訂正等，疑問点がございましたら，まずホームページをご確認ください。もし，正誤表に掲載されていない訂正等，疑問点がございましたら，下記項目をご記入の上，以下の送付先までお送りいただくようお願いいたします。

> ① **書籍名，都道府県（学校）名，年度**
> （例：教員採用試験過去問シリーズ　小学校教諭 過去問　2025年度版）
> ② **ページ数**（書籍に記載されているページ数をご記入ください。）
> ③ **訂正等，疑問点**（内容は具体的にご記入ください。）
> （例:問題文では“ア～オの中から選べ”とあるが，選択肢はエまでしかない）

〔ご注意〕

○ 電話での質問や相談等につきましては，受付けておりません。ご注意ください。

○ 正誤表の更新は適宜行います。

○ いただいた疑問点につきましては，当社編集制作部で検討の上，正誤表への反映を決定させていただきます（個別回答は，原則行いませんのであしからずご了承ください）。

●情報提供のお願い

協同教育研究会では，これから教員採用試験を受験される方々に，より正確な問題を，より多くご提供できるよう情報の収集を行っております。つきましては，教員採用試験に関する次の項目の情報を，以下の送付先までお送りいただけますと幸いでございます。お送りいただきました方には謝礼を差し上げます。

（情報量があまりに少ない場合は，謝礼をご用意できかねる場合があります）。

◆あなたの受験された面接試験，論作文試験の実施方法や質問内容

◆教員採用試験の受験体験記

送付先	
	○電子メール：edit@kyodo-s.jp
	○FAX：03-3233-1233（協同出版株式会社　編集制作部 行）
	○郵送：〒101-0054　東京都千代田区神田錦町2-5 協同出版株式会社　編集制作部 行
	○HP：https://kyodo-s.jp/provision（右記のQRコードからもアクセスできます）

※謝礼をお送りする関係から，いずれの方法でお送りいただく際にも，「お名前」「ご住所」は，必ず明記いただきますよう，よろしくお願い申し上げます。

教員採用試験「全国版」過去問シリーズ②
全国まるごと過去問題集
一般教養

編　集　　© 協同教育研究会
発　行　　令和6年1月10日
発行者　　小貫　輝雄
発行所　　協同出版株式会社
〒101-0054　東京都千代田区神田錦町2 - 5
電話　03－3295－1341
振替　東京00190－4－94061
印刷所　　協同出版・POD工場

落丁・乱丁はお取り替えいたします。